Lejos esté de mí gloriarme,
sino en la cruz de nuestro
Señor Jesucristo.

Gálatas 6.14

La Cruz de Cristo

John Stott

Ediciones Certeza Unida
Barcelona, Buenos Aires, La Paz.
2008

Stott, John
La cruz de Cristo. – 2ª ed. – Buenos Aires: Certeza Unida, 2008.
496 p. ; 16x23 cm.

ISBN 978-950-683-145-5

1. Nuevo Testamento-Comentarios. I. Título
CDD 225

Las citas de la Biblia están tomadas de la versión Reina Valera Revisada, 1960 (RV 1960). Otras referencias se indican de acuerdo a las correspondientes abreviaturas.

Tradujo al castellano: David R. Powell
Edición literaria: Adriana Powell
Diseño: Adrián Romano, Ayelen Horwitz y Miguel Collie

Ediciones Certeza Unida es la casa editorial de la Comunidad Internacional de Estudiantes Evangélicos (CIEE) en los países de habla hispana. La CIEE es un movimiento compuesto por grupos estudiantiles que buscan cumplir y capacitar a otros para la misión en la universidad y el mundo. Más información en.

Certeza Argentina, Bernardo de Irigoyen 654, (C1072AAN) Ciudad Autónoma de Buenos Aires, Argentina. *certeza@certezaargentina.com.ar*

Editorial Lámpara, Calle Almirante Grau Nº 464, San Pedro, Casilla 8924, La Paz, Bolivia. *coorlamp@entelnet.bo*

Publicaciones Andamio, Alts Forns 68, Sótano 1, 08038, Barcelona, España. *info@publicacionesandamio.com.*

Presentación

Lo que era objeto de desagrado para los romanos y de repugnancia para los judíos —la cruz—, ha llegado a ser emblema de nuestra adoración y axioma de nuestra fe. ¿Cómo es posible?

'Jamás podría creer en Dios, si no fuera por la cruz,' asegura John Stott. 'En el mundo real del dolor, ¿cómo podría alguien adorar a un Dios que fuese inmune al dolor?'

Stott presenta la centralidad de la cruz en el plan de redención preparado por Dios para el mundo, un mundo que sufre bajo el peso de la injusticia, de la violencia, la corrupción y la amenaza de una crisis ambiental irreversible.

De la pluma de uno de los principales predicadores y líderes cristianos de nuestros días, este es un libro de teología de lectura accesible que ofrece una renovada formulación del significado de la cruz para el mundo actual. En la cruz de Cristo, afirma Stott, se revelan la majestad y el amor de Dios, y quedan expuestos el pecado y la esclavitud del mundo en que vivimos.

Más que un estudio sobre la expiación, este libro presenta las Escrituras en vivo diálogo con la teología cristiana y el siglo XX. Lo que surge de su estudio es un modelo para la vida y la adoración, para la esperanza y la misión del cristiano.

John R. W. Stott es conocido y respetado internacionalmente como un dotado evangelista, predicador e investigador bíblico. Durante muchos años llevó a cabo un ministerio pastoral vigoroso e innovador, como pastor de la iglesia de All Souls, en Londres. Líder entre los evangélicos en el campo de la misión en todo el mundo, fue uno de los que estructuraron el Pacto de Lausana. Ha participado activamente en congresos posteriores vinculados con Lausana, además de intervenir en el diálogo entre evangélicos y católicos romanos en torno al tema de la misión. En los últimos años se ha desempeñado como director del London Institute for Contemporary Christianity, además de desarrollar un amplio ministerio como orador, especialmente en el Tercer Mundo.

Destinada a ser un estudio clásico de aquello que es central en nuestra fe, la cruz de Cristo, esta obra de Stott es producto de su experiencia como pastor y estudioso de la Biblia. La combinación de erudición, humildad y calidez pastoral son garantía de que el lector será ampliamente recompensado en su mente y en su corazón con la lectura de este libro.

Los editores

CONTENIDO

Dedico este libro a Frances Whitehead, en señal de gratitud por treinta años de servicio caracterizado por su lealtad y eficiencia. 1956–1986

PREFACIO

Considero que es un enorme privilegio el haber sido invitado por los editores a escribir un libro sobre el tema más grande y glorioso que pueda existir, el de la cruz de Cristo. Los años de trabajo que me ha llevado prepararlo me han enriquecido espiritualmente, mis convicciones se han aclarado y fortalecido, y he afirmado la decisión de dedicar el resto de mis días sobre la tierra al Cristo crucificado y a su servicio liberador.

Estimo apropiado que un libro sobre la cruz formara parte de los festejos celebratorios de las bodas de oro de InterVarsity Press, la editorial de la rama inglesa de la Comunidad Internacional de Estudiantes Evangélicos (CIEE) que, bajo la consagrada conducción de Ronald Inchley y Frank Entwistle, se ha hecho acreedora del reconocimiento de todo el público lector cristiano.

La cruz ocupa el centro mismo de la fe evangélica. Más todavía, como sostengo en este libro, ocupa el lugar central en la fe bíblica e histórica. Los cristianos evangélicos sostenemos que en la persona del Cristo crucificado, Dios ocupó nuestro lugar y llevó sobre sí nuestros pecados, sufriendo la muerte que merecíamos nosotros. Así podemos recibir la gracia de Dios y ser adoptados como hijos en su familia. El doctor J. I. Packer ha escrito acertadamente que esta creencia 'es una marca distintiva de la fraternidad evangélica universal'. La cruz nos lleva 'al corazón mismo del evangelio cristiano'.[1]

Por cierto que la centralidad de la cruz ha sido un factor vital en la historia de lo que es hoy la Universities and Colleges Christian Fellowship (UCCF), juntamente con lo que se conoce internacionalmente como la CIEE. En relación con su desarrollo ocurrieron dos hechos particularmente importantes en los primeros decenios de este siglo.

1. J. I. Packer: *What did the cross achieve?*, p. 3.

El primero sucedió cuando, en 1910, la Cambridge Intercollegiate Christian Union (CICCU) se desafilió del Movimiento Estudiantil Cristiano (MEC). Los miembros de la primera de estas entidades tuvieron presente el hecho de que representaban la tradición de Bilney, Tyndale, Latimer, Ridley, Cranmer, los grandes nombres de la Reforma en Cambridge. También miraban retrospectivamente con satisfacción y afecto hacia Charles Simeon, aquel que durante 54 años, como pastor de la iglesia de la Santa Trinidad, había expuesto con fidelidad las Escrituras y que, como lo expresa su epitafio, 'ya sea como base de sus propias esperanzas o como tema de todo su ministerio, se propuso no saber nada sino a Jesucristo, y a este crucificado'. No resulta sorprendente, por lo tanto, que se fuesen desilusionando ante las tendencias liberales del MEC, y particularmente ante la debilidad de sus doctrinas sobre la Biblia, la cruz e incluso sobre la deidad de Jesús. De modo que cuando Tissington Tatlow, secretario general del MEC, se encontró con los miembros de la CICCU en marzo de 1910, se votó la desafiliación del movimiento. Al año siguiente, Howard Mowll asumió la presidencia de la CICCU y contribuyó a establecer al movimiento que dicha entidad representaba sobre fundamentos evangélicos firmes, de los que nunca se ha apartado.[2]

Después de concluida la Primera Guerra Mundial en 1918, muchos ex-combatientes ingresaron en Cambridge como estudiantes. Por entonces, la CICCU era mucho más pequeña que el MEC. Sin embargo, los líderes del MEC se acercaron a la mencionada entidad de Cambridge con la intención de lograr que volvieran a unirse a ellos y proveyeran la calidez devocional y el impulso evangelístico que a ellos les faltaba. Para resolver la cuestión, Daniel Dick y Norman Grubb (presidente y secretario de la CICCU) se reunieron con la comisión directiva del MEC en las habitaciones que ocupaba el secretario del MEC, Rollo Pelly. He aquí el relato del propio Norman Grubb sobre esta cuestión crucial.

> Después de hablar durante una hora, le pregunté a Rollo. '¿Coloca el MEC la sangre expiatoria de Jesucristo en el lugar central?' Titubeó, y luego dijo. 'Bueno, la reconocemos, pero no la consideramos necesariamente como algo central.'

2. Ver *Archbishop Mowll* por Marcus L. Loane, especialmente pp. 43–61. Ver también *Whatever happened to the Jesus Lane Lot?* por O. R. Barclay, especialmente pp. 65–70.

> Entonces Daniel Dick y yo dijimos que para nosotros en la CICCU esto resolvía la cuestión. Jamás nos uniríamos a ninguna organización que no mantuviera la centralidad de la sangre expiatoria de Jesucristo; y así nos separamos definitivamente.[3]

Esta decisión no solo confirmó el voto realizado antes de la guerra respecto a la desafiliación, sino que representó 'la verdadera fundación de la IVF (rama inglesa de la CIEE), porque apenas unos meses más tarde advertimos que si había sido necesario un CICCU en Cambridge, organizaciones de la misma índole eran necesarias en todas las universidades del mundo'.[4] El primer encuentro inter-universitario tuvo lugar en Londres en diciembre de 1919.

En esa época Norman Grubb citaba 1 Corintios 15.3–4 como el versículo clave del modo de pensar del grupo. 'Porque primeramente os he enseñado lo que asimismo recibí. Que Cristo murió por nuestros pecados, conforme a las Escrituras; y que fue sepultado, y que resucitó al tercer día, conforme a las Escrituras.' Hubiera sido difícil hacer coincidir con este pasaje los Objetivos y Bases del MEC, formulados en 1919, que incluían la siguiente afirmación respecto a la cruz. 'Solo cuando vemos en el Calvario el precio del sufrimiento pagado día a día por Dios mismo por todo el pecado de la humanidad, podemos acceder a una experiencia de verdadera penitencia y perdón, la cual nos libera para que podamos embarcarnos en una manera de vivir enteramente nueva … Este es el significado de la expiación.'[5] A esto debemos responder con todo respeto que el significado de la expiación no se ha de encontrar en *nuestra* penitencia evocada por la contemplación del Calvario, sino más bien en lo que *Dios* hizo cuando ocupó nuestro lugar en la cruz en la persona de Cristo y cargó sobre sí nuestro pecado.

La distinción entre una comprensión 'objetiva' y 'subjetiva' de la expiación debe reiterarse claramente en cada nueva generación. Según el doctor Douglas Johnson, el primer secretario general de la IVF, este descubrimiento fue el hecho decisivo y radical en el giro que experimentó el ministerio del doctor Martin Lloyd-Jones, quien ocupó un indiscutido liderazgo en el mundo evangélico en las décadas

3. Norman P. Grubb: *Once caught, no escape*, p. 56.
4. F. Donald Coggan (ed.): *Christ and the colleges*, p. 17.
5. Tissington Tatlow: *Story of the SCM*, p. 630.

que siguieron a la Segunda Guerra Mundial. Lloyd-Jones confió a varios amigos que 'en el año 1929 tuvo lugar un cambio fundamental en su perspectiva y en su predicación'. Por supuesto que desde el comienzo de su ministerio había enfatizado el carácter indispensable del nuevo nacimiento. Pero después de predicar una noche en Bridgend, al sur de Gales, el ministro de la iglesia le hizo notar que la cruz y la obra de Cristo parecían tener poco lugar en su predicación. Se dirigió "de inmediato a su librería de segunda mano predilecta y le pidió al propietario dos libros clásicos sobre el tema de la expiación. El librero … le alcanzó *The atonement* (La expiación) publicado en 1875 por R. W. Dale, y *The death of Christ* (La muerte de Cristo), en 1903, por James Denney. Regresó a su casa y se entregó al estudio, renunciando tanto al almuerzo como a la merienda, ocasionando tal ansiedad a su esposa que telefoneó a su hermano para preguntarle si convenía llamar al médico. Pero cuando finalmente salió de su estudio, declaró haber encontrado 'la auténtica médula del evangelio y la clave del significado profundo de la fe cristiana'. Así fue como se transformó el contenido de su predicación, a la vez que su impacto. Como él mismo lo expresó, la cuestión básica no era la de Anselmo, '¿Por qué se hizo hombre Dios?', sino '¿Por qué murió Cristo?"[6]

Dada la vital importancia que tiene la expiación, como también una comprensión de ella que recupera la interpretación correcta de los grandes conceptos bíblicos de la 'sustitución', la 'satisfacción' y la 'propiciación', dos cosas me han causado enorme sorpresa. La primera es que esta doctrina sigue siendo muy impopular. Algunos teológos evidencian una extraña resistencia a aceptarla, aun cuando reconozcan que tiene claro fundamento bíblico. Pienso, por ejemplo, en ese destacado estudioso neotestamentario metodista, Vincent Taylor. Su cuidadosa y exhaustiva erudición se ponen de manifiesto en sus tres libros sobre la cruz. *Jesus and his sacrifice* (Jesús y su sacrificio), *The atonement in New Testament teaching* (La expiación en la enseñanza del Nuevo Testamento) y *Forgiveness and reconciliation* (Perdón y reconciliación). El autor emplea una variedad de adjetivos para describir la muerte de Cristo, términos tales como 'vicaria', 'redentora', 'reconciliadora', 'expiatoria', 'sacrificial' y especialmente 'representativa'.

6. Agradezco al doctor Douglas Johnson por facilitarme esta información, que complementa los informes de Iain H. Murray en *David Martyn Lloyd-Jones*, pp. 190s.

Pero no se atreve a usar el término 'sustitutiva'. Después de un detallado examen de la predicación y la doctrina cristiana primitivas, tanto en Pablo, como en Hebreos y en Juan, dice de la obra de Cristo. 'En ninguno de los pasajes que hemos analizado se la describe como sustitutiva … En ninguna parte hemos encontrado respaldo alguno para tales puntos de vista.'[7] Más bien, la obra de Cristo fue 'un ministerio cumplido para nuestro beneficio, pero no en lugar de nosotros'. Sin embargo, a pesar de hacer estas sorprendentes afirmaciones, Vincent Taylor se sentía incómodo al hacerlas. La vehemencia de las mismas no condice con las concesiones que luego se siente obligado a hacer. 'Quizás el rasgo de la enseñanza del Nuevo Testamento respecto a la obra representativa de Cristo que más impacto produce', dice, 'sea el hecho de que se acerca tanto, aunque sin llegar a cruzarlos, a los límites de la doctrina sustitutiva. El paulinismo, en particular, prácticamente la roza'. Hasta llega a confesar que los teólogos neotestamentarios 'con demasiada frecuencia nos conformamos con rechazar la sustitución sin llegar a reemplazarla', y que se trata de una noción 'que quizás hemos estado más ansiosos por rechazar que por evaluar'.

Sin embargo, lo que voy a tratar de demostrar en este libro es que la doctrina bíblica de la expiación es sustitutiva de principio a fin. De lo que Vincent Taylor huía no era de la doctrina en sí, sino de las crudezas de las que con frecuencia han sido culpables los defensores de la doctrina de la sustitución en su pensamiento y en su expresión de la misma.

Mi segunda sorpresa, en vista de la centralidad de la cruz de Cristo, es que en el lapso de casi medio siglo ningún autor evangélico ha escrito un libro sobre este tema, dirigido a lectores reflexivos. Es cierto que han aparecido varios libros pequeños de divulgación, como también algunas obras eruditas. Quisiera brindar especial tributo al notable esfuerzo llevado a cabo en este campo por el doctor Leon Morris, de Melbourne, Australia. Estamos todos en deuda con él por su obra *Apostolic preaching of the cross* (La enseñanza apostólica sobre la cruz), y me alegro de que haya puesto el contenido del mismo al alcance de los laicos en *The atonement* (La expiación). Morris se ha consagrado como especialista en la extensa literatura de todos los tiempos en este tema, y su obra *The cross in the New Testament* (La cruz

7. Vincent Taylor: *Atonement*, p. 258.

en el Nuevo Testamento) probablemente sea el estudio general más amplio de que se dispone al presente. De esta obra cito con mi cálido apoyo su afirmación de que 'la cruz domina el Nuevo Testamento'.

Sin embargo, hasta la reciente publicación de la obra de Ronald Wallace, *The atoning death of Christ* (La muerte redentora de Cristo) y de la de Michael Green, *The empty cross of Christ* (La vacía cruz de Cristo, 1984), no conozco ningún libro evangélico para los lectores que tengo en mente, desde que apareció la obra de H. E. Guillebaud, *Why the cross?* (¿Por qué la cruz?, 1937), que fue una de las primeras publicaciones de IVF. Fue esta una obra valiente, que encaró frontalmente a los críticos de la doctrina de expiación sustitutiva, y planteó tres interrogantes. (1) ¿Es cristiana? (es decir compatible con la enseñanza de Jesús y de sus apóstoles); (2) ¿Es inmoral? (compatible o incompatible con la justicia); y (3) ¿Resulta increíble? (compatible o incompatible con problemas tales como el tiempo y la transferencia de la culpa).

En mi caso me propongo abarcar un campo más amplio, porque este libro no trata solo de la expiación, sino de la cruz. Después de los tres capítulos introductorios que integran la Parte I, en la Parte II abordo lo que he dado en llamar 'lo central de la cruz', donde defiendo una perspectiva auténticamente bíblica de los conceptos de 'satisfacción' y 'sustitución'. En la Parte III analizo los tres grandes logros de la cruz, a saber la salvación de los pecadores, la revelación de Dios y la victoria sobre el pecado. Pero la Parte IV se ocupa de cuestiones que a menudo se omiten en los libros sobre la cruz, a saber lo que significa para la comunidad cristiana 'vivir bajo la cruz'. Intento demostrar que la cruz lo transforma todo. Nos ofrece una renovada relación de adoración hacia Dios, una nueva y equilibrada comprensión de nosotros mismos, un nuevo incentivo para entregarnos a la misión, una nueva expresión de amor a nuestros enemigos y un renovado coraje para enfrentar las perplejidades del sufrimiento.

Al desarrollar el tema que me he propuesto, he tenido presente el triángulo conformado por las Escrituras, la tradición y el mundo moderno. Mi primera preocupación ha sido ser fiel a la Palabra de Dios, permitiéndole decir lo que tiene que decir, sin pedirle que diga lo que quizás yo querría decir. No hay alternativa cuando se hace una cuidadosa exégesis del texto. En segundo lugar, he intentado compartir algunos de los frutos de mis propias lecturas. Al procurar comprender la cruz no podemos ignorar las grandes obras escritas en el pasado. No tomar en consideración la tradición y la teología histórica equivale a ser desconsiderados para con el Espíritu Santo que ha venido iluminando activamente a la iglesia en todos los siglos. finalmente, en tercer lugar, he tratado de comprender las Escrituras, no solo a la luz de sí misma y a la luz de la tradición, sino también en relación con el mundo contemporáneo. He tratado de averiguar lo que la cruz de Cristo tiene para decirnos hoy.

El atrevimiento de escribir (y de leer) un libro acerca de la cruz conlleva un enorme riesgo de presunción. Esto se debe en parte a que lo que realmente sucedió cuando 'Dios estaba en Cristo reconciliando consigo al mundo' es un misterio cuyas profundidades seguiremos explorando durante toda la eternidad; y en parte porque sería impropio pretender adoptar una actitud de fría objetividad al contemplar la cruz de Cristo. Porque nos guste o no, estamos involucrados en la cuestión. Nuestros pecados lo llevaron a la cruz. De modo que, lejos de adularnos, la cruz socava nuestros intentos de autojustificación. Solo podemos contemplarla con la cabeza inclinada y el espíritu contrito. Y allí permanecemos hasta que el Señor Jesús hable a nuestros corazones ofreciéndonos perdón y aceptación, y entonces, atrapados por su amor y henchidos de gratitud, nos dirigimos al mundo para vivir nuestra vida dedicados a su servicio.

Agradezco a Roger Beckwith y a David Turner por la lectura de algunas secciones del manuscrito y sus valiosos comentarios. Estoy agradecido a mis cuatro asistentes de investigación más recientes. Mark Labberton, Steve Ingraham, Bob Wismer y Steve Andrews. Steve Andrews se ha mostrado característicamente meticuloso en la lectura del manuscrito, la preparación de la bibliografía y los índices, el control de las referencias y la corrección de las pruebas.

Pero reservo para el final mi más sentida gratitud hacia Frances Whitehead, quien en 1986 cumplirá treinta años como mi secretaria. Este libro es el enésimo que ha mecanografiado. No tengo palabras para elogiar su eficiencia, su actitud servicial, su lealtad y su constante entusiasmo por la obra del Señor. Con toda gratitud le dedico este libro.

John Stott
Navidad de 1985

ABREVIATURAS

AG *A Greek-english lexicon of the New Testament and other early Christian literature*, por William F. Arndt y F. Wilbur Gingrich, University of Chicago Press y Cambridge University Press, 1957.

BA *La Biblia de las Américas*, Fundación Bíblica Lockman, 1986.

BJ *Biblia de Jerusalén*, Bilbao, Desclée de Brouwer, 1981.

BLA *La Biblia para las comunidades cristianas de Latinoamérica*, Ediciones Paulinas, 1972.

CI *Sagrada Biblia*, versión de Francisco Cantera Burgos y Manuel Iglesias González, Madrid, Biblioteca de Autores Cristianos, 1975.

DHH *Dios Habla Hoy*, Sociedades Bíblicas Unidas, 1966, 1979, 1983, 1994.

LXX *El Antiguo Testamento griego según la Septuaginta*, III a.C.

NBE *Nueva Biblia Española*, versión de Luis Alonso Schökel y Juan Mateos, Ediciones Cristiandad, 1975.

NC *Sagrada Biblia*, versión de Eloíno Nácar Fuster y Alberto Colunga, Madrid, Biblioteca de Autores Cristianos, 5ª edición 1953.

NEB *New English Bible*, nt 1961, 2ª edición 1970; AT 1970.

NIV *New International Version*, NT 1973; AT 1979.

NVI *Nueva Versión Internacional*, Sociedad Bíblica Internacional, 1999.

RSV *Revised Standard Version*, NT 1946, 2ª edición 1971; at 1952.

RV 1960 *La Santa Biblia Reina-Valera*, Revisión 1960, Sociedades Bíblicas Unidas.

RV 1977 *La Santa Biblia Reina-Valera*, Revisión 1977, CLIE.

RVA *La Santa Biblia Reina-Valera Actualizada*, Mundo Hispano, 1982.

VHA *Versión Hispano-americana del Nuevo Testamento*, Sociedades Bíblicas Unidas.

VM *Versión Moderna*, de H. B. Pratt, 1893; revisada por la Sociedad Bíblica Americana, 1929.

SECCIÓN I

HACIA LA CRUZ

1

La Centralidad de la Cruz

HOLMAN HUNT, LÍDER DE UNA COFRADÍA DE PINTORES PRE-RAFAELISTAS EN INGLATERRA, EN LA SEGUNDA MITAD DEL SIGLO XIX, PINTÓ *LA SOMBRA DE LA MUERTE*. Muestra el interior del taller de carpintería en Nazaret. Con el torso desnudo, Jesús está de pie junto a un caballete de madera donde ha apoyado el serrucho. Dirige la mirada hacia el cielo; la expresión de su rostro es de dolor, de éxtasis, o ambos. Tiene ambos brazos levantados por sobre la cabeza, estirándose. Al hacerlo, la luz del atardecer que penetra por la puerta abierta arroja una oscura sombra en forma de cruz sobre la pared del fondo, donde el estante para las herramientas semeja una viga horizontal sobre la que sus manos han sido crucificadas. Las herramientas mismas nos recuerdan el fatídico martillo y los clavos.

Hacia la izquierda de la escena, en primer plano, una mujer está arrodillada entre las virutas de madera. Sus manos descansan sobre el cofre que guarda los valiosos obsequios de los sabios de Oriente. No podemos ver su rostro, porque lo ha apartado. Es María, y parece estar alarmada (o da esa impresión) ante la sombra en forma de cruz proyectada por su hijo sobre la pared.

Aquella escuela de pintores ha sido catalogada como sentimentalista. No obstante, fueron artistas serios y sinceros; el propio Holman Hunt estaba decidido, como él mismo lo expresó, a 'luchar contra el arte frívolo de la época' y su tratamiento superficial de temas trillados. Con ese propósito estuvo en Tierra Santa entre 1870 y 1873, y pintó *La sombra de la muerte* en Jerusalén, sentado en la terraza de su casa.[1] Si bien se trata de una escena imaginada por el pintor, teológicamente es acertada. Desde la juventud de Jesús, incluso desde su mismo nacimiento, la cruz proyectaba su sombra. Su propia muerte era el eje de su misión y la iglesia siempre lo ha reconocido así.

1. Ver la obra de Julian Treuherz: *Pre-Raphaelite paintings*, de la Galería de Arte de la ciudad Manchester, donde está expuesta *La sombra de la muerte*.

Imaginemos a un extranjero que visita la catedral de San Pablo en Londres. Supongamos que se ha formado en una cultura no cristiana y no sabe prácticamente nada acerca del cristianismo. Sin embargo, es más que un simple turista; está personalmente interesado en el tema y deseoso de aprender.

Mientras camina por una de las calles que llevan a la catedral, lo impresiona lo grandioso del edificio y se maravilla de que Sir Christopher Wren hubiera podido concebir semejante edificio después del gran incendio que soportó Londres en 1666. Mientras trata de captar con la mirada toda esa grandeza, lo impresiona la enorme cruz dorada que domina la cúpula.

Entra a la catedral y se ubica en su centro, debajo de la cúpula. Trata de captar el tamaño y la forma del edificio, y advierte que el trazado de la planta baja, que incluye la nave mayor y la transversal, tiene forma de cruz. Da una vuelta caminando y observa que cada una de las capillas laterales contiene algo que se asemeja a una mesa, sobre la que se destaca en forma prominente una cruz. Baja las escaleras hacia la cripta para ver las tumbas de hombres famosos como el propio Sir Christopher Wren, Lord Nelson y el duque de Wellington; en cada una hay una cruz tallada o en relieve.

Cuando vuelve arriba, decide quedarse para el servicio que está a punto de comenzar. El hombre a su izquierda lleva una pequeña cruz en la solapa, mientras la señora que está a su derecha tiene una que pende de su cuello. El visitante vuelve su vista hacia los coloridos vitrales en la ventana que da al este. Aunque no puede percibir los detalles desde donde está sentado, no puede dejar de advertir que el diseño del ventanal incluye una cruz.

De pronto la congregación se pone de pie. El coro y los clérigos hacen su entrada, precedidos por una persona que porta una cruz. Están cantando un himno. El visitante observa la hoja para el culto de la fecha y lee las siguientes palabras iniciales.

> Cantamos alabanzas a aquel que murió,
> A aquel que murió sobre la cruz.
> Aunque la humanidad pone en ridículo
> la esperanza del pecador,
> Nosotros, por ella, damos la espalda al mundo.

Lo que sigue después es el servicio de santa comunión, centrado en la muerte de Jesús. El visitante así lo entiende porque, cuando las personas que están cerca de él se adelantan para recibir el pan y el vino, el ministro les habla del cuerpo y la sangre de Cristo. El servicio concluye con otro himno.

Cuando contemplo la maravillosa cruz
Sobre la que murió el Príncipe de gloria,
Todo lo que tengo me parece nada,
Y aparto con desprecio toda mi soberbia.

No permitas, Señor, que llegue a gloriarme
Sino en la cruz de Cristo, mi Dios;
Todas las vanidades que más me seducen,
Las sacrifico a su sangre.

El servicio concluye. Pero un matrimonio se queda. han traído a su hijo para ser bautizado. El visitante se acerca a ellos junto al bautisterio; observa cómo el ministro deja caer unas gotas de agua sobre la criatura y luego hace sobre su frente la señal de la cruz, diciendo. 'Te hago la señal de la cruz, para mostrarte que no debes avergonzarte de confesar la fe en el Cristo crucificado.'

El visitante sale de la catedral impresionado, pero perplejo. La reiterada insistencia por medio de palabras y de símbolos en la centralidad de la cruz ha sido abrumadora. Pero han surgido interrogantes en su mente. Parte del lenguaje que han usado le ha parecido exagerado. ¿Realmente es verdad que los cristianos, por amor a la cruz, estiman el mundo como pérdida, que se glorían solo en ella, y que sacrifican todo por ella? ¿Puede con justicia resumirse toda la fe cristiana como 'la fe en el Cristo crucificado'? ¿Cuál es el fundamento —se pregunta— de esta concentración total en la cruz de Cristo?

La señal y el símbolo de la cruz

Toda religión y toda ideología tienen su símbolo visual, que ilustra algún aspecto significativo de su historia o de sus creencias. La flor del loto, por ejemplo, aunque fue usada en la antigüedad por los chinos, los egipcios y los indios, en la actualidad se asocia particularmente con el budismo. Por su forma circular, se la considera como símbolo del ciclo del nacimiento y la muerte, o como símbolo del surgimiento de la belleza y la armonía en medio de las turbias aguas del caos. A veces se representa a Buda entronizado en una flor de loto totalmente florecida.

El judaísmo antiguo evitaba el uso de señales y símbolos visuales, por temor a quebrantar el segundo mandamiento que prohíbe la confección de imágenes. Pero el judaísmo moderno ha adoptado el Escudo o Estrella de David, una figura hexagonal formada por la combinación de dos triángulos equiláteros. Este símbolo habla del pacto de Dios con David en el sentido de que su trono sería establecido para siempre, y de que el Mesías descendería de él. El islamismo, la otra creencia monoteísta que surgió en el Medio Oriente, está simbolizado por una media luna creciente. Al comienzo representaba una fase del ciclo lunar, pero ya antes de la conquista musulmana constituía el símbolo de la soberanía en Bizancio.

Las ideologías contemporáneas también tienen sus signos universalmente reconocidos. El martillo y la hoz del marxismo, que el gobierno soviético adoptó, en 1917, de una pintura belga del siglo XIX, representan la industria y la agricultura; las herramientas están entrelazadas para representar la unión entre obreros y campesinos, las fábricas y el campo. Por otra parte, se ha comprobado que la cruz svástica existía hace ya 6.000 años. Los brazos de la cruz svástica están torcidos en el sentido de las agujas del reloj para simbolizar ya sea el curso del sol en el firmamento, el ciclo de las cuatro estaciones, o el proceso de creatividad y prosperidad (la palabra *svasti* significa 'bienestar' en sánscrito). A comienzos de este siglo, sin embargo, esta figura fue adoptada por algunos grupos germanos como símbolo de la raza aria. Luego se la apropió Hitler, y se convirtió en el siniestro símbolo del fanatismo racial nazi.

El cristianismo, por lo tanto, no constituye una excepción por lo que hace a la posesión de un símbolo visual. Con todo, la cruz no fue el primero de sus símbolos. Al comienzo, los cristianos sufrían acusaciones absurdas e intensa persecución. Por lo tanto, 'tenían que ser muy cautos y evitar las demostraciones abiertas de su religiosidad. Por ello la cruz, que ahora es el símbolo universal del cristianismo, fue evitada en un comienzo, no solo por su asociación directa con Cristo, sino también por su vergonzosa asociación con la ejecución de criminales comunes'.[2]

Los primeros motivos pictóricos cristianos presentes en las paredes y techos interiores de las catacumbas (cementerios subterráneos en las afueras de Roma, donde probablemente se ocultaban los cristianos que eran perseguidos), parecen haber sido menos comprometedores. Incluían el pavo real (que supuestamente simbolizaba la inmortalidad), la paloma, la palma de la victoria de los atletas y, muy particularmente, el pez. Solo los iniciados sabían, y nadie más podía llegar a adivinarlo, que la palabra *ichtys* ('pez' en griego) era una sigla para *Iesus Christos Theou Huios Sotēr* ('Jesucristo, Hijo de Dios, Salvador'). Pero no perduró como signo del cristianismo, sin duda porque la asociación entre Jesús y el pez estaba basada puramente en una sigla (en este caso una disposición fortuita de letras), pero no tenía significado visual en sí mismo.

Algo más tarde, probablemente durante el segundo siglo de esta era, los cristianos perseguidos parecen haber preferido pintar temas bíblicos tales como el arca de Noé, Abraham sacrificando el cordero en lugar de su hijo Isaac, Daniel en el foso de los leones, sus tres amigos en el horno ardiente, Jonás en el momento de ser devuelto por el pez, algunos bautismos, un pastor llevando en brazos una oveja, la curación del paralítico, y la resurrección de Lázaro. Todos ellos constituían símbolos de la redención en Cristo, pero no resultaban comprometedores, ya que solo los instruidos en el tema estarían en condiciones de interpretar su significado. Era frecuente que, con las dos primeras letras de la palabra griega *Christos* (*Chi-Rho*) se formara un criptograma, a menudo en la forma de una cruz, y a veces con una oveja adelante, o una paloma.

Un emblema cristiano que se aceptara universalmente debía, obviamente, hablar de la persona de Jesucristo. Había muchas alternativas. Los cristianos hubieran podido elegir el pesebre donde fue puesto el niño Jesús cuando nació. O el banco de carpintero en el que trabajó siendo joven en Nazaret, dignificando así el trabajo manual. Podría haber sido el barco desde el cual enseñó a las multitudes en Galilea, o el paño que se ciñó para lavar los pies de los apóstoles, lo cual hubiera hablado de su espíritu de humildad en el servicio. También estaba la piedra que, al ser quitada de la entrada de la tumba de José, hubiera

2. Michael Gough: *Origins of Christian art*, p. 18. Ver también J. H. Miller: 'cross' y 'crucifix'; *Christian world*, ed. Geoffrey Barraclough; y *Cross and crucifix* por Cyril E. Pocknee.

servido como símbolo para proclamar su resurrección. Otra posibilidad era el trono, símbolo de la soberanía divina compartida por Jesús, tal como Juan había visto en una visión. También podría haber sido la paloma, símbolo del Espíritu Santo enviado desde el cielo el día de Pentecostés. Cualquiera de estos símbolos hubiera resultado adecuado para señalar alguno de los aspectos del ministerio del Señor. No obstante, el símbolo elegido fue una sencilla cruz. Sus dos varas ya constituían desde antiguo un símbolo cósmico del eje entre el cielo y la tierra. Pero los cristianos lo eligieron por una razón más específica. No querían que la conmemoración de Jesús tuviera como centro su nacimiento ni su juventud, enseñanza, servicio, resurrección o reinado. Tampoco el don del Espíritu Santo. Eligieron como central la crucifixión.

El crucifijo (es decir, una cruz a la que se fija una figura de Cristo) no parece haber sido usado antes del siglo VI. Sin embargo, al menos desde el siglo II en adelante, los cristianos no solo dibujaban, pintaban y tallaban la cruz como símbolo gráfico de su fe, sino que también hacían la señal de la cruz sobre sí mismos o sobre otros. Uno de los primeros testimonios de esta práctica la ofrece Tertuliano, el abogado y teólogo del norte de África que se destacó alrededor del año 200 d.C. Escribió así.

> A cada paso que avanzamos, a cada movimiento que hacemos, cada vez que entramos y salimos, cuando nos vestimos y nos calzamos, cuando nos bañamos, cuando nos sentamos a la mesa, cuando encendemos las lámparas, cuando nos reclinamos o nos sentamos, en todas las acciones comunes de la vida cotidiana, trazamos sobre nuestra frente la señal de la cruz.[3]

Hipólito, el estudioso presbítero de Roma, es un testigo particularmente interesante, porque se ha hecho conocer como un 'reaccionario declarado que durante su propia generación representaba más el pasado que el futuro'. Su famoso tratado *La tradición apostólica* (alrededor del 215 d.C.) 'asegura en forma explícita que solo registra las formas y estilos de los ritos que *ya* son tradicionales y las costumbres largamente establecidas, y que escribe como deliberada protesta contra

3. Tertuliano: *De corona*, cap. III, p. 94.

las innovaciones'.[4] Por lo tanto, cuando describe ciertas 'observancias eclesiásticas', podemos estar seguros de que ya se venían practicando una o más generaciones antes. Menciona que la señal de la cruz era usada por el obispo cuando ungía la frente de los candidatos durante la confirmación. Hipólito la recomienda para las oraciones privadas. 'Imita siempre a Cristo, haciendo con sinceridad la señal en la frente, porque esta es la señal de su pasión.' También, agrega, es una protección contra el mal. 'Cuando seas tentado, sella siempre reverentemente tu frente con la señal de la cruz. Porque esta señal de la pasión se muestra y se hace manifiesta contra el diablo si la haces con fe, no para ser visto por los hombres, sino por tu conocimiento presentándola como un escudo.'[5]

No hay razón para desdeñar este hábito como supersticioso. Al menos en su origen, la señal de la cruz tenía como fin identificar, e incluso santificar cada acto como perteneciente a Cristo.

Hacia mediados del siglo III, cuando Cipriano era obispo de Cartago, el emperador Decio (250–251 d.C.) desencadenó una terrible persecución. Miles de cristianos prefirieron morir antes que ofrecer sacrificios al emperador. Ansioso por fortalecer la moral de los creyentes, y para estimularlos a aceptar el martirio en lugar de renegar de su fe cristiana, Cipriano les habló del valor de la ceremonia de la cruz. 'Adoptemos también para proteger nuestra cabeza el yelmo de la salvación ... para que nuestra frente sea fortalecida, a fin de preservar segura la señal de Dios.'[6] En cuanto a los fieles que soportaron la prisión y se arriesgaron a morir, Cipriano los alabó en estos términos. 'Vuestras frentes, santificadas por el sello de Dios ... han sido reservadas para la corona que el Señor os dará.'[7]

Richard Hooker (teólogo anglicano y prominente figura de Londres en el siglo XVI) aplaudió el hecho de que, a pesar de que los paganos se burlaban de los sufrimientos de Cristo, los primeros Padres de la iglesia eligieron la señal de la cruz (en el bautismo) antes que cualquier otra señal.[8] Hooker era consciente de las objeciones de

4. Gregory Dix (ed.): *Apostolic tradition of St Hippolytus*, p. XI.

5. *Ibid.*, pp. 68–69.

6. Cipriano: *Ad thibaritanos* IX.

7. Cipriano: *Da lapsis* 2.

8. Richard Hooker: *Ecclesiastical polity*, libro V, cap. LXV.20, 'Of the cross in baptism'.

los puritanos. 'Santiguarse y otras muestras semejantes del papismo, que la iglesia de Dios en tiempos de los apóstoles nunca conoció' no deberían usarse, decían los puritanos. Afirmaban que no correspondía añadir invenciones humanas a las instituciones divinas, y que existía siempre el riesgo del uso supersticioso indebido. De la misma forma en que el rey Ezequías destruyó la serpiente de bronce, así debía también abandonarse la señal de la cruz. No obstante, Hooker se mantuvo en su posición. Sostenía que, en asuntos que no resultaban incompatibles con las Escrituras, los cristianos debían tener libertad. Por otro lado, la señal de la cruz tenía una aplicación saludable. 'Es para nosotros una advertencia … a gloriarnos en el servicio de Jesucristo, sin bajar la cabeza como avergonzados de algo, aunque seamos objeto de reproche y oprobio a manos de este mundo malo'.[9]

Constantino, el primer emperador que se declaró cristiano, dio impulso adicional al uso del símbolo de la cruz. Según Eusebio, en vísperas de la batalla del puente Milvio, que le permitió imponer su dominio en Occidente (312–313 d.C.), Constantino vio en el cielo una cruz luminosa, junto con las palabras *in hoc signo vinces* ('vence con esta señal'). Inmediatamente la adoptó como emblema y la hizo colocar en los estandartes de su ejército.

No importa lo que pensemos sobre Constantino y el desarrollo de la 'cristiandad' después de su dominio, lo cierto es que la iglesia preservó fielmente la cruz como su símbolo central. En algunas tradiciones eclesiásticas el candidato al bautismo todavía recibe la señal de la cruz, y es muy probable que en la sepultura de un cristiano se coloque una cruz sobre su tumba. De este modo, desde el nacimiento cristiano hasta la muerte cristiana, por así decirlo, la iglesia procura identificarnos y protegernos mediante una cruz.

La 'locura' de la cruz

La elección que han hecho los cristianos de la cruz como símbolo de su fe resulta más sorprendente todavía cuando recordamos el horror con que se consideraba la crucifixión en el mundo antiguo. La 'palabra de la cruz' que predicaba Pablo constituía para muchos de sus oyentes un motivo de tropiezo y, más todavía, una 'locura' (1 Corintios 1.18, 23). ¿Cómo podría una persona en su sano juicio adorar a

9. *Ibid.*, libro v, cap. LXV.6.

un hombre que había sido condenado como criminal, y sometido a la forma más humillante de ejecución? Esta combinación de muerte, crimen y vergüenza lo excluía de toda posibilidad de merecer respeto, y mucho menos adoración.[10]

La crucifixión parece haber sido inventada por los 'bárbaros' en las fronteras del mundo conocido, y adoptada luego tanto por los griegos como por los romanos. Probablemente sea el método más cruel de ejecución jamás practicado, porque demora deliberadamente la muerte hasta haber infligido la máxima tortura posible. La víctima podía padecer durante días antes de morir. Cuando la adoptaron los romanos, la reservaron para los criminales declarados culpables de asesinato, rebelión o robo a mano armada. No se aplicaba a ciudadanos romanos sino a esclavos, a extranjeros, o a cualquier otro considerado indigno de ser tenido por persona. Por eso los judíos se indignaron grandemente cuando el general romano Varo crucificó a dos mil judíos en el año 4 a.C., y cuando el general Tito, durante el sitio de Jerusalén, crucificó a tantos fugitivos de la ciudad que no podía hallarse espacio 'para las cruces, ni cruces para los cuerpos'.[11]

Los ciudadanos romanos estaban eximidos de la crucifixión, excepto en casos extremos de traición. En uno de sus discursos, Cicerón la condenó como 'un castigo sumamente cruel y vergonzante'.[12] Poco después declaró. 'Atar a un ciudadano romano es un crimen, flagelarlo es una abominación, matarlo es casi un acto de asesinato; crucificarlo es … ¿qué diré? No hay una palabra adecuada para describir una acción tan horrible.'[13] Cicerón fue aun más explícito en la exitosa defensa que hizo del anciano senador Cayo Rabirio, que había sido acusado de asesinato. 'La sola palabra [cruz] no debería figurar en el léxico del ciudadano romano; más aun, debería ser desterrada de sus pensamientos, sus ojos y sus oídos. Es indigno de un ciudadano romano y de un hombre libre no solo soportar los procedimientos propios de la crucifixión sino también el verse expuesto a ellos, a la

10. Ver especialmente las pp. 1–10 de la obra de Martin Hengel: *Crucifixion*, cuyo título original era *Mors turpissima crucis* (La muerte decididamente infame de la cruz), expresión usada primeramente por Orígenes.

11. Ver los relatos de Josefo en *Antigüedades* XVII.10.10 y *Guerras de los judíos* V.XI.1.

12. Cicerón: *Proceso a Verres* II.V.64, par. 165 (en la edición citada por el autor).

13. *Ibid.*, II.V.66, par. 170 (en la edición citada por el autor).

expectativa, incluso a la sola mención del hecho.'[14]

También los judíos contemplaban la crucifixión con horror, aunque por una razón diferente. No hacían diferencia entre un 'árbol' y una 'cruz', y por lo mismo tampoco entre un ahorcamiento y una crucifixión. Por lo tanto, aplicaban automáticamente a los criminales crucificados la temible declaración que contenía la ley. 'Maldito por Dios es el colgado' en un 'madero' (literalmente, 'árbol'; Deuteronomio 21.23). Para los judíos era inaceptable que el Mesías de Dios pudiera morir sometido a esa maldición, colgado de un árbol. Como le expresó el judío Trifón al apologista cristiano Justino, durante un diálogo con él. 'Sobre esto me siento sumamente incrédulo.'[15]

De modo que los oponentes del cristianismo, ya fueran de trasfondo romano, judío, o ambos, no perdían oportunidad de ridiculizar el hecho de que el ungido de Dios y Salvador de la humanidad había terminado su vida sobre una cruz. La sola idea resultaba absurda. Esto lo ilustra bien un grafito del siglo II descubierto en el monte Palatino en Roma, en el muro de una casa que según algunos entendidos era usada como escuela para los pajes de la corte imperial. Es la representación más antigua que tenemos de la crucifixión, y se trata de una caricatura. El tosco dibujo muestra, extendido sobre una cruz, la figura de un hombre con cabeza de asno. A la izquierda se encuentra otro hombre, con un brazo levantado en actitud de adoración. Garabateadas al pie del dibujo se encuentran las palabras ALEXAMENOS CEBETE (vale decir *sebete*) THEON, 'Alexamenos adora a Dios'. La caricatura se encuentra ahora en el Museo Kircherian, en Roma. Cualquiera sea el origen de la acusación de que adoraban asnos (de lo que se acusaba tanto a judíos como a cristianos), lo que se ridiculizaba en este caso era la sola idea de adorar a un hombre crucificado.

Se puede percibir la misma actitud de burla en Luciano de Samosata, el escritor satírico pagano del siglo II. En su obra *Sobre la muerte de Peregrino* (un converso cristiano imaginario al que muestra como un charlatán), Samosata satiriza a los cristianos por 'adorar al sofista crucificado y vivir sometidos a sus leyes' (p. 15).

14. Cicerón: *En defensa de Cayo Rabirio*, v. 16, p. 467 (en la edición citada por el autor).

15. Justino Mártir: *Diálogo con Trifón*, cap. LXXXIX.

La perspectiva de Jesús

Hay una sola explicación posible de por qué la cruz llegó a ser el símbolo cristiano, y por qué los cristianos obstinadamente lo mantuvieron a pesar del escarnio de que era objeto. La razón es que la centralidad de la cruz había nacido en la mente de Jesús mismo. Es por lealtad a él que sus seguidores se aferraban tan tenazmente a esta señal.

¿Qué evidencias hay de que la cruz ocupaba el centro en la perspectiva del propio Jesús? El único atisbo que tenemos del desarrollo mental del niño Jesús es el que se nos ofrece en el relato de lo que ocurrió cuando tenía doce años, momento en que sus padres lo llevaron a Jerusalén durante la Pascua. Sin darse cuenta, José y María lo perdieron de vista. Cuando lo encontraron en el templo, 'sentado en medio de los doctores de la ley, oyéndoles y preguntándoles', lo reprendieron. Le dijeron que lo habían estado buscando ansiosamente. '¿Por qué me buscabais?' respondió con candorosa inocencia. '¿No sabíais que en los negocios de mi Padre me es necesario estar?' (Lucas 2.41–50). Desearíamos que Lucas hubiera dado más detalles. Pero no los da, y debemos ser cautelosos para no leer allí más de lo que la narración misma ofrece. Con todo, podemos afirmar sin lugar a duda, que ya a los doce años de edad Jesús hablaba de Dios como 'mi Padre' y sentía un fuerte impulso a ocuparse de los asuntos de su Padre. Sabía que tenía una misión que cumplir. Su Padre lo había enviado al mundo con un propósito. La misión encomendada debía ser llevada a cabo; el propósito debía cumplirse. Cuáles eran esa misión y ese propósito, es lo que se irá mostrando gradualmente en la narración de los Evangelios.

Los evangelistas sugieren que tanto en el bautismo como en la tentación, Jesús se consagró a sí mismo a seguir el camino de Dios en lugar del camino del diablo. En cada caso, eligió la vía del sufrimiento en lugar de la popularidad y la aclamación. Marcos (a quien siguen en este sentido Mateo y Lucas) señala un momento posterior en el que Jesús empezó a enseñar claramente este concepto. Fue el hecho decisivo de su ministerio, la línea divisoria en su vida pública. Después de haberse retirado con sus discípulos al distrito del norte, alrededor de Cesarea de Filipo, al pie del monte Hermón, les preguntó frontalmente quién pensaban que era él. Cuando Pedro declaró abruptamente que era el Mesías de Dios, Jesús les advirtió de inmediato 'que no dijesen esto de él a ninguno' (Marcos 8.29–30). Ya antes les había dado instrucciones de mantener el 'secreto mesiánico'. Pero ahora sucedió algo nuevo.

> [Jesús] comenzó a enseñarles que le era necesario al Hijo del hombre padecer mucho, y ser desechado por los ancianos, por los principales sacerdotes y por los escribas, y ser muerto, y resucitar después de tres días. Esto les decía claramente.
>
> Marcos 8.31–32

La expresión 'claramente' traduce la palabra *parrēsia*, que significa 'con libertad de expresión', sin secretos. Su mesianismo había sido un secreto hasta aquí, porque aún no había sido entendido correctamente. El pueblo esperaba como Mesías a un líder político revolucionario. Juan nos dice que en el momento cumbre de la popularidad de Jesús en Galilea, después de haber alimentado a cinco mil personas, las multitudes querían 'apoderarse de él y hacerle rey' (Juan 6.15).

Ahora que los apóstoles habían reconocido y confesado claramente su identidad, Jesús podía explicarles abiertamente la naturaleza de su carácter mesiánico. Pedro reprochó al Señor, horrorizado por el destino que había predicho para sí mismo. De inmediato Jesús lo reprendió severamente. El mismo apóstol que, por revelación del Padre, había confesado a Jesús como el Mesías divino (Mateo 16.16), ahora había sido engañado por el demonio para que negara la necesidad de la cruz. '¡Quítate de delante de mí, Satanás!' dijo Jesús, con una vehemencia que debe haber asombrado a sus oyentes. '... no pones la mira en las cosas de Dios, sino en las de los hombres.' [16]

Se alude a este incidente como la primera 'predicción de la pasión'. Hubo antes alusiones al pasar (por ej. Marcos 2.19–20); pero en esta ocasión no había ambigüedad alguna. La segunda fue hecha poco después, cuando Jesús iba pasando de incógnito por Galilea. En esa ocasión les dijo a los Doce.

> El Hijo del hombre será entregado en manos de hombres, y le matarán; pero después de muerto, resucitará al tercer día.
>
> Marcos 9.31

16. Mr. 8.31ss; ver Mt. 16.21ss; Lc. 9.22ss.

Marcos dice que los discípulos no entendieron lo que quería decirles, y tenían temor de preguntárselo. Mateo agrega que 'se entristecieron en gran manera' (Marcos 9.30–32; Mateo 17.22–23). Este probablemente fue el momento en que, según Lucas, Jesús 'afirmó su rostro para ir a Jerusalén' (Lucas 9.51). Estaba decidido a cumplir aquello que se había escrito de él.

Jesús hizo su tercera 'predicción de la pasión' cuando estaban en camino a Jerusalén. Marcos describe vívidamente el temor que la decisión del Señor produjo en sus discípulos.

> Iban por el camino subiendo a Jerusalén; y Jesús iba delante, y ellos se asombraron, y le seguían con miedo. Entonces volviendo a tomar a los doce aparte, les comenzó a decir las cosas que le habían de acontecer. He aquí subimos a Jerusalén, y el Hijo del hombre será entregado a los principales sacerdotes y a los escribas, y le condenarán a muerte, y le entregarán a los gentiles; y le escarnecerán, le azotarán, y escupirán en él, y le matarán; mas al tercer día resucitará.
>
> Marcos 10.32–34

Mateo se expresa de manera similar y Lucas agrega el comentario de que 'se cumplirán todas las cosas escritas por los profetas acerca del Hijo del hombre'.[17]

La narración de Marcos adquiere solemnidad con esta triple reiteración de la predicción de la pasión. Lo expresa de manera tal que deliberadamente va preparando a los lectores, de la misma forma en que Jesús intencionalmente preparó a los Doce para los terribles acontecimientos que iban a ocurrir.

¿Qué es lo que más impacto produce en la narración? No es el hecho de que Jesús sería traicionado, rechazado, y condenado por su propio pueblo y sus líderes. Tampoco el hecho de ser entregado a los gentiles que primero se burlarían de él y luego lo matarían. Ni la declaración de que tres días después iba a resucitar de los muertos. Lo que más asombra no es ni siquiera el hecho de que Jesús en cada ocasión se identifica como el 'Hijo del hombre' (la figura celestial que Daniel había visto en su visión, viniendo en las nubes de los cielos, a quien se otorgaba autoridad, gloria y poder soberano, y recibía la

17. Mt. 20.17–19; Lc. 18.31–34.

adoración de las naciones), a la vez que paradójicamente afirma que el Hijo del hombre va a sufrir y morir. Al hacerlo, Jesús combina con franca originalidad las dos figuras mesiánicas del Antiguo Testamento, la del Siervo sufriente de Isaías 53 y la del Hijo del hombre entronizado de Daniel 7. Pero con todo, hay algo que sobresale aun más en la narración del Evangelio. Lo que más asombra es la inflexible determinación que expresa y ejemplifica Jesús. Dijo enfáticamente que él *debía* sufrir, ser rechazado, y morir. Todo lo que se había escrito de él en las Escrituras *debía* cumplirse. De modo que 'afirmó su rostro hacia Jerusalén', y se puso a la cabeza de los Doce al emprender el camino. Inmediatamente reconoció el comentario negativo de Pedro como de origen satánico, y por eso lo rechazó rotundamente.

Estas tres predicciones constituyen un conjunto obvio, por su estructura y vocabulario similares. Con todo, los Evangelios registran al menos ocho ocasiones más en las que Jesús aludió a su muerte. Al bajar del monte donde se había transfigurado, advirtió que iba a sufrir a manos de sus enemigos tal como había sufrido Juan el Bautista.[18]

Volvió a referirse a su muerte cuando respondió al pedido escandalosamente egoísta que hicieron Santiago y Juan, de que los ubicase en los mejores lugares del reino. Jesús les dijo que él mismo había venido para servir, no para ser servido, y 'para dar su vida en rescate por muchos'.[19] Las seis alusiones restantes fueron todas hechas durante su última semana de vida, a medida que se acercaba el momento crítico. Consideró su muerte como la culminación de muchos siglos de rechazo del mensaje de Dios por parte de los judíos, y predijo que el juicio de Dios acabaría con el privilegio de los judíos como nación.[20] Dos días antes de la Pascua, dijo que iba a ser 'entregado para ser crucificado'. En Betania, cuando María ungió sus pies con perfume, describió esta acción como preparación para su entierro. En el aposento alto insistió en que el Hijo del hombre iría tal como se había escrito de él; luego les repartió el pan y el vino como emblemas de su cuerpo y su sangre, proyectando así la imagen de su muerte y pidiendo que la conmemoraran. Finalmente, en el huerto de Getsemaní, se negó a ser defendido por hombres o por ángeles.

18. Mt. 17.9–13; Mr. 9.9–13; ver Lc. 9.44.

19. Mr. 10.35–45; Mt. 20.20–28.

20. Mr. 12.1–12; ver Mt. 21.33–46; Lc. 20.9–19.

'¿Pero cómo entonces se cumplirían las Escrituras, de que es necesario que así se haga?'[21]

Es evidente que los Evangelios sinópticos ofrecen un mismo testimonio. Jesús previó claramente y predijo reiteradamente su inminente muerte.

Mi hora ha llegado

El Evangelio de Juan omite estas predicciones precisas. Sin embargo, testifica acerca del mismo hecho al incluir siete referencias de Jesús a su 'hora' (generalmente usa la expresión *hōra*; una vez utiliza la palabra *kairos*, 'tiempo'). Era la hora de su destino, cuando dejaría el mundo para regresar al Padre. Su hora estaba bajo el control del Padre; por eso, al principio Jesús decía que 'aún no ha venido' su hora, mientras que hacia el final podía decir con toda seguridad que 'la hora ha llegado'.

Juan relata que durante la boda en Caná, en momentos en que se había acabado el vino, Jesús le dijo a su madre que su hora 'aún no ha venido'. Lo mismo dijo a sus hermanos cuando querían que fuera a Jerusalén y se diera a conocer públicamente. El significado inmediato de sus palabras resultaba obvio. Pero al incluirlas, Juan pretendía que sus lectores captaran el significado profundo, aun cuando la madre y los hermanos de Jesús no lo habían percibido.[22] Luego Juan comparte este secreto con sus lectores, y lo usa para explicar por qué las afirmaciones aparentemente blasfemas de Jesús no terminaron en su arresto. 'Procuraban prenderle', comenta, 'pero ninguno le echó mano, porque aún no había llegado su hora.'[23]

Solo cuando Jesús llegó a Jerusalén por última vez Juan hace explícita la alusión. Cuando algunos griegos quisieron verlo, primero les dijo. 'Ha llegado la hora para que el Hijo del hombre sea glorificado.' Luego, después de hablar muy claramente de su muerte, siguió diciendo. 'Ahora está turbada mi alma; ¿y qué diré? ¿Padre, sálvame

21. Mt. 26.5a. Para el dicho de la Pascua ver Mt. 26.2; para las referencias a la 'sepultura' Mr. 14.3–9. Ver Mt. 26.6–13; para la traición de Judas Mr. 14.10ss y ver Mt. 26.14ss y Lc. 22.22; para la institución de la Cena: Mr. 14.22–25 y ver Mt. 26.26–29, Lc. 22.14–20 y 1 Co. 11.23–26; y para el arresto Mt. 26.47–56 y ver Mr. 14.43–50, Lc. 22.47–53 y Jn. 18.1–11.

22. Jn. 2.4; 7.8.

23. Jn. 7.25ss, especialmente el v. 30, y 8.12ss, especialmente el v. 20.

de esta hora? Mas para esto he llegado a esta hora. Padre, glorifica tu nombre.'[24]

Más tarde, en el aposento alto, dos veces hizo alusión al hecho de que había llegado la hora en que había de dejar el mundo y ser glorificado.[25]

Aun si las primeras alusiones a su 'hora' o 'tiempo' nos dejaran incertidumbre, no podemos albergar duda alguna acerca de estas últimas tres referencias. Jesús calificó específicamente a su 'hora' como el tiempo de su 'glorificación' (glorificación que empezó con su muerte, como veremos más adelante). Declaró que no podía pedir ser librado de ella porque para eso, precisamente, había venido al mundo.

Por cierto que la paradoja que registra Juan no pudo haber sido casual, es decir, que la hora en que Jesús iba a dejar el mundo era justamente la hora para la cual había venido. Marcos es aun más explícito cuando establece una equivalencia entre la 'hora' y la 'copa'.[26]

El propósito de Jesús

Según las evidencias que nos ofrecen los evangelistas, ¿qué podemos legítimamente afirmar respecto a la perspectiva que Jesús tenía de su propia muerte? No cabe duda de que sabía que ella iba a ocurrir, no simplemente en el sentido en que todos sabemos que algún día vamos a morir, sino en el sentido de que sufriría una muerte violenta, prematura, aunque con un propósito. Él mismo ofrece tres razones entrelazadas de la inevitabilidad de estos hechos.

En primer lugar, sabía que iba a morir a causa de la hostilidad de los líderes de la nación judía. Observemos que esta situación surgió muy al comienzo de su ministerio público. Su actitud hacia la ley en general, y hacia el día de reposo en particular, los exacerbaba. Cuando Jesús insistió en sanar a un hombre que tenía la mano tullida en la sinagoga en un día de reposo, Marcos nos dice que, 'salidos los fariseos, tomaron consejo con los herodianos contra él para destruirle' (3.6). Jesús seguramente estaba al tanto de esto. También estaba familiarizado con la historia del Antiguo Testamento respecto a la persecución de los profetas fieles.[27] Aunque sabía que él mismo era más que un profeta, también sabía que no era menos y que, sin duda, lo tratarían

24. Jn. 12.20–28.

25. Jn. 13.1; 17.1.

26. Jn. 12.27; 13.1; Mr. 14.35–36, ver Mt. 26.18.

de manera similar. Jesús constituía una amenaza a la posición y los prejuicios de los líderes. Según Lucas, después de leer y comentar el pasaje de Isaías 61 en la sinagoga de Nazaret, donde Jesús pareció hablar de cierta preferencia divina hacia los gentiles, 'todos en la sinagoga se llenaron de ira; y levantándose, le echaron fuera de la ciudad, y le llevaron hasta la cumbre del monte sobre el cual estaba edificada la ciudad de ellos, para despeñarle'. Lucas agrega que Jesús 'pasó por en medio de ellos, y se fue' (4.16–30). Escapó justo a tiempo, pero Jesús sabía que tarde o temprano lo iban a aprehender.

En segundo lugar, sabía que iba a morir porque eso era lo que las Escrituras decían acerca del Mesías. 'El Hijo del hombre va, según está escrito de él' (Marcos 14.21). Cuando se refería a los testimonios proféticos del Antiguo Testamento, Jesús vinculaba la muerte con la resurrección, los sufrimientos con la gloria. Lo hacía porque las Escrituras enseñaban ambas cosas del Mesías. Incluso el Señor siguió insistiendo en esto después de su resurrección. Les dijo a los discípulos, camino a Emaús. '¿No era necesario que el Cristo padeciera estas cosas, y que entrara en su gloria? Y comenzando desde Moisés, y siguiendo por todos los profetas, les declaraba en todas las Escrituras lo que de él decían' (Lucas 24.26–27; ver también 44–47).

¡Qué hermoso hubiera sido estar presente durante esta exposición sobre 'Cristo en todas las Escrituras'! Las citas reconocibles que hizo Jesús del Antiguo Testamento, en relación con la cruz y con la resurrección, en realidad no fueron muchas. Citando a Zacarías, predijo que los apóstoles lo abandonarían cuando dijo que herirían al pastor y las ovejas se dispersarían.[28] Concluyó su parábola de los labradores con una emotiva referencia a la piedra que, habiendo sido rechazada por los constructores, llegó a ser la piedra angular del edificio.[29] Ya en la cruz, tres de las así llamadas 'siete palabras' que pronunció fueron citas directas de las Escrituras. 'Dios mío, Dios mío, ¿por qué me has desamparado?' es del Salmo 22.1. 'Tengo sed' alude al Salmo 69.21, y 'Padre, en tus manos encomiendo mi espíritu', al Salmo 31.5. En cada caso, estos salmos describen la profunda angustia de una víctima inocente, que sufre tanto física como mentalmente a manos

27. Joachin Jeremias desarrolla esta tesis en *El mensaje central.* Ver especialmente p. 41 (en la edición citada por el autor).

28. Zac. 13.7; Mt. 26.31; Mr. 14.27.

29. Sal. 118.22; Mt. 21.42; Mr. 12.10–11; Lc. 20.17. Ver Hch. 4.11; 1 P. 2.7.

de sus enemigos pero que, al mismo tiempo, mantiene la confianza en su Dios. Inicialmente, el salmista los escribió para expresar su propia angustia. A su vez, Jesús evidentemente se había reconocido a sí mismo y a sus padecimientos como el cumplimiento final de aquellas expresiones.

Sin embargo, es de Isaías 53 donde Jesús parece haber extraído la más clara predicción no solo de sus sufrimientos sino también de la gloria que recibiría a continuación. Allí el Siervo de Yahvéh aparece primero como 'despreciado y desechado entre los hombres, varón de dolores, experimentado en quebranto' (53.3), sobre quien el Señor cargó nuestros pecados, de modo que fue 'herido por nuestras rebeliones, molido por nuestros pecados' (53.5). Luego, tanto al final del capítulo 52 como del 53, 'será engrandecido y exaltado, y será puesto muy en alto' (52.13), y se le dará 'parte con los grandes' (53.12), como resultado de lo cual 'asombrará él a muchas naciones' (52.15) y 'justificará … a muchos' (53.11). La única cita literal que se registra en labios de Jesús es la frase del versículo 12, 'fue contado con los pecadores'. 'Os digo que es necesario que se cumpla todavía en mí aquello que está escrito', dijo en Lucas 22.37, agregando la expresión de Isaías. Sin embargo, aunque no citó explícitamente a Isaías cuando declaró que tenía que 'padecer mucho' y que no había venido 'para ser servido, sino para servir, y para dar su vida en rescate por muchos' (Marcos 8.31; 10.45), su manera de combinar el padecimiento, el servicio y la muerte por la salvación de otros apunta claramente a Isaías 53. Más aun, Pablo, Pedro, Mateo, Lucas y Juan, los principales contribuyentes al Nuevo Testamento, en conjunto aluden por lo menos a ocho versículos de los doce que tiene aquel capítulo de Isaías. ¿Por qué podían aplicar con tanto detalle y seguridad Isaías 53 a la persona de Jesús? Deben haberlo escuchado de sus propios labios. Sin duda, fue por este capítulo más que por ningún otro que Jesús entendió que la vocación del Mesías era sufrir y morir, por los pecados de la humanidad, para ser así glorificado.

La oposición de los líderes y las predicciones de las Escrituras son claves importantes, pero no explican por sí solas que era inevitable que Jesús muriera. La tercera razón, y la más importante, por la cual sabía que iba a morir, era que él mismo había hecho esa elección deliberadamente.

Yo doy mi vida

Jesús estaba decidido a cumplir lo que estaba escrito acerca del Mesías, por doloroso que resultara. No era la suya una actitud de fatalismo o una vocación de mártir. Se trataba sencillamente de que creía que las Escrituras constituían la revelación de su Padre. Estaba plenamente resuelto a hacer la voluntad de su Padre y a completar la obra iniciada por él. Además, su sufrimiento y su muerte tenían un propósito. 'El Hijo del hombre [había venido] a buscar y a salvar lo que se había perdido' (Lucas 19.10). Iba a morir por la salvación de los pecadores, dando su vida en rescate para proporcionarles libertad (Marcos 10.45). Por eso Jesús 'afirmó su rostro' y fue deliberadamente hacia Jerusalén. Nada lo iba a detener ni desviar. Por eso el reiterado 'es necesario' cuando hablaba de su muerte. *Era necesario* que el Hijo del hombre sufriera muchas cosas y fuese rechazado. *Era necesario* que todo lo que se había escrito de él se cumpliese. Jesús se negó a solicitar que los ángeles lo rescataran, porque entonces no se cumplirían las Escrituras que decían que *era necesario* que las cosas sucedieran de esa forma. ¿Acaso no *era necesario* que el Cristo sufriera antes de entrar en su gloria?[30] Se sentía constreñido, incluso bajo la obligación. 'De un bautismo tengo que ser bautizado; y ¡cómo me angustio [Nácar Colunga traduce 'constreñido', literalmente 'cercado'] hasta que se cumpla!' (Lucas 12.50).

De modo que, si bien sabía que debía morir, no era porque fuese una víctima impotente de las fuerzas del mal convocadas en su contra, ni de un destino inevitable decretado contra él. Libremente hizo suyo el propósito de su Padre para la salvación de los pecadores, tal como había sido revelado en las Escrituras.

Esta era la perspectiva de Jesús respecto a su muerte. A pesar de la gran importancia de su enseñanza, de su ejemplo, y de sus obras de compasión y poder, ninguno de estos aspectos ocupaba el lugar central en su misión. Lo que dominaba en su mente no era la idea de seguir viviendo sino la de dar su vida. Su 'hora' era este sacrificio final de sí mismo, para el cual había venido al mundo.

Los cuatro evangelistas demuestran haberlo entendido así. Por eso dedican una desproporcionada cantidad de espacio a los últimos días

30. Mr. 8.31; Lc. 24.44; Mt. 26.54; Lc. 24.26.

de Jesús sobre la tierra, como también a su muerte y resurrección. Esta fase ocupa entre un tercio y una cuarta parte de los tres Evangelios sinópticos. Por su parte, se dice acertadamente que el Evangelio de Juan está compuesto de dos partes. 'El libro de las señales' y 'El libro de la pasión', ya que Juan dedica casi la misma proporción a cada uno de estos temas.

El énfasis de los apóstoles

A menudo se argumenta que en el libro de Hechos los apóstoles ponen el énfasis en la resurrección más que en la muerte de Jesús, y que no ofrecen allí ninguna explicación doctrinal sobre su muerte. Ninguna de estas afirmaciones tiene pruebas en las cuales sustentarse. Tampoco estoy diciendo que los sermones de los apóstoles presentan la doctrina completa de la expiación, tal como se la encuentra más adelante en sus cartas.

Lucas escribió Hechos con un enfoque histórico, es decir, registró lo que dijeron en ese momento, no lo que podrían haber dicho si hubieran estado predicando varios años más tarde. No obstante, las semillas de la doctrina desarrollada más adelante están ya presentes. Lucas teje su relato en torno a dos apóstoles, Pedro y Pablo, e incluye cinco sermones evangelísticos típicos de cada uno de ellos, en resúmenes más o menos extensos. Así tenemos, de Pedro, los sermones en el día de Pentecostés y en el atrio del templo, breves resúmenes de lo que dijo durante los dos interrogatorios en el sanedrín, y un registro más o menos completo del mensaje dado ante el centurión gentil Cornelio y los de su casa.[31] En cuanto a Pablo, su héroe misionero, Lucas contrasta su prédica ante los judíos en la sinagoga de Pisidia de Antioquía con la que brinda a los paganos al aire libre, en Listra. Luego contrapone otras dos predicaciones en el segundo viaje misionero, a saber a los judíos de Tesalónica y a los filósofos de Atenas, y sintetiza lo que les enseñó a los líderes judíos en Roma.[32] En cada uno de los sermones el enfoque es diferente. A los judíos Pablo les hablaba del Dios del pacto, el Dios de Abraham, de Isaac y de Jacob, pero a los gentiles les hablaba del Dios de la creación, que hizo los cielos, la tierra, el mar, y todo lo que hay en ellos. Sin embargo, había

31. Hch. 2.14–39; 3.12–26; 4.8–12; 5.29–32; 10.34–43.
32. Hch. 13.16–41; 14.15–17; 17.2–3, 22–31; 28.23–31.

un núcleo común en la proclamación de los dos apóstoles, núcleo que podría reconstruirse en la siguiente forma.

> Jesús era un hombre que fue acreditado por Dios por medio de milagros y ungido por el Espíritu para hacer el bien y para sanar. A pesar de esto, fue crucificado por la intervención de hombres malvados, aunque también debido al propósito de Dios de conformidad con las Escrituras de que el Mesías debía sufrir. Luego Dios cambió el veredicto humano relativo a Jesús levantándolo de los muertos, también de acuerdo con las Escrituras, y tal como lo confirma el testimonio de los apostóles. Seguidamente Dios lo exaltó a un lugar de supremo honor como Señor y Salvador. Ahora posee plena autoridad para salvar a aquellos que se arrepienten, creen, y son bautizados en su nombre, y para otorgarles el perdón de los pecados y el don del Espíritu. También tiene plena autoridad para juzgar a aquellos que lo rechazan.

La muerte de Jesús obedecía a un propósito divino

Hay varios puntos importantes que se destacan en este núcleo esencial del evangelio.

En primer lugar, si bien los apóstoles atribuyeron la muerte de Jesús a la maldad de los hombres, declararon que también se debía a un propósito divino.[33] Más aun, Dios lo sabía y lo había anunciado anticipadamente. De modo que los apóstoles reiteradamente subrayaron que la muerte y la resurrección de Jesús sucedieron 'conforme a las Escrituras'. El resumen del evangelio que más tarde hizo el propio Pablo tenía el mismo énfasis. 'Que Cristo murió por nuestros pecados, conforme a las Escrituras; ... que resucitó al tercer día, conforme a las Escrituras...' (1 Corintios 15.3–4). Solo de vez en cuando se transcriben directamente citas del Antiguo Testamento. Seguramente se usaron muchas más sin que se las registrara, como cuando en la sinagoga de Tesalónica Pablo 'discutió con ellos, declarando y exponiendo por medio de las Escrituras, que era necesario que el Cristo padeciese, y resucitase de los muertos' (Hechos 17.2–3). Parecería probable que

33. Por ejemplo, Hch. 2.23; 3.18; 4.28.

estas afirmaciones incluyesen los pasajes bíblicos usados por el propio Jesús, y por lo tanto la doctrina que ellos expresaban.

La cruz era lugar de maldición

En segundo lugar, aunque falte una doctrina sobre la expiación plenamente desarrollada, la prédica apostólica sobre la cruz tiene carácter doctrinal. Proclamaban que Cristo murió de acuerdo con las Escrituras, por lo tanto, de acuerdo con el propósito salvífico de Dios. Además, a la cruz en la que había muerto la llamaban 'madero' (literalmente, 'árbol'). Lucas tiene el cuidado de registrar este detalle en relación con los dos principales apóstoles, Pedro y Pablo. Dos veces Pedro expresó que lo mataron 'colgándole de un madero'. La primera en el sanedrín, y la segunda en casa de Cornelio, el gentil. De manera similar, en la sinagoga de Pisidia de Antioquía, Pablo dijo que el pueblo y sus jefes en Jerusalén, 'habiendo cumplido todas las cosas que de él estaban escritas, quitándolo del madero, lo pusieron en el sepulcro'.[34]

Los apóstoles no tenían obligación alguna de usar este lenguaje. Pedro también habló de la 'crucifixión' de Jesús, y Pablo de sus 'padecimientos' y su 'ejecución'.[35] ¿Por qué, entonces, estas referencias al 'madero' o 'árbol', y al hecho de que Jesús había sido 'colgado' de él? La única explicación posible se encuentra en Deuteronomio 21.22–23, donde se había dado la orden de que el cadáver de alguien que hubiese sido sentenciado por un crimen grave a la pena capital por ahorcamiento debía ser sepultado antes del anochecer, 'porque maldito por Dios es el colgado'. Los apóstoles estaban perfectamente familiarizados con esta legislación; la deducción lógica era que Jesús había muerto bajo la maldición de Dios. Sin embargo, en lugar de guardar silencio, deliberadamente dirigían la atención de la gente a este hecho. Evidentemente no les avergonzaba decirlo. Por cierto no pensaban que Jesús mereciera la maldición de Dios. Por lo tanto, seguramente comenzaban a comprender que era nuestra maldición la que estaba llevando sobre la cruz. Ambos apóstoles lo expresaron con toda claridad en las cartas que escribieron más tarde. En su Carta a los Gálatas, probablemente escrita muy poco después de su visita a Antioquía de Pisidia, Pablo declaró:

34. Hch. 5.30; 10.39; 13.29.

35. Hch. 2.23, 36; 4.10; 17.3; 13.28.

> Cristo nos redimió de la maldición de la ley, hecho por nosotros maldición (porque está escrito. Maldito todo el que es colgado en un madero). Gálatas 3.13

Por su parte, Pedro escribió.

> [Jesús] llevó él mismo nuestros pecados en su cuerpo sobre el madero. 1 Pedro 2.24

En sus epístolas, tanto Pedro como Pablo reconocieron claramente que en la cruz Cristo cargaba nuestros pecados y nuestra maldición, y ambos relacionaron este hecho con el pasaje de Deuteronomio respecto a la maldición de ser colgado de un madero. Por consiguiente, ¿no es razonable suponer que ya en los discursos de Hechos, en los que hablaban de la cruz como un madero (o árbol), habían percibido esa verdad? De ser así, significa que en los primeros sermones de los apóstoles hay más enseñanza doctrinal acerca de la cruz de la que normalmente se les atribuye.

Jesús murió y resucitó

En tercer lugar, tenemos que considerar el modo en que los apóstoles presentaban el hecho de la resurrección. Aunque la enfatizaban, sería una exageración decir que predicaban exclusivamente un evangelio de la resurrección. La resurrección no puede ser presentada aisladamente. Solo hay resurrección si antes hay muerte, y su significado está determinado por la naturaleza de dicha muerte. Es decir, la razón de enfatizar la resurrección podría deberse a la necesidad de enfatizar algo respecto a la muerte que esa resurrección anula y vence. Y así es, en efecto. En su expresión más sencilla el mensaje de los apóstoles era. Vosotros lo matasteis, Dios lo levantó, y nosotros somos testigos.[36] En otras palabras, la resurrección era la manera en que Dios rectificaba el veredicto humano sobre Jesucristo.

Pero era más que eso. Por medio de la resurrección Dios *glorificó* y *exaltó* a Jesús, el que había muerto.[37] Le dio un sitio de supremo honor a su diestra, en cumplimiento de la profecía del Salmo 110.1 y en mérito a lo que su muerte obtuvo. El Jesús crucificado y resucitado

36. Ver Hch. 2.23–24; 3.15; 4.10; 5.30; 10.39–40; 13.28–30.
37. Hch. 3.13; 2.33.

fue hecho por Dios Señor y Cristo, Príncipe y Salvador, con autoridad para salvar a los pecadores otorgándoles el arrepentimiento, el perdón y el don del Espíritu.[38] Esta salvación total se debe al poder de su 'Nombre' (suma total de su persona, muerte y resurrección), en el cual las personas deben creer, y en el cual deben ser bautizadas, ya que 'no hay otro nombre bajo el cielo, dado a los hombres, en que podamos ser salvos'.[39]

La centralidad de la cruz en las cartas apostólicas

El lugar prominente que los apóstoles otorgan a la cruz es aun más marcado en sus cartas. Son formulaciones más maduras que los primeros sermones que se registran en Hechos. Es verdad que algunas de las cartas más breves no la nombran (tal el caso de la Carta de Pablo a Filemón, la de Judas, y la segunda y tercera Epístolas de Juan). La Carta de Santiago, una homilía mayormente ética, tampoco se refiere a ella. Pero los tres escritores principales del Nuevo Testamento, Pablo, Pedro y Juan, todos ofrecen un testimonio unánime sobre la centralidad de la cruz, y lo mismo sucede en la Carta a los Hebreos y en Apocalipsis.

Empecemos por Pablo. El apóstol claramente definió su mensaje como 'la palabra de la cruz'. Su ministerio consistía en 'predicar a Cristo crucificado'. Describía el bautismo como la participación en la muerte de Cristo y la cena del Señor como una proclamación de su muerte. Valientemente declaraba que, si bien la cruz parecía a muchos 'locura' o 'tropezadero', en realidad se trataba de la esencia misma de la sabiduría y el poder de Dios.[40] Tan convencido estaba de esto que había resuelto, como se lo expresó a los corintios, renunciar a la sabiduría del mundo y no saber entre ellos otra cosa sino 'a Jesucristo, y a este crucificado' (1 Corintios 2.1–2).

En la misma carta les recuerda a los corintios el evangelio que había recibido y les había entregado a ellos, y que había llegado a ser el fundamento sobre el cual se sostenían y las buenas nuevas por las cuales habían sido salvados.

38. Ver Hch. 2.33–36; 3.26; 5.31–32; 10.43; 13.38–39.

39. Hch. 2.38; 3.16; 4.10, 12; ver Lc. 24.46–47.

40. 1 Co. 1.18–25; Ro. 6.3; 1 Co. 11.26.

> Que Cristo murió por nuestros pecados, conforme a las Escrituras; y que fue sepultado, y que resucitó al tercer día, conforme a las Escrituras; y que apareció …
>
> 1 Corintios 15.3–5

Algunos años más tarde, el apóstol Pablo amplía este esquema para elaborar ese manifiesto completo del evangelio que es la Carta a los Romanos. Allí su énfasis en la cruz es aún más fuerte. En los primeros capítulos demuestra la pecaminosidad de toda la raza humana y su culpabilidad delante de Dios. Luego explica que el modo adecuado en que Dios justificó ante sí a los pecadores fue 'mediante la redención que es en Cristo Jesús, a quien Dios puso como propiciación por medio de la fe en su sangre' (Romanos 3.21–25). En consecuencia, somos 'justificados en su sangre' y 'reconciliados con Dios por la muerte de su Hijo' (Romanos 5.9–10). Sin la muerte redentora de Cristo nuestra salvación hubiera sido imposible. ¡Con razón Pablo no quería gloriarse en otra cosa sino en la cruz de Cristo (Gálatas 6.14)!

El testimonio de Pedro es igualmente claro. El apóstol comienza su primera carta con la llamativa afirmación de que los lectores han sido rociados con la sangre de Jesucristo. Unos versículos más adelante, les recuerda que no habían sido redimidos de la vida vacía y sin sentido que antes llevaban 'con cosas corruptibles, como oro o plata', sino más bien 'con la sangre preciosa de Cristo, como de un cordero sin mancha y sin contaminación' (1 Pedro 1.18–19).

En esta carta, las restantes referencias relacionan a la muerte de Jesús con los sufrimientos injustos que padecen los cristianos. estos, igual que Jesús, alcanzarán la 'gloria a través del padecimiento'. Pero el apóstol Pedro aprovecha la ocasión para ofrecer profundas enseñanzas acerca de la muerte del Salvador y mostrar el cumplimiento de la profecía de Isaías 53. Cristo, declara el apóstol, 'llevó él mismo nuestros pecados en su cuerpo sobre el madero' y 'padeció una sola vez por los pecados, el justo por los injustos, para llevarnos a Dios' (1 Pedro 2.24; 3.18). En el contexto Pedro está enfatizando la cruz como un ejemplo para nosotros, y esto le da aun más fuerza al hecho de que, al mismo tiempo, quiera escribir acerca de Cristo como el que llevó nuestros pecados, y como nuestro sustituto.

El énfasis de Juan en sus cartas es el tema de la encarnación. Su objetivo era combatir la temprana herejía que pretendía separar a Cristo de la persona de Jesús, al Hijo divino del ser humano. Por esta razón insistió en que Jesús era el Cristo 'venido en carne' y que cualquiera que negara esta verdad era el Anticristo.[41] Juan consideraba que la encarnación estaba relacionada con la expiación. El amor único y total de Dios, dice el apóstol en su primera carta, se manifestó en el hecho de que Cristo vino para morir, ya que Dios 'envió a su Hijo en propiciación por nuestros pecados', y es su sangre la que 'nos limpia de todo pecado'.[42]

La Carta a los Hebreos es en realidad un tratado teológico, más que una carta. Fue escrita a judeocristianos que, bajo la presión de la persecución, se sentían tentados a renunciar a Cristo y volver al judaísmo. ¿Qué hizo el escritor? Les demostró la supremacía de Jesucristo. Como Hijo, superior a los ángeles; y como profeta, mayor que Moisés. Especialmente, como sacerdote Jesús superaba al obsoleto sistema del sacerdocio levítico.

El ministerio sacrificial de Jesús, 'nuestro gran sumo sacerdote' (Hebreos 4.14), es incomparablemente superior al de ellos. Jesús no tenía pecado por el cual tuviera que hacer sacrificios; la sangre que derramó no fue la de corderos ni machos cabríos, sino la suya propia; no tenía necesidad alguna de ofrecer reiterados sacrificios, que nunca podían eliminar el pecado, porque ofreció 'una vez para siempre un solo sacrificio por los pecados' (Hebreos 10.12); y así obtuvo 'redención eterna' y estableció un 'pacto eterno' que contiene la siguiente promesa. 'Nunca más me acordaré de sus pecados y de sus iniquidades' (Hebreos 8.12).[43]

El Cordero inmolado del Apocalipsis

Hemos considerado la centralidad de la cruz en los primeros sermones en Hechos y en las cartas apostólicas. Pero lo más asombroso es la descripción que tenemos de Jesús en el último libro de la Biblia, Apocalipsis.

En el primer capítulo se nos presenta a Jesús como 'el primogénito de los muertos' (v. 5). Es el que vive, el que estuvo muerto, pero ahora vive por los siglos, y tiene las llaves de la muerte y del Hades (v. 18). Este mismo capítulo contiene una doxología apropiada.

41. Por ejemplo, 1 Jn. 2.22; 4.1–3; 2 Jn. 7.
42. 1 Jn. 3.16; 4.9–10, 14; ver 2.1–2; 1.7.
43. Ver especialmente Hebreos 8–10.

> Al que nos amó, y nos lavó de nuestros pecados con su sangre … a él sea gloria e imperio por los siglos de los siglos.
>
> Apocalipsis 1.5–6

El nombre que más usa Juan para referirse a Jesús en las imágenes del Apocalipsis es simplemente el de 'Cordero'. La razón de ser de este título, que se le aplica veintiocho veces a lo largo del libro, tiene poco que ver con la mansedumbre de su carácter. En una ocasión se contrastan deliberadamente sus cualidades de 'León' y de 'Cordero', (5.5–6). Pero el nombre de Cordero se debe más bien a que fue muerto como víctima expiatoria y que por su sangre ha liberado a los suyos.

Para entender la perspectiva desde la cual Juan concibe la influencia del Cordero, puede ser de ayuda que consideremos cuatro aspectos. la salvación, la historia, la adoración y la eternidad.

El pueblo redimido de Dios, que ha sido reunido de toda nación y toda lengua, y que está delante del trono de Dios, atribuye su salvación específicamente a Dios y al Cordero. La 'gran multitud, la cual nadie podía contar' exclama a gran voz.

> La salvación pertenece a nuestro Dios que está sentado en el trono, y al Cordero.
>
> Apocalipsis 7.10

Juan usa una figura muy elocuente para describir las vestimentas que llevan; nos dice que 'han lavado sus ropas, y las han emblanquecido en la sangre del Cordero'. En otras palabras, solo tienen derecho a estar ante el trono de Dios gracias a la cruz de Cristo, por medio de la cual han sido perdonados sus pecados y limpiadas sus maldades. La salvación que han logrado por Cristo es segura. sus nombres han sido escritos en el libro de la vida del Cordero y el nombre del Cordero ha sido escrito en sus frentes.[44]

Sin embargo, en la visión de Juan el Cordero es más que el Salvador de una incontable multitud. Es también el Señor de toda la historia. Para empezar, está en pie 'en medio del trono', es decir, comparte el gobierno soberano con Dios Todopoderoso. Más aun, el que ocupa el trono tiene en su diestra un rollo con siete sellos, que generalmente se identifica como el libro de la historia. Juan relata que al principio él

44. Ap. 7.9–14, 16–17; 13.8; 21.27; 14.1ss.

lloraba mucho porque no había nadie en todo el universo que pudiera abrir el rollo, ni siquiera mirar dentro de él. Finalmente se declara al Cordero digno de hacerlo. Este toma el rollo y rompe uno a uno los sellos. Así (pareciera) devela la historia paso a paso. ¿Qué lo ha hecho merecedor de cumplir este papel? Su cruz. Esta es la clave de la historia y de la redención. A pesar de los sufrimientos de la guerra, del hambre, las plagas, la persecución y otras catástrofes, el pueblo de Dios todavía puede vencer al diablo 'por medio de la sangre del Cordero'. La victoria final, sin ninguna duda, será del Cordero y de ellos mismos, porque ha quedado demostrado que el Cordero es 'Señor de señores y Rey de reyes'.[45]

¡Es natural que el autor de la salvación y el Señor de la historia sea también objeto de la adoración celestial! En el capítulo 5 escuchamos un coro tras otro que se suman para entonar las alabanzas del Cordero. Primero, cuando tomó el libro, los cuatro seres vivientes y los veinticuatro ancianos (que probablemente representan la totalidad de la creación por un lado, y la totalidad de la iglesia en ambos Testamentos, por otro) 'se postraron delante del Cordero … y cantaban un nuevo cántico'.

> Digno eres de tomar el libro y de abrir sus sellos; porque tú
> fuiste inmolado, y con tu sangre nos has redimido para Dios,
> de todo linaje y lengua y pueblo y nación.
>
> Apocalipsis 5.9

Luego, Juan oyó la voz de cientos de millones de ángeles, que formaban un círculo alrededor de los que rodeaban al trono. Ellos también cantaban a viva voz.

> El Cordero que fue inmolado es digno de tomar el poder,
> las riquezas, la sabiduría, la fortaleza, la honra, la gloria y la
> alabanza.
>
> Apocalipsis 5.12

Finalmente, oyó a 'todo lo creado que está en el cielo, y sobre la tierra, y debajo de la tierra, y en el mar, y a todas las cosas que en ellos hay'… La creación universal cantaba.

45. Ap. 5.1–6; 22.1, 3; 12.11; 17.14.

> Al que está sentado en el trono, y al Cordero, sea la alabanza, la honra, la gloria y el poder, por los siglos de los siglos.
>
> Apocalipsis 5.13

A esto los cuatro seres vivientes respondieron 'Amén', y los ancianos se postraron y adoraron.[46]

Jesús el Cordero hace algo más que ocupar el centro de la escena en la salvación, en la historia y en la adoración; además, tendrá un lugar central cuando la historia llegue a su culminación y se descorra el telón de la eternidad. En el día del juicio, aquellos que lo hayan rechazado tratarán de escapar. Clamarán a las montañas y a las rocas para que los cubran.

> Caed sobre nosotros, y escondednos del rostro de aquel que está sentado sobre el trono, y de la ira del Cordero; porque el gran día de su ira ha llegado; ¿y quién podrá sostenerse en pie?
>
> Apocalipsis 6.16–17

En cambio, para aquellos que han confiado en él y lo han seguido, ese día será como un día de boda, como una fiesta de casamiento. La unión final de Cristo con su pueblo se describe en términos de la boda del Cordero con su esposa.

Usando otra metáfora, hacia el final del Apocalipsis Juan declara que la nueva Jerusalén descenderá del cielo. No habrá templo en ella, 'porque el Señor Dios Todopoderoso es el templo de ella, y el Cordero' (21.22). Tampoco habrá necesidad de sol ni de luna, 'porque la gloria de Dios la ilumina, y el Cordero es su lumbrera' (21.23).[47]

Es imposible dejar de advertir la reiterada y explícita asociación que hace el apóstol Juan entre Dios y el Cordero. La persona a la que ubica en un mismo nivel con Dios es el Salvador, Jesús, el que murió por los pecadores. En su visión, Juan lo describe como el mediador de la salvación que Dios ha provisto; él es quien comparte el trono de Dios, recibe la adoración que le corresponde a Dios y difunde la luz de Dios. El mérito que lo habilita para todos estos privilegios exclusivos es el hecho de que fue muerto, y que por su muerte obtuvo nuestra salvación.

46. Ap. 5.8–9, 11–14.

47. Ap. 6.15–17; 19.6–7; 21.9–10, 22–23.

Si en Apocalipsis 13.8 se dice (como es posible y traduce RVR, no DHH 1994) que el libro de la vida pertenece al Cordero que fue inmolado desde el principio del mundo, entonces Juan nos está diciendo nada más y nada menos que desde la eternidad en el pasado hasta la eternidad en el futuro, el centro de la escena lo ocupa el Cordero de Dios que fue muerto.

Los enemigos de la cruz

Podemos decir, sin vacilar, que los principales escritores del Nuevo Testamento creían en la centralidad de la cruz de Cristo. Su convicción estaba fundada en la perspectiva que el propio Señor tenía respecto a su muerte. La iglesia primitiva tenía una firme base doble —la enseñanza de Cristo y la de los apóstoles— para hacer de la cruz la señal y el símbolo del cristianismo. La tradición de la iglesia es, en esto, un fiel reflejo de las Escrituras.

Tampoco podemos pasar por alto la notable tenacidad de los apóstoles. Sabían que aquellos que habían crucificado al Hijo de Dios lo habían sometido al 'vituperio'. Jesús se humilló y 'sufrió la cruz, menospreciando el oprobio' (Hebreos 12.2).[48] Sin embargo, lo que resultaba vergonzoso e incluso detestable para los enemigos de Cristo, a los ojos de sus seguidores era lo más glorioso. Habían aprendido que el siervo no era más que su Señor, y que también para ellos el sufrimiento era el camino hacia la gloria. Más aun, el padecimiento mismo resultaba ser glorioso. cuando eran 'vituperados por el nombre de Cristo', entonces 'el glorioso Espíritu de Dios reposa' sobre ellos.[49]

En cambio, los enemigos del evangelio no compartían ni comparten este punto de vista. No hay división más radical entre los que creen y los incrédulos que la que se refiere a sus respectivas actitudes ante la cruz. Donde la fe ve gloria, la incredulidad solo ve desgracia. Lo que era locura para los griegos (y sigue siéndolo para los intelectuales modernos que confían en su propia sabiduría) es, no obstante, la sabiduría de Dios. Y lo que es poder de Dios para salvación sigue siendo piedra de tropiezo para aquellos que confían en su propia justicia, como los judíos del primer siglo (1 Corintios 1.18–25).

48. He. 6.6; Fil. 2.8; He. 12.2.

49. Lc. 24.26; Jn. 12.23–24; 1 P. 1.11; 4.13; 5.1, 10; 4.14.

En Oriente

Una de las características más lamentables del islamismo es que rechaza la cruz. Declara que es inapropiado que el máximo profeta de Dios pudiera terminar de una manera tan vergonzosa. El Corán no ve necesidad alguna de que un Salvador muera por los pecados. Al menos en cinco ocasiones declara categóricamente que 'ningún alma llevará la carga de otra'. De hecho, 'si un alma atribulada clama pidiendo auxilio, ni siquiera un pariente cercano debe compartir su carga'. ¿A qué se debe esto? A que 'cada hombre cosechará el fruto de sus propias obras', aun cuando Alá sea misericordioso y perdone a aquellos que se arrepientan y hagan el bien. El Corán no solo niega la necesidad de la cruz sino el hecho mismo. En su opinión fue una monstruosa falsedad de parte de los judíos declarar que habían 'entregado a la muerte a Jesús el Mesías, el hijo de María, el apóstol de Alá'. En realidad, 'no lo mataron, ni lo crucificaron, sino que creyeron que lo habían hecho'.[50] Aunque los teólogos musulmanes han interpretado esta afirmación de diferentes maneras, la creencia que se sostiene generalmente es que Dios mandó un hechizo sobre los enemigos de Jesús para rescatarlo de sus manos, y que Judas Iscariote[51] o Simón de Cirene ocuparon su lugar a último momento. En el siglo XIX la secta islámica ahmadiya adoptó, de distintos autores cristianos liberales, el concepto de que Jesús solo se desvaneció en la cruz. Agregan que se reanimó en la tumba, y después fue a enseñar en la India, donde más tarde murió; se declaran guardianes de su tumba en Cachemira.

Los mensajeros cristianos de las buenas nuevas, en cambio, no pueden callar respecto a la cruz. He aquí el testimonio del misionero norteamericano Samuel M. Zwemer (1867–1952), quien trabajó en Arabia, fue director durante cuarenta años de *The Muslim world*

50. Las citas son del *Corán*. Las cinco negaciones de la posibilidad de la 'sustitución' aparecen en LIII.38, XXV.18, XVII.15, XXXIX.7 y VI.164.

51. El falso *Evangelio de Bernabé*, escrito en italiano en el siglo XIV o XV por un cristiano convertido al islam, contiene partes del *Corán*, como también de los cuatro Evangelios canónicos. Narra un cuento fantástico según el cual, cuando apareció Judas con los soldados para arrestar a Jesús, este último se ocultó en una casa. Allí unos ángeles lo rescataron sacándolo por una ventana, mientras que Judas 'experimentó un cambio tal en su modo de hablar como en su rostro, que se parecía a Jesús', por lo cual todos se engañaron, y Judas fue crucificado en lugar de Jesús.

(El mundo musulmán), y recibe a veces el apelativo de 'apóstol enviado al Islam'.

> El misionero que trabaja entre los musulmanes (para quienes la cruz de Cristo es piedra de tropiezo, y la expiación una necedad) se ve impulsado diariamente a meditar más profundamente sobre este misterio de la redención, y a adoptar una convicción más fuerte de que en esto reside la esencia misma de nuestro mensaje y nuestra misión …
>
> Si la cruz de Cristo significa algo para el que piensa, seguramente lo es todo. la realidad más profunda y el misterio más sublime. Uno llega a reconocer que toda la riqueza y la gloria del evangelio reside allí. La cruz es el centro del pensamiento neotestamentario. Es la marca distintiva de la fe cristiana, el símbolo del cristianismo y su punto de mira.
>
> Cuanto más niegan los incrédulos el carácter central de la cruz, tanto más los creyentes encuentran en ella la clave de los misterios del pecado y del sufrimiento. Cuando leemos el evangelio con los musulmanes redescubrimos el énfasis apostólico en la cruz. Comprobamos que, aunque la ofensa de la cruz no ha desaparecido, su atracción magnética resulta irresistible.[52]

'Irresistible' es precisamente la palabra que usó un estudiante iraní cuando me relataba su conversión a Cristo. Se le había enseñado a leer el Corán, a repetir sus oraciones, y a llevar una vida correcta. Sin embargo, sabía que estaba distanciado de Dios a causa de sus pecados. Cuando sus amigos cristianos lo llevaron a la iglesia y lo estimularon a leer la Biblia, aprendió que Cristo había muerto para darle perdón. 'El ofrecimiento resultó irresistible y un regalo del cielo', dijo. Relató cómo había clamado a Dios para obtener misericordia por medio de Cristo. 'Casi inmediatamente la carga de mi vida pasada me fue quitada. Sentí como si me hubieran sacado de encima un enorme peso. Con el alivio y la sensación de liviandad vino también un gozo increíble. ¡Al fin estaba libre de mi pasado! *Sabía* que Dios me había perdonado, y me sentí limpio. Quería gritar, decírselo a todo el mundo.' Fue la cruz de Cristo la que mostró a este estudiante el carácter de

52. Samuel M. Zwemer: *Glory of the cross*, p. 6.

Dios, y fue en ella que encontró las dimensiones que le faltaban al islam. 'La paternidad íntima de Dios, y la profunda seguridad del perdón de los pecados.'

Los musulmanes no son los únicos que rechazan el evangelio de la cruz. También los hindúes, aunque aceptan su historicidad, rechazan su valor salvífico. Gandhi, por ejemplo, el fundador de la India moderna, se sintió atraído hacia el cristianismo cuando trabajaba como abogado en Sudáfrica en su juventud. Sin embargo, estando todavía allí escribió sobre sí mismo lo siguiente en 1894.

> Podía aceptar a Jesús como mártir, como expresión del sacrificio, y como maestro divino, pero no como el hombre más perfecto que jamás haya nacido. Su muerte en la cruz fue un tremendo ejemplo para el mundo, pero mi corazón se negaba a aceptar que haya habido allí algo que pueda considerarse una virtud misteriosa o milagrosa.[53]

En Occidente

En el mundo occidental, quizás el rechazo más desdeñoso hacia la cruz haya salido de la pluma del filósofo y filólogo alemán, Friedrich Nietzsche (fallecido en 1900). Casi en el comienzo de *El Anticristo* (1888), definió el bien como 'la voluntad de poder', el mal como 'todo lo que procede de la debilidad', y la felicidad como 'el sentimiento de que el poder aumenta'. Dijo, además, que 'más perjudicial que cualquier vicio … es la activa simpatía hacia los discapacitados y los débiles, o sea el cristianismo'. Admirador de la tesis de Darwin de la supervivencia de los más fuertes, Nietzsche despreciaba toda forma de debilidad, y soñaba con el surgimiento de un superhombre y de una audaz raza superior. Para él, la depravación radicaba en la decadencia, y nada había más decadente que el cristianismo, que 'se ha puesto del lado de todo lo débil, lo bajo, lo deforme'. Por ser 'la religión de la compasión', el cristianismo 'preserva lo que está maduro para la destrucción', y, por consiguiente, 'obstaculiza la ley de la evolución'. Nietzsche reservó sus críticas más amargas para la concepción cristiana de Dios. Se refirió a él como 'Dios de los enfermos, Dios como

53. *Gandhi: An autobiography*, p. 113.

araña, Dios como espíritu', y calificó despectivamente al Mesías cristiano como 'Dios en la cruz'.

Otros han rechazado al cristianismo por considerar que sus enseñanzas son 'salvajes'. El profesor Alfred Ayer, por ejemplo, filósofo de Oxford muy conocido por su antipatía hacia el cristianismo, escribió en un artículo periodístico que, entre las religiones que tienen alguna importancia histórica, había suficientes razones para considerar que el cristianismo era la peor de todas. ¿Por qué? Porque, dice Ayer, descansa sobre 'las doctrinas paralelas del pecado original y la expiación vicaria, que son intelectualmente despreciables y moralmente escandalosas'.[54]

Perseverancia a pesar de la oposición

¿Cómo es que los cristianos pueden hacer frente a tanta ridiculización sin abandonar su posición? ¿Por qué nos aferramos a una 'tosca cruz', e insistimos en su centralidad, resistiéndonos a que sea empujada hacia la periferia del mensaje que predicamos? ¿Por qué proclamamos algo que provoca escándalo, y nos gloriamos en lo que resulta vergonzoso?

La respuesta reside en la sola palabra *integridad*. La integridad cristiana consiste más que nada en la lealtad personal a Jesucristo, en cuya perspectiva la cruz salvadora ocupaba el lugar central. Es más, todos los que se han acercado desprejuiciadamente a las Escrituras parecen haber llegado a la misma conclusión. He aquí una muestra que corresponde a nuestro propio siglo.

El congregacionalista inglés P. T. Forsyth escribió en *The cruciality of the cross* (El carácter crucial de la cruz), en 1909.

> Cristo es para nosotros ni más ni menos que lo que es para nosotros la cruz. Todo lo que Cristo era en el cielo o en la tierra entra en lo que hizo en esa cruz … Cristo, repito, es para nosotros exactamente lo que es su cruz. No se puede entender a Cristo mientras no se entienda su cruz (pp. 44–45).

54. *The Guardian*, 30 de agosto de 1979.

Al año siguiente, en *The work of Christ* (La obra de Cristo), escribió.

> La iglesia toda descansa sobre esta interpretación de la obra de Cristo (a saber, la doctrina paulina de la reconciliación). Si desplazamos la fe de dicho centro, hemos decretado la muerte de la iglesia (p. 53).

Luego, el teólogo suizo Emil Brunner, cuyo libro *El Mediador* fue publicado primero en alemán en 1927, con el subtítulo 'Un estudio sobre la doctrina central de la fe cristiana', defendió sus convicciones en los siguientes términos.

> En el cristianismo la fe en el Mediador no es algo opcional. No es algo sobre lo cual, en última instancia, pueden sostenerse diferentes opiniones, en tanto estemos de acuerdo en 'lo fundamental'. Porque la fe en el Mediador, es decir, en el acontecimiento que tuvo lugar una vez para siempre, la expiación revelada, *es* la religión cristiana. Es, precisamente, 'lo fundamental'; no es algo paralelo al eje central. Es la médula y la sustancia, no la cáscara. Esto es tan así que podemos afirmar que, a diferencia de todas las otras formas de religión, la religión cristiana consiste en la fe en un Mediador … Y no hay otra posibilidad de ser cristiano que a través de la fe en aquello que tuvo lugar una vez para siempre. la revelación y la expiación por medio del Mediador (p. 40).

Más adelante, Brunner aprueba la descripción que Lutero hace de la teología cristiana como una *theologia crucis*, y añade.

> La cruz es la señal de la fe cristiana, de la iglesia cristiana, de la revelación de Dios en Jesucristo … Toda la lucha de la Reforma en defensa de la *sola fide*, la *soli deo gloria*, fue simplemente la lucha por la correcta interpretación de la cruz. Quien entienda la cruz acertadamente —declaran los reformadores— entiende la Biblia, entiende a Jesucristo (p. 435).

Y luego.

> El reconocimiento y la aceptación de esta singularidad, la fe en el Mediador, es la señal de la fe cristiana. Todo el que considere

> que esta afirmación es una muestra de exageración, de intolerancia, rigidez, modo ahistórico de pensar, o algo semejante, no ha oído aún el mensaje del cristianismo (p. 507).

Mi última cita pertenece al erudito anglicano, el obispo Stephen Neill.

> En la teología cristiana de la historia, la muerte de Cristo es el punto central de la historia. Allí convergen todas las rutas del pasado; por lo tanto, de allí nacen todas las rutas del futuro.[55]

Es natural que el pensamiento de los estudiosos se haya filtrado hasta llegar a la devoción cristiana popular. Es preciso perdonar a algunos cristianos, que al quebrarse su orgullo ante la cruz de Cristo, al sentir que se liberaban de la culpa, que su amor se encendía, que recuperaban su esperanza y que su personalidad se transformaba, han exagerado la nota en alguna medida al referirse a la cruz. Al percibirla como el centro de la historia y de la teología, es natural que la perciban también como el centro de la realidad toda. De modo que la ven en todas partes, y siempre ha sido así. Daré dos ejemplos, uno antiguo y el otro moderno.

Justino Mártir, el apologeta cristiano del siglo II, dijo que adondequiera que dirigía su vista, veía la cruz. No se puede surcar el mar ni arar la tierra sin la cruz, escribió, refiriéndose al mástil y a la verga de las embarcaciones, al filo del arado y al yugo de los bueyes. Los que cavan y los artesanos se valen de herramientas en forma de cruz, dijo, aludiendo probablemente a la pala y su mango. Más aun, 'la forma humana difiere de la de todos los animales irracionales nada menos que en el hecho de tener el torso erguido y los brazos extendidos'. Si el torso y los brazos de la forma humana proclaman la cruz, también lo hacen la nariz y las cejas en el rostro humano.[56] ¿Fantasioso? Sí, por cierto, pero me encuentro personalmente dispuesto a perdonar fantasías como estas, que glorifican a la cruz.

El ejemplo moderno es la descripción más elocuente que conozco de la universalidad de la cruz. Se trata de una actualización inconsciente de Justino Mártir, por Malcolm Muggeridge. Criado en un

55. Del capítulo titulado 'Jesús y la historia', en *Truth of God incarnate*, ed. M. B. Green, p. 80.

56. Justino Mártir: *Apología I*, cap. LV, 'Símbolos de la cruz'.

hogar socialista, y familiarizado con las 'escuelas dominicales' socialistas y su 'especie de agnosticismo endulzado con himnos', empezó a sentirse incómodo respecto a 'todo este concepto de un Jesús de las buenas causas'.

> Alcanzaba a ver una cruz (no necesariamente un crucifijo; quizás dos piezas de madera accidentalmente unidas con un clavo, en un poste telegráfico, por ejemplo) y de pronto mi corazón parecía detenerse. De un modo instintivo, intuitivo, llegué a comprender que estaba en juego algo más importante, más tumultuoso, más apasionado que nuestras buenas causas, por admirables que estas pudieran ser … Sé que se trataba de un interés obsesivo … Yo mismo unía trocitos de madera, o garabateaba cruces. Este símbolo, que se consideraba motivo de burla en mi hogar, sin embargo era a la vez el centro de profundas esperanzas y anhelos …
>
> Cuando lo recuerdo, siento el peso de mi propio fracaso. Debí haberla usado sobre mi pecho. Debí haberla usado como un precioso emblema, de modo que nunca fuera arrebatada de mis manos; aun cuando sufriera una caída, seguiría llevada en alto. Debió haber sido mi culto, mi uniforme, mi lenguaje, mi vida. No tengo excusa; no puedo decir que no lo sabía. Lo sabía desde el comienzo, pero le di la espalda.[57]

Más tarde, sin embargo, se encontró con ella, como debe hacerlo toda persona que haya atisbado alguna vez la realidad del Cristo crucificado. Porque el único Jesús auténtico es el Jesús que murió en la cruz.

Pero ¿por qué murió? ¿Quién fue responsable de su muerte? Esa es la pregunta que consideraremos en el próximo capítulo.

57. Malcolm Muggeridge: *Jesus rediscovered*, pp. 24–25.

2

¿POR QUÉ MURIÓ CRISTO?

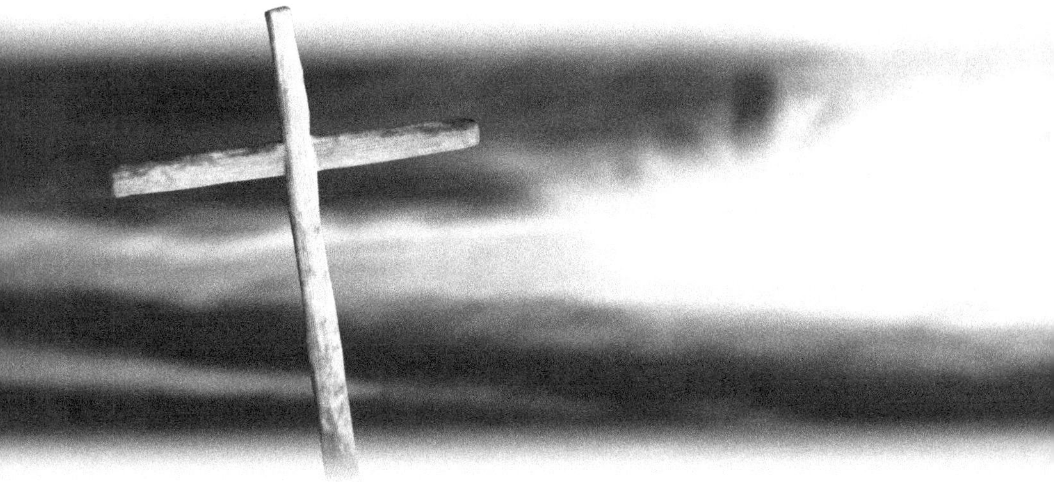

CRISTO MURIÓ. ¿POR QUÉ? ¿QUIÉN FUE RESPONSABLE de su muerte?

Muchas personas no ven problema alguno en estas preguntas, y en consecuencia no encuentran difícil responderlas. Para ellos los hechos son tan claros como el agua. Jesús no 'murió', dicen; fue muerto, ejecutado públicamente como criminal. Lo mataron porque las doctrinas que enseñó aparecían peligrosas, hasta subversivas. Los líderes judíos estaban indignados por su actitud irrespetuosa hacia la ley y por sus declaraciones provocativas. Los romanos, que gobernaban Palestina, oyeron que se estaba anunciando como rey de los judíos; por lo tanto, estaba desafiando la autoridad del César.

Ante ambos grupos Jesús aparecía como un pensador y predicador revolucionario, y algunos lo consideraron también como un activista revolucionario. Era una amenaza tan profunda para el sistema establecido que decidieron deshacerse de él. Judíos y romanos llegaron a formar una alianza sacrílega para llevar a cabo sus planes. En el tribunal judío se lo acusó de blasfemia. Ante el tribunal romano se lo acusó de sedicioso. En un caso el cargo era teológico, en el otro la denuncia fue política. Pero ya fuera que su ofensa se considerara dirigida contra Dios o contra el César, el resultado fue el mismo. Los líderes percibieron a Jesús como una amenaza contra la ley y el orden, y no podían tolerarlo. De manera que lo liquidaron. ¿Por qué murió? A primera vista, murió como quebrantador de la ley; pero en realidad, fue víctima de mentes estrechas y mártir de su propia grandeza.

Una de las características fascinantes de los relatos evangélicos acerca del juicio de Jesús[1] es esta fusión de los factores legales y

1. Ver la erudita presentación realizada por un abogado en torno a la precisión histórica de los juicios, tal como se describen en los Evangelios, en: *Le procès de Jésus*, por el prof. Jean Imbert.

morales. El relato de los cuatro evangelistas indica que en ambos tribunales, el judío y el romano, se siguió un trámite legal. El prisionero fue arrestado, acusado y severamente interrogado; en ambos casos se convocaron testigos. El juez entregó entonces su veredicto y pronunció la sentencia.

Sin embargo, los evangelistas también dejan en claro que el prisionero no era culpable de los cargos que se habían presentado, que los testigos eran falsos, y que la sentencia de muerte constituía una grave violación de la justicia. Y esto, porque hubo motivos personales y morales que influyeron en la manera en que se actuó. Caifás, el sumo sacerdote judío, y Poncio Pilato, el procurador romano, no eran simplemente funcionarios de la iglesia y el estado, que cumplían sus funciones oficiales. Eran seres humanos caídos y falibles, movidos por las oscuras pasiones que a todos nos gobiernan. Nuestras motivaciones siempre son confusas. Quizás logremos mantener cierta corrección en el desempeño de nuestras obligaciones públicas, pero detrás de esta fachada acechan emociones violentas y pecaminosas, que siempre amenazan irrumpir. Estos son los pecados secretos que los evangelistas ponen de manifiesto cuando relatan el arresto, la custodia, el juicio, la sentencia y la ejecución de Jesús. Más aun, es uno de los propósitos de la narración, ya que los Evangelios se usaban en la instrucción moral de los nuevos cristianos.

Los soldados romanos

Las personas directamente responsables de la muerte de Jesús fueron, por supuesto, los soldados romanos que llevaron a cabo la sentencia. Sin embargo, ninguno de los cuatro evangelistas describe el procedimiento concreto de la crucifixión. Si tuviéramos que depender exclusivamente de los Evangelios, no hubiéramos sabido qué fue lo que sucedió. Pero hay otros documentos de la época que nos dicen cómo era una crucifixión.[2] En primer lugar se humillaba al prisionero en público, desnudándolo. Luego se lo acostaba de espaldas sobre el suelo; las manos eran atadas o clavadas a la vara horizontal de madera (el patíbulo), y los pies a la vara vertical. La cruz se llevaba luego a una posición vertical, y se la dejaba caer en una cavidad previamente

2. Para un resumen de la información disponible, ver la obra de Martin Hengel: *Crucifixion.*

preparada en el terreno. Generalmente se agregaba un taco o un asiento rudimentario para sostener en parte el peso de la víctima, y evitar que el cuerpo se soltara. Allí quedaba suspendido, expuesto en total impotencia al intenso sufrimiento físico, al escarnio público, al calor del día y al frío de la noche. La tortura podía prolongarse durante varios días.

Nada de esto describen los escritos de los Evangelios. Sí nos dicen algunos detalles. De acuerdo con las costumbres romanas, Jesús salió cargando su propia cruz hacia el lugar de la ejecución. Sin embargo, al parecer, tropezó varias veces bajo el peso de la cruz. Por esa razón detuvieron a un hombre llamado Simón, natural de Cirene, del norte de África, que entraba en ese momento del campo a la ciudad, y lo obligaron a cargar la cruz de Jesús. Cuando llegaron al lugar llamado Gólgota (que significa Lugar de la Calavera), le ofrecieron a Jesús vino mezclado con mirra; fue un gesto misericordioso, ya que esa bebida mitigaba lo peor del dolor. Sin embargo, Mateo relata que lo probó pero se negó a beberlo. Luego, los cuatro evangelistas escriben simplemente que lo crucificaron.[3] Eso es todo. Habían narrado con bastante detalle la forma en que los soldados se burlaron de él en el pretorio (la residencia del gobernador). Allí le pusieron un manto púrpura, colocaron una corona de espinas en su cabeza y un cetro de caña en su mano derecha, le cubrieron los ojos, lo escupieron, le dieron bofetadas en el rostro y lo golpearon en la cabeza; al mismo tiempo lo desafiaban para que identificara al que lo golpeaba. También se arrodillaron delante de él imitando un homenaje en son de burla. Pero luego los evangelistas no ofrecen detalles acerca de la crucifixión; no hacen referencia alguna al martillo, a los clavos, al dolor, como tampoco a la sangre.

Todo lo que se nos dice es que 'le crucificaron'. es decir, los soldados llevaron a cabo su horrible tarea. No hay indicios de que lo hayan disfrutado, ni sugerencia alguna de que hayan sido personas crueles o sádicas. Simplemente obedecían órdenes. Era su ocupación. Hicieron lo que tenían que hacer. Jesús se limitó a orar por ellos en voz alta, diciendo 'Padre, perdónalos, porque no saben lo que hacen' (Lucas 23.34).

3. Mt. 27.32–35; Mr. 15.21–25; Lc. 23.26–33; Jn. 19.17–18.

Poncio Pilato

Los escritores de los Evangelios dan a entender que los soldados romanos no tenían ninguna culpa en especial por haber crucificado a Jesús (y agregan que posteriormente el centurión a cargo de ellos creyó en él, o por lo menos creyó en parte). Pero el caso es enteramente diferente en lo que respecta al procurador romano que ordenó la crucifixión. 'Así que entonces [Pilato] lo entregó a ellos para que fuese crucificado. Tomaron, pues, a Jesús, y le ... crucificaron' (Juan 19.16–18). Pilato sí era culpable. De hecho, su culpabilidad queda registrada en nuestro credo cristiano, el que declara que Jesús fue 'crucificado bajo Poncio Pilato'.

Se sabe que Pilato fue nombrado procurador (gobernador romano) de la provincia fronteriza de Judea por el emperador Tiberio, y que sirvió durante 10 años, desde alrededor del 26 hasta el 36 d.C. Adquirió reputación como administrador capaz, con un sentido típicamente romano de trato justo. Pero los judíos lo odiaban porque los trataba con desprecio. No olvidaban que los había humillado, al comienzo de su período de gobierno, exhibiendo los estandartes romanos en la propia Jerusalén. Josefo describe otro acto necio de Pilato, cuando malversó parte del dinero del templo para destinarlo a la construcción de un acueducto.[4] Piensan muchos que fue en esa ocasión que se desató una rebelión y el gobernador mezcló la sangre de ciertos galileos con sacrificios de los judíos (Lucas 13.1). Estos son solo ejemplos de su temperamento vehemente, de su violencia y su crueldad. Según Filón, el rey Agripa I lo describió en una carta al emperador Calígula como 'un hombre de una disposición sumamente inflexible, y muy cruel además de muy obstinado'.[5] Su principal preocupación era la de mantener la ley y el orden. Para mantener a los revoltosos judíos bajo control, estaba dispuesto a mostrarse implacable y a aplastar cualquier rebelión o amenaza de rebelión.

El retrato de Poncio Pilato en los Evangelios responde fielmente a estas descripciones de los historiadores. Los dirigentes judíos llevaron a Jesús ante él con la denuncia. 'A éste hemos hallado que pervierte a la nación'; y agregaron que 'prohibe dar tributo a César, diciendo que él

4. Josefo: *Antigüedades* XVIII.3.2.
5. *Ad gaium* 38, p. 165 (en la edición citada por el autor).

mismo es el Cristo, un rey' (Lucas 23.2). Sin duda Pilato tomaría nota. A medida que Pilato avanzaba en su investigación, los evangelistas destacan dos cuestiones importantes.

Primero, Pilato estaba convencido de la inocencia de Jesús. Evidentemente lo impresionó el aspecto noble del prisionero, como también su autodominio y el hecho de que era políticamente inofensivo. De modo que tres veces declaró públicamente que no encontraba ningún motivo para condenarlo. La primera vez, poco después del amanecer del viernes cuando los saduceos le llevaron el caso. Pilato los escuchó, le hizo algunas preguntas a Jesús, y luego de esta audiencia preliminar anunció lo siguiente. 'Ningún delito hallo en este hombre.'[6]

La segunda ocasión fue cuando Jesús fue traído nuevamente, después de ser interrogado por Herodes. Pilato les dijo a los sacerdotes y al pueblo. 'Me habéis presentado a éste como un hombre que perturba al pueblo; pero habiéndole interrogado yo delante de vosotros, no he hallado en este hombre delito alguno de aquellos de que le acusáis. Y ni aun Herodes, porque os remití a él; y he aquí, nada digno de muerte ha hecho este hombre.'[7] Ante estas palabras la multitud exclamó. '¡Crucifícale, crucifícale!' Pero Pilato preguntó por tercera vez. '¿Pues qué mal ha hecho éste? Ningún delito digno de muerte he hallado en él.'[8] Pilato estaba convencido de la inocencia de Jesús. Su convicción fue confirmada por un mensaje que le mandó su mujer. 'No tengas nada que ver con ese justo; porque hoy he padecido mucho en sueños por causa de él' (Mateo 27.19).

La cobardía de Pilato

Sobre este trasfondo de reiterada insistencia de Pilato sobre la inocencia de Jesús, los evangelistas se ocupan de destacar sus ingeniosos intentos de evitar pronunciarse por una de las partes. El procurador quería evitar la condena de Jesús (porque creía que era inocente) y al mismo tiempo evitar su exculpación (porque los dirigentes judíos consideraban que era culpable). ¿Cómo podía arreglárselas para hacer ambas, si resultan irreconciliables? Lo vemos realizar maniobras sinuosas en su intento de soltar a Jesús y al mismo tiempo pacificar a los judíos. Pretendía ser justo e injusto simultáneamente.

6. Lc. 23.4; Jn. 18.38.
7. Lc. 23.13–15; ver Jn. 19.4–5.
8. Lc. 23.22; Jn. 19.6.

Pilato intentó evadir la cuestión en cuatro formas. Primero, al enterarse de que Jesús era galileo, y que por consiguiente pertenecía a la jurisdicción de Herodes, lo envió a este para que lo interrogase. Tenía la esperanza de transferir la responsabilidad de la decisión. Pero Herodes mandó a Jesús otra vez a Pilato sin haberlo sentenciado (Lucas 23.5–12).

Segundo, intentó medidas parciales. 'Le castigaré, pues, y le soltaré' (Lucas 23.16, 22). Esperaba que la multitud se conformase con algo menos que la pena capital, y que su sed de sangre se apaciguase al ver lacerada la espalda del prisionero. Era una propuesta vil, porque si Jesús era inocente, tendría que haber sido soltado de inmediato sin ser azotado primero.

Tercero, Pilato intentó hacer lo que correspondía (soltar a Jesús) por una razón equivocada (que la multitud eligiera ella misma soltarlo). El procurador tenía por costumbre dar amnistía a algún prisionero durante la Pascua. Pensó que la gente elegiría a Jesús para concederle ese favor. Entonces lo podía soltar como un acto de clemencia de su parte, en lugar de hacerlo como acto de justicia. Se trataba de una propuesta astuta, pero vergonzosa. El pueblo la frustró porque exigió que el procurador pusiera en libertad a un notorio criminal y asesino llamado Barrabás.

Cuarto, intentó demostrar su inocencia. Tomó agua y se lavó las manos ante la multitud, diciendo a la vez. 'Inocente soy yo de la sangre de este justo' (Mateo 27.24). Y luego, antes de que se le secaran las manos, entregó a Jesús para ser crucificado. ¿Cómo pudo atreverse a incurrir en esta gran culpabilidad inmediatamente después de proclamar su inocencia?

Condenamos fácilmente a Pilato. Sin embargo, pasamos por alto nuestro comportamiento muchas veces similar. Para evitar el sufrimiento de una entrega total a Cristo, nosotros también tomamos caminos tortuosos. Dejamos la decisión en manos de otro, como pretendió hacer Pilato. Como él, intentamos un arreglo a medias con Jesús, o procuramos honrarlo por una razón errónea (por ejemplo como maestro en lugar de Señor), o incluso hacemos una declaración pública de lealtad aunque al mismo tiempo lo estamos negando en nuestro corazón.

Tres expresiones en el relato de Lucas arrojan luz sobre lo que finalmente hizo Pilato. 'las voces de ellos … prevalecieron', 'Pilato sentenció que se hiciese lo que ellos pedían', y 'entregó a Jesús a la voluntad de ellos' (Lucas 23.23–25). Las voces de *ellos*, lo que *ellos* pedían, la voluntad de *ellos*. Pilato capituló ante los otros, poniendo en evidencia su debilidad. Quería 'soltar a Jesús' (Lucas 23.20), pero también quería 'satisfacer al pueblo' (Marcos 15.15). Ganó la multitud. ¿Por qué? Porque le dijeron. 'Si a éste sueltas, no eres amigo de César; todo el que se hace rey, a César se opone' (Juan 19.12). Esto fue lo que decidió la cuestión. Tenía que elegir entre el honor y la ambición, entre los principios éticos y la conveniencia personal. Ya había tenido problemas con Tiberio César en dos o tres ocasiones anteriores. No podía arriesgarse nuevamente. Por cierto que Jesús era inocente. Por cierto que la justicia exigía su liberación. ¿Cómo podía abogar por la inocencia y la justicia si al hacerlo negaba la voluntad popular e ignoraba a los líderes de la nación? Sobre todo, ¿por qué provocar una rebelión, perdiendo de este modo el favor del emperador? Su conciencia fue ahogada por esos argumentos con los que pretendía justificar su conducta. Cedió porque era cobarde.

El pueblo judío y sus sacerdotes

No podemos disculpar a Pilato, por cierto. Pero podemos reconocer que se encontraba ante un gran dilema, y que fueron los dirigentes judíos los que lo colocaron en esa situación. Porque fueron ellos quienes llevaron a Jesús ante Pilato para que lo juzgara, quienes lo acusaron de hacer declaraciones y ofrecer enseñanzas subversivas, y quienes incitaron a la multitud para que exigieran su crucifixión. Por lo tanto, como el propio Jesús le dijo a Pilato, 'el que a ti me ha entregado, mayor pecado tiene' (Juan 19.11). Tal vez, dado que se expresó en singular, se estaba refiriendo al sumo sacerdote Caifás, aunque todo el sanedrín estaba implicado.

De hecho también el pueblo, como lo declaró valientemente Pedro poco después de Pentecostés. 'Varones israelitas, … vosotros entregasteis y negasteis [a Jesús] delante de Pilato, cuando éste había resuelto ponerle en libertad. Mas vosotros negasteis al Santo y al Justo, y pedisteis que se os diese un homicida, y matasteis al Autor de la vida' (Hechos 3.12–15). Al parecer, las mismas multitudes que habían tributado a Jesús una calurosa acogida a Jerusalén el domingo de ramos, cinco días después clamaban pidiendo su sangre. Pero sus líderes tenían una mayor medida de culpa por haberlos incitado.

Jesús había desconcertado a los dirigentes judíos desde el comienzo de su ministerio público. Para empezar, les parecía una persona irregular. Si bien pasaba por rabino, no había ingresado por la puerta correspondiente ni había utilizado la escalera apropiada. No tenía credenciales, ni la autorización acostumbrada. Además, había dado lugar a las controversias debido a su comportamiento provocativo. compartía con personas despreciables, participaba de fiestas en lugar de ayunar, y profanaba el día de reposo al realizar sanidades ese día.

No solo desatendía las tradiciones de los ancianos sino que las había rechazado de plano, y criticaba a los fariseos por haber enaltecido a la tradición por encima de las Escrituras. Los acusaba de ocuparse más de los reglamentos que de las personas, más de las purificaciones ceremoniales que de la pureza moral, más de las leyes que del amor. Los había acusado de ser hipócritas, los había llamado ciegos guías de ciegos, y los había comparado con 'sepulcros blanqueados, que por fuera, a la verdad, se muestran hermosos, mas por dentro están llenos de huesos de muertos y de toda inmundicia' (Mateo 23.27).

Para los dirigentes, se trataba de acusaciones intolerables. Lo más riesgoso era que estaba minando su autoridad. Al mismo tiempo Jesús hacía afirmaciones increíbles sobre sí mismo diciendo que él era señor del sábado, que conocía a Dios de un modo único, como su Padre, y que, incluso, él era igual a Dios. Se trataba de blasfemias. Sí, desde su punto de vista era eso justamente, blasfemia.

En su posición hipócrita, se sentían indignados con Jesús. Su doctrina les resultaba hereje. Su comportamiento constituía una afrenta a la ley sagrada. Confundía a la gente. Hasta se rumoreaba que alentaba la deslealtad hacia el César. Por todo ello su ministerio debía ser interrumpido antes de que hiciese mayores daños. Tenían buenas razones políticas, teológicas y éticas para exigir que fuese arrestado, sometido a juicio, y silenciado. Por si hubiese faltado algún argumento, cuando ya lo tenían ante los jueces y le habían tomado el juramento de práctica, Jesús hizo afirmaciones sobre sí mismo que eran blasfemas para la ley judía. No hacían falta otros testigos. lo habían escuchado con sus propios oídos. Se trataba de un blasfemo confeso. Era culpable y merecía morir. Esto quedaba perfectamente claro. Las manos de ellos estaban limpias.

Y sin embargo… sin embargo, el caso que presentaban los dirigentes judíos tenía fallas.

La envidia de los líderes religiosos

¿Cuál era la razón fundamental de la hostilidad de los sacerdotes hacia Jesús? ¿Era realmente que les preocupaba la estabilidad política, la verdad doctrinal y la pureza moral? Pilato pensaba que no. No lo engañaron con sus argumentos, mucho menos con su pretendida lealtad al emperador. Como lo expresó H. B. Swete, 'por debajo de su disfraz detectó el vulgar vicio de la envidia'.[9] En palabras de Mateo, 'sabía que por envidia le habían entregado'.[10] No hay motivos para dudar de la percepción de Pilato. Era un hábil juez del carácter humano. Los evangelistas, al registrar su opinión, parecen apoyar sus apreciaciones.

¡Envidia! La otra cara de la vanidad. Nadie siente envidia de otros a menos que primero se sienta orgulloso de sí mismo. Los líderes judíos tenían un gran orgullo, orgullo por su raza, por su nación, su religión y su moral. Estaban orgullosos de la relación especial de su nación con Dios, orgullosos de su propio papel de liderazgo en la nación, y por sobre todo orgullosos de su propia autoridad. Su disputa con Jesús era esencialmente una lucha por la autoridad. Jesús poseía una autoridad que ellos evidentemente carecían.

Pretendieron acorralarlo en una ocasión, preguntándole. '¿Con qué autoridad haces estas cosas, y quién te dio autoridad para hacer estas cosas?' (Marcos 11.28). Pero fueron ellos quienes quedaron acorralados por la pregunta que les devolvió Jesús. 'El bautismo de Juan, ¿era del cielo, o de los hombres? Respondedme' (v. 30). Estaban ante un dilema. No podían contestar 'del cielo' porque él entonces les preguntaría por qué no le creyeron. Tampoco podían decir que el bautismo de Juan era 'de los hombres', porque quedarían mal ante el pueblo, que estaba convencido de que Juan era un verdadero profeta. De modo que se negaron a contestar, demostrando así su falta de sinceridad. Si no podían hacer frente al desafío de la autoridad de Juan, mucho menos podían enfrentar el desafío de Cristo. Él sostenía que tenía autoridad para enseñar acerca de Dios, para sacar demonios, para perdonar pecados, para juzgar al mundo. En todo esto era totalmente diferente a los dirigentes religiosos, por cuanto la única autoridad que

9. H. B. Swete: *The Gospel according to St Mark*, p. 350.
10. Mt. 27.18; ver Mr. 15.10.

podían exhibir ellos era referirse a otras autoridades. La autoridad de Jesús era real, espontánea, transparente, de Dios.

Por todo ello se sentían amenazados por él. La seguridad y la dignidad de Jesús quedaban intactas. Ellos, en cambio, perdían prestigio, disminuía el dominio que ejercían sobre el pueblo, la confianza que se tenían a sí mismos y la dignidad que ostentaban. Le tenían envidia, y por consiguiente resolvieron librarse de él.

Resulta significativo que Mateo relate dos intrigas motivadas por celos para eliminar al Mesías. La primera, de Herodes el Grande, poco después del nacimiento de Jesús. La otra, por los sacerdotes, al final de su vida. Tanto Herodes como los sacerdotes sentían que su autoridad estaba amenazada. Por lo tanto, se propusieron 'destruir' a Jesús.[11] Por respetables que hayan parecido los argumentos políticos y teológicos de los sacerdotes, fue la envidia lo que los llevó a entregar a Jesús a Pilato para que fuese destruido (Marcos 15.1, 10).

Nuestras actitudes contemporáneas pueden ser igualmente perversas respecto a Jesús. Sigue siendo, como dijo C. S. Lewis, 'un perturbador que nos trasciende'.[12] No nos gusta que se entrometa en nuestra vida privada, que exija nuestro homenaje, que requiera nuestra obediencia. ¿Por qué no puede ocuparse de sus propios asuntos (preguntamos con soberbia) y dejarnos tranquilos a nosotros? A lo cual él responde de inmediato que somos asunto suyo y que nunca nos va a dejar tranquilos. Entonces lo percibimos como una amenaza, alguien que entorpece nuestra comodidad, sacude el sistema establecido, disminuye nuestra autoridad, y echa por tierra nuestro sentido de dignidad propia. Por eso nosotros también queremos librarnos de él.

Judas Iscariote, el traidor

Hemos considerado la forma en que Jesús fue entregado a Pilato por los sacerdotes, y a los soldados por Pilato. Debemos considerar ahora la forma en que fue entregado a los sacerdotes por Judas.

El jueves santo será recordado siempre como 'la noche que fue entregado' (1 Corintios 11.23), y a Judas como 'el que le entregó'. Esta carátula acusadora ya está agregada a su nombre cuando se lo menciona por primera vez en los Evangelios. Los tres evangelios sinópticos lo ubican al final de sus listas de apóstoles.[13]

11. Mt. 2.13; 27.20, VM.
12. C. S. Lewis: *Surprised by joy*, p. 163.

Con frecuencia se encuentra gente que expresa cierta simpatía hacia Judas. Consideran que se le asignó una misión injusta en la vida y que desde entonces ha tenido mala prensa. 'Después de todo', dicen, 'si Jesús tenía que morir, alguien tenía que traicionarlo. ¿Por qué, entonces, echarle la culpa a Judas? Él no fue más que instrumento de la providencia, víctima de la predestinación.' Por cierto, el relato bíblico indica que Jesús anticipó quién lo iba a traicionar[14] y se refirió a él diciendo que era 'el hijo de perdición, para que la Escritura se cumpliese'.[15] También es cierto que Judas hizo lo que hizo solo después de que Satanás primeramente le puso en el corazón la idea y luego realmente 'entró en él'.[16]

No obstante, nada de esto disculpa a Judas. Hay que considerarlo responsable de lo que hizo, y seguramente estuvo tramando la traición bastante tiempo. El hecho de que su traición se predijo en las Escrituras no significa que no fuera un agente libre. La muerte de Jesús también estaba predicha y eso tampoco significa que no murió voluntariamente. Por ello Lucas pudo referirse posteriormente a la 'iniquidad' de Judas (Hechos 1.18). Por fuertes que hayan sido las influencias satánicas que obraban en él, tiene que haber habido algún momento en el cual Judas se expuso a ellas voluntariamente. Parecería estar claro que Jesús lo consideraba responsable de sus acciones. Incluso en el último momento en el aposento alto apeló a él una vez más, mojando un pedazo de pan en el plato y dándoselo (Juan 13.25–30). Pero Judas rechazó el llamado de Jesús, y su traición ha resultado siempre más odiosa porque se trataba de una violación de la amistad. En esto se cumplió otra parte de las Escrituras que decía. 'Aun el hombre de mi paz, en quien yo confiaba, el que de mi pan comía, alzó contra mí el calcañar' (Salmo 41.9). El cinismo final de Judas consistió en traicionar a su Maestro con un beso, valiéndose de esta señal de amistad como medio para destruirla. Jesús confirmó su culpa, cuando dijo, '¡Ay de aquel hombre por quien el Hijo del hombre es entregado! Bueno le fuera a ese hombre no haber nacido' (Marcos 14.21). No solo Jesús lo condenó sino que el propio Judas terminó condenándose a sí mismo. Reconoció el crimen que había cometido

13. Mt. 10.4; Mr. 3.19; Lc. 6.16.

14. Jn. 6.64, 71; 13.11.

15. Jn. 17.12. Ver Hch. 1.15–17, 25.

16. Jn. 13.2, 27. Ver Lc. 22.3.

al traicionar sangre inocente, devolvió el dinero por el cual había vendido a Jesús, y se suicidó. Es indudable que sintió más remordimiento que arrepentimiento, pero por lo menos confesó su culpa.

La codicia de Judas

La motivación del crimen de Judas ha sido motivo de intriga para los estudiosos. Algunos se han convencido de que se trataba de un celote judío,[17] que se había unido a Jesús y sus seguidores creyendo que se trataba de un movimiento de liberación nacional; terminó traicionándolo debido a una desilusión política o como un intento de obligarlo a luchar. Los que intentan esta explicación encuentran indicios confirmatorios en su nombre 'Iscariote', aun cuando todos admiten que es oscuro. Generalmente se entiende que indica su origen como 'hombre de Queriot', ciudad en la parte sur de Judá que se menciona en Josué 15.25. Pero los que piensan que Judas era celote sugieren que 'Iscariote' está ligado a la palabra *sikarios*, que significa asesino (del latín *sica* y el griego *sikarion*, 'puñal'). Josefo se refiere a los *sikarioi*.[18]

Los celotes eran nacionalistas judíos fanáticos, decididos a liberar a su territorio de la dominación colonial de Roma. No vacilaban en asesinar a sus enemigos políticos, a quienes despreciaban como colaboracionistas. Se hace referencia a ellos una sola vez en el Nuevo Testamento, a saber, cuando el comandante romano que había rescatado a Pablo, al ver que iban a lincharlo en Jerusalén le dijo que había pensado que era el 'egipcio que levantó una sedición antes de estos días, y sacó al desierto los cuatro mil sicarios (*sikarioi*)' (Hechos 21.38).

Otros comentaristas consideran que la base en la que se apoya esta reconstrucción es demasiado endeble, y atribuyen la traición de Judas a una falla moral antes que a una motivación política. Es el

17. El fundador del partido de los celotes era tocayo de Judas, a saber 'Judas el Galileo', quien en el 6 d.C. dirigió una revuelta armada contra Roma (mencionada en Hch. 5.37). La rebelión fue aplastada y mataron a Judas, pero sus hijos continuaron la lucha. Masada fue el último reducto de la resistencia celote contra Roma (cayó en el 74 d.C.). William Barclay es uno de los que consideran que era 'más que probable' que Judas fuera celote, y que su beso en el jardín de Getsemaní 'no estaba concebido como traición', sino más bien como una señal para lograr que Jesús abandonase sus titubeos y lanzara su largamente esperada campaña (*Crucified and crowned*, pp. 36–38).

18. Ver, de Josefo: *Antigüedades*, XX.163–165, 186–188 y *Guerras de los judíos*, II.254–257.

cuarto evangelista quien menciona la codicia y nos dice que Judas era el 'tesorero' del grupo apostólico, a quien se habían confiado los fondos comunes. La ocasión del comentario de Juan fue el ungimiento de Jesús por María de Betania. Esta llevó una vasija de alabastro que contenía un perfume de mucho precio (nardo puro según Marcos y Juan), que procedió a derramar sobre él cuando estaba reclinado a la mesa, hasta que la casa se llenó del fragante perfume. Fue un gesto de gran devoción, casi excesiva, que el propio Jesús describió más tarde como una 'buena obra' ('algo hermoso', NIV). Pero algunos de los que estaban presentes (de los que Judas actuó como portavoz) reaccionaron de un modo totalmente diferente. Observándola con incredulidad, 'bufaron' (literalmente) con airada indignación. '¿Por qué se ha hecho este desperdicio de perfume?', dijeron. '¡Qué vil extravagancia! Podía haberse vendido por más de trescientos denarios, y haberse dado a los pobres.' Pero según Juan sus comentarios no eran sinceros. '[Judas] dijo esto, no porque se cuidara de los pobres, sino porque era ladrón, y teniendo la bolsa, sustraía de lo que se echaba en ella' (Juan 12.6). Más aun, parecería que después de haber sido testigo de lo que a su entender era un irresponsable desperdicio por parte de María, y después de haber denunciado el hecho, salió directamente a buscar a los sacerdotes para recuperar parte de lo que se perdió. '¿Qué me queréis dar, y yo os lo entregaré?' les preguntó. Seguramente comenzaron a regatear, y por fin acordaron darle 30 monedas de plata, el precio de rescate de un esclavo común. Con su sentido dramático los evangelistas deliberadamente contrastan a María y a Judas, la desprendida generosidad de ella y el regateo fríamente calculado de él. Quizás había otras pasiones oscuras en su corazón; es algo que solo podemos conjeturar. Juan insiste en que lo que finalmente lo venció fue la codicia monetaria. Indignado por el desperdicio del salario de todo un año (lo que costaba el perfume derramado por María), salió y vendió a Jesús apenas por un tercio de ese monto.[19]

No es por nada que Jesús nos dice 'guardaos de toda avaricia', y que Pablo declara que el amor al dinero es 'raíz de todos los males'.[20] Por codiciar ganancias materiales hay seres humanos que se han reducido a una profunda depravación. Hay magistrados que han

19. Mt. 26.6–16; Mr. 14.3–11; Jn. 12.3–8; 13.29.
20. Lc. 12.15; 1 Ti. 6.10.

pervertido la justicia, como los jueces de Israel de los que Amós dijo. 'Vendieron por dinero al justo, y al pobre por un par de zapatos' (2.6). Hay políticos que han usado su poder para otorgar contratos al mejor postor, y espías que se han hundido a tal punto que han vendido los secretos de su país al enemigo. Hay comerciantes que han realizado transacciones dudosas, arriesgando el bienestar de otros con el fin de hacer un negocio más ventajoso. Incluso hay maestros supuestamente espirituales que han convertido la religión en una empresa comercial. Algunos siguen haciéndolo, de modo que al candidato al pastorado se le advierte que no sea 'codicioso de ganancias deshonestas'.[21] Todas esas personas hablan el mismo lenguaje de Judas. '¿Qué me queréis dar, y yo os lo entregaré?' Todo hombre tiene su precio, asegura el cínico, desde el asesino a sueldo, que está dispuesto a regatear en torno a la vida de alguien, hasta el empleado que demora la entrega de un permiso o un pasaporte hasta que se lo soborna. Judas no era ninguna excepción. Jesús había dicho que es imposible servir a Dios y al dinero. Judas eligió el dinero. Muchas otras personas también lo han hecho.

Los pecados de ellos y los nuestros

Hemos considerado a tres individuos —Pilato, Caifás y Judas— a quienes se atribuye la principal culpabilidad por la crucifixión de Jesús, y a los que estaban asociados con ellos, sean sacerdotes, personas del pueblo o soldados. Para cada una de las personas o grupos se emplea el mismo verbo, *paradidōmi*, 'entregar' o 'traicionar'. Jesús había predicho que sería 'entregado en manos de hombres' o 'entregado para ser crucificado'.[22] Los evangelistas relatan la historia de manera tal que se vea que su predicción se cumplió. Primero, Judas lo 'entregó' a los sacerdotes (por codicia). Luego, los sacerdotes lo 'entregaron' a Pilato (por envidia). A su vez Pilato lo 'entregó' a los soldados (por cobardía), y ellos lo crucificaron.[23]

Nuestra reacción instintiva ante esta perversidad acumulada consiste en hacer eco a la sorprendida pregunta de Pilato, cuando la multitud clamaba pidiendo su sangre. 'Pues ¿qué mal ha hecho?' (Mateo 27.23). Pero Pilato no recibió ninguna respuesta coherente.

21. 1 Ti. 3.3, 8; Tit. 1.7. Ver Hch. 8.18–23; 20.33–34.

22. Mt. 17.22; 26.2.

23. Mt. 26.14–16 (Judas); 27.18 (los sacerdotes); 27.26 (Pilato).

El gentío histérico no hizo sino gritar con tanta mayor fuerza. '¡Sea crucificado!' Pero ¿por qué?

¿Por qué? ¿Qué ha hecho mi Señor?
¿Qué es lo que da lugar a esta furia
y a este rencor?
Hizo que los cojos caminaran
y a los ciegos les dio vista.
¡Dulces perjuicios!
Mas ellos ante tales hechos
se sienten descontentos,
y contra él se levantan.

Buscamos excusas para ellos, porque nos vemos a nosotros mismos en ellos y nos agradaría poder excusarnos. Por cierto que había ciertas circunstancias mitigadoras. Como Jesús mismo lo expresó al orar pidiendo perdón para los soldados que lo estaban crucificando, 'no saben lo que hacen'. De modo semejante, Pedro le dijo a una multitud judía en Jerusalén, 'sé que por ignorancia lo habéis hecho, como también vuestros gobernantes'. Pablo agregó que, si 'los príncipes de este siglo' hubiesen entendido, 'nunca habrían crucificado al Señor de gloria'.[24] Con todo, sabían lo suficiente como para ser culpables, para reconocer su culpa y para ser condenados por sus acciones. ¿Acaso no hacían alarde de plena responsabilidad cuando exclamaron. 'Su sangre sea sobre nosotros, y sobre nuestros hijos'?[25]

Pedro habló claramente el día de pentecostés. 'Sepa, pues, ciertísimamente toda la casa de Israel, que a este Jesús *a quien vosotros crucificasteis*, Dios le ha hecho Señor y Cristo.' Sus oyentes, sin negar de su culpa, 'se compungieron de corazón' y preguntaron cómo podían hacer reparación (Hechos 2.36–37). Esteban fue más directo aun en su discurso ante el sanedrín, discurso que lo llevó al martirio. Calificó al consejo como '¡duros de cerviz, e incircuncisos de corazón y de oídos!' Los acusó de resistir al Espíritu Santo igual que sus antepasados. Sus antepasados habían perseguido a los profetas y habían matado a los que predijeron la venida del Mesías. Ahora ellos habían traicionado y asesinado al propio Mesías (Hechos 7.51–52).

24. Lc. 23.34; Hch. 3.17; 1 Co. 2.6–8.
25. Mt. 27.25. Ver Hch. 5.28.

Más tarde Pablo usó un lenguaje similar al escribir a los tesalonicenses acerca de la oposición de los judíos al evangelio. 'Mataron al Señor Jesús y a sus propios profetas, y a nosotros nos expulsaron.' El juicio de Dios caería sobre ellos porque estaban tratando de impedir que los gentiles recibiesen la salvación (1 Tesalonicenses 2.14–16).

Hoy es extremadamente impopular culpar al pueblo judío por la crucifixión de Jesús. Por cierto, si se usa como justificativo para denigrar y perseguir a los judíos (como ha ocurrido), o como expresión de antisemitismo, resulta enteramente indefendible. El modo de evitar los prejuicios antisemitas, empero, no es pretender que los judíos fueron inocentes. Hemos de admitir su culpabilidad, y agregar que otros también tuvieron participación. Así fue como vieron la cuestión los apóstoles. Herodes y Pilato, gentiles y judíos, decían, se habían 'unido' contra Jesús (Hechos 4.27).

Más importante todavía, nosotros mismos también somos culpables. Si nosotros hubiésemos estado en el lugar de ellos, hubiéramos hecho lo que hicieron ellos. Más aun, lo *hemos hecho*. Porque toda vez que nos alejamos de Cristo, estamos 'crucificando de nuevo … al Hijo de Dios y exponiéndole a vituperio' (Hebreos 6.6). Nosotros también entregamos a Jesús a causa de nuestra codicia igual que Judas, a causa de nuestra envidia igual que los sacerdotes, a causa de nuestra ambición igual que Pilato. '¿Estabas tú allí cuando crucificaron a mi Señor?' pregunta un antiguo *negro spiritual*. Y tenemos que contestar. 'Sí, nosotros estuvimos allí.' No como espectadores solamente sino como participantes, como responsables y culpables, complotando con los demás, tramando, traicionando, regateando, y entregándolo para ser crucificado. Podemos intentar lavarnos las manos de la responsabilidad como hizo Pilato. Pero nuestro intento resultará tan inútil como lo fue el de él. Porque tenemos las manos ensangrentadas.

Antes de que podamos ver la cruz como algo que fue hecho *para* nosotros (lo cual nos conduce hacia la fe y la adoración), tenemos que verla como algo hecho *por* nosotros (lo cual nos lleva al arrepentimiento). 'Solo la persona que está dispuesta a reconocer su parte en la culpa de la cruz', escribió el canónigo Peter Green, 'puede ser partícipe de la gracia que ella proporciona.'[26]

26. Peter Green: *Watchers by the cross*, p. 17.

Horace Bonar (1808–1889), reconocido compositor escocés, lo expresó muy bien.

> Fui yo quien derramó la sagrada sangre;
> yo lo clavé en el madero;
> yo crucifiqué al Cristo de Dios;
> yo me uní a las burlas.
>
> De toda esa multitud vociferante
> siento que yo soy uno de ellos;
> y en ese estruendo de groseras voces
> reconozco también la mía.
>
> Alrededor de la cruz veo al tropel,
> burlándose de los gemidos del Sufriente;
> Mas todavía, parece ser mi propia voz,
> como si solo yo me burlase.

¿Quién entregó a Jesús?

La respuesta que hasta ahora hemos dado a la pregunta sobre el porqué de la muerte de Cristo, ha procurado reflejar la forma en que los escritores de los Evangelios hacen sus relatos. Señalan la cadena de responsabilidad. de Judas a los sacerdotes, de los sacerdotes a Pilato, de Pilato a los soldados. Al menos insinúan el hecho de que la codicia, la envidia y el temor que promovieron su comportamiento también promueve el nuestro.

Con todo, allí no acaba el relato que hacen los evangelistas. He omitido un aspecto vital al cual ellos aluden. Es este. que si bien Jesús enfrentó la muerte debido a los pecados de la humanidad, no murió como mártir. Por el contrario, fue a la cruz voluntariamente, incluso deliberadamente. Desde el comienzo de su ministerio público se consagró a este destino.

En su bautismo se identificó con los pecadores, como haría luego plenamente en la cruz. Cuando fue tentado rechazó la posibilidad de desviarse del camino de la cruz. Repetidamente predijo su pasión y su muerte, como vimos en el capítulo anterior, y resueltamente orientó sus pasos hacia Jerusalén con el propósito de morir allí. Constantemente expresaba 'me es necesario' en relación con su muerte. Pero no se trataba de alguna compulsión externa, sino de su propia decisión interna de cumplir lo que se había escrito acerca de él. 'El buen pastor su vida da por las ovejas,' decía. Y hablando en forma directa. 'Pongo mi vida ... Nadie me la quita, sino que yo de mí mismo la pongo' (Juan 10.11, 17–18).

Por lo demás, cuando los apóstoles se ocuparon en sus cartas del carácter voluntario de la muerte de Jesús, varias veces usaron el mismo verbo (*paradidōmi*) que usaron los evangelistas para referirse al hecho de que fue 'entregado' a muerte por otros. Así, Pablo pudo escribir que '[el Hijo de Dios] ... me amó y se entregó (*paradontos*) a sí mismo por mí'.[27] Es posible que haya sido un eco consciente de Isaías 53.12, que dice que 'derramó (LXX *paredothē*) su vida hasta la muerte'. Pablo se valió del mismo verbo para referirse a la entrega del Padre que estaba por detrás de la entrega voluntaria que el Hijo hizo de sí mismo. 'El que no escatimó ni a su propio Hijo, sino que lo entregó (*paredōken*) por todos nosotros, ¿cómo no nos dará también con él todas las cosas?'[28] Octavius Winslow lo sintetizó en una afirmación muy precisa. '¿Quién entregó a Jesús a la muerte? No fue Judas, por dinero; no fue Pilato, por temor; no fueron los judíos, por envidia; sino el Padre, ¡por amor!'[29]

Es esencial que mantengamos unidas estas dos formas complementarias de ver la cruz. En el nivel humano, Judas lo entregó a los sacerdotes, quienes lo entregaron a Pilato, quien a su vez lo entregó a los soldados, quienes lo crucificaron. Pero en el nivel divino, fue el Padre quien lo entregó, y Jesús se entregó a sí mismo para morir por nosotros.

Al contemplar la cruz, entonces, podemos decirnos a nosotros mismos. '*Yo* lo hice, mis pecados lo llevaron a la cruz', y a la vez. 'Lo hizo *él*, su amor lo llevó allí'. El apóstol Pedro unió ambos conceptos en su notable declaración en el día de Pentecostés, cuando dijo que 'a este, entregado [a vosotros] por el determinado consejo y anticipado conocimiento de Dios' es aquel al cual '[vosotros] prendisteis y

27. Gá. 2.20. Ver Ef. 5.2, 25 y también Lc. 23.46.

28. Ro. 8.32; ver 4.25.

29. Agradezco a David Kingdon el que haya llamado mi atención a esta cita, que John Murray incluye en su *Romans*, t. 1, p. 324, quien a su vez la tomó de la obra de Winslow titulada *No condemnation in Christ Jesus* (1857).

matasteis por manos de inicuos, crucificándole'.[30] Así, Pedro atribuyó la muerte de Jesús simultáneamente al plan de Dios y a la maldad de los hombres.

La cruz que pone en evidencia la maldad humana es al mismo tiempo una revelación del propósito de Dios de vencer la maldad humana allí expuesta.

Volvemos a preguntarnos, como al comienzo de este capítulo. ¿Por qué murió Jesucristo? Mi primera respuesta fue que no murió; lo mataron. Sin embargo, tenemos que equilibrar esta respuesta con la afirmación opuesta. No lo mataron; murió, entregándose voluntariamente para cumplir la voluntad de su Padre.

Con el fin de discernir cuál era la voluntad del Padre, tenemos que volver a ocuparnos de los mismos acontecimientos, esta vez escudriñando debajo de la superficie.

30. Hch. 2.23; ver 4.28. Más tarde, en su primera carta, Pedro habría de describir a Jesús el Cordero como aquel que fue 'destinado desde antes de la fundación del mundo' (1 P. 1.19–20).

3

Debajo de la Superficie

EN LOS CAPÍTULOS ANTERIORES HE PROCURADO ESTABLECER dos hechos con respecto a la cruz. Primero, la capital importancia de la misma (para Cristo, para sus apóstoles, y para su iglesia universal desde entonces). En segundo lugar, la naturaleza deliberada de la misma (porque, aunque se debió a la maldad humana, también se debió al firme propósito de Dios y fue voluntariamente aceptada por Cristo, quien se entregó a la muerte).

¿Por qué? Volvemos a este interrogante básico. ¿Qué hubo en la crucifixión de Jesús que, a pesar de su horror, vergüenza y dolor, la hace tan importante? ¿Por qué Dios la decidió anticipadamente y Cristo vino a soportarla?

Una interpretación inicial

Nos resultará útil responder al interrogante en cuatro etapas. Comenzaremos con lo que no ofrece problema ni controversia. Luego iremos penetrando gradualmente en el misterio con mayor profundidad.

Primero, **Cristo murió por nosotros**. Además de ser necesaria y voluntaria, su muerte fue un acto altruista en beneficio nuestro. Jesús la encaró por nuestro bien, no por su propio bien. Creía que por medio de ella aseguraría para nosotros un bien que no se podía obtener de otro modo.

El Buen Pastor, dijo, iba a entregar su vida 'por las ovejas', para beneficio de ellas. En el aposento alto, cuando les entregaba el pan a los discípulos, les dijo. 'Esto es mi cuerpo, que por vosotros es dado.' Los apóstoles hicieron suyo este sencillo concepto y lo repitieron vez tras vez. A veces le dan un carácter más personal, expresándolo en primera persona. 'Cristo murió por nosotros.'[1] Todavía no hemos dado una explicación ni identificado la bendición por la cual murió en nuestro beneficio, pero por lo menos estamos de acuerdo en que fue 'por vosotros' y 'por nosotros'.

En segundo lugar, **Cristo murió por nosotros para llevarnos a Dios** (1 Pedro 3.18). El propósito beneficioso de su muerte se centra en nuestra reconciliación con Dios. Como lo expresa el credo niceno, 'por nosotros [general] y por nuestra salvación [particular] descendió del cielo'. ¿En qué consiste esta salvación por la cual murió en nuestro beneficio? Algunas veces se la describe como redención, perdón o liberación; es una salvación *de* algo. Otras veces se la describe en forma positiva, como vida nueva o eterna, o paz para con Dios en el disfrute de su favor y su comunión. Es salvación *para*.[2] El vocabulario exacto no interesa por el momento. Lo importante es comprender que como consecuencia de su muerte puede otorgarnos la gran bendición de la salvación.

Tercero, **Cristo murió por nuestros pecados**. Estos constituían el obstáculo que nos impedía recibir el regalo que Dios quería darnos. Era preciso eliminarlos antes. Cristo se ocupó de nuestros pecados, los anuló mediante su muerte.

Esta expresión 'por nuestros pecados' (o frases similares) ha sido usada por la mayoría de los principales autores neotestamentarios. Al parecer, tenían muy en claro que la muerte de Cristo y nuestros pecados estaban relacionados entre sí, aunque de algún modo todavía no definido. He aquí algunas citas a modo de ejemplos. 'Cristo murió por nuestros pecados, conforme a las Escrituras' (Pablo). 'Cristo padeció una sola vez por los pecados' (Pedro). 'Se presentó una vez para siempre por el sacrificio de sí mismo para quitar de en medio el pecado', 'habiendo ofrecido una vez para siempre un solo sacrificio por los pecados' (Hebreos). 'La sangre de Jesucristo su Hijo nos limpia de

1. Jn. 10.11, 15; Lc. 22.19; Ro. 5.8; Ef. 5.2; 1 Ts. 5.10; Tit. 2.14. El profesor Martin Hengel ha demostrado con gran erudición que el concepto de una persona que muere voluntariamente por su ciudad, su familia o sus amigos, por la verdad, o para pacificar a los dioses, era algo bastante generalizado en el mundo grecorromano. Se adoptó una palabra compuesta especial, *hyperapothnēzskein* ('morir por'), para expresar la idea. Por ello, el mensaje evangélico de que 'Cristo murió por nosotros' resultaría perfectamente comprensible para auditorios paganos del primer siglo. (Martin Hengel: *Atonement*, pp. 1–32.)

2. Para el aspecto negativo ver, por ejemplo: Gá. 1.4; Ef. 1.7; He. 9.28. Para el positivo ver, por ejemplo: Jn. 3.14–16; Ef. 2.16; Col. 1.20; 1 Ts. 5.10; 1 P. 3.18.

todo pecado' (Juan). 'Al que nos amó, y nos lavó de nuestros pecados con su sangre … sea gloria … ' (Apocalipsis).[3] Todos estos versículos (y muchos otros) vinculan su muerte con nuestros pecados. ¿Cuál es, entonces, el vínculo entre la muerte de Cristo y nuestros pecados?

Llegamos al cuarto momento de nuestra interpretación preliminar. Cuando murió por nuestros pecados, **Cristo murió nuestra muerte**.

Su muerte y nuestra muerte están vinculadas. Pero el vínculo no es simplemente un vínculo de consecuencia ('Cristo fue víctima de nuestra brutalidad humana'). Es un vínculo de castigo. él soportó en su persona inocente el castigo que merecían nuestros pecados. Las Escrituras declaran que la muerte está relacionada con el pecado. Es su justa recompensa. 'La paga del pecado es muerte' (Romanos 6.23). En todas partes la Biblia entiende la muerte de los hombres no como un hecho *natural* sino como una consecuencia *penal*. La muerte es un factor extraño en el buen mundo de Dios. No es parte de su intención original para la humanidad. Por cierto, los registros fósiles indican que la conducta predatoria y la muerte existían en el reino animal antes de la creación del hombre. Sin embargo, al parecer Dios tenía la intención de que los seres humanos, portadores de su imagen, tuviesen un fin más noble. Quizás semejante a la 'trasposición' que experimentaron Enoc y Elías, y a la 'transformación' que se llevará a cabo en los que estén vivos cuando venga Jesús.[4] En todas las Escrituras, la muerte (tanto física como espiritual) aparece como un juicio divino ante la desobediencia humana.[5] De allí las expresiones de horror en relación con la muerte. Sentimos como una anormalidad el hecho de que el hombre pase por las mismas experiencias que 'las bestias que perecen', puesto que 'lo que sucede a los hijos de los hombres, y lo que sucede a las bestias, un mismo suceso es'.[6] De allí también el violento 'bufido' (traducido 'estremecimiento') de indignación que expresó Jesús cuando se enfrentó con la muerte ante la tumba de Lázaro.[7] La muerte era un cuerpo extraño. Jesús la resistió; no la podía aceptar.

3. 1 Co. 15.3; 1 P. 3.18; He. 9.26; 10.12; 1 Jn. 1.7; Ap. 1.5–6.

4. Ver Gn. 5.24; 2 R. 2.1–11; 1 Co. 15.50–54.

5. Por ejemplo, Gn. 2.17; 3.3, 19, 23; Ro. 5.12–14; Ap. 20.14; 21.8.

6. Sal. 49.12, 20; Ec. 3.19–21.

7. Ver el uso del verbo *embrimaomai* en Jn. 11.33, 38. A pesar de que se refiere al bufido de los caballos, fue adoptado para expresar las fuertes emociones humanas del enojo y la indignación.

Si la muerte es el castigo que corresponde al pecado, y si Jesús no tenía ningún pecado propio en su naturaleza, en su carácter o en su conducta, ¿acaso no tendremos que decir que no tenía necesidad de morir? ¿Acaso no podría haber sido traspuesto? Cuando su cuerpo se volvió traslúcido, en la ocasión en que se transfiguró en la montaña, ¿no tuvieron allí los apóstoles la oportunidad de ver anticipadamente su cuerpo de resurrección (de allí sus instrucciones para que no se lo dijeran a nadie hasta que hubiese resucitado de los muertos, en Marcos 9.9)? ¿No podría haberse trasladado desde allí mismo al cielo para escapar a la muerte? Sin embargo, Jesús volvió a nuestro mundo a fin de encaminarse *voluntariamente* a la cruz. Insistió en afirmar que nadie podía quitarle la vida. la iba a entregar por su propia voluntad. De modo que cuando llegó el momento de la muerte, Lucas la presentó como un acto llevado a cabo por su propia determinación. 'Padre', dijo, 'en tus manos encomiendo mi espíritu.'[8]

Todo esto significa que la sencilla afirmación del Nuevo Testamento de que 'Cristo murió por nuestros pecados' contiene mucho más que lo que aparece en la superficie. La Biblia declara que Jesús, quien al ser sin pecado no tenía ninguna necesidad de morir, murió nuestra muerte, la muerte que habían merecido nuestros pecados.

Los hechos ¿respaldan esta interpretación?

En capítulos subsiguientes tendremos que analizar todavía más profundamente la base lógica, la moralidad, y la eficacia de estas afirmaciones. Por el momento debemos conformarnos con esta interpretación preliminar con sus cuatro aspectos. que Cristo murió por nosotros, por nuestro bien; que el bien que quería lograr para nosotros y por el cual murió era nuestra salvación; que con el fin de lograrla tuvo que ocuparse de nuestros pecados; y que al morir por ellos fue nuestra muerte la que murió.

La pregunta que quiero plantear ahora, y que procuraré responder en el resto de este capítulo, es si esta interpretación teológica inicial concuerda con los hechos. ¿Es una teoría un tanto compleja que imponemos al relato de la cruz? La narración de los evangelistas, ¿proporciona pruebas que la sustentan? ¿Podríamos incluso afirmar que sin esta interpretación el relato resulta incomprensible? Esto es

8. Jn. 10.18; Lc. 23.46.

lo que me propongo mostrar. Más aun, intentaré demostrar que, al darnos su testimonio, los evangelistas contribuyen a que podamos adentrarnos en alguna medida en la mente de Cristo mismo.

Examinaremos tres de las principales escenas en las últimas veinticuatro horas de Jesús antes de su muerte. en el aposento alto, en el huerto de Getsemaní, y en el lugar llamado Gólgota. Al hacerlo, no podremos limitarnos simplemente a relatar una historia conmovedora.

Cada escena contiene dichos de Jesús que requieren explicación y que no pueden pasarse por alto. En esos momentos estaba ocurriendo algo más profundo que la mera expresión de palabras y hechos. Algo que se desarrollaba bajo la superficie. En estas circunstancias irrumpen constantemente verdades teológicas, incluso cuando quisiéramos que no aparecieran para incomodarnos. En particular, nos sentimos obligados a hacer preguntas en torno a la institución de la cena del Señor en el aposento alto, a la 'agonía' en el huerto de Getsemaní, y al 'grito de desamparo' en la cruz.

Antes de hacerlo, sin embargo, hay algo notable que debe ocuparnos. Me refiero a la perspectiva de Jesús en todo esto. El relato comienza la noche del jueves santo. Jesús ya había visto la puesta del sol por última vez. Unas quince horas más tarde sus miembros serían tensados en la cruz. Antes de las veinticuatro horas ya estaría muerto y sepultado. Y él lo sabía.

Lo extraordinario es que, a pesar de ello, estaba pensando en su misión como algo futuro, no como algo acabado. Jesús era un hombre relativamente joven, casi seguramente entre 30 y 35 años de edad. Apenas había vivido la mitad del término asignado para la vida humana. Se encontraba todavía en la cúspide de su vigor. A su edad la mayoría de las personas tienen sus mejores años todavía por delante. Mahoma vivió hasta los 60, Sócrates hasta los 70, y Platón y Buda tenían más de 80 cuando murieron.

Cuando la muerte amenaza acortar abruptamente la vida de una persona, la frustración la arroja en brazos del pesimismo. Pero no así a Jesús, por la simple razón siguiente: él no consideraba que la muerte que iba a experimentar poco después pondría un fin imprevisto a su misión; por el contrario, era necesaria a fin de cumplirla. Segundos antes de morir (y no antes) iba a poder exclamar '¡Consumado es!'. Si bien se trataba de su última noche, y aun cuando solo le quedaban unas horas de vida, Jesús no miraba hacia *atrás*, hacia la misión que había completado, mucho menos hacia una misión fracasada. Seguía mirando hacia *adelante*, hacia la misión que estaba a punto de cumplir. La misión de toda una vida de 30 a 35 años había de cumplirse en sus últimas veinticuatro horas, más todavía, en las últimas seis.

La última cena en el aposento alto

Jesús estaba pasando su última noche en la tierra en un lugar apartado y tranquilo con sus apóstoles. Era el primer día de la fiesta de los panes sin levadura, y se habían reunido a participar de la cena pascual en casa de un amigo.

Los evangelistas describen el lugar como 'un gran aposento alto ya dispuesto'. Podemos imaginarlos alrededor de una mesa baja, reclinados en cojines en el piso. Evidentemente no había ningún sirviente presente, de modo que nadie les había podido lavar los pies antes de comenzar la comida. Tampoco hubo un apóstol lo suficientemente humilde como para llevar a cabo esa tarea despreciable. Por eso se sintieron tan incómodos cuando, durante la cena, Jesús se puso el delantal de un esclavo, echó agua en un lebrillo, y dio la vuelta lavándoles los pies, cumpliendo de este modo lo que ninguno de ellos había querido hacer. Luego procedió a decirles que el amor auténtico siempre se expresa mediante el servicio humilde y que el mundo los identificaría como discípulos de él solo si se amaban unos a otros. En contraste con este elevado amor sacrificado y servicial, les anticipó que uno de ellos lo iba a traicionar. También habló extensamente sobre su inminente partida, sobre la venida del Consolador a tomar su lugar, y sobre el ministerio de enseñanza y testimonio que tendría este Espíritu de Verdad.

Luego, en algún momento, cuando estaban todavía participando de la comida, observaron cautivados al Señor mientras tomó una hogaza de pan, la bendijo (es decir, dio gracias por ella) y la partió en pedazos y la distribuyó entre ellos con las palabras. 'Esto es mi cuerpo que por vosotros es partido; haced esto en memoria de mí.' De la misma manera, cuando hubo terminado la cena, tomó una copa de vino, dio gracias por ella y se la pasó a los apóstoles. Sus palabras fueron. 'Esta copa es el nuevo pacto en mi sangre' o 'Esto es mi sangre del nuevo pacto, que por muchos es derramada para remisión de los pecados' ...

'haced esto todas las veces que la bebiereis, en memoria de mí.'[9]

Estos hechos y palabras tienen tremendo significado. Es una lástima que nos hayamos familiarizado tanto con ellos que tienden a perder su impacto. Arrojan torrentes de luz sobre el punto de vista del propio Jesús acerca de su muerte. Mediante lo que hizo con el pan y el vino, y mediante lo que dijo sobre ellos, estaba dramatizando visiblemente su muerte antes de que ella ocurriera. Estaba ofreciendo su propia explicación autorizada en cuanto a su significado y su propósito.

Lo que Jesús enseñó sobre su muerte

En el desarrollo de esta cena, Jesús enseñó por lo menos tres lecciones. La primera lección estaba relacionada con **la centralidad de su muerte**. En forma solemne y deliberada, durante su última noche con ellos, estaba dando instrucciones para su propio servicio de recordación. No sería una ocasión única, como el tributo final ofrecido por amigos y parientes cuando una persona muere. Había de ser una comida frecuente, o un servicio habitual, o ambos. Les dijo concretamente. 'Haced esto en memoria de mí.'

¿Qué era lo que tenían que hacer? Debían copiar lo que había hecho él, tanto sus acciones como sus palabras. Debían tomar, romper, bendecir, reconocer y compartir pan y vino. ¿Qué significaban el pan y el vino? Las palabras que pronunció Jesús lo explicaban. Del pan había dicho. 'Esto es mi cuerpo que por vosotros es partido.' Y del vino. 'Esto es mi sangre derramada por vosotros.' De modo que su muerte les hablaba por medio de ambos elementos. El pan no representaba su cuerpo viviente, mientras se encontraba reclinado con ellos a la mesa, sino su cuerpo que iba a ser 'partido' al morir por ellos. De la misma manera, el vino no representaba su sangre al tiempo que fluía por sus venas cuando les estaba hablando, sino su sangre que poco después iba a ser 'derramada' por ellos en la muerte que iba a experimentar.

Las evidencias son claras e irrefutables. La cena del Señor, que fue instituida por Jesús, y que constituye el único acto conmemorativo autorizado por él, no dramatiza ni su nacimiento ni su vida, ni sus palabras ni sus obras, sino solamente su muerte. No hay nada que

9. Las palabras de administración están registradas en forma algo diferente por Pablo y los escritos de los sinópticos. Ver 1 Co. 11.23–25; Mt. 26.26–28; Mr. 14.22–24; Lc. 22.17–19.

pudiera indicar más claramente la significación fundamental que Jesús le atribuía a su muerte. Por sobre todas las cosas quería ser recordado por su muerte. Por consiguiente, podemos decir con absoluta seguridad que no hay cristianismo sin la cruz. Si ella no ocupa un lugar central en nuestra religión, la nuestra no será la religión de Jesús.

En segundo lugar, Jesús les estaba enseñando acerca del **propósito de su muerte**. Según Pablo y Mateo, las palabras de Jesús acerca de la copa se referían no solo a su 'sangre' sino al 'nuevo pacto' asociado con su sangre. Mateo agrega, además, que su sangre había de ser derramada 'para remisión de los pecados'. Aquí tenemos una declaración sorprendente. por medio del derramamiento de la sangre de Jesús en su muerte, Dios tomaba la iniciativa de establecer con su pueblo un nuevo 'pacto', una de cuyas promesas más grandes había de ser el perdón de los pecadores. ¿Qué quiso decir con esto?

Muchos siglos antes Dios había concertado un pacto con Abraham, prometiendo bendecirlo con una tierra buena y una posteridad abundante. Dios renovó este pacto en el monte Sinaí, después de haber rescatado a Israel (los descendientes de Abraham) de Egipto. Se comprometió a ser el Dios de ellos y a hacer de ellos su pueblo. Más todavía, este pacto fue ratificado con la sangre de un sacrificio. 'Moisés tomó la sangre y roció sobre el pueblo, y dijo. He aquí la sangre del pacto que Jehová ha hecho con vosotros sobre todas estas cosas.'[10] Pasaron cientos de años, en los cuales el pueblo renegó de Dios, quebrantó su pacto y provocó su juicio, hasta que un día en el siglo VII a.C. la palabra del Señor vino a Jeremías, diciendo.

> He aquí que vienen días, dice Jehová,
> en los cuales haré nuevo pacto
> con la casa de Israel
> y con la casa de Judá.
> No como el pacto que hice con sus padres
> el día que tomé su mano
> para sacarlos de la tierra de Egipto;
> porque ellos invalidaron mi pacto,
> aunque fui yo un marido para ellos,
> dice Jehová.

10. Éx. 24.8. Ver también las referencias al pacto en Is. 42.6; 49.8; Zac. 9.11; He. 9.18–20.

Pero este es el pacto que haré
con la casa de Israel
después de aquellos días, dice Jehová.
Daré mi ley en su mente,
y la escribiré en su corazón;
y yo seré a ellos por Dios,
y ellos me serán por pueblo.
Y no enseñará más ninguno a su prójimo,
ni ninguno a su hermano, diciendo.
Conoce a Jehová;
porque todos me conocerán,
desde el más pequeño de ellos
hasta el más grande,
dice Jehová;
porque perdonaré la maldad de ellos,
y no me acordaré más de su pecado.
Jeremías 31.31–34

Transcurrieron más de seis siglos adicionales, años de paciente espera y de creciente expectativa, hasta que una noche en un aposento alto en Jerusalén un campesino galileo, de profesión carpintero y predicador por vocación, se atrevió a declarar. Este nuevo pacto, profetizado en Jeremías, está a punto de ser establecido; el perdón de pecados, prometido como una de sus bendiciones distintivas, está a punto de ofrecerse. El sacrificio que sellará este pacto y obtendrá este perdón será el derramamiento de mi sangre por la muerte.

Es imposible exagerar el carácter realmente asombroso de esta afirmación. He aquí la perspectiva de Jesús en cuanto a su muerte. La cruz es el sacrificio divinamente señalado mediante el cual será ratificado el nuevo pacto con su promesa de perdón. Jesús muere con el propósito de iniciar una nueva relación pactual entre Dios y su pueblo.

La tercera lección que Jesús estaba enseñando se refiere a **la necesidad de que cada cual se apropie de su muerte personalmente**. Si decimos que en el aposento alto Jesús estaba ofreciendo una dramatización anticipada de su muerte, es importante observar cómo ocurrió. La dramatización no consistía en un solo actor en el escenario, con una docena de personas en el auditorio. No; los comprometía a todos, incluido él mismo, de modo que ellos tomaron parte, además de Jesús. Cierto es que él tomó el pan, lo bendijo y lo partió. Pero les explicó su significado cuando se los entregó para que ellos lo comieran. Luego levantó la copa y la bendijo, y seguidamente les explicó su significado en el momento en que la entregó para que bebieran. De modo que no fueron solo espectadores en esta dramatización de la cruz; fueron participantes. Difícilmente se les escaparía el mensaje. No era suficiente que el pan fuese partido y vertido el vino; ellos tenían que comer el pan y beber el vino. De la misma forma, no era suficiente que Jesús muriese, sino que era necesario que ellos hicieran suyos los beneficios de su muerte, en forma personal. El acto de comer y el de beber constituían, y siguen constituyendo, una parábola actuada muy gráfica del acto de recibir a Cristo como nuestro Salvador crucificado y de alimentarnos interiormente por medio de la fe puesta en él. Jesús ya les había enseñado esto en su gran discurso sobre el pan de vida, discurso que pronunció a continuación del milagro por el cual dio de comer a cinco mil personas.

> De cierto, de cierto os digo. Si no coméis la carne del Hijo del hombre, y bebéis su sangre, no tenéis vida en vosotros. El que come mi carne y bebe mi sangre, tiene vida eterna; y yo le resucitaré en el día postrero. Porque mi carne es verdadera comida, y mi sangre es verdadera bebida.
>
> Juan 6.53–55

Tanto sus palabras en esa ocasión como sus acciones en el aposento alto hablan de la misma realidad. Una cosa era que Jesús ofreciera su cuerpo y su sangre con su muerte; otra es que nosotros hagamos nuestras las bendiciones de su muerte. No obstante, son muchos los que no han comprendido esta distinción. Todavía recuerdo la sensación que tuve cuando comprendí en mi juventud que era necesario que yo mismo tomara una decisión. Solía imaginarme que, dado que Cristo había muerto, el mundo había quedado automáticamente restaurado. Cuando alguien me explicó que Cristo había muerto por *mí*, contesté en forma bastante arrogante. 'Eso todo el mundo lo sabe.' Daba por sentado que el hecho en sí o mi conocimiento del mismo me habían proporcionado la salvación. Pero la verdad es que Dios no impone sus dones, quiérase o no; tenemos que recibirlos por medio de la fe. La cena del Señor sigue siendo la señal externa perpetua de estos dos aspectos. el don divino y la recepción humana. Está concebida para constituir 'la participación en' (como traduce BA) o 'la comunión del cuerpo y de la sangre de Cristo' (1 Corintios 10.16).

Estas son, entonces, las lecciones que ofrece el aposento alto respecto a la muerte de Cristo. Primero, ocupaba un lugar central en su propio pensamiento acerca de sí mismo y su misión, y quería que su muerte fuese central para nosotros también. Segundo, la muerte de Cristo se llevó a cabo con el fin de establecer el nuevo pacto y lograr el perdón que ofrecía. Tercero, si hemos de disfrutarlos es preciso que aceptemos personalmente sus beneficios (el pacto y el perdón). La cena que Jesús instituyó no era un 'no me olvides' ligeramente sentimental, sino más bien un servicio recordatorio de gran significación espiritual.

Cristo, nuestra Pascua

Los acontecimientos en el aposento alto y la significación de la cena del Señor resultan aun más impresionantes porque ocurren en el contexto de la Pascua. Ya hemos visto que Jesús concebía su muerte en función de un sacrificio veterotestamentario. ¿Cuál era el sacrificio que tenía en mente? Al parecer, no solo era el sacrificio en el monte Sinaí relatado en Éxodo 24, por medio del cual se renovó el pacto en forma decisiva, sino también el sacrificio pascual de Éxodo 12, que se convirtió en una conmemoración anual del pacto y la liberación obrada por Dios a favor de Israel.

Según los Evangelios sinópticos, la última cena de Jesús con los Doce fue la comida pascual que siguió al sacrificio del cordero pascual. Esto resulta claro porque los discípulos preguntaron a Jesús dónde debían hacer los preparativos para 'comer la Pascua', y el propio Jesús se refirió a la comida como 'esta Pascua'.[11] Según Juan, sin embargo, no correspondía comer la Pascua antes del viernes por la noche, es decir un día después de lo acontecido en el aposento alto. Esto significa que Jesús ya estaba muriendo en la cruz en el preciso momento en que se estaban matando los corderos pascuales.[12]

En su importante libro *The Eucharistic words of Jesus* (Las palabras eucarísticas de Jesús), Joachim Jeremias desarrolló los tres intentos

11. Mr. 14.12–16; Lc. 22.15.
12. Jn. 18.28. Ver Jn. 19.36; Éx. 12.46.

principales que se han hecho de armonizar estas dos cronologías (pp. 20–26). Lo mejor, al parecer, es afirmar que ambas son correctas, aunque seguidas por un grupo diferente en cada caso. O los fariseos y saduceos utilizaban calendarios alternativos, que diferían entre sí en un día, o había tantos peregrinos en Jerusalén para la fiesta (tal vez no menos de 100.000) que los galileos tenían que matar sus corderos el jueves y comerlos esa misma noche, mientras que los de Judea observaban la celebración un día más tarde.

Más allá de la manera en que se armonicen estas cronologías, el contexto de la Pascua ratifica las tres lecciones que ya hemos considerado. La importancia fundamental que Jesús atribuyó a su muerte queda enfatizada por el hecho de que dio instrucciones para que la celebración anual de la Pascua fuera remplazada por su propia cena. Esto se desprende de las palabras de explicación que habló sobre el pan y el vino. 'Esto es mi cuerpo … esto es mi sangre', tal como el jefe de una familia judaico-aramea hacía con respecto a la comida pascual ('Esto es el pan de aflicción que nuestros padres tuvieron que comer cuando salían de Egipto', pp. 54–57).[13] Dice Joachim Jeremias que 'Jesús modeló sus dichos sobre el ritual de interpretación de la Pascua' (p. 61).

Esto aclara, además, la forma en que Jesús entendía el propósito de su muerte. Jesús, escribió Jeremias, presupone 'una muerte que ha separado carne y sangre. En otras palabras, *Jesús habló de sí mismo como un sacrificio*'. Más aun, 'probablemente hablaba de sí mismo como el cordero pascual', de modo que el significado de su última parábola fue. *Voy a la muerte como el verdadero sacrificio pascual*' (pp. 222–224). Las implicancias son considerables. En la Pascua original en Egipto, cada uno de los corderos pascuales moría en lugar del primogénito de la familia, y el primogénito se salvaba únicamente si en su lugar se mataba a un cordero. No solo debía morir el cordero, sino que su sangre tenía que ser rociada en la puerta de entrada a la casa y su carne debía ser consumida en una comida de comunión. De este modo el ritual pascual también enseñaba la tercera lección, la de que era necesario que cada cual se apropiara personalmente de los beneficios de la muerte vicaria de Cristo.

13. Ver Éx. 12.26–27; 13.8; Dt. 16.3.

La agonía en el huerto de Getsemaní

La cena ha terminado ya, y Jesús ha concluido sus instrucciones para los apóstoles. Los ha exhortado a que permanezcan en él, así como las ramas permanecen en la vid. Les ha advertido acerca de la oposición del mundo. Los ha alentado para que a pesar de la oposición den testimonio de él, recordando que el Espíritu de verdad ha de ser el principal testigo. También ha orado; primero por sí mismo, a fin de que pueda glorificar a su Padre en la inminente prueba. Luego por ellos, a fin de que sean guardados en la verdad, la santidad, la misión y la unidad. Y, finalmente, por todos los de generaciones subsiguientes que han de creer en él por medio del mensaje de ellos. Es probable que a continuación hayan cantado un himno. Seguidamente abandonan juntos el aposento alto. Pasan por las calles de la ciudad en la quietud de la noche, y en la tenue luz de la luna de la época pascual cruzan el valle del Cedrón, comienzan a ascender el Monte de los Olivos, y se desvían hacia un huerto de olivos, como lo sugiere el nombre 'Getsemaní' ('trujal'). Sin duda era un lugar apartado y favorito de Jesús, porque Juan comenta que 'muchas veces Jesús se había reunido allí con sus discípulos' (Juan 18.2).

En este sitio ocurre algo que, a pesar de la sobriedad con que lo describen los evangelistas, requiere alguna explicación. Este hecho comienza a revelar el costo enorme de la cruz de Cristo. Con toda razón llamamos a este momento el de 'la agonía en el huerto'.

Dejando atrás a la mayoría de los apóstoles, y recomendándoles que se dediquen a velar y orar, Jesús lleva a Pedro, Jacobo y Juan (el grupo íntimo) unos pasos más adelante. Comparte con ellos el hecho de que su 'alma está muy triste, hasta la muerte', y les pide que se queden en vela con él. Luego se aleja solo un poco más, cae sobre su rostro en tierra y ora. 'Padre mío, si es posible, pase de mí esta copa; pero no sea como yo quiero, sino como tú.' Volviendo a los apóstoles, los encuentra durmiendo y los reconviene por su actitud. Alejándose por segunda vez, ora. 'Padre mío, si no puede pasar de mí esta copa sin que yo la beba, hágase tu voluntad.' Nuevamente encuentra durmiendo a los discípulos. De modo que los deja una vez más y ora por tercera vez, diciendo lo mismo. Después de este tercer momento de oración vuelve y los encuentra dormidos otra vez, por cuanto no pueden comprender el insondable misterio de su sufrimiento. Se trata de una senda que él tiene que recorrer solo. En algún momento, 'comenzó… a angustiarse' y 'estando en agonía oraba más intensamente', de tal modo que 'era su sudor como grandes gotas de sangre que caían hasta la tierra'.[14]

Al acercarnos a esta escena, deberíamos considerar en primer lugar las vigorosas palabras que tanto Jesús como los evangelistas emplean para expresar sus fuertes emociones. Dos afirmaciones que ya había hecho antes nos han preparado en alguna medida para este momento. Lucas registra que Jesús dijo 'de un bautismo tengo que ser bautizado' y que se sentía angustiado (o 'presionado', incluso 'atormentado', *synechō*) hasta que se cumpliera. Juan nos dice que Jesús expresó que su alma estaba 'turbada' ('agitada', *tarassō*), de tal modo que hasta se preguntaba si debía pedirle a su Padre que lo salvase de 'esta hora'. Eran anticipos de Getsemaní.[15]

B. B. Warfield escribió un cuidadoso estudio titulado *On the emotional life of our Lord* (Sobre la vida emocional de nuestro Señor). Allí se refería a los términos empleados por los escritores de los Evangelios sinópticos en relación con Getsemaní. A la palabra *agōnia* de Lucas la define como 'consternación, horrorizada renuencia'. Mateo y Marcos comparten dos expresiones. La idea primaria de 'angustiado' (*adēmoneō*, sugiere, es 'aversión con aborrecimiento, quizá no exento de abatimiento'. La descripción que Jesús mismo hace al decir que está 'muy triste' (*perilypos*; 'abrumado de aflicción') 'expresa un pesar, o tal vez podríamos decir mejor, un dolor mental, una aflicción, que lo tiene cercado por todos lados, de lo cual no hay por lo tanto ningún escape'. Marcos usa otro vocablo, 'entristecerse' (*ekthambeomai*; 'profundamente afligido'), que se ha traducido 'horrorizado'. Warfield agrega que es un término 'que con más precisión define a la aflicción como consternación, la que si no es exactamente terror, es, cuando menos, alarmado desaliento'.[16] Reunidas, estas expresivas palabras indican que Jesús estaba padeciendo un agudo dolor emocional, que

14. Mateo 26.36–46, Marcos 14.32–42 y Lucas 22.39–46 describen la agonía de Jesús en el huerto de Getsemaní. Juan no hace referencia a ella, aun cuando sí relata la ida al huerto de los Olivos al pie del Monte de los Olivos donde Jesús fue traicionado y arrestado (Jn. 18.1–11).

15. Lc. 12.50; Jn. 12.27.

16. Estas palabras griegas aparecen en Mt. 26.37; Mr. 14.33 y Lc. 22.44. El trabajo de B. B. Warfield ha sido publicado en su *Person and work*, pp. 93–145. Sus traducciones de estos vocablos se encuentran en las pp. 130–131.

provocaba un sudor abundante, en momentos en que contemplaba con aprensión, casi con terror, la prueba que tenía por delante.

Si es posible, pasa de mí esta copa

A esta prueba Jesús la llama su 'amarga copa'. En el huerto, ora ardientemente que, si fuera posible, le sea retirada a fin de que no tenga que beberla. ¿Qué es esa copa? ¿Será al sufrimiento físico al que teme, a la tortura de los azotes y a la cruz? ¿Se sumará, tal vez, la angustia mental de la traición, la negación y la deserción de sus amigos, como también la burla y el injurio de sus enemigos?

Jamás pude aceptar que la copa a la cual temía Jesús fuera alguna de estas cosas (a pesar de que eran realmente graves), como tampoco todas ellas juntas. Su valor físico y moral resultó invencible durante todo su ministerio público. Me parece ridículo suponer que ahora les tenía miedo al dolor, los insultos y la muerte. Sócrates en la celda de la cárcel en Atenas, según el relato de Platón, tomó su copa de cicuta 'sin temblar y sin cambio de color o de expresión. Levantó la copa hasta sus labios, y con alegría y serenidad bebió hasta la última gota'. Cuando sus amigos echaron a llorar, los reconvino por su comportamiento 'absurdo' y los animó a 'mantener la calma y tener valor'.[17] Murió sin temor alguno, sin pena ni protesta. ¿Fue Sócrates más valiente que Jesús? ¿O es que sus copas estaban llenas de venenos diferentes?

Pensemos en los mártires cristianos. Jesús mismo les había dicho a sus seguidores que, cuando fueran insultados, perseguidos y calumniados, debían 'gozarse y alegrarse'. ¿Acaso Jesús no practicaba lo que predicaba? Sus apóstoles practicaban lo que predicaban. Salían del sanedrín con la espalda ensangrentada a causa de los crueles azotes, realmente 'gozosos de haber sido tenidos por dignos de padecer afrenta por causa del Nombre'. Para ellos el dolor y el rechazo eran motivos de gozo además de un privilegio, y no una prueba de la que debían huir desalentados.[18]

En el período posapostólico incluso era frecuente el deseo de estar unidos a Cristo en el martirio. ¡Ignacio, obispo de Antioquía en Siria a comienzos del siglo II, camino a Roma, imploró a la iglesia que no intentara conseguir su liberación, para no ser privado del

17. *Fedón*, 117–118.
18. Mt. 5.11–12; Hch. 5.41; Fil. 1.29–30.

honor de ser martirizado! '¡Dejad que el fuego y la cruz', escribió, 'las feroces fieras, el quebrantamiento de huesos y el despedazamiento de miembros, el molimiento de todo el cuerpo, y toda la malicia del diablo, caigan sobre mí; así sea, si solo así puedo ganar a Cristo Jesús!'[19] Algunos años después, a mediados del siglo II, Policarpo, el obispo de Esmirna, de ochenta y seis años de edad, se negó a escapar a la muerte ya fuera huyendo o negando a Cristo, y fue quemado en la estaca. Cuando estaban a punto de encender la fogata, Policarpo oró diciendo. 'Padre mío, te bendigo porque me has tenido por digno de recibir mi porción entre el número de los mártires.'[20] En cuanto a Albano, el primer mártir cristiano conocido de las islas británicas, víctima de una de la severas persecuciones del siglo III, primero fue 'cruelmente apaleado, pero sin embargo sufrió esto pacientemente; no, más bien gozosamente, por amor al Señor', y luego fue decapitado.[21] Y así ha continuado la historia en todas las generaciones. '¡Qué gozo es el que han experimentado los mártires de Cristo', exclamó Richard Baxter, 'en medio de las abrasantes llamas!' Sentían regocijo en el alma, aun 'cuando sus cuerpos estaban ardiendo'.[22]

De muchos ejemplos que podrían ofrecerse del siglo actual elijo solo aquellos mencionados por Sadhu Sundar Singh, el místico y evangelista cristiano de la India. Escribió, por ejemplo, acerca de un evangelista tibetano, azotado por torturadores que luego le frotaron sal en las heridas, cuyo 'rostro brillaba de paz y gozo', y acerca de otro que fue metido y cosido dentro de una piel húmeda de yak y expuesto al sol durante tres días, pero quien 'se sintió gozoso durante todo ese tiempo' y le dio gracias a Dios por el privilegio de sufrir por él. Cierto es que Singh algunas veces adornaba sus relatos o les imprimía un tono romántico. Pero no parece haber razón para dudar del testimonio de su propia experiencia y la de otros. Sabían que, aun en medio de las torturas, Dios da a los suyos un gozo y una paz sobrenaturales.[23]

19. Citado por Foxe en *Book of martyrs*, p. 19.
20. *Ibid.*, pp. 20–25.
21. *Ibid.*, pp. 31–33.
22. De *Saints' everlasting rest*, p. 393.
23. Friedrich Heiler: *Gospel of Sadhu Sundar Singh*, pp. 173–178.

La copa de la ira divina

Volvemos a esa solitaria figura en el olivar de Getsemaní. postrado, sudoroso, sobrecogido de angustia y temor, rogando a Dios que lo librara de beber la copa. Los mártires sentían gozo, pero él estaba apesadumbrado; ellos contemplaban el martirio con expectativa, pero él sentía renuencia. ¿Cómo podemos compararlos? ¿Cómo podía él servirles de inspiración si él mismo había vacilado cuando ellos no? Hasta ese momento había tenido perspectivas muy claras en cuanto a la necesidad de experimentar esos sufrimientos y la muerte. Estaba resuelto a cumplir su destino y se oponía con vehemencia a cualquiera que procurase disuadirlo. ¿Había cambiado todo eso súbitamente? ¿Resultaría un cobarde, después de todo, ahora que había llegado al momento de la prueba? ¡No, por cierto que no! Todas sus enseñanzas anteriores, su carácter y su comportamiento, se levantan en contra de semejante conclusión.

En ese caso, la copa que quería evitar era alguna otra cosa. No simbolizaba el dolor físico de ser azotado y crucificado ni la aflicción mental de ser despreciado y rechazado aun por su propio pueblo. Era la agonía espiritual de cargar con los pecados del mundo; en otras palabras, de enfrentar el juicio divino que dichos pecados merecían. Esta interpretación tiene el respaldo del Antiguo Testamento, donde tanto en la literatura sapiencial como en los profetas la 'copa' del Señor constituía un símbolo corriente de su ira. Se decía que el malo 'beberá de la ira del Todopoderoso' (Job 21.20). Por medio de Ezequiel Jehová advirtió a Jerusalén que había de sufrir pronto el mismo destino que Samaria, que había sido destruida.

> Beberás el hondo y ancho cáliz de tu hermana,
>   que es de gran capacidad;
> de ti se mofarán las naciones,
>   y te escarnecerán.
> Serás llena de embriaguez y de dolor
>   por el cáliz de soledad y de desolación,
> por el cáliz de tu hermana Samaria.
>   Lo beberás, pues, y lo agotarás.
>
> Ezequiel 23.32–34

No mucho después esta profecía de juicio se cumplió, y entonces los profetas comenzaron a alentar al pueblo con promesas de restauración. Isaías describió a Jerusalén como la 'que bebiste de la mano de Jehová el cáliz de su ira; porque el cáliz de aturdimiento bebiste hasta los sedimentos'. El profeta la convocó a que se despertara y se levantara, porque ahora Yahvéh le había retirado la copa de la mano y nunca más tendría que beber de ella. La copa de la ira del Señor no estaba limitada a su pueblo desobediente. El Salmo 75 es una meditación sobre el juicio universal de Dios. 'El cáliz está en la mano de Jehová, y el vino está fermentado, lleno de mistura; y él derrama del mismo; hasta el fondo lo apurarán, y lo beberán todos los impíos de la tierra.'

De forma semejante, a Jeremías se le dijo que tomara de la mano de Dios una copa llena del vino de su ira y que la diese a beber a todas las naciones a las que fuera enviado. La misma figura de lenguaje reaparece en el libro de Apocalipsis, donde el malvado 'también beberá del vino de la ira de Dios, que ha sido vaciado puro en el cáliz de su ira', y el juicio final aparece como el derramamiento 'sobre la tierra [de] las siete copas de la ira de Dios'.[24]

Este uso simbólico debió ser muy conocido para Jesús. Habrá reconocido la copa que se le ofrecía como la que contenía el vino de la ira de Dios, ofrecida a los malvados. Este vino ocasionaba una completa desorientación corporal (tropiezo) y mental (confusión) semejante a la ebriedad. ¿Tenía él que identificarse con los pecadores a tal punto como para cargar con el juicio que ellos merecían? Su alma impecable se retraía de este contacto con el pecado humano. Horrorizado, buscaba evitar la experiencia de verse separado de la comunión con su Padre, una alienación que el juicio contra el pecado ocasionaría.

No es que siquiera por un solo instante se estuviera rebelando. Aun cuando su espíritu se mantenía sumiso, evidentemente su visión se había vuelto borrosa y una horrible oscuridad rodeaba su espíritu. Cada una de sus oraciones comenzaba con las palabras 'Padre mío, si es posible, pase de mí esta copa', y terminaba 'pero no sea como yo quiero, sino como tú'. Si bien en teoría 'todas las cosas son posibles' para Dios, como Jesús mismo declaró en Getsemaní (Marcos 14.36), esto, sin embargo, no era posible. El propósito de amor que tenía Dios

24. Is. 51.17–22; Sal. 75.8; Jer. 25.15–29 (ver Hab. 2.16); Jer. 49.12; Ap. 14.10; 16.1ss; 18.6.

era el de salvar a los pecadores, y de salvarlos con justicia; pero esto resultaba imposible sin la muerte de un Salvador que llevara sobre sí los pecados. ¿Cómo podía, entonces, orar pidiendo ser librado de 'esta hora' de muerte? Ya había dicho que no lo haría, porque 'para esto he llegado a esta hora' (Juan 12.27).

Tu voluntad, no la mía

Después de la agonía y el horror que le provocó considerar las implicancias de su próxima muerte, Jesús surgió con serena y resuelta confianza. De modo que cuando Pedro desenvainó su espada en un desesperado intento de impedir el arresto, Jesús pudo decir. 'La copa que el Padre me ha dado, ¿no la he de beber?' (Juan 18.11). Esta referencia a ella resulta tanto más importante dado que Juan no ha conservado las angustiosas oraciones de Jesús pidiendo que la copa le fuese retirada. Jesús sabe ya que la copa no le será retirada. Se la ha dado el Padre. Está resuelto a beber de ella. Más todavía, aunque beberla hasta el fondo será un trago amargo y doloroso, no obstante descubrirá que cumplir la voluntad del Padre que lo envió y completar esta obra será 'alimento' (por así decirlo) completamente satisfactorio para su hambre (Juan 4.34).

La agonía en el huerto abre una ventana hacia la agonía más grande de la cruz. Si cargar con el pecado de la humanidad y con la ira de Dios resultaba tan terrible anticipadamente, ¿cómo habrá sido en el momento mismo de hacerlo?

> Tal vez no sepamos, ni podamos decir,
> Los dolores que debió soportar;
> Pero creemos que fue por nosotros
> Que estuvo colgado y sufrió en la cruz.

El grito de desamparo en la cruz

Pasaremos por alto los detalles de la traición y el arresto de Jesús, los juicios ante Anás y Caifás, Herodes y Pilato, las negaciones de Pedro, la cruel burla por sacerdotes y soldados, los escupitajos y el azotamiento, y la reacción histérica de la multitud que reclama su muerte. Nos trasladamos al final de la historia. Jesús, condenado a muerte por crucifixión, 'como cordero fue llevado al matadero; y como oveja delante de sus trasquiladores, enmudeció, y no abrió su boca' (Isaías 53.7).

Jesús llevaba su propia cruz, hasta que Simón de Cirene fue obligado a llevarla en su lugar. Seguramente caminó por la *via dolorosa*, hacia fuera de la ciudad, al Gólgota, el 'lugar de la Calavera'. 'Allí le crucificaron', escriben los evangelistas. Se niegan a dedicar espacio a su desnudamiento, al torpe martillado de los clavos, o al dislocamiento de los miembros cuando fue levantada la cruz para dejarla caer en el agujero preparado en la tierra. Ni siquiera el horrible dolor podía silenciar sus repetidas súplicas. 'Padre, perdónalos, porque no saben lo que hacen.' Los soldados echaron suertes para repartirse sus ropas. Algunas mujeres se quedaron mirando de lejos. La multitud se quedó allí algún tiempo para ver lo que ocurría. Jesús encomendó a su madre al cuidado de Juan, y a Juan al de ella. Al criminal penitente crucificado a su lado le dijo palabras de profunda seguridad. Mientras tanto, los gobernantes se burlaban de él, gritando. 'A otros salvó; a sí mismo no se puede salvar.' Lo decían en son de insulto, pero decían la verdad. Jesús no se podía salvar a sí mismo y a otros simultáneamente. Eligió sacrificarse a sí mismo con el fin de salvar al mundo.

Gradualmente la multitud se fue alejando, saciada su curiosidad. Por fin se hizo silencio y llegó la oscuridad. oscuridad quizá para que ningún ojo viera, y silencio para que ninguna lengua pudiera contar la angustia de alma que el impecable Salvador estaba soportando. 'En el nacimiento del Hijo de Dios', ha escrito Douglas Webster, 'hubo gran claridad a media noche; en la muerte del Hijo de Dios hubo oscuridad a mediodía.'[25]

Lo que ocurrió en la oscuridad lo expresan los escritores bíblicos de diversas maneras.

> Él herido fue por nuestras rebeliones, molido por nuestros pecados; el castigo de nuestra paz fue sobre él, y por su llaga fuimos nosotros curados. Todos nosotros nos descarriamos como ovejas, cada cual se apartó por su camino; mas Jehová cargó en él el pecado de todos nosotros.
>
> Isaías 53.5–6

25. Douglas Webster: *In debt to Christ*, p. 46.

> El Hijo del Hombre [vino] para dar su vida en rescate por muchos. Marcos 10.45

> He aquí el Cordero de Dios, que quita el pecado del mundo. Juan 1.29

> Al que no conoció pecado, por nosotros [Dios] lo hizo pecado, para que nosotros fuésemos hechos justicia de Dios en él. 2 Corintios 5.21

> Cristo nos redimió de la maldición de la ley, hecho por nosotros maldición. Gálatas 3.13

> Cristo fue ofrecido una sola vez para llevar los pecados de muchos. Hebreos 9.28

> [Cristo] llevó él mismo nuestros pecados en su cuerpo sobre el madero. 1 Pedro 2.24

> Cristo padeció una sola vez por los pecados, el justo por los injustos, para llevarnos a Dios. 1 Pedro 3.18

Las tinieblas envolvieron a Jesús

Dejaremos para los próximos capítulos analizar este terrible concepto de que Jesús 'llevó' nuestro pecado, incluso 'se hizo' pecado y fue maldito por nosotros. También consideraremos luego cómo pudo ocurrir esto y lo que ello puede significar.

Al parecer la oscuridad del cielo era un símbolo de la oscuridad espiritual que envolvía a Jesús en la cruz. En el simbolismo bíblico, la oscuridad es separación de Dios, el cual es luz y en el cual 'no hay ningunas tinieblas' (1 Juan 1.5). 'Tinieblas de afuera' es una de las expresiones que Jesús usaba para referirse al infierno, por cuanto se trata de una exclusión total y absoluta de la luz de la presencia de Dios. A esas tinieblas de afuera se arrojó el Hijo de Dios por nosotros. Nuestros pecados anularon el sol del rostro de su Padre. Incluso podríamos atrevernos a decir que nuestros pecados arrojaron a Cristo al infierno; no al infierno (*hadēs*, la morada de los muertos) al cual dice el credo que 'descendió' después de la muerte, sino al *gehenna* ('lugar de castigo'), al infierno al cual lo condenaron nuestros pecados antes de que su cuerpo muriese.

La oscuridad parece haber durado tres horas. Jesús fue crucificado a la hora tercera (9 de la mañana) y la oscuridad sobrevino sobre toda la tierra a la hora sexta (mediodía). A la hora novena (3 de la tarde) Jesús clamó a gran voz en arameo. *Eloi, Eloi, ¿lama sabactani?* ('Dios mío, Dios mío, ¿por qué me has desamparado?').[26]

Las personas de habla griega que estaban presentes entendieron mal sus palabras y pensaron que estaba llamando a Elías. Y sigue siendo entendido incorrectamente por muchos aun hoy.

El desamparo de Dios

Se han propuesto cuatro explicaciones principales sobre su terrible 'grito de desamparo' (deserción, abandono). Todos los comentaristas están de acuerdo en que Jesús estaba citando el Salmo 22.1. En cambio no están de acuerdo en cuanto a la razón por la cual lo hizo. ¿Qué significación tenía esta cita en sus labios?

Primero, algunos sugieren que fue **un grito de ira, de incredulidad o desesperación.** Tal vez, dicen, se había aferrado a la esperanza de que en el último momento el Padre habría de mandar ángeles a rescatarlo. O por lo menos seguiría experimentando el consuelo de la presencia del Padre, en medio de su total obediencia a la voluntad del Padre. Pero no, ahora le resultaba claro que había sido abandonado. Clamó '¿Por qué...?' expresando un desgarrador desaliento o desafío. Su fe lo había traicionado, dicen, y agregan que estaba equivocado. Jesús imaginó que había sido desamparado, cuando en realidad no lo estaba.

Los que así explican el clamor de desamparo no comprenden lo que están haciendo. Están negando la perfección moral del carácter de Jesús. Están diciendo que él era culpable de incredulidad estando en la cruz, como también de cobardía en el huerto. Lo están acusando de haber fracasado, y de haber fracasado en el momento de su autosacrificio más grande y más sublime.

Una segunda interpretación, que es una modificación de la primera, consiste en entender el grito de desamparo como **un grito de soledad.** Sostienen que Jesús conocía las promesas de Dios de que jamás fallaría o abandonaría a su pueblo.[27] Conocía la firmeza del amor de Dios expresado en el pacto. Su '¿por qué?' no era una queja

26. Mr. 15.25, 33–34.
27. Por ejemplo, Jos. 1.5, 9 e Is. 41.10.

de que Dios realmente lo había abandonado sino más bien de que había permitido que él se *sintiera* abandonado. 'A veces he pensado', escribió T. R. Glover, 'que nunca hubo una expresión que revelara en forma más sorprendente la distancia entre sentimiento y realidad.'[28] En lugar de dirigirse a Dios como 'Padre', ahora solo podía llamarlo 'Dios mío'. Esto demuestra su fe en que Dios sería fiel al pacto. Pero no alcanza a declarar su confianza en el amor paternal. En este caso Jesús no estaba equivocado, ni estaba expresando incredulidad, sino experimentando lo que los santos han llamado 'la oscura noche del alma'. Es más, lo hacía deliberadamente por solidaridad con nosotros. En esta condición, como lo expresa Thomas J. Crawford, los que son de Dios 'no derivan ninguna satisfacción consciente de las bendiciones de su favor y de los consuelos de su comunión'. No se les concede 'ninguna sonrisa de aprobación, ninguna voz de encomio, ninguna manifestación interior del favor divino'.[29]

Pudo haber sido así. Al menos esta explicación no deja una mancha en el carácter de Jesús, como la primera. No obstante, hay una dificultad insuperable que impide aceptarla, y es que las palabras del Salmo 22.1 expresan una experiencia de *ser*, y no simplemente de *sentirse* abandonado por Dios.

Una tercera interpretación, bastante popular, consiste en decir que Jesús emitió **un grito de victoria**. Es exactamente lo opuesto de la primera explicación, el grito de desesperación. El argumento consiste en decir que, si bien Jesús se limitó a citar el primer versículo del Salmo 22, lo hizo con la intención de representar la totalidad del salmo, que si bien comienza y continúa relatando indescriptibles sufrimientos, termina en una nota de confianza, incluso de triunfo. 'Anunciaré tu nombre a mis hermanos; en medio de la congregación te alabaré. Los que teméis a Jehová, alabadle ... Porque no menospreció ni abominó la aflicción del afligido, ni de él escondió su rostro; sino que cuando clamó a él, le oyó' (vv. 22–24).

Esta interpretación es ingeniosa pero me parece inverosímil. ¿Por qué habría de citar Jesús el comienzo del salmo si en realidad quería aludir al final del mismo? ¿Lo hubiera entendido alguien?

28. T. R. Glover: *Jesus of history*, p. 192.
29. Thomas J. Crawford: *Doctrine of Holy Scripture*, pp. 137–138.

La cuarta explicación es simple y directa. Consiste en tomar las palabras tal cual aparecen y entenderlas como **un grito de real y verdadero desamparo.** Como lo expresó R. W. Dale, yo también 'me resisto a aceptar cualquier explicación de estas palabras que lleve a pensar que ellas no representan la verdad en cuanto a la posición de nuestro Señor.'[30] Hasta este momento, si bien había sido abandonado por los hombres, Jesús todavía podía declarar. 'Mas no estoy solo, porque el Padre está conmigo' (Juan 16.32). En las tinieblas, sin embargo, estuvo completamente solo, porque allí fue abandonado por Dios también. Como lo ha expresado Calvino. 'Si Cristo hubiese muerto solo en sentido corporal, no hubiera sido efectivo ... A menos que su alma también participase del castigo, hubiera sido el Redentor de los cuerpos únicamente.' En consecuencia, 'pagó un precio más grande y más excelente al sufrir en su alma los terribles tormentos de un hombre condenado y abandonado.'[31]

De modo que hubo una separación real y terrible entre el Padre y el Hijo. Fue aceptada voluntariamente tanto por el Padre como por el Hijo y se debió a nuestros pecados y a su justa retribución. Jesús expresó el horror de esa gran separación, este abandono por parte de Dios, citando el único versículo de las Escrituras que la describía claramente, a saber. 'Dios mío, Dios mío, ¿por qué me has desamparado?'

Más adelante nos ocuparemos de las objeciones y los problemas teológicos. Desde ya diremos que el desamparo de Jesús por parte de Dios en la cruz se ha de equilibrar con afirmaciones igualmente bíblicas tales como que 'Dios estaba en Cristo reconciliando consigo al mundo.' C. E. B. Cranfield tiene razón cuando afirma ambas realidades. Jesús experimentó 'no meramente un desamparo sentido, sino real, por parte de su Padre.' A la vez estamos frente a 'la paradoja de que, si bien este abandono por parte de Dios fue verdaderamente real, la unidad de la bendita Trinidad se mantuvo intacta.'[32] A esta altura, empero, basta sugerir que Jesús había estado meditando sobre el Salmo 22,

30. R. W. Dale: *Atonement*, p. 61.

31. Calvino en sus *Instituciones*, II.XVI.10 y 12. Cierto es, como también algo extraño, que Calvino (siguiendo a Lutero) pensaba que esta era la explicación del 'descenso de Jesús al infierno' después de su muerte. Sin embargo, lo que en realidad interesa es el hecho de que experimentó el abandono de Dios por nosotros, y no tanto el *momento* en que esto ocurrió.

32. C. E. B. Cranfield: *Mark*, pp. 458–459.

el cual describe la cruel persecución de un hombre inocente y piadoso, al tiempo que meditaba sobre otros salmos que citó desde la cruz;[33] que citó el versículo 1 por la misma razón que citó los otros, vale decir que creía que los estaba cumpliendo. Su exclamación tenía forma de pregunta ('¿Por qué ...?'), no porque no supiese la respuesta, sino simplemente porque el pasaje del Antiguo Testamento que estaba citando tenía forma de pregunta.

De la agonía a la victoria

Casi inmediatamente después de esta exclamación de desamparo, Jesús pronunció tres palabras o frases más en rápida sucesión. Primero, 'Tengo sed', demostración de que su gran sufrimiento espiritual había tenido su efecto físico también. Segundo, exclamó. 'Consumado es'. Y tercero, en forma tranquila, voluntaria y confiada, se encomendó a Dios. 'Padre, en tus manos encomiendo mi espíritu', en momentos en que expiraba.[34]

La segunda exclamación, el fuerte grito de victoria, es, en el texto original, una sola palabra, *tetelestai*. Dado que aparece en el tiempo perfecto, significa 'ha sido consumado y lo será por siempre jamás'. Notemos cuál es el logro que Jesús señala justo antes de morir. No que los hombres hayan consumado su acción brutal; es él quien ha cumplido lo que vino a hacer en este mundo. Ha llevado consigo los pecados del mundo. En forma deliberada, libre, y manifestando un amor perfecto, ha soportado el juicio en nuestro lugar. Nos ha conseguido la salvación, ha concertado un nuevo pacto entre Dios y la humanidad, y ha puesto a disposición la principal bendición del pacto, es decir el perdón de pecados.

De inmediato el velo del templo, que durante siglos había simbolizado la separación de los pecadores de la presencia de Dios, se rasgó de arriba abajo. Se demostraba así que la barrera del pecado había sido derribada por Dios, a la vez que se despejaba el camino a su presencia.

Treinta y seis horas después Dios levantó a Jesús de entre los muertos. Aquel que había sido condenado por nosotros en su muerte,

33. Por ejemplo, 'Tengo sed' (Jn. 19.28) es una alusión a Sal. 69.21 (ver Sal. 22.15) y 'En tus manos encomiendo mi espíritu' (Lc. 23.46) es una cita tomada de Sal. 31.5.

34. Jn. 19.28, 30; Lc. 23.46.

fue vindicado públicamente en su resurrección. Era la forma en que Dios declaraba claramente que no había muerto en vano.

Conclusión. El significado de la cruz

Todo esto ofrece un cuadro coherente y lógico. Ofrece una explicación sobre la muerte de Jesús que toma en cuenta toda la información disponible y la relaciona de modo riguroso, sin soslayar nada. Esta interpretación del relato bíblico explica la importancia fundamental que Jesús atribuye a su muerte, porqué instituyó la cena a fin de conmemorarla, y la forma en que su muerte ratifica el nuevo pacto, con su promesa de perdón. Explica su agonía en el huerto, su angustia ante el desamparo en la cruz, y su afirmación victoriosa de haber obtenido en forma definitiva nuestra salvación. Todos estos fenómenos se vuelven comprensibles si aceptamos la explicación dada por Jesús y sus apóstoles de que 'llevó él mismo nuestros pecados en su cuerpo sobre el madero'.

Así, la cruz destaca tres verdades. Una acerca de nosotros mismos, otra acerca de Dios y otra acerca de Jesucristo.

Primero, nuestros pecados son extremadamente horribles. Nada hay que revele la gravedad del pecado como la cruz. En última instancia lo que entregó a Cristo a la cruz no fue la codicia de Judas, ni la envidia de los sacerdotes, ni la vacilante cobardía de Pilato. Fue nuestra propia codicia, envidia y cobardía, además de otros pecados. Y fue la decisión de Cristo de aceptar el castigo por nosotros, por amor y misericordia, para de este modo anularlos.

Es imposible enfrentar la cruz de Cristo con integridad y no sentir al mismo tiempo vergüenza por lo que somos. La apatía, el egoísmo y la complacencia brotan por doquier en este mundo. Pero no es posible mantenerlas ante la cruz. Allí esas nocivas hierbas se secan y mueren. Allí reconocemos que nuestro pecado es realmente grave, porque no había modo alguno en que el justo Dios pudiese perdonar con justicia nuestra injusticia, salvo cargándola él mismo en la cruz en la persona de Cristo. Solo cuando entendemos esto, desnudados de nuestra autosuficiencia y autosatisfacción, estamos en condiciones de poner nuestra confianza en Jesucristo como el Salvador que necesitamos con toda urgencia.

En segundo lugar, la cruz nos muestra una verdad acerca de Dios. Su amor es maravilloso, mucho más de lo que podemos comprender.

Con toda justicia Dios podría habernos abandonado a nuestra suerte. Podría habernos dejado como estábamos a fin de que cosecháramos el fruto de nuestro mal obrar y pereciéramos en nuestros pecados. Es lo que merecíamos. Pero no fue así como obró. Porque nos amaba, vino a buscarnos en la persona de Cristo. Nos siguió incluso hasta la desolada angustia de la cruz, donde llevó nuestro pecado, culpa, juicio y muerte. Solo un corazón duro, como de piedra, puede permanecer inconmovible ante un amor como este. Es más que amor. El nombre que le corresponde es *gracia*, amor manifestado hacia el que no lo merece.

Tercero, la salvación provista por Cristo tiene que ser un regalo gratuito. Nos la 'compró' al elevado precio de su propia sangre. ¿Qué queda, entonces, para que paguemos nosotros? ¡Nada! Cristo declaró que todo estaba ya 'consumado'. No hay nada que podamos agregar nosotros. Esto no significa que ahora tengamos permiso para pecar y siempre contar con el perdón de Dios. Todo lo contrario. La cruz de Cristo, base de nuestra salvación gratuita, es el más poderoso incentivo para llevar una vida de santidad. Pero esta vida nueva es lo que viene después. Primero tenemos que humillarnos al pie de la cruz, confesar que hemos pecado y que no merecemos otra cosa que el juicio, darle gracias por habernos amado y haber muerto por nosotros, y recibir de él un perdón completo y gratuito.

Nuestro profundo orgullo se rebela contra este concepto de que debamos humillarnos. Nos parece inconcebible que no podamos ganarnos nuestra propia salvación, ni siquiera colaborar para obtenerla. Por ello, como lo expresó Pablo, tropezamos ante esta 'piedra de tropiezo' que es la cruz.[35]

35. Ro. 9.32; 1 Co. 1.23; Gá. 5.11. Ver Mt. 11.6; 1 P. 2.8.

SECCIÓN II

LO CENTRAL DE LA CRUZ

4

EL PERDÓN

La mirada 'debajo de la superficie' en el capítulo anterior bien pudo haber provocado en algunos lectores una respuesta impaciente. Quizás se digan que todo puede explicarse en forma mucho más simple. la sencilla cena en el aposento alto, la oración agónica en el huerto, como también el grito desde la cruz. ¿Por qué se ha de complicar todo con esa tortuosa teologización? Sin duda, esta es una reacción comprensible.

En particular, muchas personas se desconciertan ante nuestra insistencia en que la cruz de Cristo constituye la única base sobre la cual Dios perdona los pecados. ¿Por qué ha de depender de la muerte de Cristo nuestro perdón?, se preguntan. ¿Por qué no nos perdona Dios simplemente, sin que sea necesario interponer la cruz? Como lo expresó el cínico francés. 'Le bon Dieu me pardonnera; c'est son métier.'[1] Después de todo, dicen, si pecamos unos contra otros, se nos exige que nos perdonemos unos a otros. Incluso se nos advierte acerca de las funestas consecuencias si nos negamos a hacerlo. ¿Por qué no puede Dios practicar lo que predica y obrar en forma igualmente generosa? No hace falta ninguna muerte para que nos perdonemos unos a otros. ¿Por qué, entonces, Dios agranda el asunto de nuestro perdón al punto de declarar que es totalmente imposible sin que su Hijo sea *sacrificado por el pecado*? Suena como una superstición primitiva que el hombre moderno debería haber abandonado ya hace mucho, concluye esta objeción.

Resulta importante que nos hagamos estas preguntas y que las respondamos. De inmediato podemos ofrecer dos respuestas, y

1. 'El buen Dios me perdonará; esa es su tarea (o su especialidad).' Citado por S. C. Neill en *Christian faith today*, p. 145. James Denney atribuye la cita a Heine en su *Death of Christ*, p. 186.

dedicaremos el resto del capítulo para desarrollarlas. La primera la proporcionó el arzobispo Anselmo en su gran obra *¿Cur Deus homo?* (¿Por qué Dios se hizo hombre?) a fines del siglo XI. Si alguien se imagina, escribió Anselmo, que Dios puede limitarse a perdonarnos en la forma en que perdonamos a otros, significa que esa persona 'no ha considerado todavía la seriedad que reviste el pecado', literalmente 'cuán grande peso tiene el pecado' (I.XXI). La segunda respuesta podría expresarse en forma semejante. 'No ha considerado todavía la majestad de Dios.' Cuando están fuera de foco nuestra percepción de Dios y el ser humano, o de la santidad y el pecado, nuestra comprensión de la expiación también está fuera de foco, naturalmente.

No es acertado comparar nuestro perdón con el de Dios. Cierto es que Jesús nos enseñó a orar diciendo. 'Perdónanos el mal que hemos hecho, así como nosotros hemos perdonado a los que nos han hecho mal' (DHH). Pero Jesús estaba enseñando que el que no perdona no puede ser perdonado, y por consiguiente el que es perdonado tiene la obligación de perdonar. Esta enseñanza queda clara en la parábola de los dos deudores. Jesús no estaba trazando un paralelo entre Dios y nosotros en relación con la *base* sobre la cual descansa el perdón.[2] Si argumentamos que nosotros nos perdonamos unos a otros incondicionalmente, y que, por lo tanto, Dios debe hacer lo mismo con nosotros, no estamos considerando el hecho elemental de que nosotros no somos Dios. Somos individuos privados, y las ofensas de otras personas constituyen daños personales. Dios no es un individuo privado; es él mismo quien hace las leyes que nosotros quebrantamos. El pecado es una rebelión contra su persona.

La pregunta crucial que debemos plantear es otra. No consiste en averiguar por qué le resulta *difícil* perdonar a Dios, sino cómo es siquiera *posible* que pueda hacerlo. Como lo ha expresado Emil Brunner. 'El perdón es justamente lo opuesto a todo lo que se pueda dar por sentado. No hay nada menos obvio que el perdón.'[3] O, en palabras de Carnegie Simpson. 'El perdón es para el ser humano la más clara de las obligaciones; para Dios es el más profundo de los problemas.'[4]

2. Mt. 6.12–15; 18.21–35.

3. Emil Brunner: *Mediator*, p. 448.

4. P. Carnegie Simpson: *Jesucristo: su realidad y significado* (p. 109 en la edición citada por el autor; ver Bibliografía).

El problema del perdón está constituido por el inevitable choque entre la perfección divina y la rebelión humana, entre Dios como es él y nosotros como somos nosotros. Lo que obstaculiza el perdón no es solo nuestro pecado o nuestra culpa. Es necesario resolver la tensión entre el amor y la ira de Dios para con los pecadores culpables. Porque, si bien es cierto que 'Dios es amor', también tenemos que recordar que su amor es un 'amor santo'.[5] Es decir, el amor que busca a los pecadores pero a la vez se niega a pasar por alto su pecado. Por lo tanto, ¿cómo podía Dios expresar su santo amor, al perdonar a los pecadores, sin comprometer su santidad? ¿Y cómo podía expresar su santidad, al juzgar a los pecadores, sin frustrar su amor? Enfrentado por el mal de la humanidad, ¿cómo podía Dios ser fiel a sí mismo en la expresión de su santo amor? En palabras de Isaías, ¿cómo podía ser simultáneamente 'Dios justo y Salvador' (45.21)? Porque, si bien es cierto que Dios demostró su justicia al tomar medidas para salvar a su pueblo, las palabras 'justicia' y 'salvación' no pueden tomarse como simples sinónimos. Sí podemos decir que la iniciativa salvadora es compatible con su justicia y a la vez la expresa. En la cruz, en su santo amor, Dios pagó él mismo por medio de Cristo toda la deuda de nuestra desobediencia. Él soportó en su persona el juicio que merecíamos nosotros con el fin de obtener para nosotros el perdón que no merecíamos. En la cruz se expresaron, y se reconciliaron eternamente, tanto la misericordia como la justicia divinas. El santo amor de Dios fue 'satisfecho'.

Pero estoy avanzando demasiado rápidamente. La razón que hace que muchas personas den respuestas equivocadas a los interrogantes acerca de la cruz, e incluso que planteen preguntas erróneas, es, como dijimos al comienzo, que no han considerado la gravedad del pecado ni la majestad de Dios.

Es preciso hacerlo. Para ello vamos a considerar cuatro conceptos bíblicos fundamentales, a saber, la gravedad del pecado, la responsabilidad moral humana, la culpabilidad verdadera y la falsa, y la ira de Dios. De este modo hemos de vernos como personas pecaminosas, responsables, culpables y perdidas. No será un ejercicio agradable y sin duda pondrá a prueba nuestra integridad.

5. Para el énfasis en el 'amor santo' ver, por ejemplo, P. T. Forsyth tanto en *Cruciality of the cross* como en *Work of Christ*, William Temple en *Christus veritas*, pp. 257, 269, y Emil Brunner en *Mediator*.

La gravedad del pecado

La sola palabra 'pecado' ha desaparecido del vocabulario de la mayoría de las personas en años recientes. Pertenece al léxico religioso tradicional que, por lo menos en el mundo occidental cada vez más secularizado, no tiene ningún significado. Más aun, si se llega a mencionar la palabra 'pecado', lo más probable es que sea entendida mal. ¿Qué es, por lo tanto, el pecado?

El Nuevo Testamento se vale principalmente de cinco palabras griegas para el pecado. En conjunto ofrecen un cuadro de sus diversos aspectos, tanto pasivos como activos. La más común es *hamartia*, que habla del pecado como la acción de errar el blanco, el intento fallido de alcanzar la meta. *Adikia* es 'injusticia' o 'iniquidad', y *ponēria* es maldad de un tipo vicioso o degenerado. Las palabras más activas son *parabasis* (con la que podemos asociar el vocablo similar *paraptōma*), una 'infracción' o 'transgresión', equivalente a sobrepasar un límite, y *anomia*, 'ilegalidad', o sea la violación de una ley conocida. En cada caso está implícito un criterio objetivo, ya sea un nivel que no alcanzamos o una línea que cruzamos deliberadamente.

Se da por sentado en todas las Escrituras que este criterio o ideal ha sido establecido por Dios. Es, en efecto, una ley moral que expresa el carácter justo de Dios. No se trata de la ley de su propio ser solamente; es también la ley de nuestro ser, dado que nos hizo a su imagen. Al hacerlo, grabó los requisitos de su ley en nuestro corazón (Romanos 2.15). Hay, por lo tanto, una correspondencia vital entre la ley de Dios y nosotros; cometer pecado es cometer una ilegalidad (1 Juan 3.4). En otras palabras, pecar es ir activamente en contra de nuestro propio bien más elevado como también contra la autoridad y el amor de Dios.

En las Escrituras, sin embargo, el énfasis está en el carácter impíamente egocéntrico del pecado. Constituye una infracción de lo que Jesús llamó 'el primer y grande mandamiento'. Esto ocurre no solamente cuando no amamos a Dios con todo nuestro ser, sino cuando nos negamos activamente a reconocer y obedecer a Dios como nuestro Creador y Señor. Hemos rechazado la posición de dependencia que corresponde a nuestra condición de seres creados y hemos optado por la independencia. Peor todavía, nos hemos atrevido a proclamar nuestra autodependencia, nuestra autonomía, lo cual equivale a reclamar para nosotros la posición que solo Dios ocupa. El pecado no es simplemente un lamentable abandono de los niveles morales tradicionales. Su esencia es la hostilidad para con Dios (Romanos 8.7), que se expresa en rebelión activa contra su persona. Podemos describirlo como 'eliminar al Señor Dios' con el fin de colocarnos nosotros en su lugar en una altanera actitud de 'todopoderosismo divino'. Emil Brunner lo sintetiza muy bien. 'El pecado es desafío, arrogancia, es deseo de ser igual a Dios, ... es la afirmación de la independencia humana por oposición a Dios, ... la constitución de la razón, la moralidad y la cultura autónomas.' Es apropiado que haya titulado al libro del cual he tomado esta cita *Man in revolt* (La rebelión del hombre) (p. 129).

Cuando percibimos que todo pecado que cometemos es expresión (en diferentes grados de autoconciencia) de este espíritu de rebelión contra Dios, podemos coincidir con la confesión de David. 'Contra ti, contra ti solo he pecado, y he hecho lo malo delante de tus ojos' (Salmos 51.4). Al cometer adulterio con Betsabé, y al arreglar para que el esposo de ella, Urías, muriera en el campo de batalla, David había cometido ofensas extremadamente serias contra ellos y contra la nación. Pero eran leyes de Dios las que había quebrantado y por ello, en última instancia, fue principalmente contra Dios que había pecado.

¿Por qué ya no nombramos al pecado?

Tal vez la exclusión de la palabra pecado del vocabulario de muchos de nuestros contemporáneos responda a una arraigada reticencia a aceptar la gravedad del mismo. Un agudo observador de la condición humana, que ha notado la desaparición del vocablo, es el psiquiatra Karl Menninger. Escribió sobre el tema en su libro, *Whatever became of sin?* (¿Qué pasó con el pecado?) Al describir los malestares de la sociedad occidental, su tendencia general a la melancolía y al sinsentido, agrega que 'se nota la ausencia del *pecado*'.

> Se trata de una palabra que en una época ocupaba la mente de todos, pero que hoy raras veces se oye. ¿Significa esto que el pecado no tiene nada que ver con todos nuestros problemas ...? ¿Nadie ha cometido ningún pecado? ¿Adónde, en efecto, se ha ido el pecado? ¿Qué le ha ocurrido? (p. 13)

Al intentar averiguar las causas de la desaparición del pecado, el doctor Menninger destaca primeramente que 'muchas cosas que antes eran pecados se han vuelto crímenes'. Por consiguiente, la responsabilidad de ocuparse de resolverlos ha pasado de la iglesia al estado, del sacerdote al policía (p. 50). Otras se han convertido en enfermedades, o por lo menos en síntomas de enfermedad, de tal modo que en esos casos el castigo ha sido remplazado por el tratamiento (pp. 74ss). Un tercer mecanismo denominado 'irresponsabilidad colectiva' nos ha permitido transferir la culpa de parte de nuestro comportamiento como individuos a la sociedad en conjunto o a alguno de sus sectores (pp. 94ss).

El doctor Menninger procede a hacer un llamado no solamente a la reincorporación de la palabra 'pecado' en nuestro vocabulario, sino también a reconocer la realidad que la palabra expresa. El pecado no se puede desechar meramente como un tabú cultural o un traspié social. Se lo debe tomar con seriedad. Acusa a los predicadores de haberle restado importancia, y agrega. 'El ministro religioso no puede minimizar el pecado y al mismo tiempo mantener su propio papel en nuestra cultura' (p. 198).

> [El pecado] es una cualidad implícitamente agresiva; es algo implacable, perjudicial; constituye un apartamiento de Dios y del resto de la humanidad, una alienación parcial, o un acto de rebelión … El pecado tiene una cualidad intencional, desafiante o desleal. se desafía, se ofende o se hiere a *alguien*. (p. 19)

Ignorar esto sería deshonesto. En cambio, confesarlo nos permitiría buscar una solución. Más todavía, la restauración del concepto de pecado llevaría inevitablemente a 'la reanimación o reafirmación de la responsabilidad personal'. De hecho, sería 'útil' revivir el concepto de pecado porque con él se restauraría el concepto de responsabilidad (pp. 178–179).

La responsabilidad moral

Con todo, ¿es justo responsabilizar a los seres humanos por su inconducta? ¿Somos realmente responsables de nuestras acciones? ¿Acaso no somos con mayor frecuencia víctimas de otros seres libres, y por lo tanto más es lo que se peca contra nosotros que lo que pecamos nosotros mismos? Tenemos a nuestra disposición todo un espectro de chivos emisarios. nuestros genes, la composición química de nuestro organismo (un desequilibrio hormonal temporario), el temperamento y el humor que hemos heredado, los fracasos de nuestros padres durante nuestra primera infancia, la crianza que hemos tenido, nuestro entorno educacional y social. Juntos, estos factores parecerían proporcionar una coartada infalible.

Es posible que el libro que más exhaustivamente haya socavado el concepto tradicional de la responsabilidad personal sea *Beyond freedom and dignity* (Más allá de la libertad y la dignidad) del profesor B. F. Skinner. La tesis de Skinner es la de que 'los terribles problemas que enfrentamos en el mundo hoy' (especialmente las amenazas de la superpoblación, la guerra nuclear, el hambre, las enfermedades y la contaminación ambiental) podrían ser solucionados mediante 'una tecnología del comportamiento humano'. Es decir que podrían lograrse 'tremendos cambios' mediante cambios en el nivel humano. Se podría programar al hombre para que se comportara correctamente.

¿Qué es, entonces, lo que impide hacerlo? Ésta es la respuesta de Skinner. el concepto del 'hombre autónomo', su supuesta 'libertad' (en el hecho de que se lo responsabiliza de sus acciones) y su supuesta 'dignidad' (en el hecho de que se le acreditan sus logros). Pero estas cosas son ilusorias, dice, por cuanto 'el análisis científico transfiere tanto la responsabilidad como los logros al entorno' (pp. 9–30). El hombre tiene que tener el coraje necesario para crear un entorno social o cultural que de modo adecuado 'modele y mantenga el comportamiento de quienes viven en él' (p. 141). Esto es esencial para la supervivencia de la humanidad, y tiene mayor importancia que el concepto tradicional y 'lisonjero' de nuestra 'libertad y dignidad' (p. 208). (A esto C. S. Lewis lo llamó 'la abolición del hombre'.) Lo que Skinner propone abolir sería solamente 'el hombre autónomo, … el hombre defendido por la literatura de la libertad y la dignidad'. Más aun, 'su abolición debería haberse llevado a cabo hace mucho tiempo' (p. 196). B. F. Skinner avisora un futuro donde el hombre crea un entorno que lo controla, y de este modo lleva a cabo 'un gigantesco ejercicio de autocontrol'. Cierra su libro con las siguientes palabras. 'No hemos visto todavía lo que el hombre puede hacer del hombre' (p. 210). Es una escalofriante perspectiva de determinismo autodeterminado.

Restricciones a la responsabilidad

No obstante, el espíritu humano se rebela contra esta idea. Aunque aceptamos el concepto de la 'responsabilidad disminuida', negamos la total disolución de toda responsabilidad, excepto en los casos más extremos. El paralelo entre la responsabilidad moral y la responsabilidad legal resulta ilustrativo en este sentido. Hablando en general, la ley penal supone que las personas tienen la facultad de decidir si van a obedecer o quebrantar la ley. No obstante, la responsabilidad ante un crimen puede ser disminuida, e incluso anulada, cuando se dan ciertas condiciones 'excusables'. En sus ensayos sobre la filosofía de la ley titulados *Punishment and responsibility* (Castigo y responsabilidad), H. L. A. Hart define el principio de la siguiente manera. 'En todos los sistemas legales avanzados la obligatoriedad de la condena por crímenes serios se hace depender, no solamente del hecho de que el acusado haya cometido los actos que la ley prohíbe, sino del hecho de haberlos cometido en una determinada actitud mental o con cierta voluntad' (p. 187).[6] Este estado mental y volitivo se conoce técnicamente como *mens rea*. Esta frase se refiere a la *intención* de la persona (si bien una traducción literal sería 'mente culpable'). La distinción entre el homicidio intencional y el no intencional, vale decir, entre el homicidio premeditado y el homicidio no premeditado, ya se encuentra en la ley mosaica. Este principio tiene, también, una aplicación más amplia. Si una persona comete una ofensa en estado demencial, bajo compulsión, o como autómata, no es posible establecer la responsabilidad criminal. La provocación puede reducir un asesinato a un homicidio no premeditado. El recurso de la demencia se acepta desde hace siglos. En Inglaterra se ha interpretado, desde las Reglas de McNaghten de 1843, como 'enfermedad mental', lo cual conduce a 'un defecto de la razón' tal que el acusado o no conocía 'la naturaleza y la calidad del acto que estaba cometiendo' o, en caso de conocerlas, 'no sabía que estaba haciendo algo malo'.

Las Reglas fueron criticadas, sin embargo, por centrar la atención en la ignorancia del acusado, antes que en su capacidad para autocontrolarse. De modo que la ley sobre el infanticidio (*Infanticide Act*), de 1938, se ocupó de actos realizados por una mujer cuando 'el equilibrio

6. Afirmaciones parecidas aparecen en las pp. 28 y 114.

de su mente estaba entorpecido en razón de no haberse recuperado plenamente de los efectos de haber dado a luz …', y la ley sobre el homicidio (*Homicide Act*), de 1957, estableció que la persona 'no será condenada por homicidio si estaba sufriendo una anormalidad mental tal … que invalidaba sustancialmente su responsabilidad mental por sus actos …'. De igual manera, también, el parlamento británico ha decidido que ningún niño menor de diez años puede ser tenido por culpable de un delito, mientras que entre la edad de diez y catorce se tiene que demostrar concretamente que el niño inculpado sabía que lo que él o ella estaba haciendo era realmente algo malo.

Así, la responsabilidad legal depende de la responsabilidad mental y moral, o sea, de la *mens rea*, la intención de la mente y la voluntad. Pero los alegatos basados en la falta de conciencia o de control siempre tendrán que ser definidos con precisión, y ser excepcionales. Por cierto que la persona acusada no puede invocar su herencia genética o su educación social como excusa para el comportamiento criminal, y menos la negligencia personal ('La verdad es que simplemente no estaba pensando en lo que hacía'). No; en general, todo el procedimiento consistente en juzgar, condenar y sentenciar en los tribunales se apoya en el supuesto de que los seres humanos gozan de libertad para hacer decisiones y son responsables de las decisiones que hacen.

Libertad y responsabilidad

Es igual en las situaciones cotidianas. Es cierto que nuestros genes y nuestra crianza nos condicionan. Pero el espíritu humano (sin mencionar la mente cristiana) protesta contra la postura reduccionista que declara que el ser humano no es más que una computadora (programada para realizar operaciones y responder) o un animal (a merced de sus instintos). En contraposición con estos conceptos apelamos al arraigado sentimiento que tienen tanto los hombres como las mujeres de que, dentro de límites razonables, son agentes libres, capaces de tomar decisiones por cuenta propia y de decidir sus propias acciones. Frente a una alternativa, sabemos que podemos elegir. Y cuando hacemos una elección equivocada, nos lo reprochamos, porque sabemos que podríamos haber obrado de otro modo. También obramos sobre el supuesto de que otras personas son libres y responsables, porque intentamos persuadirlas a adoptar nuestro punto de vista, y 'todos alabamos o culpamos a otras personas de tanto en tanto'.[7]

Sir Norman Anderson tiene razón, creo yo, cuando llama la atención a este sentimiento humano de responsabilidad. Por un lado, escribe, podemos especular acerca de la medida en la cual las personas están 'precondicionadas por la constitución y la condición de su cerebro, por la estructura psicológica que han heredado o adquirido, por el ciego e inevitable curso de la *naturaleza*, o por la soberanía de un Dios creador, para comportarse como lo hacen'. Pero por otro lado.

> [Es posible] afirmar inequívocamente que no hay razón alguna para suponer que hombres y mujeres normales están equivocados en cuanto a su firme convicción de que tienen, dentro de ciertos límites, una libertad genuina para elegir y actuar, y que esto necesariamente conlleva una correspondiente medida de responsabilidad moral.[8]

Los tres participantes en las Conferencias de Londres sobre el Cristianismo Contemporáneo, en 1982, tituladas *Free to be different* (Libres para ser diferentes), llegaron a la misma conclusión. El profesor Malcolm Jeeves habló y escribió como psicólogo, el profesor Sam Berry como genetista, y el doctor David Atkinson como teólogo. Conjuntamente investigaron las respectivas influencias que sobre el comportamiento humano tienen la 'naturaleza' (nuestra herencia genética), la 'crianza' (nuestro condicionamiento social), y la 'gracia' (la iniciativa amorosa y transformadora de Dios). Estuvieron de acuerdo en que estas cosas evidentemente modelan y a la vez restringen nuestro comportamiento. No obstante, el conjunto de sus conferencias fue un vigoroso rechazo interdisciplinario del determinismo y una reafirmación de la responsabilidad humana. Si bien no cabe duda de que todo este tema es sumamente complejo y que no es posible desenredar prolijamente todos los hilos, aun así los tres expositores pudieron llegar a la siguiente conclusión compartida.

> No somos autómatas, incapaces de hacer otra cosa que reaccionar mecánicamente ante nuestros genes, ante nuestro

7. Alec R. Vidler: *Essays in liberality*, p. 45.
8. J. N. D. Anderson: *Morality, law and grace*, p. 38.

> entorno o incluso ante la gracia de Dios. Somos seres personales creados por Dios para sí mismo … Más aun, lo que Dios nos ha dado no se ha de considerar como una cualidad estática. Nuestro carácter puede ser refinado. Nuestro comportamiento puede cambiar. Nuestras convicciones pueden madurar. Nuestros dones pueden ser cultivados … En verdad tenemos la libertad de ser diferentes …[9]

El enfoque bíblico de la responsabilidad

En nuestra experiencia personal somos conscientes de la tensión entre las presiones que nos condicionan e incluso nos controlan, y nuestra permanente responsabilidad moral a pesar de todo. Cuando acudimos a la Biblia, encontramos la misma tensión. Se nota un fuerte énfasis bíblico en cuanto a la influencia de la herencia, en cuanto a lo que somos 'en Adán'. La doctrina del pecado original significa que la naturaleza misma que hemos heredado está viciada y pervertida por el egocentrismo. Es 'de dentro, del corazón de los hombres', como enseñaba Jesús, que provienen los malos pensamientos y las acciones malas (Marcos 7.21–23). No nos sorprende que también haya descripto al pecador como 'esclavo … del pecado' (Juan 8.34). En realidad estamos esclavizados por el mundo (las modas y las opiniones del público), la carne (nuestra naturaleza caída), y el diablo (las fuerzas demoníacas). Incluso después de que Cristo nos ha liberado y nos ha convertido en esclavos suyos, no quedamos todavía totalmente libres del insidioso poder de nuestra naturaleza caída. Por eso Pablo concluye su argumentación en Romanos 7 con el siguiente resumen. 'Así que, yo mismo con la mente sirvo a la ley de Dios, mas con la carne a la ley del pecado' (v. 25).

Las Escrituras reconocen la sutileza y el poder de estas fuerzas, que por cierto reducen nuestra responsabilidad. Porque Dios 'conoce nuestra condición' y 'se acuerda de que somos polvo', nos tiene paciencia, es lento para airarse, y no 'nos ha pagado conforme a nuestros pecados' (Salmo 103.10, 14). De modo semejante, el Mesías

9. Malcolm Jeeves, R. J. Berry y David Atkinson: *Free to be different*, p. 155.

de Dios es tierno con el débil, y se niega a quebrar las cañas cascadas, como también a apagar el pábilo que humea.[10]

Al mismo tiempo, el reconocimiento bíblico de que nuestra responsabilidad ha sido disminuida no significa que haya sido desterrada. Por el contrario, las Escrituras nos tratan invariablemente como agentes moralmente responsables. Nos hace ver la necesidad de elegir entre 'la vida y el bien, la muerte y el mal', entre el Dios viviente y los ídolos.[11] Nos exhorta a la obediencia y nos reprende cuando desobedecemos. Jesús mismo imploró a la recalcitrante Jerusalén a que lo reconociera y lo recibiera. Con frecuencia, dijo, dirigiéndose a la ciudad en lenguaje directo, 'quise juntar a tus hijos, como la gallina junta sus polluelos debajo de las alas, y no quisiste' (Mateo 23.37). De este modo atribuyó la ceguera espiritual, la apostasía y el juicio venidero de Jerusalén a su obstinación. Cierto es que también dijo que 'ninguno puede venir a mí, si el Padre ... no le trajere', pero solo después de haber dicho que 'no queréis venir a mí'[12]. ¿Por qué la gente no acude a Cristo? ¿Será que no pueden, o será que no quieren? Jesús enseñó ambas cosas. Y en este 'no poder' y 'no querer' tenemos la antinomia última entre la soberanía divina y la responsabilidad humana.

Cualquiera sea la forma en que lo expresemos, no debemos eliminar ninguna de las dos partes. Nuestra responsabilidad delante de Dios es un aspecto inalienable de nuestra dignidad humana. Su expresión final se verá en el día del juicio. Nadie será sentenciado sin juicio. Todos, grandes y pequeños, cualquiera sea su clase social, estarán ante el trono de Dios. No para sentirse abrumados ni amedrentados, sino para recibir esta demostración final de respeto para con la responsabilidad humana, cuando cada cual dé cuenta de lo que él o ella hayan hecho.

Emil Brunner seguramente tiene razón cuando destaca nuestra responsabilidad como un aspecto indispensable de nuestra humanidad. 'Hoy nuestro estribillo debe ser. ¡Nada de determinismo, bajo ningún concepto! Por cuanto eso hace que resulte imposible comprender al hombre como hombre.'[13] El ser humano ha de ser visto

10. Is. 42.1–3; Mt. 12.15–21. Asimismo, Dios distingue entre los pecados cometidos por ignorancia y aquellos cometidos a sabiendas y deliberadamente. Ver, por ejemplo, Lc. 23.34; Hch. 3.17; 1 Ti. 1.13.

11. Dt. 30.15–20; Jos. 24.15.

12. Jn. 6.44; 5.40.

13. Emil Brunner: *Man in revolt*, p. 257.

como 'un ser pensante y con voluntad', que responde y es responsable ante su Creador, 'esa contraparte creada de su autoexistencia divina'. Más aun, esta responsabilidad humana es en primera instancia 'no … una tarea sino un don, … no una ley sino una gracia'. Se expresa en 'un amor que cree y responde' (p. 98). De manera que 'el que ha entendido la naturaleza de la responsabilidad ha entendido la naturaleza humana. La responsabilidad no es un atributo, es la *sustancia* de la existencia humana. Lo contiene todo … [es] lo que distingue al hombre de todas las otras criaturas …' (p. 50). Por lo tanto 'si se elimina la responsabilidad, el sentido mismo de la existencia humana desaparece' (p. 258).

Pero ¿acaso la Caída no ha debilitado la responsabilidad humana? ¿Sigue siendo el ser humano responsable de sus acciones? Sí, continúa siendo responsable. 'El hombre nunca peca simplemente a causa de su debilidad, sino siempre también por el hecho de que *se deja llevar* por su debilidad. Hasta en el más torpe de los pecadores hay todavía una destello de decisión', más aun, de desafiante rebeldía contra Dios. De modo que el ser humano no puede desprenderse de la responsabilidad que es resultado de su propia maldad. 'No es el destino, ni su constitución metafísica, ni la debilidad de su naturaleza, sino él mismo, el hombre, en el centro de su personalidad, el que es responsable de su pecado' (pp. 130–131).

Culpa verdadera y culpa falsa

Si los seres humanos han pecado (lo cual es cierto), y si son responsables de sus pecados (lo cual también es cierto), entonces son culpables ante Dios. La culpa es la deducción lógica que se obtiene de las premisas que son el pecado y la responsabilidad. Hemos obrado mal, por nuestra propia culpa, y por consiguiente tenemos que cargar con la sentencia justa impuesta por nuestro mal obrar.

Esta es la argumentación de los primeros capítulos de la Carta a los Romanos. Pablo divide a la raza humana en tres grupos principales; demuestra que cada una de ellas conoce en alguna medida su deber moral, pero ha suprimido deliberadamente su conocimiento del mismo con el fin de perseguir su propio camino pecaminoso. Como lo expresa Juan. '… y esta es la condenación. que la luz vino al mundo, y los hombres amaron más las tinieblas que la luz, porque sus obras eran malas' (Juan 3.19). Nada hay más serio que este rechazo intencional de la luz, la verdad y el bien. Pablo comienza con la decadente sociedad romana. Han conocido el poder y la gloria de Dios por medio de la creación, y su santidad por medio de sus conciencias. Sin embargo, se han negado a vivir de conformidad con el conocimiento que tenían y han cambiado la adoración a Dios por la de los ídolos. En consecuencia, Dios los ha entregado a la inmoralidad y a otras formas de comportamiento antisocial (Romanos 1.18–32).

El segundo grupo de la humanidad al cual se dirige Pablo es el mundo farisaico y santurrón. Conocen la ley de Dios a través de las Escrituras (los judíos) o en sus corazones (los gentiles). Pero no viven de conformidad con el conocimiento que tienen (2.1–16).

Y el tercer grupo es el mundo específicamente judío, cuyos miembros se jactan del conocimiento que tienen y de la instrucción moral que ofrecen a otros. No obstante, ellos mismos desobedecen esa ley que enseñan a otros. Siendo esto así, su posición privilegiada como pueblo del pacto establecido por Dios no los protegerá del juicio (2.17–3.8).

¿Cuál es, por lo tanto, la conclusión? Pablo mismo ofrece la respuesta. 'Ya hemos acusado a judíos y a gentiles, que todos están bajo pecado' (3.9). El Antiguo Testamento confirma este veredicto. Nadie está excusado, por cuanto todos hemos tenido conocimiento de cuál era nuestro deber, y nadie lo ha cumplido. Toda protesta queda silenciada, y todo el mundo es culpable y tiene que rendir cuentas ante Dios (3.19–20).

Los cristianos y la culpa

¿Será este un punto de vista un tanto morboso? A los cristianos (especialmente a los cristianos evangélicos) se los ha criticado con frecuencia por ocuparse constantemente del pecado. Se dice que son obsesivos en torno al tema en sus propias vidas y, particularmente en las actividades evangelísticas, donde tratan de inducir en otros un sentido de culpa. Nietzsche, por ejemplo, se quejó amargamente de que 'el cristianismo *necesita* la enfermedad … *Producir* enfermedad es el verdadero objetivo oculto de todo el sistema de procedimientos salvíficos de la iglesia … Uno no se *convierte* al cristianismo; uno debe ser lo suficientemente nauseabundo como para necesitarlo'[14]. Nietzsche tiene razón en parte, en el sentido de que el cristianismo

14. Friedrich Nietzsche: *El anticristo* (pp. 167–168 en la edición citada por el autor; ver Bibliografía).

es una medicina para el enfermo de pecado. Después de todo, Jesús defendió su estrecho contacto con 'los publicanos y pecadores' diciendo que 'los sanos no tienen necesidad de médico, sino los enfermos. No he venido a llamar a justos sino a pecadores' (Marcos 2.17). Pero negamos categóricamente que sea función de la iglesia 'producir' la enfermedad en la gente con el fin de convertirlas. En lugar de ello, procuramos que adquieran conciencia de su enfermedad, a fin de que se vuelvan al Gran Médico.

Aun así, persiste la acusación de que los cristianos tienen una morbosa preocupación por el pecado. Un elocuente portavoz contemporáneo de esta posición es el ex corresponsal de asuntos religiosos de la BBC, Gerald Priestland. Una de sus charlas en la serie radial *Priestland's progress* (El progreso de Priestland) se tituló 'Religión orlada de culpa'. Relató que a la edad de diez años pensaba que el cristianismo se ocupaba del pecado, y que cuando llegó a los quince tuvo 'vistazos del abismo de la depresión', acompañados por el miedo a la venganza divina debido a sus 'crímenes secretos innombrables', miedo que fue aumentando durante los treinta años siguientes. Su cristianismo no le ofreció ninguna ayuda. 'Cuando miraba a la cruz, con su víctima sufriente, el único mensaje que me llegaba era este. *¡Tú hiciste esto; y no hay salud en ti!*' La conversión le llegó por fin, dijo, 'en el sofá del psiquiatra', porque fue allí donde aprendió 'el elemento faltante del perdón'. Confiesa que desde entonces tiene 'un nivel bastante bajo de culpabilidad personal y un interés relativamente pequeño en la cuestión del pecado' (pp. 59–60).

Esa no es la historia completa de Gerald Priestland, pero basta para ilustrar el enorme daño que hacen las medias verdades. ¿Cómo puede alguien imaginar que el cristianismo se ocupa del pecado más que del perdón de los pecados? ¿Cómo puede alguien mirar a la cruz y ver en ella solo la vergüenza de lo que le hicimos a Cristo, antes que la gloria de lo que él hizo por nosotros? El hijo pródigo tuvo que 'volver en sí' (reconocer su egocentrismo) antes de que pudiera 'ir a su padre'. Fue necesario que pasara la humillación de la penitencia antes de que llegara el gozo de la reconciliación. No hubiera habido anillo, ni vestido, ni beso ni fiesta si se hubiese quedado en la provincia apartada o si hubiera vuelto sin una actitud de arrepentimiento. Una conciencia de culpa es una gran bendición, pero solamente si nos impulsa a volver al hogar.

Falsa culpa y falsa inocencia

Esto no quiere decir que nuestra conciencia invariablemente sea una buena guía. Existe lo que se llama una conciencia morbosa, superescrupulosa, y sería perverso procurar una conciencia de esta índole deliberadamente. Sin embargo, no todos los sentimientos de culpa son patológicos. Por el contrario, quienes se declaran libres de pecado y de culpa sufren de una enfermedad mucho peor. Porque manipular, ahogar, y aun 'cauterizar' (1 Timoteo 4.2) la conciencia con el propósito de evitar el dolor de sus acusaciones, nos vuelve insensibles a la necesidad de la salvación.

En conclusión, ¿es sano o malsano insistir en la gravedad del pecado y en la necesidad de la expiación, tener por responsables de sus acciones a las personas, advertirles del peligro del juicio divino, y urgirles a confesar, arrepentirse y volverse a Cristo? Es sano. Porque así como hay una 'culpa falsa' (sentirnos mal por algún mal que *no* hemos hecho), también hay una 'falsa inocencia' (sentirnos bien por algún mal que *sí* hemos hecho). Si llorar infundadamente por la culpa no es saludable tampoco lo es la falsa seguridad (el regocijarnos infundadamente por el perdón).

Por lo tanto, puede ser que no seamos nosotros los que exageramos, cuando ponemos el acento en la seriedad del pecado, sino nuestros críticos, que lo subestiman. Dios dijo de los falsos profetas en la época del Antiguo Testamento. 'Curan la herida de mi pueblo con liviandad, diciendo. Paz, paz; y no hay paz.'[15] Los remedios superficiales se deben siempre a un diagnóstico equivocado. Quienes los recetan han sido víctimas del engañoso espíritu de la modernidad que niega la gravedad del pecado. En cambio, un diagnóstico acertado de nuestra condición, por grave que sea, nunca puede resultar contraproducente si procedemos de inmediato a buscar el remedio. La ley que nos condena no deja de ser un buen regalo de Dios, porque nos conduce hacia Cristo para ser justificados. Además, el Espíritu Santo vino a convencer al mundo de pecado, pero únicamente con el fin de dar testimonio de Cristo como el que salva de la culpabilidad (Juan 16.8; 15.26–27). No hay gozo comparable al gozo de quien se siente perdonado.

15. Jer. 6.14; 8.11.

La culpa y el perdón

Es aquí donde algunos psicólogos y psiquiatras se equivocan, porque llegan hasta la mitad del camino solamente. Comienzan bien, incluso algunos que no hacen profesión de fe cristiana, por cuanto insisten en que debemos tomar en serio el pecado, la responsabilidad y la culpa. Este es por cierto un gran paso hacia adelante. Pero diagnosticar bien sin poder recetar bien equivale a una media solución peligrosa y decepcionante.

En 1961, el doctor Hobart Mowrer, quien fue profesor investigador en psicología en la Universidad de Illinois, publicó su crítica del psicoanálisis freudiano en *The crisis in psychiatry and religion* (La crisis en la psiquiatría y en la religión). Allí rechazó la noción de que 'la psiconeurosis no implica ninguna responsabilidad moral'. Porque 'en tanto que neguemos la realidad del pecado, nos desconectamos ... de la posibilidad de una redención radical (*recuperación*)' (p. 40). El doctor Mowrer produjo bastante conmoción en el seno de su profesión con su uso del término 'pecado'. Pero insistió en enseñar sobre el hecho del pecado y la necesidad de reconocerlo.

> En tanto la persona viva bajo la sombra de una culpa real, no reconocida, y no expiada, *no puede* ... 'aceptarse a sí misma' ... Seguirá odiándose a sí misma y sufriendo las inevitables consecuencias de ese odio a su propia persona. Pero en el momento en que ... comienza a aceptar su culpa y su pecaminosidad, se abre la posibilidad de la reforma radical, y con ella ... una nueva libertad de autorespeto y paz (p. 54).

Pocos años después, también rebelándose contra la insistencia freudiana en que la culpa es patológica, el doctor William Glasser comenzó a desarrollar en Los Ángeles un procedimiento directo en el tratamiento de delincuentes juveniles y otros, al que llamó 'Terapia de la realidad'. Su tesis era que la persona que es 'incapaz de satisfacer sus necesidades esenciales', especialmente en cuanto al amor y a la autoestima, niega la realidad del mundo que la rodea y actúa irresponsablemente. Los terapeutas procuran 'lograr que enfrente la verdad que [esa persona] se ha pasado la vida tratando de eludir.

la de que es responsable de su comportamiento'.[16] En su prólogo, el doctor Mowrer sintetiza lo esencial del método terapéutico del doctor Glasser diciendo que se trata de reconocer los tres elementos siguientes. 'realidad, responsabilidad, y reconocimiento de la diferencia entre el bien y el mal' (p. xii).

En forma similar, 'el pecado tiene que ser atacado en los tribunales privados del corazón humano', escribe Karl Menninger.[17] Muy bien. Pero ¿cómo? Especialmente, sigue escribiendo, mediante 'el arrepentimiento, la reparación, la restitución, y la expiación'. Aquí Karl Menninger nos deja ver el conocimiento parcial que tiene del evangelio. Porque esas cuatro palabras no se pueden vincular entre sí de esa forma. Las tres primeras indudablemente van juntas. La reparación (término genérico para hablar de componer las cosas) y la restitución (una restauración más específica de lo que se ha robado) son ambas necesarias para mostrar el carácter genuino del arrepentimiento. Pero 'la expiación' no es algo que podamos hacer nosotros; solo Dios puede expiar nuestros pecados, y es lo que ha hecho por medio de Cristo.

Es cierto que el doctor Menninger menciona el perdón de Dios una o dos veces al pasar (aunque sin base alguna en la cruz de Cristo). El doctor Hobart Mowrer, en cambio, elude cuidadosamente tanto el término como el concepto. Como Karl Menninger, se concentra en el reconocimiento de la existencia de errores por los que se debe hacer restitución. Denomina 'grupos de integridad' a sus grupos terapéuticos, porque su fundamento es la integridad personal que nace en el reconocimiento de haber obrado mal. La iniciación para incorporarse al grupo se hace mediante 'una apertura completa e incondicional' por parte del sujeto, iniciación que Mowrer llama *exomologēsis*. Cuando, durante una conversación personal con el doctor Mowrer en la Universidad de Illinois en 1970, mencioné que *exomologēsis* es el término griego para 'confesión', y que en la tradición cristiana el propósito de la confesión es el de recibir perdón de parte de la persona herida, me contestó inmediatamente diciendo. 'Ah, nosotros nunca hablamos del perdón'. Su concepto del pecado es que, en cada caso, se trata del quebrantamiento de una obligación contractual por la que

16. William Glasser: *Reality therapy*, pp. 5–41.
17. Karl Menninger: *Whatever became of sin?*, p. 180.

la persona culpable tiene que hacer restitución. Por consiguiente el perdón es innecesario, tanto por parte de la persona afectada como por parte de Dios.

Como se ha señalado, a diferencia del doctor Mowrer el doctor Menninger sí menciona el perdón; pero ninguno de los dos se refiere jamás a la cruz, y menos todavía la reconoce como la base única y suficiente sobre la cual Dios perdona los pecados. Resulta trágicamente desequilibrada esta pretensión de recuperar los conceptos de pecado, responsabilidad, culpa, y restitución por parte del ser humano, sin recuperar simultáneamente la confianza en la obra divina de la expiación. Es como un diagnóstico sin receta. Es la necedad de la autosalvación en lugar de la salvación de Dios; es ofrecer esperanza solo para echarla por tierra nuevamente.

La responsabilidad es un sello de la dignidad humana

Reconocer la responsabilidad humana, y por lo tanto la culpa, no disminuye la dignidad de los seres humanos. En realidad, la enaltece. Presupone que tanto los hombres como las mujeres, a diferencia de los animales, son seres moralmente responsables, que saben lo que son, lo que podrían ser y lo que deberían ser, y que no ofrecen excusas por su conducta inferior.

Esta es la tesis de Harvey Cox en su libro *On not leaving it to the snake* (No lo dejéis a la serpiente). El pecado de Eva en el huerto del Edén, sostiene, no fue tanto su desobediencia al comer del fruto prohibido como su blanda renuncia a la responsabilidad; no tanto su orgullo como su falta de energía. El doctor Cox indudablemente se equivoca cuando se niega a aceptar el punto de vista bíblico que considera al pecado esencialmente como orgullo, y en cambio adhiere a la idea errónea de que 'el hombre ha llegado a la adultez'. Sin embargo destaca un importante concepto cuando dice que 'la apatía es el modo clave de pecar en el mundo contemporáneo … Para Adán y Eva la apatía significaba dejar que la serpiente les dijera lo que debían hacer. Significaba abdicar … al ejercicio del dominio y el control del mundo' (p. xvii).

Sin embargo, la toma de decisiones pertenece a la esencia de nuestro carácter de seres humanos. El pecado no consiste solamente en el intento de ser Dios; es, también, la negativa a ser humanos, mediante el recurso de desprendernos de la responsabilidad por nuestros actos. 'No permitamos que ninguna serpiente nos diga lo que tenemos que hacer' (p. XVIII). La defensa más común de los criminales de guerra nazis era la de que se habían limitado a cumplir órdenes. Pero el tribunal los consideró responsables de todos modos.

La Biblia toma en serio al *pecado* porque toma en serio al *hombre* (varón y mujer). Como hemos visto, los cristianos no negamos el hecho de que en algunas circunstancias la responsabilidad sea menor. Pero afirmamos que la responsabilidad disminuida conlleva siempre un grado disminuido de humanidad. Decir que alguien 'no es responsable de sus actos' equivale a disminuir a esa persona como ser humano. Forma parte de nuestra gloria como seres humanos el que seamos tenidos por responsables de nuestras acciones. Cuando reconocemos nuestro pecado y nuestra culpa, y recibimos el perdón de Dios, entramos a disfrutar del gozo de su salvación, y de este modo nos volvemos aun más completamente humanos y sanos. Lo que no es sano es revolcarnos en una sensación de culpa que no conduce a la confesión, al arrepentimiento, a la fe en Jesucristo y, como consecuencia, al perdón.

C. S. Lewis escribió un excelente ensayo titulado 'The humanitarian theory of punishment' (La teoría humanitaria del castigo). Allí lamenta la tendencia moderna de abandonar la noción de la justa retribución y remplazarla por preocupaciones humanitarias, que procuran reformar al criminal y disuadir a la sociedad de cometer delitos. Esto significa, sostiene Lewis, que a todo el que quebranta la ley 'se le priva de los derechos propios de un ser humano. La razón es esta. La teoría humanitaria anula la idea de que el castigo es merecido. Sin embargo, el concepto del merecimiento es el único eslabón que vincula al castigo con la justicia. Es solo como merecida o inmerecida que una sentencia puede ser justa o injusta … Cuando dejamos de considerar lo que merece el criminal y consideramos solamente aquello que lo va a curar o lo que disuadirá a otros, tácitamente lo hemos sacado de la esfera de la justicia. En lugar de una persona, un sujeto con derechos, ahora tenemos nada más que un objeto, un paciente, un *caso*.' ¿Con qué derecho podemos usar la fuerza para imponerle tratamiento a un criminal, ya sea para curarlo o para proteger a la sociedad, a menos que *merezca* ser tratado así?

> El ser 'curados' contra nuestra voluntad, y curados de estados que tal vez no consideremos enfermedad, equivale a ser puestos en un mismo nivel que aquellos que no han alcanzado todavía la edad de la razón o que no la alcanzarán nunca; equivale a ser clasificados juntamente con infantes, imbéciles y animales domésticos. Pero ser castigados, cualquiera sea el grado de severidad, porque lo hemos merecido, porque 'deberíamos haber sabido' que estábamos obrando mal, es ser tratados como seres humanos hechos a la imagen de Dios.[18]

La santidad y la ira de Dios

Hemos considerado lo serio que es el pecado como rebelión contra Dios y la incesante responsabilidad de hombres y mujeres para con sus acciones; también hemos visto la consiguiente culpa de los mismos a la vista de Dios y la posibilidad del castigo.

¿Podemos pensar que Dios 'castiga' o 'juzga' el mal? Claro que sí. No solo podemos sino que debemos. En efecto, el trasfondo esencial de la cruz no es únicamente el pecado, la responsabilidad y la culpabilidad de los seres humanos. Es preciso tener en cuenta la justa reacción de Dios ante estas cosas, es decir, su santidad y su ira.

El concepto de la santidad de Dios es básico para la religión bíblica. También lo es el corolario de que el pecado es incompatible con su santidad. 'Muy limpio eres de ojos para ver el mal, ni puedes ver el agravio.' Por lo tanto nuestros pecados nos separan en forma efectiva de él, de modo que su rostro está oculto de nosotros y él se niega a escuchar nuestras oraciones.[19] En consecuencia, los autores bíblicos entendieron claramente que ningún ser humano podría jamás ver a Dios y sobrevivir a semejante experiencia. Tal vez pudieran ver sus 'espaldas' pero no su 'rostro', la luz del sol pero no el sol.[20] Ninguno de aquellos a quienes se les concedió la oportunidad de vislumbrar su

18. El ensayo de C. S. Lewis: 'The humanitarian theory of punishment', ha sido publicado en varias colecciones de sus escritos. Me he valido del texto tal como apareció en *Churchmen speak*, ed. Philip E. Hughes, pp. 39–44. Ver también la carta de C. S. Lewis a T. S. Eliot del 25 de mayo de 1962 en *Letters of C. S. Lewis*, ed. W. H. Lewis, p. 304. Escribe allí lo siguiente: "Es una vil tiranía someter a un hombre a una 'cura' compulsiva ... a menos que la *merezca*."

19. Hab. 1.13; Is. 59.1ss.

20. Por ejemplo, Éx. 33.20–23; Jue. 13.22.

gloria pudieron soportar la visión. Moisés cubrió su rostro, 'porque tuvo miedo de mirar a Dios. Cuando Isaías tuvo su visión de Yahvéh entronizado y exaltado, lo sobrecogió el sentido de su propia impureza. Cuando Dios se reveló personalmente a Job, la reacción de este fue la de 'aborrecerse' y arrepentirse 'en polvo y ceniza'. Ezequiel vio solo 'la semejanza de la gloria de Jehová', en forma de fuego ardiente y luz brillante, pero fue suficiente para hacer que cayera postrado al suelo. En una visión similar, Daniel también sufrió un colapso y se desmayó, con el rostro en tierra. En cuanto a los que fueron enfrentados por el Señor Jesucristo, incluso durante su vida en la tierra cuando su gloria estaba velada, se sintieron profundamente incómodos. Por ejemplo, provocó en Pedro una sensación de su propia pecaminosidad y de que no merecía estar en su presencia. Y cuando Juan vio su magnificencia en el cielo, cayó 'como muerto a sus pies'.[21]

Ligada en forma íntima a la santidad de Dios está su ira, o sea el hecho de su santa reacción ante el mal. Por cierto que no podemos eliminarla diciendo que el Dios de ira pertenece al Antiguo Testamento, mientras que el Dios del Nuevo Testamento es amor. Porque el amor de Dios se ve claramente en el Antiguo Testamento, como también su ira en el Nuevo. R. V. G. Tasker escribió acertadamente. 'Es un axioma de la Biblia el que no hay incompatibilidad entre estos dos atributos de la naturaleza divina. Por lo demás, los grandes teólogos y predicadores cristianos del pasado han procurado ser leales a ambos lados de la autorrevelación divina.'[22] Pero el concepto de un Dios airado sigue planteando problemas a algunos pensadores cristianos. ¿Cómo es posible, se preguntan, que una emoción que Jesús equiparó con el homicidio, y que Pablo declaró que era una de las 'obras de la carne' de las que debemos librarnos, se atribuya al Dios que es todo santidad?[23]

¿Es posible que Dios sienta ira?

Una de las explicaciones que se ha intentado se asocia con el nombre de C. H. Dodd, y con su comentario *The Epistle of Paul to the Romans*

21. Éx. 3.6; Is. 6.1–5; Job 42.5–6; Ez. 1.28; Dn. 10.9; Lc. 5.8; Ap. 1.17.

22. R. V. G. Tasker: *La ira de Dios* (p. VII en la edición citada por el autor; ver Bibliografía). Se atribuye 'ira' a Jesús en Mr. 3.5 y (tal vez, según algunos manuscritos) en Mr. 1.41.

23. Mt. 5.21–26; Gá. 5.19–20; Ef. 4.31; Col. 3.8.

(La Epístola de Pablo a los Romanos). Dodd señaló que a la par de referencias al amor de Dios, Pablo también escribe que 'nos amó'. Sin embargo a la par de referencias a la ira de Dios jamás se escribe que 'está enojado' con nosotros. Además de esta ausencia del verbo 'enojarse', Pablo usa el sustantivo *orgē* (enojo o ira) constantemente 'de un modo curiosamente impersonal' (p. 21). Se refiere a 'ira' o a 'la ira' sin especificar de quién es la ira, y por consiguiente de alguna manera la absolutiza. Por ejemplo, escribe acerca del 'día de la ira ... de Dios', de que 'la ley produce ira', y de que la ira 'vino sobre' los judíos incrédulos, mientras que los creyentes serán librados 'de la ira venidera' por medio de Cristo Jesús.[24] La deducción de Dodd basada en estas pruebas fue que Pablo retuvo el concepto de la ira 'no para describir la actitud de Dios hacia el ser humano sino para describir el inevitable proceso de causa y efecto en un universo moral' (p. 23).

El profesor A. T. Hanson desarrolló la tesis de C. H. Dodd en su análisis bíblico *The wrath of the Lamb* (La ira del Cordero). Llamando la atención a 'una marcada tendencia' entre los escritores bíblicos posexílicos 'a hablar de la ira divina de un modo muy impersonal', la define como 'el inevitable proceso del pecado en el curso de su desenvolvimiento en la historia' (pp. 21 y 37). Cuando llega al Nuevo Testamento, Hanson escribe. 'Pocas dudas caben de que para Pablo tenía importancia el carácter impersonal de la ira. Lo libró de la necesidad de atribuir ira a Dios en forma directa; en lugar de ser la ira un atributo de Dios la transformó en el nombre de un proceso que los pecadores mismos se echan encima.' Para Hanson la ira es 'enteramente impersonal' y 'no describe una actitud de Dios sino una condición de los hombres' (pp. 69 y 110).

La expresión 'lo libró de la necesidad' es reveladora. Sugiere que Pablo se sentía incómodo con la noción de la ira personal de Dios, que buscó un modo de escapar del compromiso de creer en ella y de enseñarla, y que se vio 'aliviado' de su carga al descubrir que la ira no era una emoción, un atributo o una actitud de Dios, sino un proceso histórico impersonal que afectaba a los pecadores. En esto el profesor Hanson pareciera proyectar sobre Pablo su propio dilema, porque tiene la candidez suficiente para confesar que él mismo tiene justamente ese problema. Hacia el final de su análisis escribe.

24. Ro. 2.5; 4.15; 1 Ts. 2.16; 1.10; Ro. 5.9.

> Una vez que admitimos la posibilidad de pensar que una referencia a la ira de Dios en el Nuevo Testamento significa que se concibe a Dios como enojado … no podemos dejar de sostener que en algún sentido el Hijo soportó la ira del Padre. No podemos dejar de pensar en términos forenses, con todo el desgaste y la violencia a nuestro sentido de justicia moral divinamente otorgado que una teoría de esta naturaleza exige (pp. 193–194).

Parecería estar diciendo que es con el fin de resolver estas 'tremendas dificultades' que ha reinterpretado la ira de Dios. Decir que Cristo cargó sobre sí la ira en la cruz, sostiene Hanson, significa que 'soportó las consecuencias de los pecados de los hombres', no su castigo (p. 194).

Debemos tener cuidado con nuestros presupuestos. Resulta peligroso comenzar con un *a priori*, incluso con un 'sentido de justicia moral divinamente otorgado' que luego moldea nuestra comprensión de la cruz. Es más sabio y seguro comenzar inductivamente con una doctrina de la cruz revelada por Dios, que luego moldea nuestra comprensión de la justicia moral. Más adelante espero demostrar que es posible sostener un concepto bíblico y cristiano de la 'ira' y de la 'propiciación' que, lejos de contradecir a la justicia moral, la exprese y la salvaguarde.

¿Qué es la ira de Dios?

Los intentos de C. H. Dodd, de A. T. Hanson y de otros de reconstruir la ira como un proceso impersonal se han de declarar cuando menos como 'no demostrados'. Por cierto que algunas veces se usa el término sin referencia explícita a Dios, y con o sin el artículo determinante. Pero tanto Pablo como Juan, aparentemente sin incomodidad ni vergüenza, también usan la frase completa 'la ira de Dios'. Pablo enseñaba que la ira de Dios se revela en el presente tanto mediante el deterioro moral de la sociedad pagana como por la administración estatal de la justicia.[25] Pero no identifican estos procedimientos con la ira de Dios, sin embargo, sino que declaran que son manifestaciones de ella. Es verdad que la ira de Dios (es decir su antagonismo hacia

25. Ro. 1.18–32; 13.1–7. C. H. Dodd se refiere a estos pasajes en pp. 26 y 204 de su libro.

el mal) está activa mediante los procesos sociales y legales. Pero eso no nos lleva necesariamente a la conclusión de que es ella misma un proceso impersonal de causa y efecto. Quizás la razón de que Pablo haya adoptado expresiones impersonales no es la de afirmar que Dios nunca se enoja, sino destacar que su enojo está libre de cualquier tinte de malicia personal. Después de todo, Pablo se refiere a veces a la *charis* (gracia) sin hacer referencia a Dios. Escribe, por ejemplo, que la gracia sobreabunda y que la gracia reina (Romanos 5.20–21). Mas no por eso hemos de despersonalizar la gracia y convertirla en una influencia o proceso. Por el contrario, gracia es la más personal de las palabras; la gracia es Dios mismo actuando para con nosotros en gracia. Y así como *charis* representa la graciosa actividad personal de Dios, así *orgē* representa igualmente su hostilidad personal para con el mal.

¿Cómo, entonces, hemos de definir la ira? Al escribir sobre la ira humana justa, James Denney la definió como el 'instintivo resentimiento o reacción del alma contra todo lo que considera malo o perjudicial' y 'la vehemente repulsión de aquello que hiere'.[26] De igual modo, en las palabras de Leon Morris, la ira de Dios es la 'revulsión divina personal ante el mal' y su 'vigorosa oposición personal' al mismo.[27] Hablar así de la ira de Dios es un antropomorfismo legítimo. Pero reconocemos que es solo un tosco paralelo, por cuanto la ira de Dios es absolutamente pura e incontaminada por esos elementos que hacen que el enojo humano sea pecaminoso. Generalmente la ira humana es desinhibida y arbitraria; la ira divina es siempre controlada y se basa en principios. Nuestro enojo tiende a ser un arrebato, incitado por algún resentimiento y en busca de venganza. La ira de Dios es un continuo y sereno antagonismo, incitado solo por el mal, y que se expresa en la condenación del mismo. Dios está completamente libre de animosidad o vengatividad personal; más todavía, lo anima un incontenible amor hacia aquel que lo ha ofendido.

Charles Cranfield hace la siguiente síntesis.

> [La ira (*orgē*) de Dios] no es ninguna pesadilla ocasionada por una furia irracional, descontrolada e indiscriminada. La ira del

26. James Denney, artículo 'Anger', pp. 60–62.

27. Leon Morris: *Cross in the New Testament*, pp. 190–191. Ver también su *Apostolic preaching*, pp. 161–166.

Dios santo y misericordioso es despertada por, y dirigida contra, la *asebeia* (impiedad) y la *adikia* (injusticia) de los hombres.[28]

Metáforas bíblicas de la ira de Dios

Ni la santidad de Dios ni su ira pueden coexistir con el pecado. La santidad de Dios *expone* el pecado; la ira se le *opone*. El pecado no puede en modo alguno acercarse a Dios, y Dios no puede tolerar el pecado. En las Escrituras se emplean varias metáforas llamativas para ilustrar esta verdad.

La primera es la *altura*. Frecuentemente en la Biblia se le llama al Dios de la creación y del pacto 'el Dios Altísimo'. En varios salmos se alude personalmente a él como 'Jehová el Altísimo'.[29] Esta sublime exaltación expresa su soberanía sobre las naciones, la tierra y 'todos los dioses';[30] a la vez, expresa el hecho de que es totalmente inaccesible para los pecadores. Cierto es que su trono se denomina 'trono de la gracia' y que está rodeado por el arco iris de su promesa según el pacto. No obstante, es un trono 'alto y sublime' y Dios mismo es 'el Alto y Sublime', que no vive en templos hechos por el hombre, por cuanto el cielo es su trono y la tierra el estrado de sus pies. Los pecadores no pueden hacerse ilusiones.[31] Es cierto que Dios 'se inclina' hacia el contrito y el humilde de espíritu, y estos encuentran seguridad a su sombra. Pero a los pecadores que manifiestan orgullo él los 'mira de lejos', y no tolera las miradas altivas y soberbias de los arrogantes.[32]

La exaltación de Dios a lo 'alto' no es literal, desde luego, y nunca se debió tomar literalmente. Por eso, es superflua la protesta de aquellos que dicen que es necesario 'bajar' al Dios de 'allí arriba'. Los escritores bíblicos usaban el término 'altura' como símbolo de trascendencia, tal como lo hacemos hoy nosotros. Para comunicar ese concepto, 'altura' resulta más expresivo que hablar de 'profundidad'. Referirse a Dios como 'el Fundamento de la existencia' quizás es para algunos una manera de hacer referencia a la realidad última. Pero la expresión 'Alto

28. C. E. B. Cranfield: *Romans*, t. I, p. 111.
29. Por ejemplo, Gn. 14.18–22; Sal. 7.17; 9.2; 21.7; 46.4; 47.2; 57.2; 83.18; 92.8; 93.4; 113.4; Dn. 3.26; 4.2, 17, 24–25, 32, 34; 5.18–21; 7.18–27; Os. 7.16; 11.7; Mi. 6.6.
30. Por ejemplo, Sal. 97.9; 99.2.
31. He. 4.16; Ap. 4.3; Is. 6.1; 57.15; Hch. 7.48–49.
32. Is. 57.15; Sal. 91.1, 9; 138.6; Pr. 21.4; Is. 10.12.

y Sublime' transmite más explícitamente el concepto de que Dios es 'otro'. Cuando se piensa en el Dios grande y viviente es mejor mirar hacia arriba que hacia abajo, y hacia afuera más que hacia adentro de nosotros mismos.

La segunda figura es la de la *distancia*. Dios no solamente está 'arriba' con respecto a nosotros, sino también 'lejos'. No nos atrevemos a acercarnos demasiado. Todavía más, muchas son las advertencias bíblicas en cuanto a que guardemos distancia. 'No te acerques', le dijo Dios a Moisés desde la zarza que ardía.

Las disposiciones para el culto de Israel expresaban las verdades complementarias de la cercanía de Dios con ellos, en razón del pacto, y de su separación debido a la santidad de su persona. Incluso cuando bajó Dios hasta ellos en el monte Sinaí para revelárseles, le dijo a Moisés que pusiera límites al pueblo alrededor de la base del monte y que les advirtiese que no debían acercarse más. De forma semejante, cuando Dios dio instrucciones para la construcción del tabernáculo (y posteriormente del templo), por un lado prometió vivir junto a su pueblo, pero al mismo tiempo les advirtió que debían colocar una cortina delante del santuario de más adentro como señal permanente de que Dios no estaba al alcance de seres pecadores. Nadie podía pasar más allá del velo, bajo pena de muerte, excepto el sumo sacerdote, y esto solo una vez al año el día de la expiación, y solamente si llevaba consigo la sangre del sacrificio.[33]

Cuando los israelitas estaban a punto de cruzar el Jordán para entrar en la tierra prometida, se les dio la siguiente orden. '... entre vosotros y ella [el arca] haya distancia como de dos mil codos; no os acercaréis a ella' (Josué 3.4). El relato de la muerte de Uza, en 2 Samuel 6, debe entenderse con el trasfondo de esta clara enseñanza acerca de la santidad de Dios y acerca de los peligros de adoptar una actitud arrogante ante él. Cuando los bueyes que transportaban el arca tropezaron, Uza alargó el brazo para sostener el arca. Pero 'el furor de Jehová se encendió contra Uza, y lo hirió allí Dios por aquella temeridad',[34] y así murió. Los comentaristas tienden a protestar por

33. Éx. 3.5; 19.3–25 (ver He. 12.18–21); 20.24; 25–40, especialmente 29.45–46; Lv. 16 (ver He. 9.7–8).

34. 2 S. 6.6–7. Ver 1 S. 6.19. Los levitas habían recibido instrucciones claras, por cuanto era responsabilidad de ellos desarmar, trasladar y volver a instalar el tabernáculo. Ver Nm. 1.51, 53.

esta interpretación 'anticuada' de la ira de Dios como 'algo fundamentalmente irracional y en última instancia inexplicable, que surgió con una fuerza primitiva, misteriosa y enigmática' y que tenía visos de ser algo 'caprichoso'.[35] Pero no es así. No hay nada inexplicable en cuanto a la ira de Dios; su explicación gira siempre en torno a la presencia del mal de una forma u otra. Los seres pecadores no pueden acercarse impunemente al Dios santo. En el día postrero, quienes no hayan encontrado refugio y purificación en Cristo tendrán que oír esas terribles palabras de condenación que dicen. 'Apartaos de mí … '[36]

Dos figuras más, relacionadas con el carácter santo de Dios que lo hace inaccesible para los pecadores, son las que se refieren a la *luz* y al *fuego*. 'Dios es luz', y es 'fuego consumidor'. Ambos desalientan, más bien, impiden una aproximación demasiado cercana. Una luz brillante enceguece; los ojos humanos no pueden soportar su fulgor. Ante el calor del fuego todo se consume hasta desaparecer. Dios 'habita en luz inaccesible'; ningún ser humano 'ha visto ni puede ver' a Dios. Quienes deliberadamente rechazan la verdad no tienen 'sino una horrenda expectación de juicio, y de hervor de fuego que ha de devorar a los adversarios … ¡Horrenda cosa es caer en manos del Dios vivo!'[37]

La quinta metáfora es la más dramática de todas. Describe el rechazo del mal por parte de Dios como la reacción del cuerpo humano cuando *vomita* veneno. Es probable que el acto de vomitar sea la reacción más violenta del cuerpo humano. Las prácticas inmorales e idolátricas de los cananeos eran tan repulsivas que la Biblia describe que 'la tierra vomitó sus moradores'. A los israelitas se les advirtió que si ellos cometían los mismos actos, la tierra los vomitaría a ellos también. Lo que se describe como repudio del mal por parte de la tierra es en realidad el repudio del Señor mismo. Esto se entiende así porque en el mismo contexto se presenta a Dios declarando que tuvo 'en abominación' a los cananeos debido a sus actos pecaminosos. La misma palabra hebrea se emplea en relación con la empecinada desobediencia de Israel en el desierto. 'Cuarenta años estuve disgustado (literalmente. abominé) con la nación.' Este verbo probablemente aluda a alimentos nauseabundos, como cuando se afirma que 'nuestra

35. Johannes Fichtner en su artículo sobre *orgē*, pp. 401–402.

36. Por ejemplo, Mt. 7.23; 25.41.

37. 1 Jn. 1.5; He. 12.29 (ver Dt. 4.24); 1 Ti. 6.16; He. 10.27, 31.

alma tiene fastidio de este pan tan liviano' ('vil', según margen). Para nuestra sensibilidad esta metáfora puede resultar realmente desagradable. Sin embargo, en el Nuevo Testamento volvemos a encontrarla. Jesús amenaza con 'vomitar' (*emeō*) de su boca a la tibia iglesia de Laodicea. El cuadro puede resultar grosero, pero el significado es claro. Dios no puede tolerar ni 'digerir' el pecado y la hipocresía. No solo siente desagrado sino repugnancia. Le resultan tan repulsivos que tiene que eliminarlos de su presencia. Tiene que vomitarlos de su boca.[38]

Las cinco metáforas mencionadas ilustran la incompatibilidad total entre la santidad divina y el pecado humano. La altura, la distancia, la luz, el fuego y el acto de vomitar hablan todos de que Dios no puede estar presente donde hay pecado y que, si el pecado se acerca demasiado a donde él está, tiene que repudiarlo o aniquilarlo.

La cruz a la luz de la santidad y la ira de Dios

Estas nociones resultan extrañas al hombre moderno. El tipo de Dios que apela a la mayoría de las personas en el día de hoy es el de un Dios flexible que tolera nuestras ofensas. Suave, amable, acomodaticio, sin reacciones violentas. Lamentablemente parecería que hasta en la iglesia hemos perdido la visión de la majestad de Dios. Hay mucha superficialidad y liviandad entre nosotros. Los profetas y los salmistas de la antigüedad probablemente nos dirían que 'no hay temor de Dios delante de sus ojos'. En el culto agachamos la cabeza; pero no nos arrodillamos ni menos aún nos postramos en actitud de humildad ante Dios. Resulta más característico que batamos las manos con gozo y no que nos sonrojemos de vergüenza o derramemos lágrimas. Tranquilamente nos aproximamos a Dios con el fin de exigir su colaboración y su amistad; nos se nos ocurre que pudiera rechazarnos. Es preciso que oigamos una vez más las sensatas palabras del apóstol Pedro.

> Si invocáis por Padre a aquel que sin acepción de personas juzga según la obra de cada uno, conducíos en temor todo el tiempo de vuestra peregrinación.[39]

38. Lv. 18.25–28; 20.22–23; Sal. 95.10; Nm. 21.5; Ap. 3.16.
39. 1 P. 1.17.

En otras palabras, si nos atrevemos a llamar a nuestro Juez 'Padre', debemos cuidarnos de no obrar con arrogancia. Incluso nuestro énfasis evangélico en la expiación puede ser peligroso si lo abordamos demasiado livianamente. Es preciso primero que reconozcamos que Dios es inaccesible para los pecadores. Así apreciaremos genuinamente el acceso a Dios que nos ha ganado Cristo. No podemos exclamar 'Aleluya' auténticamente sin antes haber exclamado 'Ay de mí, que estoy perdido'. En palabras de Dale, 'no pensamos que el pecado provoque la ira de Dios porque, en buena medida, el pecado no provoca nuestra propia ira'.[40]

Es necesario aferrarnos firmemente a la revelación bíblica de ese Dios vivo a quien el mal repugna e irrita. Dios odia el pecado y se niega por completo a transigir con él. Podemos estar seguros de que, cuando en su misericordia buscó algún modo mediante el cual perdonar, purificar y aceptar a quienes obran el mal, no lo hizo 'rebajando' sus exigencias y adoptando una actitud de contemporización en lo moral. Para aceptarnos en su presencia, Dios tenía que encontrar una solución que expresara tanto su amor como su ira. Como lo ha expresado Brunner, 'donde se ignora la ira de Dios, tampoco habrá allí comprensión de la concepción central del evangelio. el carácter único de la revelación en el Mediador'.[41] Y otro autor dice. 'Solo aquel que sabe lo grande que es la ira se dejará vencer por la grandeza de la misericordia'.[42]

Todas las doctrinas inadecuadas sobre la expiación se deben a doctrinas inadecuadas sobre Dios y el ser humano. Si bajamos a Dios a nuestro propio nivel, no vemos ninguna necesidad de una salvación radical, y menos de una expiación radical para lograrla. En cambio, cuando vislumbramos la enceguecedora gloria de la santidad de Dios y el Espíritu Santo nos convence de nuestro pecado, nos presentamos temblando en la presencia de Dios, conscientes de lo que somos, a saber, 'pecadores merecedores del infierno'. Solo entonces nos resulta tan obvia la necesidad de la cruz, que nos sorprende que no la hayamos comprendido antes.

El trasfondo esencial de la cruz, por lo tanto, es una comprensión equilibrada de la gravedad del pecado y de la majestad de Dios. Si

40. R. W. Dale: *Atonement*, pp. 338–339.
41. Emil Brunner: *Mediator*, p. 152.
42. Gustav Stählin en su artículo sobre *orgē*, p. 425.

reducimos cualquiera de estos aspectos, reducimos en la misma medida el lugar de la cruz. Si definimos el pecado como un desliz en lugar de una rebelión, y si preferimos un Dios indulgente en lugar de indignado, entonces es natural que la cruz parezca superflua.

Pero destronar a Dios y entronizarnos a nosotros mismos no solo elimina la necesidad de la cruz. A la vez que empequeñecemos a Dios degradamos al ser humano. Una perspectiva bíblica de Dios y de nosotros mismos, en cambio, hace honor a ambos. Hace honor a los seres humanos al declarar que son responsables de sus propios actos. Hace honor a Dios al afirmar que se trata de un ser con naturaleza moral. De esta manera volvemos al punto inicial de este capítulo. el perdón es para Dios el más profundo de los problemas.

> Superficialmente nada parece más sencillo que el perdón, [mientras que] si lo analizamos profundamente, nada es más misterioso ni más difícil.[43]

El pecado y la ira se interponen en el camino del perdón. Dios no solo tiene que respetarnos como seres responsables. También tiene que respetarse a sí mismo como el Dios santo que es. Antes de que el santo Dios pueda perdonarnos, se hace necesario algún tipo de 'satisfacción'. Ese es el tema del próximo capítulo.

43. B. F. Westcott: *Historic faith*, p. 130.

5

LA SATISFACCIÓN

NO HAY OTRO PAR DE PALABRAS EN TODO EL vocabulario teológico de la cruz que despierten más críticas que 'satisfacción' y 'sustitución'. No obstante, este capítulo y el que sigue están destinados, justamente, a hacer una defensa de dichas palabras.

En combinación ('satisfacción mediante la sustitución') estas palabras pueden parecer intolerables. ¿Cómo es posible, preguntan algunos, creer que Dios necesitaba algún tipo de 'satisfacción' antes de estar dispuesto a perdonar? ¿Por qué Jesucristo la proporcionó al soportar, como 'sustituto' nuestro, el castigo que merecíamos nosotros como pecadores? ¿No sería este un concepto indigno del Dios de la revelación bíblica, un resabio de supersticiones primitivas y francamente inmorales?

Sir Alister Hardy, ex profesor de zoología en Oxford, adoptó una actitud tolerante hacia toda clase de experiencias religiosas porque había dedicado su vida a investigarlas. A pesar de ello, expresó que le era imposible aceptar las 'vulgares' creencias que según él sostenían 'tantos eclesiásticos ortodoxos'. En sus conferencias Gifford de 1965, publicadas bajo el título de *The divine flame* (La llama divina), dudaba de que Jesús mismo hubiera sido cristiano si viviese hoy.

> Estoy seguro de que no nos hubiera predicado sobre un Dios que se daría por satisfecho mediante el cruel sacrificio de un cuerpo torturado … Tampoco puedo aceptar la hipótesis de que a los ojos de Dios la espantosa muerte de Jesús fuera un sacrificio por los pecados del mundo, o que Dios, en la persona de su Hijo, se torturó a sí mismo por nuestra redención. Solo puedo limitarme a confesar que, en lo profundo de mi corazón, compruebo que esos conceptos religiosos se encuentran entre los menos atractivos de toda la

> antropología. Para mí pertenecen a una filosofía enteramente diferente, a una psicología enteramente diferente de aquella que corresponde a la religión que enseñó Jesús. (p. 218)

Sir Alister Hardy tenía razón cuando decía que Jesús no explicaría su muerte en esos términos vulgares; nunca lo hizo. Pero estaba equivocado al decir que sí lo hacen 'muchos eclesiásticos ortodoxos'. Caricaturizó la comprensión cristiana de la cruz con el fin de condenarla más fácilmente.

El interrogante real es determinar si podemos aferrarnos a la eficacia salvífica de la muerte de Jesús, y a su vocabulario tradicional (incluidos los términos 'satisfacción' y 'sustitución'), sin denigrar a Dios. Personalmente pienso que se puede y que se debe.

Ninguna de las dos palabras aparece en la Biblia, de modo que tenemos que proceder con gran cautela. Por cierto se refieren a un concepto bíblico. Hay una revelación bíblica de la 'satisfacción mediante la sustitución' que de modo único honra a Dios. Por consiguiente, tiene que ocupar el centro mismo del culto y el testimonio de la iglesia. Fue acertado que en 1549 Cranmer incluyera una clara afirmación de esta doctrina al comienzo de su Oración de Consagración. En consecuencia, durante 400 años los anglicanos han entendido que en la cruz Jesucristo hizo, mediante la 'única oblación de sí mismo ofrecido una sola vez … un pleno, perfecto, y suficiente sacrificio, oblación, y satisfacción por los pecados de todo el mundo'.

Pero el modo en que diversos teólogos han desarrollado el concepto de la satisfacción depende de lo que entiendan en cuanto a los obstáculos que deben ser eliminados para dar lugar al perdón. ¿Qué exigencias cierran el paso hasta que sean satisfechas? ¿Quién las hace? ¿Será el diablo? ¿Será la ley, o el honor o la justicia de Dios, o el orden moral? Todas estas respuestas han sido presentadas.

Nosotros, empero, sostenemos que el principal 'obstáculo' se ha de encontrar en el seno del propio Dios. Es él quien tiene que 'satisfacerse'. Él ha propuesto un modo de salvación y no puede salvarnos contradiciéndose a sí mismo.

Satisfacer al diablo

La noción de que fue el diablo quien hizo necesaria la cruz tenía amplia aceptación en la iglesia primitiva.[1] Cierto es que Jesús y sus apóstoles hablaron de la cruz como el medio por el cual fue vencido el diablo (como hemos de ver en el próximo capítulo). Pero algunos de los Padres primitivos fueron poco prudentes con las formas en que representaban el poder del diablo, por una parte, y el modo en que la cruz le quitó ese poder, por otra. Todos reconocían que desde la caída, y como consecuencia de ella, la humanidad ha vivido sometida a cautiverio no solo por el pecado y la culpa, sino por el diablo. Lo consideraban como el señor del pecado y la muerte, y como el principal tirano del cual nos liberó Jesús.

Pero con nuestra posibilidad de mirar retrospectivamente podemos decir que cometieron tres errores. Primero, le atribuyeron al diablo más poder del que tiene. Aun cuando lo representaban como rebelde, ladrón y usurpador, tendían a hablar como si hubiese adquirido ciertos 'derechos' sobre el ser humano. Dios mismo tenía la obligación de reconocer honorablemente ese dominio conquistado. Gregorio de Nacianzo en el siglo IV fue uno de los pocos teólogos primitivos que repudió vigorosamente esta idea y la consideró una 'atrocidad'.[2]

El segundo error fue que tendían a pensar en la cruz como una transacción divina con el diablo. Era el precio del rescate exigido por él para liberar a sus cautivos; era el precio que se había aceptado pagar debido a sus derechos sobre la humanidad. Este era un concepto muy popular en los primeros siglos de existencia de la iglesia.

Tercero, algunos iban más lejos y representaban la transacción como un engaño. Teológicamente, se figuraban que el diablo se había excedido. Si bien el diablo tiene 'el imperio de la muerte' (Hebreos 2.14) en el caso de los seres humanos pecadores, no tenía autoridad alguna sobre Jesús, que era sin pecado. Por lo tanto, al perseguirlo hasta la muerte derramó sangre inocente. Habiendo de este modo abusado de su poder, fue privado del mismo. Algunos Padres de la iglesia agregaron que el diablo no tenía plena conciencia de lo que estaba haciendo. ya sea porque no comprendió quién era Jesús, o porque pensó que se le presentaba una oportunidad única para vencer a la

1. Para estudios históricos de las diferentes teorías de la expiación ver H. E. W. Turner: *Patristic doctrine*, J. K. Mozley: *Doctrine of the atonement*, Robert Mackintosh: *Historic theories* y Robert S. Franks: *History of the doctrine of the work of Christ.*

2. *Orat.* XLV.22.

Divinidad en su condición de hombre. Pero se engañó. Orígenes fue el primero en enseñar expresamente que la muerte de Jesús constituía tanto el precio del rescate pagado al diablo como el medio para lograr engañarlo y derrotarlo. Gregorio de Nisa, un tímido erudito de Capadocia del siglo IV, desarrolló aun más estas ideas en su *Gran catecismo* o *Discurso catequético*, valiéndose de llamativas imágenes.

> Dios, ... con el fin de asegurar que el rescate en nuestro favor fuese fácilmente aceptado por aquel (es decir, el diablo) que lo exigía ... estaba oculto bajo el velo de nuestra naturaleza, para que así, como con peces hambrientos, el anzuelo de la Deidad fuese tragado junto con el señuelo de la carne, y de este modo, al introducir la vida en la casa de la muerte, ... (el diablo) desapareciera.[3]

Para nosotros la analogía del anzuelo es grotesca, como lo es también el uso que hace Agustín de la imagen de la ratonera en sus sermones. Pedro Lombardo la usó siglos después, al expresar que 'la cruz fue una ratonera (*muscipula*) con el señuelo de la sangre de Cristo'.[4] Sin duda, estos teólogos pudieron haber desarrollado estas figuras como una manera de hacerse entender por la mentalidad popular. Seguramente creyeron ver cierta justicia en la idea de que si el diablo había engañado a la raza humana haciéndola desobedecer, fuera a su vez engañado a fin de ser derrotado. Pero no es correcto atribuir una acción fraudulenta a Dios. es indigna de su persona.

Hay algunos aspectos que sí tienen valor permanente en estas teorías. Primero, el hecho de que tomaran en serio la realidad, la malevolencia, y el poder del diablo ('el hombre fuerte armado' de Lucas 11.21). Y segundo, que proclamaran su derrota decisiva y objetiva en la cruz liberadora (por medio de ese 'otro más fuerte que él', quien lo atacó y lo venció, como expresa Lucas 11.22).[5]

3. *Discurso catequético* 22–26. Ver A. S. Dunstone: *Atonement in Gregory of Nyssa*, p. 15, nota al pie 7.

4. *Sententiarum*, Liber III, Distinctio XIX.1.

5. Nathaniel Dimock, si bien no acepta 'el lenguaje imprudente ni las afirmaciones equivocadas de *algunos* de los Padres', por cuanto Dios no hace transacciones con el diablo, no obstante piensa que por reacción desmedida 'se ha condenado excesivamente el punto de vista patrístico sobre este asunto'. Por consiguiente rescata algunas verdades bíblicas del mismo en su Nota adicional B, 'sobre la Redención de Cristo considerada en relación con el dominio y las obras del diablo'. Ver su *Doctrine of the death of Christ*, pp. 121–136.

No obstante, no podemos aceptar aquellas interpretaciones de la muerte de Cristo. R. W. Dale no exageraba cuando las tildó de 'intolerables, monstruosas y profanas'.[6] El diablo no tiene sobre nosotros ningún derecho que Dios esté obligado a respetar. Por lo tanto, queda eliminada cualquier teoría de la muerte de Cristo como una transacción necesaria con el diablo y también la idea de que el diablo fue engañado.

Satisfacer a la ley

Otro modo de explicar la necesidad moral de la 'satisfacción' divina en la cruz ha consistido en exaltar la ley. El pecado es 'infracción de la ley' (1 Juan 3.4). Pecar es pasar por alto la ley de Dios y desobedecerla. Pero la ley no se puede ignorar impunemente. Hay una retribución penal por quebrantar la ley. No se puede simplemente eximir a los pecadores del castigo correspondiente. Es preciso apoyar la ley y defender su dignidad, aplicando sus justas sanciones. Este es el modo de 'satisfacer' a la ley.

Una ilustración de este concepto la constituye el relato del rey Darío en el libro de Daniel (capítulo 6). Darío designó a 120 sátrapas para que gobernaran a Babilonia, y puso a tres administradores sobre ellos, de los cuales Daniel era uno. Más aun, las cualidades de Daniel eran tan excepcionales, y su servicio tan distinguido, que el rey había considerado promoverlo a una posición superior a todos sus colegas. Esto despertó celos de los demás. Comenzaron de inmediato a tramar su caída; lo observaban minuciosamente, como halcones, con la esperanza de descubrir algún rasgo de corrupción o deficiencia en los asuntos públicos, a fin de acusarlo ante el rey. Pero fracasaron, ya que 'no podían hallar ocasión alguna o falta, porque él era fiel, y ningún vicio ni falta fue hallado en él' (v. 4). De modo que se ocuparon de observar su vida privada; la única esperanza que les quedaba era encontrarlo culpable de alguna falla en relación con su constante vida devocional religiosa. Lograron persuadir al rey para que promulgara 'un edicto real [y lo confirmase], que cualquiera que en el espacio de treinta días demande petición de cualquier dios u hombre fuera de ti, oh rey, sea echado en el foso de los leones' (v. 7). Con increíble ingenuidad, el rey cayó en la trampa que le tendieron.

6. R. W. Dale: *Atonement*, p. 277.

Al poner por escrito el edicto lo hizo inalterable, 'conforme a la ley de Media y de Persia, la cual no puede ser abrogada' (v. 8).

La publicación del decreto llegó a oídos de Daniel, pero no le hizo cambiar sus hábitos. Por el contrario, siguió orando a su Dios tres veces al día. Tenía la costumbre de orar de rodillas en su aposento alto, cuyas ventanas daban hacia Jerusalén. Allí podían verlo los que pasaban, y allí fueron a verlo sus enemigos. Volvieron al rey inmediatamente, y le relataron la flagrante desobediencia de Daniel al edicto real. 'Cuando el rey oyó el asunto, le pesó en gran manera, y resolvió librar a Daniel; y hasta la puesta del sol trabajó para librarle' (v. 14). Pero no podía encontrar solución al problema legal que él mismo había creado. Sus administradores y sátrapas le recordaron 'que es ley de Media y de Persia que ningún edicto u ordenanza que el rey confirme puede ser abrogado' (v. 15). De modo que contra su voluntad Darío se inclinó ante lo inevitable y dio orden de que Daniel fuese arrojado al foso de los leones. Había triunfado la ley.

La ley exige penalidad

Muchos son los predicadores (entre ellos yo mismo) que han usado este relato para realzar el dilema divino. Darío respetaba a Daniel y buscó afanosamente la forma de salvarlo. Pero la ley tiene que seguir su curso. Dios nos ama a nosotros los pecadores y anhela salvarnos, pero no puede hacerlo violando la ley que con toda justicia nos condena. Según esta forma de ver las cosas, en la cruz fue saldada la pena impuesta por la ley y de esta manera se respetó su santidad. Como uno de los exponentes recientes de este punto de vista, cito a Henry Wace, deán de Canterbury entre 1903 y 1924.

> Una ley que puede ser quebrantada sin una penalidad adecuada, no es una ley en absoluto. Es inconcebible que la ley moral de Dios pueda ser violada sin que conlleve consecuencias sumamente terribles. La mera violación de una de sus leyes físicas puede ocasionar, sea que los seres humanos se hayan propuesto realizar la violación o no, una tragedia global y permanente. ¿Acaso es razonable suponer que la violación descarada y obstinada de las leyes más elevadas —las de la verdad y la justicia— no conlleve resultados semejantes?[7]

7. Henry Wace: *Sacrifice of Christ*, p. 16.

Cierto es que el propio deán limitó estas afirmaciones, al recordarnos que el mundo moral no es 'una especie de máquina moral en la que las leyes operan como lo hacen en la naturaleza física', y que 'nos relacionamos no simplemente con un orden establecido sino con una personalidad viviente, con un Dios vivo'. No obstante, vuelve a referirse a 'la penalidad necesariamente ligada a la violación de la ley divina'.[8] No quiero expresar desacuerdo con este lenguaje, y por cierto que lo sigo usando yo mismo. Tiene, de hecho, buenas garantías escriturales. Pablo cita Deuteronomio en el sentido de que todo el que quebranta la ley es 'maldito', y luego pasa a afirmar que 'Cristo nos redimió de la maldición de la ley, hecho por nosotros maldición' (Gálatas 3.10, 13). Por lo tanto, si Pablo no tenía inconveniente en hablar de 'la maldición de la ley', tampoco nosotros deberíamos tenerlo.

Los Padres latinos del siglo IV tales como Ambrosio e Hilario explicaban la cruz en estos términos. Tertuliano fue el primero en usar los términos legales 'mérito' y 'satisfacción' para la relación del cristiano con Dios. Ambrosio e Hilario fueron más lejos, interpretando textos como Gálatas 3.13 a la luz de la 'satisfacción de la ley romana pública, lo cual significa la durabilidad de la sentencia de la ley'.[9]

Los reformadores del siglo XVI desarrollaron aun más este concepto. Con toda razón destacaban el hecho de que era preciso que Jesucristo se sujetara a la ley, a fin de rescatarnos de la condenación que sufríamos bajo la misma. También enseñaban que su sumisión a la ley adoptó dos formas. Por un lado, su perfecta obediencia a ella en su vida. Por otro, cumpliendo mediante su muerte la pena impuesta por la ley. Llamaban a la primera su obediencia 'activa', y a la segunda su obediencia 'pasiva'. Estos adjetivos son inexactos, sin embargo. La obediencia de Jesús hasta la muerte en la cruz no fue menos 'activa' (es decir, voluntaria y resuelta) que su obediente sumisión a la ley moral. Jesús obedeció la voluntad del Padre tanto en su conducta como en su misión, en su vida y en su muerte. Es cierto, sin embargo, que hablar de la 'doble' obediencia de Cristo nos ayuda a distinguir entre su cumplimiento de las exigencias de la ley y el hecho de que soportó (por nosotros) la condenación de la ley. Ambos aspectos de sumisión a la ley eran necesarios para que la cruz fuera eficaz.

8. *Ibid.*, pp. 22, 28–29, 36.
9. Robert S. Franks: *Work of Christ*, p. 135.

Las limitaciones de este enfoque

Es preciso que nos mantengamos alerta ante los peligros de emplear términos legales y de equiparar la ley moral de Dios a las leyes civiles del país o a las leyes físicas del universo. Como vimos en el ejemplo de Darío, honra al sentido de justicia que la ley someta a sí misma aun a quienes la promulgan. En un estado constitucional, todas las personas están obligadas a obedecer las normas legales y a sufrir las penas que corresponden si las quebrantan. Sin embargo el edicto que promulgó Darío fue precipitado y absurdo, por cuanto no contenía ninguna cláusula sobre la conciencia religiosa. Esto condujo al castigo de un hombre justo por un acto que el rey jamás había tenido la intención de convertir en una ofensa sujeta a penalidad.

No podemos pensar en Dios como si se viera envuelto en un embrollo legal de esta clase. Tampoco resulta conveniente comparar las leyes morales de Dios a sus leyes físicas y declarar que son igualmente inflexibles. Por ejemplo, 'si metes la mano en el fuego se quemará, y si quebrantas los Diez Mandamientos serás castigado'. Hay algo de verdad en la analogía, pero el concepto de las penalidades como algo mecánico es erróneo. Estrictamente hablando, las leyes físicas no 'obligan' a Dios; son más bien una descripción de la uniformidad normal de su accionar tal como ha sido observada por los seres humanos. La desobediencia de las leyes morales de Dios trae aparejada la condenación no porque Dios sea 'prisionero' de ellas, sino porque él es su creador.

Como lo ha expresado R. W. Dale, la relación de Dios con la ley 'no es una relación de sujeción sino de identidad … En Dios la ley está *viva*; ella reina en su trono, mueve su cetro, está coronada con su gloria'.[10] La ley es la expresión de su propio ser moral, y Dios es siempre consecuente consigo mismo. Nathaniel Dimock capta muy bien esta verdad en las siguientes palabras.

> No puede haber nada … en las demandas de la ley, en la severidad de la ley, en la condenación de la ley, en la muerte de la ley y en la maldición de la ley, que no sea reflejo (parcialmente) de las perfecciones de Dios. Todo lo que se debe a la

10. R. W. Dale: *Atonement*, p. 372.

ley se debe a ella porque es la ley de Dios, y por consiguiente, se debe a Dios mismo.[11]

Satisfacer al honor y a la justicia de Dios

Hemos visto que los Padres griegos de la iglesia primitiva representaban la cruz principalmente como una 'satisfacción' para el diablo, en el sentido de ser el precio del rescate exigido por él y pagado a él. Los primitivos Padres latinos, por su parte, la vieron como la satisfacción de la ley de Dios. Un nuevo enfoque fue el que le dio Anselmo de Canterbury en el siglo XI. En su *Cur Deus homo?* hizo una exposición sistemática de la cruz como una satisfacción del honor ofendido de Dios. Según R. S. Franks, su libro 'marcó época en toda la historia de nuestra doctrina, en el sentido de que por primera vez aplica, de un modo exhaustivo y consecuente a la dilucidación del tema, las concepciones de la satisfacción y el mérito'.[12] James Denney fue más allá y lo consideró 'el libro más acertado y más grande sobre la expiación que jamás se haya escrito'.[13]

Anselmo era un italiano piadoso que se estableció primeramente en Normandía; en 1093, después de la conquista normanda de Inglaterra, fue designado arzobispo de Canterbury. Se lo ha descripto como el primer representante del escolasticismo medieval, que fue un intento de reconciliar la filosofía y la teología, de combinar la lógica aristotélica y la revelación bíblica. Aun cuando Anselmo incluyó en sus escritos una cantidad de citas bíblicas y se refería a las Sagradas Escrituras como un 'firme fundamento', su preocupación principal era 'serle agradable a la razón' (II.XI). Como lo expresó Boso, su interlocutor imaginario. 'El camino por el cual me conduces está tan cercado por el razonamiento a ambos lados que no puedo volverme ni a diestra ni a siniestra' (II.IX).

En *Cur Deus homo?*, el gran tratado de Anselmo sobre la relación entre la encarnación y la expiación, el autor acepta que el diablo tenía que ser vencido. Sin embargo, rechaza las teorías patrísticas del rescate, sobre la base de que 'Dios no le debía nada al diablo sino castigo' (II. XIX). El hombre sí le debía algo a Dios, y esta es la deuda que tenía que

11. Nathaniel Dimock: *Doctrine of the death of Christ*, p. 32, nota al pie 1.
12. Robert S. Franks: *Work of Christ*, p. 126.
13. James Denney: *Atonement*, p. 116.

ser saldada. Anselmo define el pecado como 'no darle a Dios lo que le corresponde' (I.XI), a saber, la sumisión de nuestra voluntad toda a la de él. Pecar es, entonces, 'quitarle a Dios lo que le pertenece', 'robarle', y de ese modo deshonrarlo. Si alguien se imagina que Dios simplemente puede perdonarnos del modo en que nosotros perdonamos a otros, es porque todavía no ha considerado la seriedad del pecado (I.XXI). El pecado es un acto inexcusable de desobediencia a la voluntad conocida de Dios; por lo tanto, lo deshonra y lo insulta. 'Nada hay menos tolerable ... que el que la criatura le reste al Creador el honor que le corresponde, y se niegue a pagarle lo que le quita' (I.XIII).

Dios no puede pasar por alto esto. 'No corresponde que Dios pase por alto el pecado que de este modo queda sin castigo' (I.XII). Más todavía, es imposible que lo haga. 'Si no corresponde a la naturaleza de Dios el que haga algo injusto o irregular, no está dentro de su margen de libertad, de bondad o de voluntad permitir que salga libre de castigo el pecador que no devuelve a Dios lo que le ha quitado' (I.XII). 'Dios no sostiene nada con mayor justicia que el honor de su propia dignidad' (I.XIII).

El dilema de la salvación

¿Qué se ha de hacer, entonces? Si hemos de ser perdonados, tenemos que pagar lo que debemos. Pero, por otra parte, no estamos en condiciones de hacerlo, ni por nosotros mismos ni por otros. Nuestra obediencia actual y nuestras buenas obras no sirven para satisfacer la deuda de nuestros pecados, ya que estas cosas nos son exigidas de todos modos. Por lo tanto, no podemos salvarnos a nosotros mismos. Tampoco puede otro ser humano salvarnos, dado que 'el que es pecador no puede justificar a otro pecador' (I.XXIII). De allí el dilema con el cual Anselmo termina el Libro I. 'El hombre pecador le debe a Dios, a causa del pecado, lo que no puede devolver, pero a menos que lo haga no puede ser salvo' (I.XXV).

Cerca del comienzo del Libro II, expresa la única manera de resolver el dilema de la humanidad. 'No hay nadie ... que *pueda* dar satisfacción sino Dios mismo ... Pero nadie *debería* darla sino el ser humano.' Por lo tanto, 'es necesario que alguien que sea Dios–hombre lo haga' (II.VI). Un ser que fuese Dios y no hombre, u hombre y no Dios, o una mezcla de ambos y por ello ni hombre ni Dios, no reuniría las condiciones. 'Es necesario que la misma persona que ha de dar satisfacción sea plenamente Dios y plenamente hombre, ya que nadie *puede* hacerlo sino uno que sea verdaderamente Dios, y nadie *debería* hacerlo sino uno que sea verdaderamente humano' (II.VII). Esto lleva a Anselmo a presentar a Cristo. Él era (y es) una persona única, por cuanto en él 'Dios la Palabra, y el hombre, se encuentran' (II.IX). Igualmente, Cristo llevó a cabo una obra única al entregarse a sí mismo a la muerte. No lo hizo en pago de una deuda, porque él era sin pecado y por ello no tenía ninguna obligación de morir. Lo hizo libremente, en salvaguarda del honor de Dios.

Era razonable que el ser humano, 'que al pecar se alejó de Dios tan completamente como pudo hacerlo, se entregara a sí mismo a Dios, al hacer satisfacción tan completamente como pudiera hacerlo'. Cristo lo hizo, mediante la entrega voluntaria de sí mismo a la muerte. Por grave que sea el pecado humano, la vida del Dios–hombre fue tan buena, tan excelsa y tan preciosa que su ofrenda en la muerte 'sobrepasa el número y la magnitud de todos los pecados' (II.XIV). Por eso satisfizo la reparación que exigía el afectado honor de Dios.

Méritos y debilidades de este enfoque

El mayor mérito de la exposición de Anselmo reside en que, por un lado, percibió claramente la extrema gravedad del pecado, como una abierta rebelión contra Dios en la cual la criatura afrenta la majestad de su Creador. A la vez, sostuvo la inmutable santidad de Dios, que no puede pasar por alto ninguna violación de su honor. Reconoce, entonces, la perfección única de Cristo como el Dios–hombre que voluntariamente se entregó a la muerte por nosotros.

En algunos momentos, sin embargo, su razonamiento escolástico lo llevó fuera de los límites de la revelación bíblica. Por ejemplo, cuando especuló sobre la posibilidad de que el pago que hizo Cristo pudo haber sido exactamente lo que debían pagar los pecadores o más; o si el número de seres humanos redimidos excedería el número de los ángeles caídos. Toda su presentación refleja la cultura feudal de su época, en la que la sociedad estaba rígidamente estratificada y cada persona tenía el grado de dignidad que se le había asignado. La conducta 'apropiada' o 'digna' de los seres inferiores con respecto a los superiores (y especialmente para con el rey) estaba claramente establecida; el incumplimiento de este código se castigaba, y todas las deudas se debían respetar honorablemente.

Sin embargo, cuando a Dios se lo representa en términos que recuerdan al señor feudal que exige honor y castiga el deshonor, cabe preguntarnos si dicha representación expresa adecuadamente el 'honor' que en realidad solo a Dios le corresponde. No podemos quedarnos satisfechos cuando se presenta a la expiación como la necesaria satisfacción ya sea de la 'ley' de Dios o de su 'honor', cuando estos se conciben como si, en alguna medida, pudiesen existir aparte de Dios mismo.

Durante el siglo XII se presentaron tres interpretaciones distintas de la muerte de Cristo. Anselmo (quien murió en 1109), como hemos visto enfatizó la satisfacción objetiva del honor de Dios que fue llevada a cabo por el Dios–hombre Jesús. Pedro Abelardo de París (que murió en 1142) destacó la influencia moral subjetiva que ejerce la cruz sobre los creyentes. (La doctrina de Abelardo será considera en mayor detalle en el capítulo 8, bajo el subtítulo "La teoría de la 'influencia moral'".) La tercera interpretación corresponde a Bernardo de Claraval (que murió en 1153); este teólogo místico siguió enseñando que en la cruz se pagó un precio de rescate al diablo.

Fue el parecer de Anselmo el que prevaleció, por cuanto minuciosos investigadores de las Escrituras no pudieron eliminar de ella la noción de la satisfacción. De manera que los 'escolásticos' (así llamados porque enseñaban en las 'escuelas', es decir, las universidades medievales europeas recientemente fundadas) siguieron desarrollando la posición de Anselmo. Por un lado estaban los tomistas, dominicanos que se inspiraban en Tomás de Aquino (muerto en 1274). Por otro lado, los escotistas, franciscanos que se inspiraban en Duns Scotus (muerto en 1308). Aunque estos dos grupos diferían en algunos detalles, ambos enseñaban que las exigencias de la justicia divina fueron satisfechas por medio de la cruz de Cristo.

El punto de vista de los reformadores

Con su énfasis en la justificación, resulta comprensible que los reformadores subrayaran la justicia de Dios y la imposibilidad de que hubiera salvación para el pecador si no se satisfacía aquella. Como escribió Calvino en su *Institución*, 'existe un perpetuo e irreconciliable desacuerdo entre la justicia y la injusticia' (II.XVI.3). Era necesario, por consiguiente, que Cristo 'sobrellevara la severidad de la venganza de Dios, para apaciguar su ira y satisfacer su justo juicio'.[14]

Thomas Cranmer explicó en su 'Homilía de Salvación' que tres cosas debían ir juntas en nuestra justificación. por parte de Dios 'su gran misericordia y gracia', por parte de Cristo 'la satisfacción de la justicia de Dios', y por nuestra parte 'fe viva y verdadera'. Concluyó así la primera parte de su homilía.

> Agradó a nuestro Padre celestial, por su infinita misericordia, sin que mediara en absoluto nuestro mérito o merecimiento, preparar para nosotros las más preciosas joyas del cuerpo y la sangre de Cristo, mediante las cuales pudiese pagarse plenamente nuestro rescate, cumplirse la ley, y satisfacerse completamente su justicia.[15]

Esta misma enseñanza la encontramos en las obras de Lutero. Sin embargo, después de su muerte los escolásticos protestantes sistematizaron su doctrina de la muerte de Cristo convirtiéndola en una doble satisfacción, a saber, de la ley de Dios y de su justicia. La ley de Dios fue satisfecha mediante la perfecta obediencia de Cristo en su vida, y la justicia de Dios mediante el sacrificio perfecto por el pecado, cuando Cristo cargó en su muerte con la pena correspondiente. Sin embargo, se trata de una explicación demasiado ingeniosa. Dado que la ley de Dios es una expresión de su justicia, no es posible separarlas con precisión.

¿Se propuso Dios, entonces, satisfacer el 'orden moral'? Este concepto, como el de la 'ley', es una expresión de la justicia o carácter moral de Dios. Quizá sea más general y más amplio que el de la 'ley', por cuanto abarca no solo las normas morales sino un sistema incorporado de sanciones. El concepto de un 'orden moral' se apoya en la creencia de que el Dios santo que gobierna el mundo lo gobierna moralmente. Ha establecido un orden en el cual el bien se aprueba y se recompensa, mientras que el mal se condena y se castiga. Aprobar

14. *Institución*, II.XVI.10. Ver II.XII.3.

15. Thomas Cranmer: *First book of homilies*, p. 130. La Confesión de Fe de Westminster (1647) también declara que el Señor Jesús, por su obediencia perfecta y su sacrificio de sí mismo, ha 'satisfecho plenamente la justicia de su Padre' (VIII.5). En efecto, se trataba de 'una adecuada, verdadera y plena satisfacción de la justicia de su Padre' en nombre de los justificados (XI.3).

el mal o condenar el bien sería subvertir este orden moral. Perdonar de manera indiscriminada el pecado sería igualmente subversivo.

Los comienzos de este concepto en relación con la muerte de Cristo pueden verse en Hugo Grotius (muerto en 1645), el letrado y estadista holandés. Grotius lamentaba la existencia de controversias y divisiones cristianas, y soñaba con una cristiandad reformada y reunificada. Entendía la expiación mediante una especie de arreglo entre Anselmo y Abelardo. A veces enseñaba un punto de vista semejante al de Abelardo sobre la influencia subjetiva de la cruz, que lleva a los pecadores al arrepentimiento y de este modo permite que Dios los perdone. Generalmente, sin embargo, sostenía la objetividad de la cruz, y veía en ella una satisfacción de la justicia de Dios. Además, tenía una preocupación jurídica por la moralidad pública, tanto en lo relativo a impedir el crimen como a apoyar la ley. Grotius no veía a Dios ni como parte ofendida, ni como acreedor, ni siquiera como juez, sino como el Supremo Gobernador Moral del mundo. De modo que la justicia pública resultaba más importante para él que la justicia retributiva. Para él, la cruz satisfacía particularmente a aquella. Es indudable que Cristo murió por nuestros pecados en nuestro lugar. Pero Grotius se preguntaba qué parte u oficio cumplía Dios en esto. 'El derecho a infligir castigo no pertenece a la parte afectada como tal' sino más bien 'al gobernante como tal'.[16] Por otra parte, 'infligir castigo … es exclusivamente la prerrogativa del gobernante como tal, … por ejemplo, del padre en la familia, del rey en el estado, de Dios en el universo' (p. 51). Grotius desarrolló una interpretación 'rectoral' o 'gubernamental' de la cruz. Enseñaba que Dios dispuso la cruz 'para el orden de las cosas y para la autoridad de su propia ley' (p. 137). Le preocupaba la vindicación pública de la justicia de Dios. 'Dios no quería pasar por alto tantos pecados, y pecados tan grandes, sin un ejemplo distinguido', es decir, de su serio disgusto con el pecado (p. 106). 'Dios tiene … las más poderosas razones para castigar'; pero la mayor de ellas, en opinión de Grotius, era la decisión de sostener el orden establecido de la ley, a fin de que pudiésemos 'estimar la magnitud y la multitud de los pecados' (p. 107).

Varios teólogos del siglo XX han adoptado esta visión de Dios como 'el gobernador moral del mundo' y la han desarrollado aun más en

16. Hugo Grotius: *Defence of the Catholic faith*, p. 57.

relación con la expiación. P. T. Forsyth, por ejemplo, escribió acerca de un 'orden cósmico de santidad'.

> El orden moral de Dios exige expiación dondequiera
> que las ideas morales se toman con seriedad definitiva,
> y la conciencia del ser humano hace eco a la demanda.[17]

Otro ejemplo es B. B. Warfield, quien llamó la atención al sentido universal de culpa entre los seres humanos.

> [Hay una] profunda autocondenación moral que está presente como factor primario en toda experiencia verdaderamente religiosa. Ella clama por satisfacción. Ningún razonamiento puede persuadirla de que el perdón de los pecados constituye un elemento necesario del orden moral del mundo. Sabe, por el contrario, que el perdón indiscriminado de los pecados constituiría justamente la subversión del orden moral del mundo ... Por ello clama por la expiación.[18]

Pero la afirmación más notable sobre la inviolabilidad del orden moral la hizo Emil Brunner en su *The Mediator* (El Mediador). El pecado 'es más que un ataque al honor de Dios' (p. 444), afirma. Es un asalto al orden moral universal, que es expresión de la voluntad moral de Dios.

> La ley de su divino Ser, sobre la que se basa toda la ley y el orden del mundo, ... el carácter lógico y confiable de todo lo que ocurre, la validez de todas las normas, de todo orden intelectual, legal y moral, la Ley misma, en su sentido más profundo, exige la reacción divina, la preocupación divina ante el pecado, la resistencia divina ante esta rebelión y esta ruptura del orden ... Si esto no fuese cierto, entonces no habría ninguna seriedad en el mundo en absoluto; no habría significado en nada, no habría orden ni estabilidad; el orden universal caería en pedazos; el caos y la desolación reinarían supremos. Todo el orden en el mundo depende de la

17. P. T. Forsyth: *Cruciality of the cross*, pp. 137–138. Ver también su *Work of Christ*, pp. 122–129.

18. B. B. Warfield: *Person and work*, p. 292.

> inviolabilidad del honor de Dios, de la certidumbre de que quienes se rebelan contra él serán castigados (pp. 444–445).

Más tarde Brunner trazó una analogía entre la ley natural y la ley moral, afirmando que ninguna de las dos se puede infringir con impunidad. El perdón sin la expiación sería una manera más grave y más amplia de ir en contra de la lógica, de la ley y del orden 'que la suspensión de las leyes de la naturaleza' (p. 447).

¿Cómo se logra el perdón, entonces, si 'el castigo es la expresión de la ley y el orden divinos, de la inviolabilidad del orden divino del mundo' (p. 449)? La ley es 'la expresión de la voluntad del Legislador, del Dios personal' (p. 459); significa que, si se la quebranta, ella no puede sanar por sí misma. Y no lo hace. El pecado ha ocasionado una 'ruptura en el orden mundial', un desorden tan profundamente arraigado que se hace necesaria la reparación o la restitución, vale decir, la 'expiación' (p. 485).

Dios se satisface a sí mismo

Hemos visto, entonces, cinco modos en los cuales los teólogos han expresado su parecer en cuanto a lo que hace falta para que Dios pueda perdonar a los pecadores. Uno de ellos habla sobre la 'satisfacción' y a la vez derrota del diablo. Otros plantean la necesidad de 'satisfacer' la ley, el honor, o la justicia de Dios, y los más recientes de 'satisfacer el orden moral del mundo'.

En grados diferentes todas estas formulaciones son acertadas. Pero todas son también limitadas porque, a menos que se las formule con sumo cuidado, representan a Dios como subordinado a algo fuera y por encima de sí mismo. Hay algo que controla sus acciones, algo a lo cual tiene que rendirle cuentas, y de lo cual no puede librarse. 'Satisfacción' es un término adecuado, siempre que comprendamos que es él mismo en su ser interior el que necesita sentirse satisfecho, y no algo exterior a sí mismo. Hablar de ley, honor, justicia y orden moral está bien solo en la medida en que estas cosas se vean como expresiones del carácter de Dios. La expiación es una 'necesidad' porque 'surge del seno de Dios mismo'.[19]

Por cierto que la 'autosatisfacción' constituye un fenómeno particularmente desagradable en los seres humanos caídos, sea que se

19. Ronald S. Wallace: *Atoning death*, p. 113.

refiera a la satisfacción de nuestros instintos y pasiones o a nuestra propia complacencia. El egoísmo ha manchado y torcido nuestro ser, y cuando decimos 'debo satisfacerme a mí mismo', es porque nos falta control sobre nosotros mismos, mientras que si decimos 'estoy satisfecho conmigo mismo' es porque nos falta humildad. Pero en Dios no hay ninguna falta de humildad o de control sobre sí mismo, dado que él es perfecto en todos sus pensamientos y deseos. Decir que él necesita 'satisfacerse a sí mismo' significa que tiene que ser él mismo. Dios tiene que actuar de conformidad con la perfección de su naturaleza o su 'nombre'. Para Dios la necesidad de la 'satisfacción' se encuentra, por lo tanto, no en algo fuera de sí mismo sino dentro de sí mismo, en su propio carácter inmutable. Es una necesidad inherente o intrínseca. La ley a la que tiene que conformarse él, la que debe satisfacer, es la ley de su propio ser. La Biblia expresa esto de varias maneras. Dios 'no puede negarse a sí mismo' (2 Timoteo 2.13); no puede contradecirse a sí mismo. Dios nunca miente (Tito 1.2, VHA. *apseudēs*, 'libre de todo engaño'), por la simple razón de que 'es imposible que Dios mienta' (Hebreos 6.18). Él jamás obra arbitrariamente, en forma impredecible o caprichosa; él mismo dice que no faltará a su fidelidad (Salmo 89.33, DHH). Dicho de manera positiva, es 'Dios de verdad y sin ninguna iniquidad en él (Deuteronomio 32.4). Es decir, es fiel y verdadero consigo mismo; es invariablemente igual a sí mismo.

Las Escrituras tienen varios modos de llamar la atención al carácter consecuente de Dios en su persona. En particular destacan de varias maneras el hecho de que, cuando juzga a los pecadores, lo hace porque debe hacerlo, si ha de seguir siendo fiel a sí mismo.

El mal 'provoca' la ira de Dios

El primer ejemplo es el **lenguaje de la provocación**. Se describe a Yahvéh (más todavía, se describe a sí mismo) como siendo provocado a ira o a experimentar celos a causa de la idolatría de Israel. Por ejemplo, 'le despertaron a celos con los dioses ajenos; lo provocaron a ira con abominaciones … con sus ídolos'.[20] Los profetas de la época del exilio, tales como Jeremías y Ezequiel, se valían constantemente de esta clase de vocabulario.[21] No estaban comunicando que Yahvéh estuviera irritado o exasperado, o que el comportamiento de Israel

20. Dt. 32.16, 21. Ver Jue. 2.12; 1 R. 15.30; 21.22; 2 R. 17.17; 22.17; Sal. 78.58.
21. Por ejemplo, Jer. 32.30–32; Ez. 8.17; Os. 12.14.

fuese tan 'provocativo' que se le había acabado la paciencia. No, el lenguaje provocativo expresa la reacción inevitable de la naturaleza perfecta de Dios ante el mal. Indica que hay en Dios una intolerancia santa hacia la idolatría, la inmoralidad y la injusticia. Dondequiera que ocurran, actúan como estímulos que desencadenan su reacción de enojo o indignación. Dios jamás se siente provocado sin razón. Solo el mal lo provoca, y tiene que ser así necesariamente dado que Dios tiene que ser Dios (y comportarse como tal). Si el mal *no* provocara su ira él perdería nuestro respeto, porque dejaría de ser Dios.

El mal 'enciende' la ira de Dios

Segundo, tenemos el **lenguaje del ardor**. Bajo este encabezamiento podemos mencionar los verbos que describen la ira de Dios como fuego y hablan de 'encender', 'arder', 'apagar', 'apaciguar', y 'consumir'. Cierto es que también se dice de los seres humanos que se enciende su furor.[22] Pero este vocabulario se aplica mucho más frecuentemente en el Antiguo Testamento a Yahvéh, cuyo furor 'se enciende' cada vez que se que su pueblo desobedece su ley y quebranta su pacto.[23] Ambos lenguajes se combinan. De hecho, es precisamente cuando se lo 'provoca' a ira donde se dice que se 'enciende' su ira,[24] o que se dice que su 'ira [sale] como fuego'.[25] Así, leemos acerca del 'fuego de mi ira' o el 'fuego de mi celo', 'mi celo, y en el fuego de mi ira'.[26] Cuando se alude a la provocación de su ira o al fuego de su furor, está implícito un cierto carácter inevitable. En el calor seco del verano palestino se producían incendios fácilmente. Así era también con el furor de Yahvéh. Jamás por capricho; siempre solamente en respuesta al mal. Su ira jamás era incontrolada. Por el contrario, en los primeros años de la vida nacional de Israel 'apartó muchas veces su ira, y no despertó todo su enojo'.[27] Pero cuando ya 'no pudo [sufrir] más' la empecinada rebeldía de su pueblo, dijo.

22. Por ejemplo, Gn. 39.19; Éx. 32.19; 1 S. 11.6; 2 S. 12.5; Est. 7.10.
23. Por ejemplo, Jos. 7.1; 23.16; Jue. 3.8; 2 S. 24.1; 2 R. 13.3; 22.13; Os. 8.5.
24. Por ejemplo, Dt. 29.27–28; 2 R. 22.17; Sal. 79.5.
25. Por ejemplo, Jer. 4.4; 21.12.
26. Por ejemplo, Ez. 36.5–6; 38.19; Sof. 1.18; 3.8.
27. Sal. 78.38. Ver Is. 48.9; Lm. 3.22; y en el NT, Ro. 2.4 y 2 P. 3.9.

> Así será. Yo mismo voy a hacerlo, y no dejaré de cumplirlo; no tendré compasión ni me arrepentiré. Te castigaré por tu conducta y tus acciones. Yo, el Señor, lo afirmo.[28]

Si era fácil iniciar un fuego en la época seca en Palestina, era igualmente difícil apagarlo. Así también ocurre con la ira de Dios. Una vez que ha sido justamente despertada, 'no desistió del ardor con que su gran ira se había encendido contra Judá'. Una vez encendida, no resultaba fácil 'apagarla'.[29] En cambio, cuando la ira de Yahvéh 'se encendía' contra el pueblo, los 'consumía'. Vale decir que como el fuego lleva a la destrucción, así la ira de Yahvéh conduce al juicio. Porque Yahvéh es 'fuego consumidor'.[30] El fuego de su furor fue 'apagado', y en consecuencia 'cesó', solo cuando se completó el juicio,[31] o cuando tuvo lugar una regeneración radical, que dio como resultado la justicia social.[32]

La imagen del fuego apoya lo que enseña el vocabulario de la provocación. Hay algo en el ser moral esencial de Dios que se siente 'provocado' por el mal, y que se 'enciende' como consecuencia del mismo, y que procede a 'arder' hasta 'consumir' el mal.

Dios 'satisface' su ira

Tercero, está **el lenguaje de la satisfacción**. Un grupo de palabras comunica la verdad de que Dios tiene que ser como es, que lo que está en su interior tiene que expresarse, y que las exigencias de su propia naturaleza y carácter tienen que reflejarse en una acción apropiada de su parte. La palabra principal es *kālah*, usada particularmente por Ezequiel en relación con la ira de Dios. Significa 'ser completo, estar al final, terminado, logrado, consumado'. Aparece en una variedad de contextos en el Antiguo Testamento, casi siempre para indicar el 'final' de algo, ya sea porque ha sido destruido, o porque ha sido terminado de algún otro modo. El tiempo, el trabajo y la vida, todos tienen fin. Las lágrimas se acaban llorando, el agua se agota y la hierba se seca

28. Jer. 44.22; Ez. 24.13–14, DHH; ver Éx. 32.10.

29. 2 R. 23.26; 22.17; 2 Cr. 34.25; Jer. 21.12.

30. Dt. 4.24, citado en He. 12.29. Algunos ejemplos en los que el juicio de Dios se representa como un fuego devorador son: Nm. 11.1; Dt. 6.15; Sal. 59.13; Is. 10.17; 30.27; Lm. 2.3; Ez. 22.31; Sof. 1.18.

31. Por ejemplo, Jos. 7.26; Ez. 5.13; 16.42; 21.17.

32. Por ejemplo, Jer. 4.4; 21.12.

cuando hay sequía, y nuestras fuerzas físicas se gastan. De modo que, por medio de Ezequiel, Yahvéh advierte a Judá que está a punto de 'cumplir' (VRV), 'satisfacer' (NC), 'desahogar' (BJ), o 'descargar' (BA, DHH) su ira 'sobre' o 'contra' ellos.[33] Se han negado a escuchar su voz y han persistido en su idolatría. De manera que ahora, finalmente, 'el tiempo viene, cercano está el día ... Ahora pronto derramaré mi ira sobre ti, y cumpliré en ti mi furor' (Ezequiel 7.7–8). Es significativo que 'derramar' y 'cumplir' van juntos, porque lo que se derrama no puede recuperarse, y lo que se cumple está terminado. Estas mismas imágenes aparecen unidas en Lamentaciones 4.11. 'Cumplió (*kālah*) Jehová su enojo, derramó el ardor de su ira.' De hecho, solo cuando la ira de Yahvéh ha sido 'derramada' puede 'cesar'. El mismo concepto de la necesidad interior está implícito en estos verbos. Lo que existe en el seno de Yahvéh tiene que expresarse; y lo que se expresa tiene que 'descargarse' o 'satisfacerse' completamente.

Para resumir, Dios es 'provocado' a ira y celos por su pueblo debido a sus pecados. Una vez encendida, su ira 'arde' y no resulta fácil apagarla. Él la 'descarga', la 'derrama', la 'desfoga'. Este vocabulario pinta en forma vigorosa el hecho de que el juicio de Dios surge de dentro de su ser. Es algo que corresponde a su carácter santo, algo que está en consonancia con él, y que por lo tanto es inevitable.

Dios hace honor 'a su nombre'

Hasta aquí el cuadro ha sido unilateral, sin embargo. Debido a la historia de la apostasía de Israel, los profetas se centraron en la ira de Yahvéh y el juicio consiguiente. Pero la razón por la cual esta amenaza de destrucción nacional resulta tan dramática es que se anunciaba contra el fondo del amor de Dios para con Israel. Él los había elegido para hacer de ellos su pueblo y había celebrado un pacto con ellos. Esta relación especial con Israel, que Dios había iniciado y sostenido, y que prometió renovar, también era consecuencia de su propio carácter. Dios había actuado 'por amor a su nombre'. No había puesto su amor en el pueblo de Israel ni los había elegido porque fueran más numerosos o poderosos que otros pueblos. En realidad eran insignificantes. No, había puesto su amor en ellos solo porque los amaba (Deuteronomio 7.7–8). No se podía dar ninguna explicación de su amor, excepto el hecho mismo de que los amaba.

33. Ez. 5.13; 6.12; 7.8; 13.15; 20.8, 21.

De manera que hay un cuarto modo en el cual las Escrituras destacan el carácter consecuente de Dios, a saber mediante el uso del **lenguaje de su Nombre**. Dios siempre actúa de conformidad con 'su nombre'. Cierto es que este no es el único criterio por el cual actúa. También se ocupa de nosotros 'según nuestras obras'. Pero si siempre lo hiciera según este criterio, seríamos destruidos. Así que 'no ha hecho con nosotros conforme a nuestras iniquidades, ni nos ha pagado conforme a nuestros pecados'.[34] Porque se trata de nuestro Dios 'misericordioso y piadoso; tardo para la ira, y grande en misericordia y verdad' (Éxodo 34.6). Si bien no siempre nos trata 'conforme a nuestras obras', siempre actúa 'de conformidad con su nombre', es decir, de un modo consecuente con su naturaleza tal como ha sido revelada.[35] En Ezequiel 20.44 se indica deliberadamente el contraste.

> Sabréis que yo soy Jehová, cuando haga con vosotros por amor de mi nombre, no según vuestros caminos malos ni según vuestras perversas obras, oh casa de Israel, dice Jehová el Señor.

Jeremías 14 expresa enfática y minuciosamente que Yahvéh es y siempre será fiel a su nombre, es decir a sí mismo. Había en ese momento una sequía devastadora. las cisternas estaban vacías, la tierra se resquebrajaba, los labradores se desesperaban y los animales estaban desorientados (vv. 1–6). En su angustia, clamaron a Dios. 'Aunque nuestras iniquidades testifican contra nosotros, oh Jehová, actúa por amor de tu nombre' (v. 7). En otras palabras, aunque no podemos apelar a ti para que actúes sobre la base de lo que somos *nosotros*, podemos apelar, y lo hacemos, sobre la base de lo que eres *tú*. Israel se acordó de que ellos constituían el pueblo elegido de Dios, y le rogaron que actuase de un modo que fuera consecuente con su pacto de gracia y con su carácter inconmovible. Porque 'sobre nosotros es invocado tu nombre' (v. 9), expresaron. En contraste con los falsos profetas, que predicaban un engañoso mensaje de paz sin juicio (vv. 13–16), Jeremías profetizó que serían consumidos 'con espada, con hambre y con pestilencia' (v. 12). Pero al mismo tiempo veía más allá

34. Sal. 103.10. Sobre la paciencia de Dios, la limitación de su ira y la demora del juicio, ver también Neh. 9.31; Lm. 3.22; Ro. 2.4–16; 3.25; 2 P. 3.9. Contrastar, por ejemplo, Ez. 7.8–9, 27.

35. Por ejemplo, Sal. 23.3; 143.11.

del juicio la restauración, convencido de que Dios habría de actuar 'por amor de [su] nombre' (v. 21).

El mismo tema tuvo mayor desarrollo en Ezequiel 36. Allí Yahvéh prometió a su pueblo la restauración después del juicio, pero fue franco en cuanto a sus razones. 'No lo hago por vosotros, oh casa de Israel, sino por causa de mi santo nombre' (v. 22). Habían profanado el nombre, habían hecho que fuese despreciado, incluso blasfemado, por las naciones. Pero Yahvéh había de tener compasión, por amor a su gran nombre, y demostraría una vez más su santidad y su carácter único ante el mundo. Así las naciones sabrían que él es Jehová el Señor (vv. 21, 23). Cuando así obra 'por amor a su nombre', no lo hace solo para protegerlo de las falsificaciones; se propone ser fiel al mismo. Lo que le preocupa no es tanto su reputación sino ser consecuente consigo mismo.

Dios no puede negarse a sí mismo

A la luz de todo este material bíblico en torno a la divina autoconsistencia, podemos comprender por qué es imposible que *Dios* haga lo que Cristo nos mandó hacer a *nosotros*. Nos dijo que debíamos negarnos a nosotros mismos, pero Dios 'no puede negarse a sí mismo'.[36] ¿Por qué será esto? ¿Por qué será que Dios se niega a hacer, más aun no puede hacer, lo que nos pide que hagamos nosotros? Es porque Dios es Dios y no hombre, y menos todavía hombre caído. Nosotros tenemos que negar o repudiar todo aquello que hay dentro de nosotros mismos que falsea nuestra verdadera humanidad. Pero no hay nada en la persona de Dios que sea incompatible con su genuina deidad. Por consiguiente no hay nada que deba negar. Nosotros debemos negarnos para ser genuinamente nosotros mismos. Dios jamás es otra cosa que su verdadero ser divino y por eso no puede y no quiere negarse a sí mismo. Dios sí puede 'vaciarse' de su inherente gloria y humillarse a sí mismo para servir. Es esto, justamente, lo que ha hecho en la persona de Cristo (Filipenses 2.7–8). Pero no puede repudiar parte alguna de sí mismo, porque él es perfecto. No puede contradecirse a sí mismo. En esto radica su integridad. Por lo que hace a nosotros, vivimos siempre conscientes de nuestras inconstancias humanas. 'Es tan poco característico en él', decimos. O 'no

36. Mr. 8.34; 2 Ti. 2.13.

es tu mejor día hoy', 'la verdad es que esperaba más de ti'. En cambio, ¿podemos imaginarnos diciendo algo así acerca de Dios, o diciéndoselo a él? Dios es siempre igual a sí mismo y enteramente consecuente consigo mismo. Si fuera posible que alguna vez actuase en forma no 'característica' de su persona, de un modo que no reflejase su carácter invariable, dejaría de ser Dios, y el mundo se vería envuelto en una gran confusión moral. Dios es Dios; jamás se desvía ni un milímetro, ni siquiera en la medida del espesor de un delgado cabello, de ser enteramente consecuente consigo mismo.

El santo amor de Dios

¿Qué relación tiene esto con la expiación?

La forma en que Dios elige perdonar a los pecadores y reconciliarlos consigo mismo tiene que ser absolutamente consecuente con su propio carácter. No se trata solamente de que tiene que vencer y desarmar al diablo a fin de rescatar a los que tiene cautivos. Incluso no es solamente que tenga que satisfacer las exigencias de su propia ley, de su propio honor, de su propia justicia o su propio orden moral; es que tiene que satisfacerse a sí mismo.

Cada una de las explicaciones que vimos antes insiste, con justicia, en que por lo menos una expresión de sí mismo tiene que ser satisfecha, ya sea su ley, su honor, su justicia o su orden moral. El mérito de esta última formulación es que afirma que Dios tiene que satisfacerse a sí mismo en *todos* los aspectos de su ser, incluidos tanto su justicia como su amor.

Pero cuando de alguna forma oponemos entre sí estos atributos de Dios, e incluso nos referimos al 'dilema' divino como consecuencia de este conflicto, ¿no corremos el peligro de ir más allá de lo que autorizan las Escrituras? ¿Tenía razón P. T. Forsyth cuando escribió que 'no hay nada en la Biblia acerca de una lucha de atributos'[37]? Pienso que no tenía razón. Por cierto que hablar de 'lucha' o 'conflicto' en Dios es usar lenguaje sumamente antropomórfico. Pero, por otra parte, la Biblia no le teme a ese lenguaje. Todo padre sabe lo que cuesta el amor, y lo que significa estar 'tironeado' por emociones conflictivas, especialmente cuando se hace necesario castigar a los hijos. Es posible que el más claro de todos los modelos humanos de Dios en las Escrituras sea

37. P. T. Forsyth: *The work of Christ*, p. 118.

el del dolor de la paternidad que se le atribuye en Oseas, capítulo 11. Dios se refiere a Israel como su 'hijo' (v. 1), al que le había enseñado a caminar, tomándolo de los brazos (v. 3) e inclinándose a darle de comer (v. 4). Sin embargo, su hijo resultó ser rebelde y no quería reconocer el tierno amor de su Padre. Israel estaba resuelto a darle las espaldas en actitud de rebeldía (vv. 5–7). Por consiguiente merecía ser castigado. Mas, ¿puede acaso su propio padre decidirse a castigarlo? Así se expresa Yahvéh en un soliloquio.

> ¿Cómo podré abandonarte, oh Efraín?
> ¿Te entregaré yo, Israel?
> ¿Cómo podré yo hacerte como Adma,
> o ponerte como a Zeboim?
> Mi corazón se conmueve dentro de mí,
> se inflama toda mi compasión.
> No ejecutaré el ardor de mi ira,
> ni volveré para destruir a Efraín;
> porque Dios soy, y no hombre,
> el Santo en medio de ti;
> y no entraré en la ciudad.
>
> Oseas 11.8–9

No cabe duda de que aquí vemos un conflicto de emociones, una lucha de atributos en el seno mismo de Dios. Las cuatro preguntas comienzan con las palabras '¿Cómo podré…?' Cada una es testimonio de una lucha entre lo que Yahvéh *tendría* que hacer debido a su justicia y lo que *no puede* hacer debido a su amor. ¿Y qué es su 'cambio de actitud' sino una tensión interna entre su 'compasión' y el 'ardor de su ira'?

La Biblia incluye varias frases más que expresan de diferentes maneras esta 'dualidad' en la persona de Dios. Él es el Dios 'misericordioso y piadoso … [Pero] que de ningún modo tendrá por inocente al malvado'. En él 'la misericordia y la verdad ['fidelidad', BA margen] se encontraron; la justicia y la paz se besaron'. Dios se anuncia a sí mismo como 'Dios justo y Salvador; ningún otro [hay] fuera de mí'. En la ira se acuerda de la misericordia.

Juan describe a Jesucristo, el Hijo único y unigénito del Padre, como 'lleno de gracia y de verdad'. Y Pablo, al contemplar la forma en que Dios trata tanto a judíos como a gentiles, nos invita a considerar 'la bondad y la severidad de Dios'. Pablo escribe, en relación con la cruz y la salvación, que Dios allí demuestra su justicia 'a fin de que él sea el justo, y el que justifica al que es de la fe de Jesús'. El apóstol no encuentra nada anormal en cuanto a presentar juntas las referencias a la 'ira' de Dios y al 'amor' de Dios. El apóstol Juan, por su parte, nos asegura que si confesamos nuestros pecados, Dios será 'fiel y justo' para perdonarnos.[38] Aquí tenemos nueve pares de expresiones, en cada uno de los cuales se unen dos verdades complementarias acerca de Dios. Parecen escritas a fin de recordarnos que debemos tener cuidado de hablar de uno de los aspectos del carácter de Dios sin tener en cuenta la contraparte.

Emil Brunner en *The Mediator* (El Mediador) no titubeó al escribir acerca de la 'naturaleza dual [de Dios] como el misterio central de la revelación cristiana' (p. 519). Porque 'Dios no es simplemente Amor. La naturaleza de Dios no puede expresarse exhaustivamente con una sola palabra' (pp. 281–282).

Brunner sostiene que la oposición moderna al lenguaje forense en relación con la cruz 'se debe [principalmente] al hecho de que la idea de la Santidad divina ha sido absorbida en la del Amor divino; esto quiere decir que el concepto bíblico de Dios, en el cual el elemento decisivo es esta doble naturaleza de santidad y amor, está siendo remplazada por el concepto moderno, unilateral, monístico de Dios' (p. 467). Mas "el dualismo de la santidad y el amor, … de la misericordia y la ira no puede disolverse y transformarse en *una sola* concepción sintética, sin al mismo tiempo destruir la seriedad del conocimiento bíblico de Dios, la realidad y la majestad de la revelación y la expiación … Aquí se plantea la 'dialéctica' de toda teología cristiana genuina que se propone expresar en términos de pensamiento la naturaleza indisoluble de este dualismo" (p. 519, nota al pie). Entonces, como afirma Brunner, la cruz de Cristo 'es el acontecimiento en el cual Dios da a conocer su santidad y su amor simultáneamente, en un solo acontecimiento, de un modo absoluto' (p. 450). 'La cruz es el único lugar donde el Dios amoroso, perdonador y misericordioso se revela de tal modo que percibimos que su santidad y su amor son igualmente infinitos' (p. 470). De hecho, 'el aspecto objetivo de la expiación … puede resumirse así. consiste en

38. Éx. 34.6–7; Sal. 85.10; Is. 45.21; Hab. 3.2; Mi. 7.18; Jn. 1.14; Ro. 11.22; 3.26; Ef. 2.3–4; 1 Jn. 1.9.

la combinación de una justicia inflexible, con sus penalidades, y un amor trascendente' (p. 520).

Al mismo tiempo, nunca debemos considerar que esta dualidad en Dios sea irreconciliable. Porque Dios no está reñido consigo mismo, por mucho que nos parezca a nosotros que lo esté. Él es 'el Dios de paz', de la tranquilidad interior y no del tumulto. Cierto es que nos resulta difícil aceptar en forma simultánea la imagen de Dios como el Juez que tiene que castigar a los obradores del mal y la del Dios que ama y tiene que encontrar la forma de perdonarlos. Sin embargo, Dios es ambas cosas, y ambas cosas a la vez. En palabras de G. C. Berkouwer, 'en la cruz de Cristo la justicia y el amor de Dios se revelan *simultáneamente.*'[39] Calvino, haciendo eco a Agustín, fue más allá todavía. Escribió acerca de Dios que 'de un modo maravilloso y divino nos amó aun cuando nos odiaba'.[40] La verdad es que ambos aspectos son más que simultáneos, son idénticos, o por lo menos expresiones alternativas de la misma realidad. Porque 'la ira de Dios es el amor de Dios', escribió Brunner en una audaz frase, 'en la forma en que lo experimenta el ser humano que se ha alejado de Dios y se ha vuelto en contra de Dios'.[41]

Un teólogo que ha luchado con esta tensión es P. T. Forsyth, quien acuñó (o por lo menos popularizó) la expresión 'el santo amor de Dios'.

> El cristianismo se ocupa de la santidad de Dios antes que de cualquier otra cosa, y esa santidad llega al ser humano en forma de amor … Este punto de partida de la suprema santidad del amor de Dios, más bien que su piedad, su compasión, o su afecto, es la línea divisoria entre el evangelio y … el liberalismo teológico … Mi punto de partida es que lo primero que Cristo quiso enseñar y revelar no fue simplemente el amor perdonador de Dios, sino la santidad de dicho amor.

39. G. C. Berkouwer: *Work of Christ*, p. 277.
40. *Institución*, II.XVI.4. Ver II.XVII.2.
41. Emil Brunner: *Man in revolt*, p. 187.

Por otra parte,

> Si habláramos menos sobre el amor de Dios y más sobre su santidad, más sobre su juicio, diríamos mucho más cuando nos propusiéramos hablar de su amor.[42]

Además,

> Sin un Dios santo no hay ningún problema de expiación. Es la santidad del amor de Dios la que hace necesaria la cruz expiatoria …[43]

Esta visión del santo amor de Dios nos librará de las caricaturas de su persona. No debemos figurarnos a Dios ni como un ser indulgente que arriesga su santidad con el fin de librarnos, con lo que al mismo tiempo nos arruina. Tampoco podemos pensar en él como un Dios duro y vengativo que reprime su amor con el fin de aplastarnos y destruirnos. ¿Cómo, entonces, puede Dios expresar su santidad sin consumirnos, y su amor sin pasar por alto nuestros pecados? ¿Cómo puede Dios satisfacer su santo amor? ¿Cómo puede salvarnos a *nosotros* y satisfacerse a *sí mismo* simultáneamente?

Por ahora solo respondemos que, con el objeto de satisfacerse a sí mismo, se sacrificó a sí mismo por nosotros. Más aun, ocupó él mismo nuestro lugar. En el próximo capítulo nos ocuparemos de entender lo que esto significa.

> Al pie de la cruz de Jesús
> gustosamente tomo mi lugar;
> la sombra de una poderosa roca
> en el centro de una tierra cansada …
>
> ¡Qué seguro y feliz abrigo!
> ¡Qué refugio probado y dulce!
> ¡Qué lugar de cita, donde el amor del cielo
> y la justicia del cielo se encuentran!

42. P. T. Forsyth: *Cruciality of the cross*, pp. 5–6; 73.

43. P. T. Forsyth: *Work of Christ*, p. 80. Este autor también se vale de la expresión 'santo amor' en *The justification of God*, especialmente pp. 124–131 y 190–195. William Temple la adoptó en *Christus veritas*, especialmente pp. 257–260.

6

LA SUSTITUCIÓN

HEMOS MOSTRADO QUE EL PROBLEMA DEL PERDÓN gira en torno a la gravedad del pecado y la majestad de Dios. En otras palabras, quiénes somos nosotros y quién es él. ¿Cómo puede el santo amor de Dios llegar a algún acuerdo con la impía falta de amor del ser humano? ¿Qué ocurriría si entraran en conflicto entre sí? El problema no se encuentra fuera de Dios; está radicado dentro de su propio ser. Dios jamás se contradice a sí mismo. Por lo tanto, tiene que ser él mismo y tiene que 'satisfacerse' a sí mismo. Tiene que obrar con absoluta consecuencia con la perfección de su carácter. 'Es el reconocimiento de esta necesidad divina, o la imposibilidad de reconocerla', escribió James Denney, 'lo que en última instancia divide a los intérpretes del cristianismo en evangélicos y no evangélicos, entre los que son fieles al Nuevo Testamento y los que no pueden digerirlo.'[1]

Más aun, como hemos visto, esta necesidad interior no significa que Dios tiene que ser fiel a una sola parte de sí mismo, ya sea su ley, su honor o su justicia. Tampoco significa que tenga que expresar uno de sus atributos (amor o santidad) a expensas de otro. Más bien, la necesidad de ser fiel a sí mismo significa ser completa e invariablemente él mismo en la plenitud de su ser moral. T. J. Crawford destacó este aspecto.

> Es totalmente erróneo … suponer que Dios actúa en un momento según uno de sus atributos, y en otro momento según otro. Actúa de conformidad con todos ellos en todo momento … En cuanto al juicio divino y a la misericordia

1. James Denney: *Atonement*, p. 82.

> divina en particular, el propósito de su obra (es decir la de Cristo) no consistía en armonizarlos, como si hubiesen estado en desacuerdo entre sí. El objetivo era manifestar y glorificarlos conjuntamente en la redención de los pecadores. Lo que exhibe la cruz es un caso de *acción combinada*, y no de *acción contraria* por parte de estos atributos.[2]

¿Cómo podía Dios expresar simultáneamente su santidad mediante el juicio y su amor mediante el perdón? Solo proporcionando un sustituto divino para el pecador, de modo que el sustituto recibiese el juicio y el pecador el perdón.

Sin duda, nosotros tenemos que sufrir parte de las consecuencias personales, psicológicas y sociales de nuestros pecados. Pero la pena merecida, consistente en la separación eterna de Dios, fue soportada por otra Persona en lugar de nosotros, a fin de que no tengamos que soportarla nosotros. No he encontrado una declaración más precisa de la naturaleza sustitutiva de la expiación que la que hizo Charles E. B. Cranfield en su comentario sobre Romanos. Si bien sintetiza la conclusión que va a proponer este capítulo, puede resultar útil citarla cerca del comienzo, para que sepamos la dirección que nos proponemos seguir. La cita es parte del comentario del doctor Cranfield sobre Romanos 3.25. Dice así.

> Porque en su misericordia se propuso perdonar a los pecadores y, al ser realmente misericordioso, se propuso perdonarlos con justicia. Es decir, sin pasar por alto el pecado, Dios resolvió dirigir contra sí mismo, en la persona de su Hijo, todo el peso de esa justa ira que los pecadores merecían (p. 217).

Las preguntas fundamentales de las que debemos ocuparnos ahora son estas. ¿Quién es este sustituto? ¿Cómo hemos de entender y justificar la noción de que él se haya ofrecido como sustituto nuestro?

La mejor forma de acercarnos a estas preguntas es la de considerar los sacrificios del Antiguo Testamento, por cuanto estos fueron concebidos por Dios como la preparación para el sacrificio de Cristo.

2. Thomas J. Crawford: *Doctrine of Holy Scripture*, pp. 453–454.

Los sacrificios en el Antiguo Testamento

'La interpretación de la muerte de Cristo como un sacrificio se encuentra inserta en todos los tipos importantes de la enseñanza neotestamentaria.'[3] El vocabulario y las expresiones relativas al sacrificio son abundantes. A veces la referencia es clara, como cuando Pablo dice que Cristo 'se entregó a sí mismo por nosotros, ofrenda (*prosfora*) y sacrificio (*thysia*) a Dios en olor fragante' (Efesios 5.2). En otras ocasiones es menos directa. Cristo 'se dio a sí mismo' (por ejemplo, Gálatas 1.4) o 'se ofreció a sí mismo' (por ej. Hebreos 9.14) por nosotros. Pero el pensamiento que subyace a la idea sigue siendo el sistema de sacrificios del Antiguo Testamento. En particular, cuando se afirma que Cristo murió 'por el pecado' o 'por los pecados' (por ej. Romanos 8.3, DHH y 1 Pedro 3.18) se usa conscientemente la traducción griega del concepto de la 'expiación' (*peri hamartias*). La Carta a los Hebreos describe el sacrificio de Jesucristo como el cumplimiento perfecto de las 'sombras' veterotestamentarias. Porque él se sacrificó a sí mismo (no a animales), una vez y para siempre (no en forma repetida). Al hacerlo, no solo aseguró para nosotros la purificación ceremonial y la restitución del favor divino en la comunidad del pacto. Con su muerte Jesús logró la purificación de nuestras conciencias y el restablecimiento de la comunión con el Dios vivo.

¿Qué significaban los sacrificios bajo el Antiguo Pacto? ¿Tenían significado sustitutivo? Los sacerdotes, los altares y los sacrificios parecen haber formado parte de un fenómeno universal en el mundo antiguo. Pero no tenemos derecho a suponer que los sacrificios hebreos y los paganos tenían el mismo sentido. No es en la antropología donde encontraremos respuesta a nuestro interrogante. Es posible, sin duda, que hayan tenido un origen común en la revelación de Dios para nuestros antepasados más primitivos. Pero si reconocemos la especial posición de las Escrituras, es más razonable decir que los israelitas (a pesar de sus deslices) preservaron lo sustancial del propósito original de Dios, mientras que los sacrificios paganos constituían formas corruptas y degeneradas de lo mismo.

Los sacrificios se ofrecían en una amplia variedad de circunstancias en épocas del Antiguo Testamento. Se asociaban, por ejemplo, con

3. Del artículo: 'Sacrificio' por W. P. Paterson, p. 343.

la penitencia y con la celebración, con las necesidades de la nación, con la renovación del pacto, con las festividades familiares y con la consagración personal. Esta diversidad nos advierte en contra de imponerles una significación simple o única. Sin embargo hubo, al parecer, dos nociones básicas y complementarias del sacrificio en la revelación divina. Cada una de ellas se asociaba con ofrendas particulares. La primera expresaba la sensación que tienen los seres humanos de que pertenecen a Dios por derecho, y la segunda la sensación de alienación de Dios debido a su pecado y su culpabilidad. Característicos de la primera actitud eran la ofrenda de 'paz' o de 'comunión' que con frecuencia se asociaba con la acción de gracias (Levítico 7.15), el holocausto (en el que se consumía totalmente lo sacrificado), y el ritual de las tres fiestas anuales relacionadas con la cosecha (Éxodo 23.14–17). De la segunda, lo eran la ofrenda por el pecado y la ofrenda por la culpa, en las que se reconocía claramente la necesidad de la expiación.

No sería correcto suponer que estas dos clases de sacrificio representaban, respectivamente, el acercamiento del ser humano a Dios (ofreciendo dones, o pretendiendo 'comprar' su favor) y el acercamiento de Dios (ofreciendo perdón y reconciliación). Ambas clases de sacrificios constituían esencialmente reconocimientos de la gracia de Dios y expresiones de dependencia de ella. Sería mejor distinguirlos, como lo hizo B. B. Warfield, procurando ver en el primero al 'ser humano concebido simplemente como criatura' y en el segundo 'sus necesidades como ser pecador'. Podemos expresar la misma distinción refiriéndonos, en el primer caso, al ser humano como 'una criatura que implora por protección', y en el segundo 'un pecador que ansía el perdón'.[4]

Es decir que en los sacrificios Dios se revela, por una parte, como el Creador del cual depende el hombre para su vida física; y por otra, simultánemente como el Juez que exige y el Salvador que proporciona la expiación por el pecado. Se reconocía, además, que el segundo modo de sacrificio sirve de fundamento al primero. Es necesaria la reconciliación con nuestro Juez incluso antes de la adoración del Creador. Resulta significativo que, en la purificación del templo por Ezequías, la ofrenda de expiación por el pecado 'para expiación por el

4. Del ensayo 'Christ our sacrifice' por B. B. Warfield, publicado en *Biblical doctrines*, pp. 401–435; especialmente p. 411.

reino … para reconciliar a todo Israel' se realizó antes del holocausto (2 Crónicas 29.20–24). Aun es posible que podamos discernir las dos clases de ofrendas en los sacrificios de Caín y Abel, si bien a ambos se los denomina *minha*, ofrenda de presentes. La ofrenda de Caín fue rechazada, se nos dice, porque no respondió con fe a la revelación de Dios, como lo hizo Abel (Hebreos 11.4). Contrariando la voluntad revelada de Dios, ubicó la adoración antes de la expiación. O bien, distorsionó su presentación de los frutos de la tierra, convirtiéndola en una ofrenda suya en lugar de que fuera un reconocimiento de los dones del Creador.

El concepto de la sustitución

La noción de la sustitución es la de que una persona ocupa el lugar de otra, especialmente con el fin de sufrir su dolor y de este modo librarla de él. Una acción así se reconoce universalmente como noble. Es bueno evitarles sufrimiento a los demás; es doblemente bueno hacerlo a costa de sufrirlo uno mismo. Admiramos el altruismo de Moisés, que estaba dispuesto a aceptar que su nombre fuera borrado del libro de Yahvéh si de esta manera conseguía que Israel fuese perdonada (Éxodo 32.32). De igual manera respetamos el deseo casi idéntico expresado por Pablo al escribir a los romanos (9.1–4), y su promesa de pagar las deudas de Onésimo (Filemón 18–19). De modo semejante, en nuestro propio siglo no podemos dejar de conmovernos por el heroísmo del padre Maximiliano Kolbe, el franciscano polaco, en el campo de concentración de Auschwitz. Cuando varios prisioneros fueron separados para ser ejecutados, y uno de ellos gritó diciendo que era un hombre casado y con hijos, 'el padre Kolbe se adelantó y preguntó si podía ocupar el lugar del hombre condenado. Su ofrecimiento fue aceptado por las autoridades, y fue colocado en la celda subterránea, donde fue dejado para que se muriese de hambre'.[5]

No es sorprendente que Dios mismo haya aplicado a los sacrificios este principio entendido comúnmente como sustitución. Abraham ofreció en holocausto, en lugar de su hijo, el carnero provisto por Dios (Génesis 22.13). Moisés decretó que, en el caso de un asesinato no resuelto, los ancianos del pueblo debían primeramente declarar su propia inocencia y luego sacrificar una becerra en lugar del asesino

5. Esto fue relatado por Trevor Beeson en *Discretion and valour*, p. 139.

desconocido (Deuteronomio 21.1–9). Evidentemente Miqueas entendió bien el principio de la sustitución; reflexionando sobre la forma en que debía presentarse ante Yahvéh, el profeta se preguntaba si debía llevar un holocausto, animales, arroyos de aceite o, incluso, 'mi primogénito por mi rebelión, el fruto de mis entrañas por el pecado de mi alma' (Miqueas 6.6–8).

El complejo sistema de sacrificios tomaba en cuenta las ofrendas diarias, semanales, mensuales, anuales y ocasionales. También incluía cinco tipos principales de ofrendas, que se detallan en los primeros capítulos de Levítico, a saber el holocausto, la ofrenda de flor de harina, la de paz, por el pecado y por la culpa (expiatoria). Por cuanto la ofrenda de flor de harina consistía en cereales y aceite, en lugar de carne y sangre, siempre se hacía en combinación con alguna de las otras. Las otras cuatro eran sacrificios con sangre; si bien había algunas diferencias entre ellas (relacionadas con el momento adecuado, y el destino preciso que se daba a la carne y la sangre), todas compartían básicamente el mismo ritual, que comprendía al ofrendante y al sacerdote.

Se trataba de una ceremonia muy vívida. El que hacía la ofrenda presentaba su ofrenda, colocaba su mano o sus manos sobre ella y la mataba. Luego el sacerdote aplicaba la sangre, quemaba parte de la carne y disponía, según correspondiese, el consumo de lo que quedaba. Este acto contenía un simbolismo muy significativo; no era magia sin sentido. Al poner su(s) mano(s) sobre el animal, el ofrendante se identificaba con él y declaraba 'solemnemente [que] la víctima ocupaba su lugar'.[6]

Algunos entendidos van más allá y ven la imposición de las manos como 'una transferencia simbólica de los pecados del adorador al animal'.[7] Este era el caso, explícitamente, con el macho cabrío o víctima propiciatoria, que consideraremos más adelante. En cualquier caso, el animal sustituto era muerto en reconocimiento de que la pena por el pecado era la muerte. Se rociaba su sangre (como símbolo de que se había efectuado la muerte), y se aseguraba así la vida del ofrendante.

6. F. D. Kidner: *Sacrifice in the Old Testament*, p. 14. Ver también el artículo 'Sacrifice and offering' por R. J. Thompson y R. T. Beckwith, y la nota adicional sobre el sacrificio veterotestamentario ('Old Testament sacrifice') por G. J. Wenham en su *Commentary on Numbers*, pp. 202–205.

7. Leon Morris: *Atonement*, p. 47.

El derramamiento de sangre

La afirmación más clara de que los sacrificios cruentos del ritual tenían significación sustitutiva, y que esa era la razón por la cual el derramamiento y el rociamiento de la sangre eran indispensables para la expiación, la encontramos en la siguiente declaración de Dios por la que se prohibía comer sangre.

> Porque la vida de la carne en la sangre está, y yo os la he dado para hacer expiación sobre el altar por vuestras almas; y la misma sangre hará expiación de la persona. Levítico 17.11

En este texto se hacen tres afirmaciones importantes acerca de la sangre. Primero, **la sangre es símbolo de la vida**. Este concepto de que la vida está en la sangre parece ser muy antiguo. Podemos retroceder por lo menos hasta Noé, a quien Dios prohibió comer 'carne con su vida' (Génesis 9.4), prohibición que se repitió posteriormente en la fórmula 'la sangre es la vida' (Deuteronomio 12.23). El énfasis no recaía sobre la sangre que fluye por las venas, símbolo de la vida que palpita, sino sobre la sangre derramada, símbolo de la vida terminada, generalmente por medios violentos.

En segundo lugar, **la sangre hace expiación**. Esta significación expiatoria se entiende por la repetición de la palabra 'vida'. Es solamente porque 'la vida de la carne en la sangre está' que 'la misma sangre hará expiación de la persona'. Una vida tiene que sufrir la pena; otra vida es sacrificada en su lugar. Lo que hace expiación 'sobre el altar' es el derramamiento de la sangre vital sustitutiva. T. J. Crawford lo expresó muy bien cuando escribió.

> Luego el texto, según su claro y obvio significado, enseña la naturaleza *vicaria* del rito del sacrificio. *Se daba una vida por otra vida*. la vida de la víctima por la vida del ofrendante. [Más aun,] la vida de la víctima inocente por la vida del ofrendante pecador.[8]

Tercero, **la sangre fue ofrecida por Dios con este fin expiatorio**. 'Yo os la he dado para hacer expiación sobre el altar por vuestras almas.' Por lo tanto, hemos de pensar en el sistema de sacrificios como algo

8. T. J. Crawford: *Doctrine of Holy Scripture*, pp. 237, 241.

concebido por Dios, no por el ser humano. Los sacrificios individuales no son un recurso humano para aplacar a Dios sino un medio de expiación provisto por Dios mismo.

Este trasfondo nos ayuda a comprender dos textos cruciales en la Carta a los Hebreos. El primero es el que dice que 'sin derramamiento de sangre no se hace remisión' de pecados (9.22), y el segundo que 'la sangre de los toros y de los machos cabríos no puede quitar los pecados' (10.4).

El primero de estos versículos significa que no había expiación sin sustitución, puesto que solo era posible el perdón si había derramamiento de sangre. Al mismo tiempo, como afirma el segundo versículo, los sacrificios cruentos del Antiguo Testamento no eran más que sombras; la sustancia era Cristo. Para que el sustituto sea efectivo, tiene que ser un equivalente apropiado. Los sacrificios de animales no podían expiar los pecados de los seres humanos, porque el ser humano vale más que una oveja, como lo dijo el propio Jesús (Mateo 12.12). Solo 'la sangre preciosa de Cristo' tenía el valor suficiente para ello (1 Pedro 1.19).

Dos situaciones particulares de sustitución

Hemos considerado el principio de la sustitución, tal como aparece en lo que dice el Antiguo Testamento acerca de los sacrificios cruentos en general. Pasaremos ahora a examinar dos ejemplos particulares de sustitución, a saber la pascua y el concepto de 'llevar los pecados'.

Por dos razones corresponde comenzar con la pascua. La primera es que la pascua original señalaba el comienzo de la vida nacional de Israel. 'Este mes os será principio de los meses; ... será éste el primero en los meses del año', les dijo Dios (Éxodo 12.2). Serviría para inaugurar su calendario anual porque Dios los redimió entonces de su larga y opresiva esclavitud egipcia, y porque el éxodo conducía a la renovación del pacto de Dios con ellos en el monte Sinaí. Pero antes del éxodo y del pacto tenemos la pascua. Ese día debía serles 'en memoria'; debían celebrarlo 'como fiesta solemne para Jehová ... por costumbre perpetua' (12.14, 17).

Otra razón para que consideremos la pascua en primer término es que el Nuevo Testamento identifica claramente la muerte de Cristo como el cumplimiento de la pascua, y el surgimiento de esta nueva y redimida comunidad como el nuevo éxodo. Juan el Bautista saludó a

Jesús como 'el Cordero de Dios, que quita el pecado del mundo' (Juan 1.29, 36).[9] Como vimos en un capítulo anterior, Jesús pendía de la cruz, según el Evangelio de Juan, en el preciso momento en que se mataban los corderos pascuales.[10] En el Apocalipsis se adora a Cristo como el Cordero inmolado, quien con su sangre ha comprado a los hombres para Dios.[11] Pero la identificación más clara es la declaración de Pablo. 'Nuestra pascua, que es Cristo, ya fue sacrificada por nosotros. Así que celebremos la fiesta ...' (1 Corintios 5.7–8).

La pascua: juicio y redención

¿Qué pasó, entonces, durante la primera pascua? ¿Y qué nos dice esto acerca de Cristo, nuestro Cordero pascual?

El relato de la pascua (Éxodo 11–13) constituye una revelación que el Dios de Israel hace de sí mismo en tres papeles. Primero, Yahvéh se reveló a sí mismo como el Juez. El trasfondo lo constituía la amenaza de la plaga final. Moisés debía advertir a Faraón en los términos más solemnes que a la media noche Yahvéh mismo pasaría por Egipto y heriría de muerte a todos los primogénitos. No habría discriminación alguna ya sea entre seres humanos y animales, o entre diferentes clases sociales. Todo primogénito varón moriría. Habría una sola forma de escapar, una forma dispuesta y provista por Dios mismo.

Segundo, Yahvéh se reveló como el Redentor. En el día décimo del mes cada familia israelita debía elegir un cordero (un macho de un año, sin defecto), y debía matarlo el día decimocuarto. Luego debían separar parte de la sangre del cordero, meter una rama de hisopo en esa sangre, y rociarla en el dintel y los postes de la puerta de entrada a la casa. Esa noche no debían salir de sus casas por ningún motivo. Una vez derramada y rociada la sangre, debían cobijarse a su amparo. Dios había anunciado su intención de salir 'por en medio de Egipto' ejerciendo juicio (11.4). Ahora agregaba su promesa de pasar por alto

9. Se hacen debates eruditos sobre si 'el Cordero de Dios' de Juan el Bautista se refería al cordero pascual, el *tamid* (el cordero del sacrificio diario), el acto de atar a Isaac (Gn. 22), el cordero cornudo de la apocalíptica judía, o el Siervo sufriente de Isaías 53. Para una buena síntesis de los argumentos, a la luz del uso que hace Juan del Antiguo Testamento, ver la conferencia de George L. Carey 'Lamb of God', pp. 97–122.

10. Por ejemplo, Jn. 13.1; 18.28; 19.14, 31.

11. Ap. 5.6, 9, 12; 12.11. En el libro de Apocalipsis veintiocho veces se identifica a Jesús como 'el Cordero'.

('pasaré de vosotros', 12.13) toda casa señalada con la sangre a fin de protegerla de la amenaza de destrucción.

Tercero, Yahvéh se reveló a sí mismo como el Dios del pacto con Israel. Los había redimido para convertirlos en su propio pueblo. Por eso debían conmemorar y celebrar su bondad, porque los salvó de su propio juicio. La noche misma de la pascua debían hacer fiesta con el cordero asado, con hierbas amargas y pan sin levadura, y debían hacerlo con la ropa ceñida por el cinturón, con los zapatos calzados y el bordón en la mano, listos para ser rescatados en cualquier momento. Algunos aspectos de la comida les hablaban de la opresión que habían sufrido (por ej. las hierbas amargas), y otros de su futura liberación (por ej. la ropa). En cada aniversario la fiesta debía durar siete días, y debían explicarles a sus hijos lo que significaba esa ceremonia.

> Es la víctima de la pascua de Jehová, el cual pasó por encima de las casas de los hijos de Israel en Egipto, cuando hirió a los egipcios, y libró nuestras casas. Éxodo 12.27

Además de la celebración en la que participaba toda la familia, debía haber un rito especial para los primogénitos. Eran ellos los que habían sido rescatados personalmente de la muerte por medio de la muerte de los corderos pascuales. Así redimidos, pertenecían de un modo especial a Yahvéh, quien los había comprado con sangre, y por consiguiente debían ser consagrados a su servicio.

El mensaje debió haberles resultado absolutamente claro a los israelitas; también está claro para nosotros que vemos el cumplimiento de la pascua en el sacrificio de Cristo. Primero, el Juez y el Salvador son la misma persona. Dios salió 'por en medio de Egipto' para juzgar a los primogénitos, y pasó 'por encima' de las casas de los israelitas para protegerlos. Jamás debemos caracterizar separadamente al Padre como Juez y al Hijo como Salvador. Es uno y el mismo Dios quien, en Cristo, nos salva de su propio juicio. Segundo, la salvación fue (y sigue siendo) por sustitución. Los únicos primogénitos que se salvaron fueron aquellos en cuyas familias había muerto en su lugar un cordero de un año. Tercero, la sangre del cordero tenía que ser rociada después de haber sido derramada. Tenía que haber una apropiación individual de la provisión divina. Dios tenía que 'ver la sangre' antes de salvar a la familia. Cuarto, de esta manera cada familia rescatada por Dios fue comprada por él. Su vida toda pertenecía a Dios. Así es también con la nuestra. La consagración lleva a la celebración. La vida de los redimidos es una fiesta. Así lo expresa ritualmente la eucaristía, la fiesta cristiana de acción de gracias, como veremos con más detalle en el capítulo 10.

'Llevar los pecados'

La segunda ilustración fundamental del principio de la sustitución es la noción de 'llevar los pecados'. En el Nuevo Testamento leemos acerca de Cristo que 'llevó él mismo nuestros pecados en su cuerpo sobre el madero' (1 Pedro 2.24), como también que 'fue ofrecido una sola vez para llevar los pecados de muchos' (Hebreos 9.28).

Pero ¿qué significa 'llevar los pecados'? ¿Hemos de entender la expresión en el sentido de cargar con la pena por el pecado, o se podrá interpretar de otras maneras? Además, ¿entra necesariamente la 'sustitución' en el concepto de 'llevar los pecados'? De ser así, ¿qué clase de sustitución se tiene en mente? ¿Podrá referirse solamente a que el inocente sustituto provisto por Dios ocupa el lugar de la parte culpable y sufre el castigo en su lugar? ¿O es que hay otros tipos de sustitución?

Durante los últimos cien años se han hecho una cantidad de ingeniosos intentos de retener el vocabulario de la 'sustitución' pero rechazando al mismo tiempo la idea de la 'sustitución penal' (entendiendo 'penal' en relación con *poena*, penalidad o castigo). El origen de esta posición se puede rastrear hasta la protesta de Abelardo contra Anselmo en el siglo XII. Más explícitamente se advierte en el desdeñoso rechazo por parte de Socino de la doctrina de los reformadores, en el siglo XVI. En su libro *De Jesu Christo servatore* (1578), Fausto Socino negó no solamente la deidad de Jesús sino toda idea de 'satisfacción' en su muerte. La noción de que la culpa puede ser transferida de una persona a otra,[12] aseveró, es incompatible tanto con la razón como con la justicia. No solo es imposible, sino innecesaria. Dios es perfectamente capaz, sostuvo Socino, de perdonar a los pecadores sin sustitución alguna. Él mismo los lleva al arrepentimiento, y de este modo los pone en situación de ser perdonables.

12. Calvino había escrito: 'Esta es nuestra absolución: la culpa que nos mantenía expuestos para el castigo ha sido transferida a la cabeza del Hijo de Dios (Is. 53.12). Debemos, por sobre todo, recordar esta sustitución, no sea que temblemos y nos mantengamos ansiosos durante toda la vida', es decir, por temor al juicio de Dios (*Institución*, II.XVI.5).

En 1856, John McLeod Campbell siguió la misma tradición de pensamiento en *The nature of the atonement* (La naturaleza de la expiación). Cristo vino a cumplir la voluntad de Dios, y en particular a llevar los pecados de los hombres. No en el sentido tradicional, sino en otros dos.

Primero, al ocuparse de los seres humanos de parte de Dios, los sufrimientos de Cristo no fueron 'sufrimientos penales para cumplir una exigencia de la justicia divina, [sino] los sufrimientos del amor divino sufriendo a causa de nuestros pecados según su propia naturaleza' (pp. 115–116). Segundo, al ocuparse de Dios de parte de los seres humanos, la satisfacción debida a la justicia divina adoptó la forma de 'una perfecta confesión de nuestros pecados'. Cristo reconocía así la justicia de la ira de Dios contra el pecado, 'y, en esa perfecta respuesta, la absorbe' (pp. 117–118). Cristo era uno con Dios en tal medida que estaba 'lleno del sentido de la justa condenación de nuestro pecado por parte del Padre'. Al mismo tiempo era tan uno con nosotros que podía 'responder con un Amén perfecto a esa condenación' (p. 127). En esta interpretación 'llevar los pecados' se ha transformado en compasión, la 'satisfacción' se ha convertido en pesar por el pecado, y la 'sustitución' en penitencia vicaria, en lugar de castigo vicario.

Diez años después se publicó *The vicarious sacrifice* (El sacrificio vicario), por Horace Bushnell, el congregacionalista norteamericano.[13] Igual que McLeod Campbell, rechazó la sustitución 'penal'. Sin embargo, consideró que la muerte de Jesús fue 'vicaria' o 'sustitutoria' en el sentido de que llevó nuestro dolor más que nuestra pena. Porque 'el amor es él mismo esencialmente un principio vicario' (p. 11). Consiguientemente, el amor de Dios entró en nuestros dolores y sufrimientos por medio de la encarnación y el ministerio público de Jesús (no solo por su muerte); los 'llevó' en el sentido de identificarse con ellos y de sentir la carga de los mismos. 'Hay una cruz en Dios antes de que se pueda ver el madero en el Calvario' (p. 35). Este sacrificio de amor de Dios en Cristo —expresado en su nacimiento, vida y muerte— es 'poder de Dios para salvación' debido a su inspiradora influencia

13. Horace Bushnell modificó en alguna medida sus opiniones en su publicación posterior *Forgiveness and law*. Si bien siguió repudiando la doctrina tradicional, sin embargo afirmó que hubo en la cruz una propiciación objetiva de Dios, y que fue 'encarnado en la maldición', con el fin de rescatarnos de ella. Agregó, empero, que Cristo sufrió conscientemente la maldición o vergüenza de nuestro pecado en el transcurso de toda su vida.

sobre nosotros. Ahora Cristo puede 'sacarnos de nuestros pecados ... y por ello de nuestras penalidades' (p. 7). Es así como el Cordero de Dios quita nuestros pecados. 'La expiación ... es un cambio operado en nosotros, un cambio por medio del cual somos reconciliados con Dios' (p. 450). La 'expiación subjetiva [es decir, el cambio en nosotros] viene primero, [y solo entonces] Dios es propiciado objetivamente' (p. 448).

En 1901, R. C. Moberly elaboró ideas similares en su *Atonement and personality* (Expiación y personalidad). Rechazó todas las categorías forenses en relación con la cruz, y en particular toda idea de castigo retributivo. Enseñó que la penitencia (obrada en nosotros por el Espíritu de Cristo crucificado) nos hace 'perdonables' primero y luego santos. Se puede decir que Cristo ocupa nuestro lugar solo en función de penitencia vicaria, no de penalidad vicaria.

El intento de estos teólogos de retener el lenguaje de la sustitución y del concepto de 'llevar los pecados', a la vez que cambia su significado, debe considerarse un fracaso. Crea más confusión que claridad. Oscurece el hecho de que existe una diferencia fundamental entre 'sustitución penitente' (en la que el sustituto *ofrece* lo que nosotros no podíamos ofrecer) y 'sustitución penal' (en la que el sustituto *carga con* lo que nosotros no podíamos llevar). He aquí la definición que da el doctor J. I. Packer de la sustitución penal.

> Jesucristo nuestro Señor, movido por un amor que está resuelto a cumplir todo lo necesario para salvarnos, soportó y agotó el destructivo juicio divino al cual de otro modo estábamos inexcusablemente destinados nosotros. De este modo obtuvo para nosotros el perdón, la adopción y la gloria. Sostener la sustitución penal equivale a decir que los creyentes están en deuda con Cristo específicamente por esto. Ese es el origen de todo su gozo, paz y alabanza, tanto ahora como por la eternidad. La cuestión esencial, no obstante, gira en torno a la forma en que los propios autores bíblicos emplean el lenguaje relativo al concepto de 'llevar los pecados'.[14]

14. J. I. Packer: *What did the cross achieve?*, p. 25.

La sustitución en el Antiguo Testamento

Es evidente, por el uso que se hace de esta expresión en el Antiguo Testamento, que 'llevar el pecado' no significa tenerles compasión a los pecadores, identificarse con su dolor, expresar su penitencia, o ser perseguido a causa de la pecaminosidad humana, ni siquiera sufrir las consecuencias del pecado en términos personales o sociales. 'Llevar el pecado' significa específicamente soportar sus consecuencias penales, cumplir la pena correspondiente.

La expresión aparece con mayor frecuencia en los libros de Levítico y Números. Allí se declara que el que peca quebrantando las leyes de Dios 'llevará su pecado'. Es decir, 'se hará responsable' (CI), y 'deberá cargar con la culpa' (DHH). Algunas veces se especifica la pena correspondiente. la persona que ofende debe ser 'cortada de su pueblo' (es decir, excomulgada) e incluso, por ejemplo en caso de blasfemia, sentenciada a muerte.[15]

Es en este contexto de 'llevar los pecados' que se vislumbra la posibilidad de que alguna otra persona cargue con la pena del mal obrar del pecador. Por ejemplo, Moisés dijo a los israelitas que sus hijos iban a tener que deambular por el desierto y así 'llevarán vuestras rebeldías' (Números 14.33). Si el hombre casado no anulaba un voto o una promesa inconveniente realizado por su mujer, en ese caso él se hacía 'responsable del incumplimiento de la mujer' (Números 30.15, DHH) es decir 'él llevará el pecado de ella' (VRV). Después de la destrucción de Jerusalén en el 586 a.C. el remanente que quedó en medio de las ruinas abandonadas dijo. 'Nuestros padres pecaron, y han muerto; y nosotros llevamos su castigo' (Lamentaciones 5.7).

Estos son ejemplos en los que el que llevaba vicariamente el pecado lo hacía de manera involuntaria. En cada caso, personas inocentes tuvieron que sufrir las consecuencias de la culpabilidad de otros. Por otra parte, se empleaba el mismo lenguaje cuando se describía un acto realmente vicario de llevar los pecados. Entonces entraba la noción de la sustitución deliberada, y se decía que Dios mismo proporcionaba el sustituto. Por ejemplo, cuando le pidió a Ezequiel que se acostara, y en un dramático simbolismo declaró. 'llevarás tú la maldad de la casa de Israel' (Ezequiel 4.4–5).

15. Algunos ejemplos de expresiones relacionadas con el concepto de 'llevar los pecados' son Éx. 28.43; Lv. 5.17; 19.8; 22.9; 24.15; Nm. 9.13; 14.34; 18.22.

También se hacía referencia al holocausto en términos relacionados con el concepto de llevar los pecados. Respecto al holocausto o expiación, Moisés dijo a los hijos de Aarón. 'La dio él a vosotros para llevar la iniquidad de la congregación, para que sean reconciliados delante de Jehová' (Levítico 10.17). Más claro todavía resulta el rito correspondiente al día anual de expiación. El sumo sacerdote 'tomará dos machos cabríos para expiación' con el objeto de hacer expiación por los pecados de la comunidad israelita en conjunto (Levítico 16.5). Se debía sacrificar un macho cabrío y su sangre se debía rociar del modo acostumbrado; mientras, sobre la cabeza del macho cabrío vivo, el sumo sacerdote debía poner ambas manos y entonces 'confesará sobre él todas las iniquidades de los hijos de Israel, todas sus rebeliones y todos sus pecados, poniéndolos así sobre la cabeza del macho cabrío' (v. 21). Luego tenía que sacar al macho cabrío hacia el desierto. De esta manera, 'llevará sobre sí todas las iniquidades de ellos a tierra inhabitada' (v. 22).

Algunos comentaristas cometen el error de interponer una cuña entre los dos machos cabríos, el que era sacrificado y el que llevaba los pecados, desconociendo el hecho de que ambos animales conjuntamente se describen como una sola 'expiación', en singular (v. 5; ver RVA 'el sacrificio por el pecado'). Tal vez T. J. Crawford tenía razón cuando sugirió que cada uno de los machos cabríos representaba un aspecto distinto del mismo sacrificio, 'uno exhibiendo el medio, el otro el resultado de la expiación'.[16] En este caso la proclamación pública del día de expiación no ofrecía dudas, expresaba que la reconciliación era posible solo llevando los pecados en forma sustitutiva. El autor de la Carta a los Hebreos no tiene inhibiciones en cuanto a ver a Jesús como 'misericordioso y fiel sumo sacerdote' (2.17) y a la vez como las dos víctimas. el macho cabrío sacrificado cuya sangre se llevaba a la segunda parte del santuario (9.7, 12) y el que llevaba los pecados del pueblo al desierto (9.28).

La necesidad de un sustituto más 'apropiado'

El holocausto y el macho cabrío que llevaba los pecados cumplían ambos, de modos diferentes, el papel de ocuparse de los pecados. Sin embargo, por lo menos los israelitas más espirituales habrán

16. T. J. Crawford: *Doctrine of Holy Scripture*, p. 225. Ver también el capítulo 3, 'The Day of Atonement' en la obra *Atonement* de Leon Morris, pp. 68–87.

comprendido que un animal no puede ser un sustituto adecuado de un ser humano. Por eso, en los famosos 'Cánticos del Siervo' en la segunda parte de Isaías, el profeta comenzaba a esbozar a un ser cuya misión abarcaría a las naciones. Con el propósito de cumplir esa misión tendría que sufrir, llevar el pecado y morir. Mateo aplica a Jesús el primer cántico acerca de la mansedumbre y la ternura del Siervo en su ministerio,[17] y Pedro, en sus primeros discursos, llama a Jesús 'Siervo' o 'santo Siervo' de Dios más de una vez.[18]

En el Antiguo Testamento es particularmente el capítulo 53 de Isaías, que describe la pasión y la muerte del Siervo, el que se aplica en forma invariable a Jesucristo. Como escribió Joachim Jeremias. 'Ningún otro pasaje del Antiguo Testamento revestía tanta importancia para la iglesia como Isaías 53.'[19]

Los escritores del Nuevo Testamento citan ocho versículos de ese capítulo que ellos sostienen se cumplieron en Jesús. El versículo 1 ('¿Quién ha creído a nuestro anuncio?') es aplicado a Jesús por Juan (12.38). Mateo entiende que la declaración del versículo 4 ('llevó él nuestras enfermedades, y sufrió nuestros dolores') se cumplió con el ministerio de curación de Jesús (8.17). Pedro se hace eco en su primera carta (2.22–25) del concepto de que todos 'nos descarriamos como ovejas' (v. 6) pero que 'por su llaga fuimos nosotros curados' (v. 5) como también, en el mismo pasaje, del versículo 9 ('ni hubo engaño en su boca') y el versículo 11 ('llevará las iniquidades de ellos'). Los versículos 7 y 8, donde se compara a Jesús con una oveja llevada al matadero, privado de justicia y de vida, son los versículos que leía el eunuco etíope en su carro, los cuales le dieron pie a Felipe para compartir con él 'el evangelio de Jesús' (Hechos 8.30–35). En resumen, ocho de los doce versículos del capítulo (1, 4, 5, 6, 7, 8, 9 y 11) se refieren todos en forma muy específica a Jesús.

Jesús. Hijo del hombre y Siervo sufriente

Estudiosos atentos de los Evangelios han detectado numerosas referencias a Isaías 53 hechas por Jesús mismo, a veces en una sola

17. Is. 42.1–4; ver Mt. 12.17–21.

18. Hch. 3.13, 26; 4.27, 30, RV 1977.

19. J. Jeremias: *Eucharistic words*, p. 228. Ver también su *Servant of God* y el artículo sobre *pais theou* ('Siervo de Dios') por Jeremias y Zimmerli, pp. 712ss. Comparar con el capítulo 3, 'Jesus the suffering Servant of God', en la obra de Oscar Cullmann: *Cristología del Nuevo Testamento.*

palabra. Por ejemplo, Jesús dijo que sería 'tenido en nada',[20] 'quitado',[21] y 'contado con los inicuos'.[22] Igualmente, sería sepultado como un criminal sin ningún ungimiento preparatorio, por lo cual (como él mismo lo explicó) María de Betania se había 'anticipado a ungir mi cuerpo para la sepultura'.[23] También puede haber otras alusiones en su descripción del hombre más fuerte que reparte el botín,[24] su deliberado silencio ante sus jueces,[25] su intercesión a favor de los transgresores[26] y el hecho de dar su vida por otros.[27] Si se aceptan estos últimos, entonces todos los versículos del capítulo, excepto el versículo 2 ('No tenía belleza ni esplendor, su aspecto no tenía nada atrayente', DHH), se aplican a Jesús en el Nuevo Testamento, algunos de ellos varias veces. Es más, hay buenas razones para sostener que toda su carrera pública (desde su bautismo y siguiendo con su ministerio, pasión y muerte, hasta su resurrección y ascensión) se entiende como cumplimiento de la profecía en Isaías 53.

Oscar Cullmann ha argumentado que en su bautismo deliberadamente Jesús se hizo uno con aquellos cuyos pecados debían ser llevados, que su decisión de cumplir toda justicia (Mateo 3.15) equivalía a la afirmación en Isaías 53.11, donde se expresa la determinación de ser el 'siervo justo' de Dios, quien por su muerte expiatoria 'justificará … a muchos'. También dice Cullmann que la voz del Padre desde el cielo, declarándose satisfecho con su Hijo, lo identificaba como el Siervo (Isaías 42.1).[28] De igual manera, Vincent Taylor señaló que ya en el primer sermón apostólico en Hechos 2 'la concepción dominante es la del Siervo, humillado en la muerte y exaltado …'.[29] Más recientemente, el profesor Martin Hengel, de Tubinga, ha llegado a la misma conclusión, y sostiene que este uso de Isaías 53 con toda seguridad comienza en la mente de Jesús mismo.[30]

20. Mr. 9.12; ver Is. 53.3.
21. Mr. 2.20; ver Is. 53.8.
22. Lc. 22.37; ver Is. 53.12.
23. Mr. 14.8; ver Is. 53.9.
24. Lc. 11.22; ver Is. 53.12.
25. Mr. 14.61; 15.5; Lc. 23.9; Jn. 19.9; ver Is. 53.7.
26. Lc. 23.34; ver Is. 53.12.
27. Jn. 10.11, 15, 17; ver Is. 53.10.
28. Oscar Cullmann: *Baptism in the New Testament*, p. 18.
29. Vincent Taylor: *Atonement*, p. 18.
30. Martin Hengel: *Atonement*, pp. 33–75.

Hasta aquí mi propósito ha sido mostrar en qué medida Isaías 53 tiene carácter fundacional para la comprensión neotestamentaria de la persona de Jesús. He dejado para el final las dos declaraciones más importantes de Jesús, que se refieren al hecho de que su muerte tiene relación directa con el concepto de llevar los pecados.

El primero es el dicho sobre la redención. 'Porque el Hijo del hombre no vino para ser servido, sino para servir, y para dar su vida en rescate por muchos' (Marcos 10.45). Aquí Jesús une dos profecías divergentes, referidas al 'Hijo del hombre' y al 'Siervo'. El Hijo del hombre había de venir 'con las nubes del cielo' 'para que todos los pueblos ... le sirvieran' (Daniel 7.13–14).

El Siervo, en cambio, no habría de ser servido sino que serviría, y completaría su servicio padeciendo, especialmente al entregar su vida en rescate por muchos. Solo sirviendo sería servido, solo padeciendo entraría en su gloria.

La segunda expresión de Jesús corresponde a la institución de la cena del Señor, cuando declaró que su sangre sería derramada por muchos,[31] lo cual es un eco de Isaías 53.12. 'derramó su vida hasta la muerte'.[32]

Podemos señalar además que ambas declaraciones de Jesús afirman que daría su vida o derramaría su sangre 'por muchos', lo cual también es eco de Isaías 53.12. llevó 'el pecado de muchos'.

Una nota aclaratoria. Algunas personas se han sentido incómodas ante la naturaleza aparentemente restrictiva de esta expresión ('muchos, pero no todos'). Sin embargo, J. Jeremias ha mostrado que los judíos precristianos interpretaban 'los muchos' como 'los impíos tanto entre los judíos como entre los gentiles'. Por lo tanto, dice Jeremias, la expresión 'no es exclusiva (muchos, pero no todos) sino, en el lenguaje semítico, inclusiva (la totalidad, consistente en muchos).

31. Mr. 14.24; ver Mt. 26.28.

32. En su exhaustivo estudio, *Atonement*, el profesor Martin Hengel sostiene convincentemente que en el fondo de las afirmaciones de Pablo de que Cristo 'murió por nuestros pecados' (1 Co. 15.3) y 'fue entregado por nuestras transgresiones' (Ro. 4.25) están los 'dichos sobre la redención' y los 'dichos sobre la cena' pronunciados por Jesús, que se registran en Marcos (10.45; 14.22–25); y que en el fondo de estos está Isaías 53 y el modo en que el propio Jesús entendió el capítulo (pp. 33–75).

[Este era] un concepto mesiánico inconcebible en el pensamiento rabínico de la época.'[33]

Volvemos a la perspectiva de Jesús. Es indudable que Jesús aplicó Isaías 53 a sí mismo y que entendió su muerte, a la luz de aquella profecía, como una muerte destinada a llevar los pecados de los seres humanos. Como 'siervo justo' de Dios podía justificar 'a muchos', porque iba a llevar 'el pecado de muchos'. Este es el énfasis de todo el canto de Isaías 53. No solamente dice del Mesías que sería despreciado y desechado, angustiado y afligido, llevado al matadero como un cordero y cortado de la tierra de los vivientes. En particular, declara que el Señor sería herido por nuestras rebeliones, que cargó en él el pecado de todos nosotros, que por ello fue contado con los pecadores, y que él mismo llevaría las iniquidades de ellos. Como escribió J. S. Whale.

> El canto hace doce afirmaciones claras y explícitas de que el siervo padece la pena por los pecados de otros, no solo *padecimiento* vicario sino también *sustitución penal*, como expresan claramente los versículos cuarto, quinto y sexto.[34]

Cristo murió por nosotros

A la luz de estas declaraciones en torno al carácter que tiene la muerte de Jesús (la de ser una muerte para llevar los pecados de otros), ahora sabemos cómo interpretar la simple afirmación de que 'murió por nosotros'. La preposición 'por' puede traducirse de dos formas. ya sea *hyper* ('por cuenta de') o *anti* ('en lugar de'). La mayoría de las referencias en el Nuevo Testamento traducen como *hyper*. Por ejemplo, 'siendo aún pecadores, Cristo murió por nosotros' (Romanos 5.8) y 'uno murió por todos' (2 Corintios 5.14). La alternativa *anti* ('en lugar de') aparece únicamente en los versículos que se refieren al rescate, a saber en Marcos 10.45 (literalmente 'dar su vida en rescate en lugar de muchos') y en 1 Timoteo 2.6 ('el cual se dio a sí mismo en rescate por

33. Joachim Jeremias: *Eucharistic words*, pp. 228–229. En otra parte Jeremias interpreta que dos dichos de Jesús se refieren a 'una muerte vicaria por la incontable multitud ... de aquellos que estaban sujetos al juicio de Dios'. Ver también su *Mensaje central* (pp. 45–46 en la edición citada por el autor; ver Bibliografía).

34. J. S. Whale: *Victor and victim*, pp. 69–70.

todos', donde 'por' se traduce *hyper*, pero la preposición *anti* aparece en el sustantivo, *antilytron*).

No siempre estas dos preposiciones responden a las definiciones que aparecen en los diccionarios. Incluso en el vocablo más amplio *hyper* ('por cuenta de') se ve que muchas veces, debido a su contexto, se usa en el sentido de *anti* ('en lugar de'), como, por ejemplo, cuando se dice que somos 'embajadores en nombre de Cristo' (2 Corintios 5.20), o cuando Pablo quería mantener a Onésimo en Roma para que le sirviera 'por cuenta de' su amo Filemón, es decir, en lugar de este (Filemón 13). Lo mismo puede decirse en cuanto a las dos afirmaciones más claras sobre el significado de la muerte de Cristo en las cartas paulinas. Una es que Dios, 'al que no conoció pecado, por nosotros lo hizo pecado' (2 Corintios 5.21), y la otra que 'Cristo nos redimió de la maldición de la ley, hecho por nosotros maldición' (Gálatas 3.13). Para algunos comentaristas estas aseveraciones son difíciles de aceptar. Karl Barth llamó a la primera 'casi insoportablemente severa'[35] y A. W. F. Blunt describió el lenguaje de la segunda como 'casi ofensivo'.[36]

Se observará que en ambos casos Pablo dice que lo que le sucedió a Cristo en la cruz ('hecho pecado', 'hecho maldición') fue 'por nosotros', por cuenta nuestra o para nuestro beneficio. ¿Pero qué fue lo que ocurrió realmente? El que no conoció pecado fue 'hecho pecado por nosotros'. Esto seguramente significa que cargó con la pena correspondiente a nuestro pecado en lugar de nosotros. Jesús nos redimió de la maldición de la ley haciéndose 'por nosotros maldición', lo cual sin duda significa que la maldición de la ley que nos correspondía por nuestra desobediencia fue transferida a él, de modo que él la llevó en lugar de nosotros.

Ambos versículos se extienden más allá del aspecto negativo (que él llevó nuestro pecado y maldición para redimirnos de ellos) para llegar a una contraparte positiva. Por una parte, Jesús llevó *la maldición* con el fin de que nosotros pudiésemos heredar *la bendición* prometida a Abraham (Gálatas 3.14). Por otra, Dios hizo que el Cristo que no tenía pecado fuese hecho *pecado* por nosotros, con el fin de que nosotros fuésemos hechos *justicia* de Dios en él (2 Corintios 5.21). Ambos versículos indican que cuando estamos unidos a Cristo se

35. Karl Barth: *Church dogmatics*, t. IV, 'The doctrine of reconciliation', p. 165.

36. A. W. F. Blunt: *Galatians*, p. 96. Ver el último capítulo donde aparece una cita más completa.

produce un misterioso intercambio. él llevó nuestra maldición, a fin de que nosotros recibiésemos su bendición; él fue hecho pecado con nuestro pecado, a fin de que nosotros pudiéramos ser justificados con su justicia.

En otro lugar Pablo escribe sobre esta transferencia en términos de 'imputación' o 'atribución'. Por un lado, Dios resolvió no 'imputarnos' nuestros pecados, no 'tomarlos en cuenta' en contra de nosotros (2 Corintios 5.19). Se implica allí que, en cambio, se los imputó o abribuyó a Cristo. A la vez, Dios nos ha imputado la justicia de Cristo.[37]

Este concepto ofende a muchos; consideran no solo artificial sino injusto que Dios disponga una transferencia de esta naturaleza. Con todo, la objeción se debe a una mala interpretación, que Crawford nos aclara. '[La imputación] no implica en absoluto la transferencia de las cualidades morales de una persona a otra'. Sería imposible proceder así. Crawford cita luego a John Owen, y nos muestra que 'nosotros mismos no hemos hecho nada de aquello que se nos imputa, ni Cristo nada de aquello que se le imputa a él'. Bien dice Crawford que.

> Sería absurdo e increíble imaginar que la vileza moral de nuestros pecados fue transferida a Cristo, de modo que él resultara personalmente pecador y merecedor del mal; y que la excelencia moral de su justicia nos sea transferida a nosotros, a fin de que nosotros seamos personalmente rectos y dignos de alabanza.

Lo que le fue transferido a Cristo, explica, no fueron *cualidades morales* sino *consecuencias legales.* Jesús aceptó voluntariamente la responsabilidad por nuestros pecados. Eso es lo que significan las expresiones 'hecho pecado' y 'hecho maldición'. De forma semejante, 'la justicia de Dios' que es nuestra cuando estamos 'en Cristo' no se refiere a justicia o rectitud de carácter y conducta (aun cuando esto nace y crece dentro de nosotros por obra del Espíritu Santo), sino más bien a una posición de justicia o rectitud delante de Dios.[38]

Hemos repasado conceptos del Antiguo Testamento sobre el derramamiento y el rociamiento de la sangre, la expiación, la pascua, el significado de 'llevar los pecados', el Azazel o macho cabrío que debía llevarse al desierto, como también el Cántico del Siervo sufriente,

37. Ro. 4.6; 1 Co. 1.30; Fil. 3.9.
38. Ver T. J. Crawford: *Doctrine of Holy Scripture*, pp. 444–445.

en Isaías 53. Consideramos también la aplicación que hace el Nuevo Testamento de todo este material a la muerte de Cristo. La única conclusión a la que podemos llegar es que la cruz fue un sacrificio sustitutivo. Cristo murió por nosotros. Cristo murió en lugar de nosotros. Como lo expresó Jeremias, el uso que hace el Nuevo Testamento de la imaginería de los sacrificios 'tiene la intención de expresar el hecho de que Jesús murió sin pecado a modo de sustitución por nuestros pecados'.[39]

¿Quién es el sustituto?

La pregunta clave que tenemos que considerar ahora es esta. ¿Quién fue, exactamente, nuestro sustituto? ¿Quién ocupó nuestro lugar, llevó nuestro pecado, se hizo maldición por nosotros, soportó la pena que nos correspondía a nosotros, murió nuestra muerte? Sabemos que 'siendo aún pecadores, Cristo murió por nosotros' (Romanos 5.8). Pero ¿quién era este Cristo? ¿Cómo hemos de considerarlo?

¿Era un hombre simplemente? De serlo, ¿cómo es posible que un mero ser humano remplace a otros seres humanos? ¿Sería justo? ¿Quizás era Dios, simplemente haciéndose pasar por hombre, sin que en realidad lo fuera? De ser así, ¿cómo podía representar a la humanidad? Además, ¿cómo podría haber muerto? Si Cristo no es solamente hombre ni solamente Dios, ¿no hemos de considerarlo entonces como el solo y único Dios–hombre? ¿Podremos entonces afirmar que, debido justamente a su carácter único, estaba capacitado en forma única para mediar entre Dios y el hombre?

Según la respuesta que demos a estos interrogantes, el concepto de la expiación sustitutiva que obtengamos será o no racional, moral, plausible, aceptable, y sobre todo bíblica. La posibilidad de la sustitución depende de la identidad del sustituto. Por lo tanto, tenemos que examinar en mayor profundidad tres de aquellas respuestas.

¿Fue Cristo como hombre nuestro sustituto?

La primera proposición es la de que el sustituto era *Jesucristo hombre*, visto como ser humano, y concebido como un individuo separado tanto de Dios como de nosotros, una tercera persona independiente. Quienes comienzan de este modo se exponen a llegar a conclusiones

39. Joachim Jeremias: *Mensaje central* (p. 36 en la edición citada por el autor; ver Bibliografía).

distorsionadas de la expiación y de este modo desacreditan la doctrina de la sustitución. Algunos consideran que la iniciativa fue de Cristo, y otros, de Dios. En el primer caso, sostienen que Cristo intervino con el propósito de pacificar a un Dios airado y de arrebatarle una salvación entregada de mal grado. En el otro, la intervención se le atribuye a Dios, quien procede a castigar al inocente Jesús en lugar de nosotros los pecadores culpables que merecíamos el castigo.

En ambos casos se los separa a Dios y a Cristo entre sí. Cristo persuade a Dios o Dios castiga a Cristo. Lo que tienen en común estas interpretaciones es que ambas denigran al Padre. Una lo muestra reacio a sufrir él mismo y por eso elige como víctima a Cristo. La otra lo muestra reacio a perdonar, y es Cristo quien lo convence a hacerlo. Dios aparece en las dos alternativas como un ogro despiadado cuya ira tiene que ser aplacada o cuya inercia tiene que ser vencida, por medio del amoroso autosacrificio de Jesús.

Estas son interpretaciones groseras de la cruz. Sin embargo, siguen presentes en algunas de nuestras ilustraciones evangélicas. A veces se describe a Cristo como el que acude a rescatarnos del juicio de Dios, o lo pintamos como el chivo expiatorio que es castigado en lugar del verdadero culpable, o como el pararrayos hacia el que se desvía la descarga eléctrica mortal. Hasta algunos de los himnos consagrados por el tiempo expresan esta perspectiva.

> Jehová levantó su vara;
> ¡Oh Cristo, cayó sobre ti!
> Fuiste duramente golpeado por tu Dios;
> No hay un solo golpe para mí.

Es cierto que podemos encontrar alguna justificación en las Escrituras para ambos tipos de explicación, porque de otro modo nunca hubieran sido elaboradas por cristianos que se declaran bíblicos y desean serlo.

La Biblia afirma que el Señor Jesucristo es la 'propiciación' por nuestros pecados y nuestro 'abogado' ante el Padre (1 Juan 2.1–2). A primera vista, esto sugiere que murió para aplacar la ira de Dios y que ahora intercede ante él con el fin de persuadirlo a que nos perdone. Pero otras partes de las Escrituras nos prohíben interpretar el lenguaje de la propiciación y la defensa forense de esa manera, como veremos en el próximo capítulo. Toda la noción de un Cristo compasivo que induce a un Dios reacio a tomar medidas a favor de nosotros, zozobra ante la realidad del amor de Dios. No hubo en Dios ningún cambio de opinión o de ánimo logrado por Cristo. Por el contrario, la iniciativa salvífica se originó en Dios mismo. Fue 'por la entrañable misericordia de nuestro Dios' (Lucas 1.78) que Cristo vino, 'por su gran amor con que nos amó',[40] por 'la gracia de Dios [que] se ha manifestado para salvación a todos los hombres' (Tito 2.11).

También hay pasajes bíblicos que sugieren la posibilidad de que Dios castigó a Jesús por nuestros pecados. Vimos que los pecados de Israel fueron transferidos al macho cabrío, que Jehová cargó en su Siervo sufriente toda nuestra iniquidad (Isaías 53.6), que 'Jehová quiso quebrantarlo' (Isaías 53.10), y que Jesús se aplicó a sí mismo la profecía de Zacarías de que Dios '[heriría] al pastor'.[41] También es cierto que en el Nuevo Testamento se dice que Dios envió a su Hijo a expiar nuestros pecados (1 Juan 4.9–10), lo entregó por nosotros,[42] lo 'puso como propiciación' (Romanos 3.25), condenó al pecado en su carne (Romanos 8.3), y 'por nosotros lo hizo pecado' (2 Corintios 5.21). Estas son afirmaciones notables. Pero no tenemos razón para interpretarlas en el sentido de que Dios obligó a Jesús a hacer lo que él mismo no tenía deseos de hacer, o que Jesús fue una víctima involuntaria de la dura justicia de Dios. Por cierto que el Señor Jesucristo llevó sobre sí la pena de nuestros pecados. Pero Dios estaba actuando con y en Cristo, y Cristo cumplió su parte libremente (Hebreos 10.5–10).

No es posible 'separar' al Padre y al Hijo

Por lo tanto, no debemos decir que Dios castigó a Jesús o que Jesús persuadió a Dios. Hacerlo equivale a contraponerlos entre sí como si hubieran actuado en forma independiente o hubiera habido algún conflicto entre ellos. No debemos convertir a Cristo en objeto del castigo de Dios o a Dios en objeto de la persuasión de Cristo. Tanto Dios como Cristo fueron sujetos y no objetos, y tomaron conjuntamente la iniciativa de salvar a los pecadores.

Sea como fuere lo ocurrido en la cruz en términos de 'abandono' por parte de Dios, fue algo aceptado por ambos. Juntos actuaron por el mismo amor santo que hizo que fuera necesaria la expiación. Se

40. Ef. 2.4; ver Jn. 3.16; 1 Jn. 4.9–10.

41. Zac. 13.7; Mr. 14.27.

42. Hch. 2.23; Ro. 8.32.

trataba de 'Dios en nuestra naturaleza, abandonado por Dios'.[43] Si el Padre 'entregó' al Hijo, el Hijo 'se entregó a sí mismo'. Si la 'copa' de Getsemaní simbolizaba la ira de Dios, de todos modos se trataba de una copa que le fue 'dada' por el Padre (Juan 18.11) y voluntariamente 'aceptada' por el Hijo. Si el Padre 'envió' al Hijo, el Hijo 'vino' voluntariamente.

El Padre no le impuso al Hijo una prueba que estaba reacio a aceptar, como tampoco el Hijo extrajo del Padre una salvación que no estaba dispuesto a conceder. No hay sospecha alguna en el Nuevo Testamento de desacuerdo entre el Padre y el Hijo, 'sea de parte del Hijo de arrancar del Padre un perdón que no está dispuesto a otorgar, sea de parte del Padre que exige al Hijo un sacrificio que no quiere hacer'.[44] No había en ninguno de los dos falta de voluntad. Por el contrario, la voluntad de ambos era coincidente, en un perfecto autosacrificio, expresión de amor.

¿Fue Dios solo quien ocupó nuestro lugar en la cruz?

La primera forma de responder a nuestros interrogantes iniciales queda desechada. Si nuestro sustituto no fue Cristo solamente, como una tercera persona independiente de Dios, ¿será entonces que *Dios solo* ocupó nuestro lugar, llevó nuestro pecado, y murió nuestra muerte? ¿Será del Padre toda la iniciativa y el logro correspondiente? Si Dios mismo hizo todo lo necesario para asegurar nuestra salvación, ¿no hace esto que Cristo resulte redundante?

A primera vista, esta solución al problema parecería atractiva teológicamente. Evita todas las distorsiones que surgen cuando se concibe a Jesús una persona independiente de Dios. Como vimos en el capítulo anterior, es Dios quien tiene que satisfacerse a sí mismo en razón de su santo amor. Dios tiene que ser fiel a sí mismo. Por lo tanto, no estaba dispuesto a actuar por amor a expensas de su santidad y tampoco estaba dispuesto a actuar en santidad a expensas de su amor. Podríamos decir que dio satisfacción a su santo amor muriendo él mismo la muerte que merecían los pecadores y cargando con el juicio correspondiente. Impuso y aceptó al mismo tiempo la penalidad del pecado de los seres humanos. Y lo hizo 'con la mira de manifestar en

43. John Murray: *Redemption accomplished*, p. 77.
44. I. H. Marshall: *Work of Christ*, p. 74.

este tiempo su justicia, a fin de que él sea el justo, y el que justifica al que es de la fe de Jesús' (Romanos 3.26).

Según esta explicación, ya no es cuestión de que el Padre imponga castigo al Hijo o de que el Hijo interceda en nuestro nombre ante el Padre. Más bien, es el Padre mismo quien toma la iniciativa por su amor, carga con la pena por el pecado sobre sí mismo, y así muere. De este modo la prioridad ya no es 'ni lo que el hombre demanda de Dios … ni lo que Dios demanda de los hombres, [sino] lo que Dios demanda de Dios, el hecho de que Dios mismo resuelve su propia demanda'.[45]

Muchos teólogos, antiguos y modernos, que representan diversas tradiciones, han visto la necesidad de destacar que Dios mismo estaba allí en la cruz, y por consiguiente han expresado su entendimiento de la expiación en estos términos. En el antiguo poema inglés 'El sueño de la cruz', que podría ser del siglo VII o del VIII, el autor cuenta la forma en que 'en el más atesorado de los sueños' vio 'el más extraño de los árboles'.

Levantado en alto en el aire, rodeado de luz,
de todos los maderos el más brillante.
Se erguía como un faro, inundado de oro;
relucientes gemas incrustadas en todo su contorno al pie …

Luego, en el sueño, la cruz habló, relatando su propia historia. Después de haber sido cortado en el bosque, fue llevado a la cima del monte. Allí vio lo que iba a ser su destino.

El Rey de toda la humanidad venía con gran premura,
con gran coraje, ansioso por escalarme.
Luego el joven héroe —se trataba de Dios todopoderoso—
fuerte y firme, se desnudó para la batalla;
subió al alto patíbulo, resuelto en su propósito,
se ubicó a la vista de muchos, para rescatar a la humanidad.

Al final del poema, luego de contemplar a Dios muriendo por él, el autor se dirige a 'ese bendito madero' en oración y, poniendo en él su confianza, declara. 'Mi refugio es la cruz.'[46]

45. P. T. Forsyth: *Justification of God*, p. 35.
46. Las citas pertenecen a la adaptación de Helen Gardner del inglés antiguo.

Dios muriendo por el ser humano. 'No le temo a esa frase,' escribió P. T. Forsyth. 'No puedo vivir sin ella. Dios muriendo por los hombres; y qué hombres. hombres hostiles, malignamente hostiles.'[47] Explica que, puesto que la santidad de Dios no tiene significado sin juicio, lo único que Dios no podía hacer ante la rebelión del hombre era justamente nada. 'Tenía que aplicar el castigo o asumirlo sobre sí mismo. Dios eligió el segundo recurso, con lo cual honraba a la ley a la vez que salvaba al culpable. Recibió su propio juicio.'[48]

Dios mismo entregándose por nosotros. Karl Barth no tuvo inconveniente en usar esas palabras. 'El propio corazón de Dios sufrió en la cruz. El propio Hijo de Dios, y por consiguiente el propio eterno Dios.'[49] De modo semejante, el obispo Stephen Neill escribió. 'Si la crucifixión de Jesús ... es de algún modo, como lo han creído los cristianos, la muerte de Dios mismo, entonces ... podemos entender cómo es Dios.'[50] Hay himnos que expresan la devoción popular y que se han hecho eco de este concepto, como esta frase del himno de Charles Wesley.

> ¡Asombroso amor! ¿Cómo puede ser
> que tú, mi Dios, murieras por mí?

¿Por qué tanto los eruditos como los cristianos más sencillos han sentido que pueden usar esta clase de lenguaje? La razón es, desde luego, el hecho de que las Escrituras lo permiten.

Cuando los apóstoles escribían acerca de quién murió en la cruz y le dio su eficacia, su lenguaje era muy expresivo. El que se humilló hasta la muerte en una cruz no era otro que aquel que 'siendo en forma de Dios' ('siendo por naturaleza Dios', NVI) se humilló hasta hacerse nada con el fin de hacerse hombre y morir (Filipenses 2.6–8). Aquel a quien los gobernantes de este mundo crucificaron era nada menos que el 'Señor de gloria' (1 Corintios 2.8). Y la sangre mediante la cual han sido lavados los mantos de los redimidos hasta quedar limpios es la del Cordero que comparte el trono de Dios (Apocalipsis 5.6, 9; 7.9).

47. P. T. Forsyth: *Work of Christ*, p. 25.
48. P. T. Forsyth: *Cruciality of the cross*, pp. 205–206.
49. Karl Barth: *Church dogmatics*, II.1, pp. 446ss. Ver también pp. 396–403.
50. S. C. Neill: *Christian faith today*, p. 159.

Más aun, el razonamiento de la Carta a los Hebreos nos lleva a decir que es Dios el que murió. Se vale de la semejanza entre un 'pacto' y un 'testamento'. Las estipulaciones de un testamento adquieren valor después de la muerte del testador. Es decir, el que hace promesas en su testamento tiene que morir antes de que otro pueda disponer del legado. Por ello, teniendo en cuenta que las promesas son promesas de Dios, la muerte tiene que ser la de Dios (Hebreos 9.15–17).

Hay otro versículo que no debemos pasar por alto. Aparece en el discurso de Pablo en Mileto cuando se despedía de los ancianos de la iglesia de Éfeso. El rebaño sobre el cual el Espíritu Santo los ha puesto como superintendentes y pastores, dice, es nada menos que 'la iglesia de Dios, que él compró con su propia sangre' (Hechos 20.28, DHH). Cierto es que este texto ofrece alguna incertidumbre (algunos manuscritos leen 'la iglesia del Señor', refiriéndose a Cristo, en lugar de 'la iglesia de Dios') y por lo tanto también ocurre lo mismo con la traducción (podría significar 'la iglesia de Dios que él compró con la sangre del suyo propio', aludiendo así a Cristo). No obstante, el contexto parecería inclinarse por las expresiones 'la iglesia de Dios' y 'su propia sangre'. El propósito de Pablo es recordar a los ancianos el enorme valor de la iglesia que han sido llamados a servir. Es la iglesia de Dios. El Espíritu de Dios los ha designado ancianos sobre ella; el precio pagado por su compra es justamente 'la sangre de Dios'.

Esta es una frase casi escandalosa, que fue luego usada por algunos de los Padres de la iglesia, tales como Ignacio y Tertuliano,[51] y que siguieron usando los eclesiásticos medievales, si bien con frecuencia como juramento.

Dios no 'muere'

A pesar de esta justificación bíblica, ningún versículo declara específicamente que 'Dios mismo' haya muerto en la cruz. Si bien las Escrituras dan testimonio de la deidad de la persona que se entregó por nosotros, no llegan a hacer la afirmación inequívoca de que

51. Ignacio se refiere a 'la sangre de Dios' y al 'sufrimiento de mi Dios' en las versiones más breves de sus *Cartas a los Efesios* (cap. I) y a los *Romanos* (cap. VI) respectivamente. En su *De carne Christi* Tertuliano es más explícito todavía. '¿Acaso no fue crucificado Dios realmente?' pregunta. En realidad es él quien primero usó la sorprendente expresión 'un Dios crucificado' (cap. V). Otro ejemplo es Gregorio de Nacianzo, quien escribió sobre 'la preciosa y señorial sangre de nuestro Dios ... ' (*Orat.* XLV. 22).

'Dios murió'. Las razones son claras. Primero, Dios es esencialmente inmortal. 'El único que tiene inmortalidad' es Dios (1 Timoteo 6.16), y por lo tanto no puede morir. Por ello se hizo hombre, a fin de poder morir.

> Por cuanto los hijos participaron de carne y sangre, él también participó de lo mismo, para destruir por medio de la muerte al que tenía el imperio de la muerte, esto es, al diablo.
>
> Hebreos 2.14

La Biblia también declara que Dios se hizo hombre [en Cristo] con el objeto de ser 'un solo mediador entre Dios y los hombres' (1 Timoteo 2.5).

La segunda razón por la que resulta engañoso decir que 'Dios murió' es que con frecuencia 'Dios' en el Nuevo Testamento significa 'el Padre' (por ej., 'Dios envió a su Hijo'). Pero la persona que murió en la cruz no fue el Padre sino el Hijo. Al comienzo del siglo III d.C. algunos negaban esto. Tenían problemas con la doctrina de la Trinidad y no podían entender cómo se podía creer en el Padre, el Hijo y el Espíritu, sin por ello afirmar la existencia de una triple deidad. Enfatizaron la unidad de Dios, y hablaban del Padre, el Hijo y el Espíritu no como tres 'personas' eternamente diferenciadas dentro de la deidad. Más bien eran tres 'modos' temporales en los cuales Dios se reveló sucesivamente. De allí el nombre de 'modalistas'. El Padre se convirtió en el Hijo, enseñaban, y luego el Hijo se convirtió en el Espíritu. También se los describía como 'sabelianos' porque Sabelio fue uno de sus líderes. Otro fue Praxeas, cuya doctrina fue demoledoramente refutada por Tertuliano. Praxeas enseñaba (o, según Tertuliano, el diablo enseñaba por medio de él) 'que fue el propio Padre el que vino y se instaló en la virgen, que él mismo nació de ella, que fue él mismo el que sufrió, y que en realidad él mismo fue Jesucristo'. Dado que Praxeas también se opuso a los montanistas (los que han sido descriptos, poco acertadamente, como los carismáticos de esa era), Tertuliano agregó que 'Praxeas le hizo un doble servicio al diablo en Roma; expulsó la profecía e introdujo la herejía; puso en fuga al Paracleto, y crucificó al Padre'.[52]

52. Tertuliano: *Adversus praxean*, cap. I.

A los seguidores de Praexas, los oponentes los llamaron 'patripasionarios' (los que enseñaban que el Padre padeció). En oposición a esta idea, Tertuliano aconsejaba. 'Conformémonos con decir que Cristo murió, el Hijo del Padre; y *que esto sea suficiente*, porque esto es todo lo que las Escrituras nos han dicho.'[53]

Una desviación similar se produjo en el siglo VI en Constantinopla, desviación que se hizo conocer con el nombre de 'teopasquitismo' (la creencia de que Dios padeció). Sus adherentes rechazaban la definición del Concilio de Calcedonia (451 d.C.). Allí se había afirmado que Jesús, si bien era una sola persona, tenía dos naturalezas. era a la vez verdaderamente Dios y verdaderamente hombre. En cambio, los disidentes eran 'monofisitas', y enseñaban que Cristo tenía una sola naturaleza compuesta que era esencialmente divina. Al reducir a un segundo plano la humanidad de Jesús, naturalmente daban mayor relieve al hecho de que Dios sufrió en él y por medio de él.

Si bien estas controversias nos parecen muy remotas en pleno siglo XX, tenemos que mantenernos en alerta. Si sobrevaloramos los sufrimientos de Dios en la cruz, podríamos incurrir en los mismos errores de la antigüedad. confundir las personas de la Trinidad y negar el carácter eternamente distintivo del Hijo, como los modalistas o los patripasionarios. O bien, confundir las naturalezas de Cristo, y negar que se trataba de una persona con dos naturalezas, como antes los monofisitas o los teopasquitas. Es cierto que, dado que Jesús era tanto Dios como hombre, el Concilio de Éfeso (431 d.C.) declaró que era correcto hacer referencia a la virgen María como *theotokos* ('madre de Dios', literalmente 'paridora de Dios'). De modo semejante, y por la misma razón, parecería aceptable hacer referencia al sufrimiento de Dios en la cruz. Si Dios podía nacer, ¿por qué no iba a poder morir? El valor de estas expresiones está en que eliminan la posibilidad de pensar en Jesús como una tercera persona independiente. No obstante, aunque sean técnicamente legítimas, las palabras 'theotokos' y 'theopasquita' tienden a confundir. destacan la deidad de la persona que nació y murió, sin hacer ninguna referencia similar a su humanidad.

Sería más sabio, en cambio, decir lo que dijeron los escritores en el Nuevo Testamento, repetido fielmente por el Credo apostólico.

53. *Ibid.*, cap. XXIV.

Aquel que 'fue concebido por el Espíritu Santo, nació de la virgen María, padeció bajo el poder de Poncio Pilato, fue crucificado, muerto y sepultado' no era 'Dios', y menos todavía el Padre, sino 'Jesucristo, su único Hijo, nuestro Señor'. Los apóstoles aclaran aun más esto al recalcar la voluntaria obediencia del Hijo al Padre.[54]

Dios en Cristo, nuestro sustituto

¿Quién era, entonces, aquel que ocupó nuestro lugar y murió nuestra muerte en la cruz? Nuestro sustituto no era Cristo solo (porque en ese caso hubiera sido una tercera persona interpuesta entre Dios y nosotros), ni Dios solo (porque en ese caso se debilita la doctrina de la encarnación), sino *Dios en Cristo*. Jesucristo era verdadera y plenamente Dios y hombre, y por ese motivo estaba capacitado en forma inigualable para representar tanto a Dios como al hombre, y mediar entre ellos. Si decimos solamente que Cristo padeció y murió, pasamos por alto la mediación del Hijo. Los autores del Nuevo Testamento nunca atribuyen la expiación a Cristo solo, de tal manera que quede disociado del Padre; tampoco a Dios de tal modo que se pueda dejar a Cristo de lado. La expiación fue realizada por Dios y Cristo; Dios estaba actuando en y por medio de Cristo.

Las pruebas que ofrece el Nuevo Testamento en relación con esto son claras. Al analizarlas, parecería lógico comenzar con el anuncio del nacimiento del Mesías. Los nombres que le fueron dados son Jesús ('Salvador divino' o 'Dios salva') y Emanuel ('Dios con nosotros'). En su nacimiento, y por medio del mismo, Dios mismo vino a obrar el rescate de su pueblo, para salvarlos de sus pecados (Mateo 1.21–23). De igual manera, según Lucas, el Salvador que nació no era solo, según la expresión familiar, el Cristo del Señor, el ungido del Señor. Era realmente 'Cristo el Señor', Mesías y Señor (Lucas 2.11).

Cuando comenzó el ministerio público de Jesús, su conciencia personal de sí mismo confirmaba que Dios estaba obrando en él y por medio de él. Es cierto que habló de 'agradar' al Padre (Juan 8.29) y de obedecerle (Juan 15.10, DHH), de hacer su voluntad y acabar su obra.[55] No obstante, su entrega fue totalmente voluntaria, de modo que su voluntad y la del Padre guardaron siempre perfecta armonía.[56]

54. Por ejemplo, Ro. 5.12–19; Gá. 4.4; Fil. 2.7–8; He. 5.8.
55. Por ejemplo, Jn. 4.34; 6.38–39; 17.4; 19.30.
56. Por ejemplo, Jn. 10.18; Mr. 14.36; He. 10.7 (Sal. 40.7–8).

Más todavía, según Juan, Jesús hablaba de un 'morar' mutuo, él en el Padre y el Padre en él, incluso de que los dos eran 'uno'.[57]

No es posible separar al Padre y al Hijo, especialmente cuando pensamos en la expiación, dado que el Padre estaba actuando a través del Hijo. Esta convicción tiene su máxima expresión en algunas de las grandes declaraciones de Pablo en torno a la reconciliación. Por ejemplo, 'todo esto proviene de Dios' (con referencia a la obra de la nueva creación, 2 Corintios 5.17–18), 'quien nos reconcilió consigo mismo por Cristo' y 'estaba en Cristo reconciliando consigo al mundo' (vv. 18–19). No parece tener mayor importancia, al traducir del griego, la ubicación de las expresiones 'por Cristo' y 'en Cristo'. Lo que importa es que Dios y Cristo actuaban conjuntamente en la obra de la reconciliación; la verdad es que Dios estaba efectuando la reconciliación en, y por medio de, Cristo.

En dos importantes versículos Pablo vincula de manera indisoluble la persona y la obra de Cristo, indicando de este modo que pudo hacer lo que hizo solo porque era el que era. Ambos versículos hablan de que la 'plenitud' de Dios moraba en él y obraba a través de él (Colosenses 1.19–20 y 2.9). Esta obra se describe de diversas maneras, pero se la atribuye exclusivamente a la plenitud de Dios que residía en Cristo. En la cruz, 'Dios estaba en Cristo' reconciliando consigo todas las cosas, haciendo la paz mediante la sangre de su cruz, resucitándonos a nosotros con Cristo, perdonando todos nuestros pecados, anulando el acta de los decretos que nos era contraria, quitándola de en medio, clavándola en la cruz, despojando a los principados y a las potestades y triunfando sobre ellos.

Anselmo tenía razón en el sentido de que *el hombre debería* hacer reparación por sus pecados, porque es él quien está en falta. También tenía razón al decir que *solo Dios podía* hacer la necesaria reparación, porque es él quien la exige. Jesucristo es, por consiguiente, el único Salvador. él es la única persona en la que se unen el 'debería' y el 'podía', porque él es tanto Dios como hombre.

La debilidad de la formulación de Anselmo, debida probablemente a su trasfondo cultural en el feudalismo medieval, radica en que sobrevaloró la humanidad de Cristo. Por eso sostuvo que el pecador tiene que pagar la deuda en que ha incurrido y reparar el daño que

57. Por ejemplo, Jn. 14.11; 17.21–23; 10.30.

ha hecho. En realidad, el Nuevo Testamento pone el mayor énfasis en la iniciativa de Dios, quien 'envió' o 'dio' o 'entregó' a su Hijo por nosotros,[58] y quien por lo tanto padeció en los padecimientos de su Hijo.

George Buttrick escribió sobre un cuadro que vio en una iglesia italiana, aun cuando no dijo dónde se encontraba. A primera vista es como cualquier otro cuadro de la crucifixión. Al observarlo con mayor atención, sin embargo, se percibe la diferencia, porque 'hay una Figura vasta y esfumada detrás de la figura de Jesús. El clavo que atraviesa la mano de Jesús pasa hasta atravesar la mano de Dios. La lanza introducida en el costado de Jesús atraviesa también el de Dios'.[59]

Sustitución y satisfacción divina

Comenzamos demostrando que Dios tenía que 'satisfacerse a sí mismo', respondiendo a las realidades de la rebelión humana de un modo que resulta perfectamente consecuente con su carácter. Esta necesidad interna es nuestro punto de partida fijo. En consecuencia, sería imposible que nosotros los pecadores permaneciésemos eternamente como los únicos objetos de su santo amor, por cuanto Dios no puede castigarnos y perdonarnos al mismo tiempo. De allí la segunda necesidad, a saber, la de la sustitución. La única forma en que puede satisfacerse el santo amor de Dios es que su santidad se dirija en juicio hacia el sustituto señalado, con el fin de que su amor pueda ser dirigido hacia nosotros en actitud de perdón. El sustituto carga con la pena, para que nosotros los pecadores podamos recibir el perdón.

¿Quién, entonces, es el sustituto? Si se entiende a Cristo como una tercera persona, entonces no es él. Hemos de repudiar con la mayor vehemencia cualquier noción de la sustitución penal en la que tres actores independientes representan un papel. la parte culpable, el juez sentenciador y la víctima inocente. No solo sería injusto sino que además reflejaría una cristología defectuosa. Cristo no es una tercera persona independiente, sino el eterno Hijo del Padre, que es uno con el Padre en su ser esencial.

Lo que vemos en el drama de la cruz no se trata de Dios Padre en sí mismo, pero sí de Dios-hecho-hombre en Cristo (el Hijo).

58. Por ejemplo, Gá. 4.4; 1 Jn. 4.14; Jn. 3.16; Ro. 8.32.
59. George A. Buttrick: *Jesus came preaching*, p. 207.

De allí la importancia de esos pasajes neotestamentarios que hablan de la muerte de Cristo como la muerte del Hijo de Dios. 'de tal manera amó Dios al mundo, que ha dado a su Hijo unigénito', 'no escatimó ni a su propio Hijo', y 'fuimos reconciliados con Dios por la muerte de su Hijo'.[60] Al dar a su Hijo, Dios se estaba dando a sí mismo. Siendo así, es el propio Juez el que en santo amor asumió el papel de víctima inocente. En y por la persona de su Hijo, él mismo llevó sobre sí la pena que él mismo había infligido. Como lo ha expresado Dale, 'la misteriosa unidad del Padre y el Hijo hizo posible que Dios, a una vez, soportara e infligiera el sufrimiento penal'.[61]

Cuando entendemos así, en la cruz no hay cruel injusticia ni amor inescrupuloso, como tampoco herejía cristológica; no hay sino insondable misericordia. Comprobamos que, con el fin de salvarnos de modo tal que pudiera satisfacerse a sí mismo, Dios por medio de Cristo nos sustituyó a nosotros con su propia persona. *El amor divino triunfó sobre la ira divina mediante el propio sacrificio divino.* La cruz fue un acto simultáneamente de castigo y de amnistía, de severidad y de gracia, de justicia y de misericordia.

Vistas así las cosas, las objeciones a una expiación sustitutiva se desvanecen. No hay nada remotamente inmoral aquí, por cuanto el sustituto que ocupó el lugar de los que quebrantaron la ley no es otro que el propio Dador de la ley divina. Tampoco hay ninguna transacción mecánica en esto, por cuanto el sacrificio de sí mismo en amor es la más personal de todas las acciones. Y lo que se logra mediante la cruz no es un mero cambio externo de la situación legal; quienes ven allí el amor de Dios, y están unidos a Cristo por su Espíritu, se transforman radicalmente en sus perspectivas y en su carácter.

Por consiguiente, rechazamos decididamente toda explicación de la muerte de Cristo que no tiene como su centro el principio de la 'satisfacción mediante la sustitución', más aun, la autosatisfacción mediante la autosustitución.

La cruz no fue un regateo comercial con el diablo; mucho menos una transacción que lo hiciera tropezar y caer en la trampa. Tampoco fue un equivalente exacto, una suerte de compensación 'tal por cual', para satisfacer un código de honor o una cuestión legal técnica.

60. Jn. 3.16; Ro. 8.32; 5.10.
61. R. W. Dale: *Atonement*, p. 393.

No fue una sumisión a la que Dios se veía obligado por alguna autoridad moral superior que de otro modo no podía eludir. Tampoco fue el castigo de un manso Cristo por un Padre severo y punitivo, ni el arrebato de la salvación por un Cristo amoroso a un Padre vil y renuente. No fue una acción del Padre donde no era necesario Cristo como mediador. En la cruz, el Padre justo y amoroso se humilló a sí mismo haciéndose carne, pecado y maldición, en y mediante su único Hijo, por amor a nosotros, con el propósito de redimirnos sin comprometer su propio carácter.

Los vocablos teológicos 'satisfacción' y 'sustitución' deben definirse con precisión y cuidado, pero no se pueden abandonar bajo ninguna circunstancia. La buena noticia bíblica es que en la expiación Dios se satisface a sí mismo ofreciéndose él mismo como sustituto por nosotros.

Se puede decir que el concepto de la sustitución está en la base tanto del pecado como de la salvación. La esencia del pecado es que el ser humano sustituye a Dios con su propia persona, mientras que la esencia de la salvación es que Dios sustituye al ser humano con su propia persona. El ser humano se rebela contra Dios y se coloca a sí mismo donde solo corresponde que esté Dios. El ser humano pretende tener prerrogativas que le pertenecen solo a Dios; Dios acepta penalidades que le corresponden solo al hombre.

Consecuencias de esta comprensión de la expiación

Efectivamente, la esencia de la expiación es la sustitución. Siguen de ello por lo menos dos inferencias, la primera teológica y la segunda personal. En cuanto a la primera, es imposible sostener la doctrina histórica de la cruz sin sostener la doctrina histórica de Jesucristo como el solo y único Dios-hombre y mediador. Como hemos visto, ni Cristo solo, como hombre, ni el Padre solo, como Dios, podían actuar como sustitutos nuestros. Solo Dios en Cristo, Dios el Hijo único del Padre hecho hombre, podía ocupar nuestro lugar. Cuando se hace una caricatura de la cruz siempre hay en la raíz una cristología distorsionada. La persona y la obra de Cristo van juntas. Si Cristo no era lo que los apóstoles decían que era, luego entonces no pudo haber hecho lo que ellos dijeron que hizo. La encarnación es indispensable para la expiación. En particular, resulta esencial para sostener que el amor, la santidad y la voluntad del Padre son idénticos al amor, la santidad y la voluntad del Hijo. Dios estaba en Cristo reconciliando al mundo consigo.

Es posible que el teólogo que vio esto con más claridad en el siglo XX y lo expresó más vigorosamente sea Karl Barth.[62] La cristología, insistió, es la clave para entender la doctrina de la reconciliación. Repitió varias veces que cristología significa confesar a Jesucristo el mediador, como 'verdadero Dios, verdadero hombre y verdadero Dios–hombre'. Por lo tanto, hay tres aspectos referidos a Cristo o 'tres perspectivas' para entender la expiación. El primero es que 'en Jesucristo tenemos que vernos con el verdadero Dios. La reconciliación del ser humano con Dios se lleva a cabo en tanto Dios mismo interviene activamente' (p. 128). El segundo es que 'en Jesucristo tenemos que vernos con un verdadero hombre … Jesús es totalmente hombre, así como es totalmente Dios … De esta manera es el reconciliador entre Dios y el hombre' (p. 130). El tercer aspecto es que, si bien es verdadero Dios y verdadero hombre, 'Jesucristo mismo es uno. Es el Dios–hombre' (p. 135). Solo cuando se apoya esta interpretación bíblica de Jesucristo puede entenderse el carácter único de su sacrificio expiatorio. La iniciativa, afirma Barth.

> [la tuvo] el eterno Dios mismo, que se ha entregado en la persona de su Hijo para hacerse hombre, y como hombre adoptar en sí mismo esta pasión humana … Es el Juez el que en esta pasión ocupa el lugar de los que deberían ser juzgados, el que en esta pasión permite que se lo juzgue en lugar de ellos … La pasión de Jesucristo es el juicio de Dios, en el que el propio Juez fue juzgado (pp. 246, 254).

La cruz demanda nuestra humildad

La segunda inferencia es personal. La doctrina de la sustitución no solo afirma un hecho, a saber, que Dios en Cristo hizo de sustituto por nosotros. Afirma además su necesidad. no había otra forma mediante la cual el santo amor de Dios pudiera ser satisfecho y mediante la cual los rebeldes seres humanos pudieran ser salvos. Por lo tanto, cuando estamos ante la cruz, comenzamos a adquirir una perspectiva clara

62. Karl Barth: *Church dogmatics*, IV.1.

tanto de Dios como de nosotros mismos, especialmente en cuanto a la relación de los unos con los otros. En lugar de hacer recaer sobre nosotros el juicio que merecíamos, Dios en Cristo lo soportó en nuestro lugar. El infierno es la única alternativa. Este es el 'escándalo', la piedra de tropiezo de la cruz. Porque nuestro corazón soberbio se rebela contra ella. Nos resulta insoportable tener que reconocer cuán serio es nuestro pecado y nuestra culpa o nuestra tremenda deuda con la cruz. Insistimos en que tiene que haber algo que podamos hacer, o por lo menos contribuir, con el fin de satisfacer a Dios. Por otra parte, con frecuencia damos la impresión de que preferiríamos soportar nuestro propio castigo antes que la humillación de ver que Dios en Cristo lo soporta en lugar de nosotros.

George Bernard Shaw, que tenía bastante intuición sobre las sutilezas de la soberbia humana, dramatizó el hecho en su comedia acerca del Ejército de Salvación titulada *La comandante Bárbara* (*Major Barbara*, 1905). Bill Walker, 'un tipo rudo, de unos veinticinco años', llega al refugio del Ejército en West Ham cierta fría mañana de enero, borracho y furioso porque su amiga Mog no solo se ha convertido sino que 'ella tiene otro tipo'. El rival de Bill es Todger Fairmile, un campeón de los luchadores circenses en Canning Town, y también se ha convertido. Bill acusa a Jenny Hill, una joven salvacionista, de haber puesto a su amiga en su contra; la toma por el cabello hasta que ella grita y luego la golpea en el rostro con el puño, partiéndole el labio. Los curiosos se burlan de su cobardía. Él ataca a la joven, dicen ellos, pero no tendría el coraje de pegarle a Todger Fairmile. Gradualmente la conciencia y el orgullo de Bill comienzan a molestarlo, hasta que ya no puede aguantar más el insulto. Resuelve hacer algo para redimir su reputación y expiar su culpa. Dice en el típico lenguaje de los suburbios londinenses.

> Me voy a Canning Town, a escupirle la cara a Todger Fairmile. Le rompí la cara a Jenny Hill; y ahora voy a ir a que me la rompan a mí … Me pegará más fuerte de lo que yo le pegué a ella, y quedaremos a mano…

Pero Todger se niega a colaborar, de modo que Bill vuelve avergonzado.

> Le hice lo que dije que le iba a hacer; le escupí la cara, y él levantó los ojos hacia el cielo y dijo. '¡Cómo deseaba que se me halle digno de que me escupan por causa del evangelio!' … y Mog dijo '¡Gloria!, ¡aleluya!'

Jenny Hill dice que lamenta todo lo sucedido, y que en realidad no la ofendió, lo cual lo enfurece más todavía.

> Yo no quiero su perdón, ni el perdón de nadie. Lo que hice lo pago. Intenté que me rompieran la cara a mí, fui a buscarlo para darle la satisfacción.

Como ese intento fracasó, intenta otra treta. Se ofrece a pagar una multa en la que acaba de incurrir uno de sus compinches, y muestra una moneda de oro de una libra esterlina.

> Aquí la tiene; tómela, y acabemos con eso de que me perdonen, de que rueguen por mí, y de que la comandante me sermonee. Que lo que he hecho se termine, se pague y ¡se acabó! … Este maldito asunto de perdonarme, de fastidiarme, y de sermonearme … lo deja a uno tan fastidiado consigo mismo que la vida le resulta una carga. No aguanto más; se lo aseguro. He ofrecido pagar con mi dinero; más no puedo hacer. Si lo quiere, lo toma; y si no, lo deja. Ahí lo tiene.

Y entonces arroja la moneda al suelo.

Allí se revela el soberbio corazón humano. Insistimos en pagar por lo que hemos hecho. No podemos soportar la humillación de reconocer que estamos en bancarrota y de permitir que alguna otra persona pague por nosotros. La noción de que ese alguien debería ser Dios mismo resulta un trago demasiado grande. Preferiríamos morir antes que arrepentirnos, preferiríamos perdernos antes que humillarnos.

El evangelio exige una humillación drástica de nosotros mismos. Solo el evangelio enseña la sustitución divina como único medio de salvación. Otras religiones enseñan diversas maneras de lograr la salvación por nuestros propios medios. El hinduismo, por ejemplo, enseña que es una virtud negarse a admitir la pecaminosidad. En una conferencia pronunciada ante el Parlamento de Religiones en Chicago en 1893, Swami Vivekananda dijo.

> El hindú se niega a llamaros pecadores. Vosotros sois los hijos de Dios; los que compartís la inmortal felicidad, la de ser seres santos y perfectos. Vosotros sois divinidades en la tierra. ¿Pecadores? Es un pecado llamar a un hombre pecador. Es una permanente calumnia a la naturaleza humana.
> Además, si se tuviera que admitir que los seres humanos realmente pecan, entonces el hinduísmo insiste en que se pueden salvar a sí mismos.[63]

Eso mantiene a salvo la soberbia humana. Como lo expresa Brunner.

> Todas las demás formas de religión (para no mencionar la filosofía) se ocupan del problema de la culpa aparte de la intervención de Dios, y por consiguiente llegan a una conclusión 'barata'. En ellas se libra al ser humano de la humillación absoluta de saber que el mediador tiene que soportar el castigo por él. A este yugo no necesita someterse. No se lo desnuda por completo.[64]

Pero no podemos escapar a la vergüenza de vernos completamente desnudos ante Dios. No tiene sentido que intentemos cubrirnos como hicieron Adán y Eva en el huerto. Nuestros intentos de autojustificación son tan poco efectivos como sus hojas de higuera. Tenemos que reconocer nuestra desnudez. Y luego necesitamos reconocer al sustituto divino cubierto con nuestros sucios harapos en lugar de nosotros, y permitirle que nos vista con su propia justicia.[65] Nadie lo ha expresado mejor que Augustus Toplady en su inmortal himno 'Roca de los siglos'.

> Nada traigo en mi mano,
> simplemente a tu cruz me aferro;
> desnudo, vengo a ti en busca de vestido;
> impotente, miro a ti en busca de gracia;
> vil, yo a la fuente vuelo;
> lávame, Salvador, o muero.

63. De *Speeches and writings* por Swami Vivekananda, pp. 38–39. Ver p. 125. Ver también *Crises of belief* por S. C. Neill, p. 100.

64. Emil Brunner: *Mediator*, p. 474.

65. Ver Ap. 3.17–18.

SECCIÓN III

LA VICTORIA DE LA CRUZ

7

La Salvación de los Pecadores

MOVIDO POR LA PERFECCIÓN DE SU SANTO AMOR, Dios en Cristo nos sustituyó ocupando el lugar de nosotros los pecadores. Esto es lo central de la cruz de Cristo.

Pasamos ahora del acontecimiento a las consecuencias del mismo, de lo que ocurrió en la cruz a lo que se logró por medio de ella. ¿Para qué ocupó Dios nuestro lugar y llevó sobre sí nuestro pecado? ¿Qué fue lo que obtuvo mediante este sacrificio de sí mismo, mediante esta sustitución?

El Nuevo Testamento ofrece tres respuestas principales a estos interrogantes. Pueden sintetizarse en las palabras 'salvación', 'revelación' y 'conquista'. Lo que Dios en Cristo hizo en la cruz es rescatarnos, darse a conocer y vencer al mal. En este capítulo centraremos la atención en el tema de la salvación por medio de la cruz.

Sería difícil exagerar la magnitud de los cambios que se han operado como resultado de la cruz, tanto en Dios como en nosotros, especialmente en lo que se refiere al trato de Dios con nosotros y a nuestra relación con él. Cuando Cristo murió y fue resucitado de la muerte, amaneció un nuevo día, comenzó un tiempo nuevo.

Este nuevo día es 'el día de salvación' (2 Corintios 6.2) y las bendiciones de 'una salvación tan grande' (Hebreos 2.3) son tan ricas y variadas que no resulta fácil definirlas. Se requieren varias figuras para representarlas. La iglesia de Cristo se representa en las Escrituras como su esposa y su cuerpo, las ovejas del rebaño de Dios, los pámpanos de su vid, su nueva humanidad, su familia, el templo del Espíritu Santo, y columna y baluarte de la verdad. Así también la salvación de Cristo se ilustra mediante las imágenes que ofrecen términos como 'propiciación', 'justificación', y 'reconciliación', asuntos que constituirán el tema de este capítulo. Las imágenes de la iglesia son visualmente incompatibles. no se puede pensar en el cuerpo y en la esposa de Cristo simultáneamente. Aun así, subyace a todas ellas la realidad de que Dios está llamando y separando a un pueblo para sí. Las imágenes de la salvación son igualmente incompatibles. las palabras justificación y redención evocan respectivamente los divergentes mundos de la ley y el comercio. No obstante, subyace a todas ellas la realidad de que Dios en Cristo llevó nuestro pecado y murió nuestra muerte para librarnos del pecado y de la muerte. Las imágenes son auxiliares indispensables para que el ser humano entienda la doctrina. Y lo que ellas transmiten, porque provienen de Dios, es cierto. Con todo, no debemos deducir de esto que el haber comprendido las imágenes significa que hemos agotado el significado de la doctrina. Más allá de las imágenes de la expiación se encuentra el misterio de la expiación. Presiento que vamos a explorar durante la eternidad las profundas maravillas de la redención.

'Imágenes' de la salvación (o de la expiación) es una expresión más adecuada que 'teorías'. Generalmente las teorías son conceptos abstractos y especulativos, mientras que las imágenes bíblicas de los logros de la expiación de Cristo son figuras concretas y pertenecen a los datos de la revelación. No son explicaciones alternativas de la cruz; no nos ofrecen una gama de la cual podemos elegir a nuestro gusto sino aspectos mutuamente complementarios, cada uno de los cuales contribuye en una parte vital al todo. En cuanto a las imágenes que cada término evoca, la 'propiciación' nos lleva a los ritos en el santuario, la 'redención' a las transacciones en el mercado, la 'justificación' a lo que ocurre en los tribunales judiciales, y la 'reconciliación' a las experiencias en el hogar o en la familia. Lo que yo sostengo es que la 'sustitución' no es una 'teoría' o una 'imagen' más que se puede ubicar a la par de las otras, sino más bien el fundamento de todas ellas, sin la cual cada una de ellas carece de sustento. Dios en Cristo murió en nuestro lugar. Si no fuera así no podría haber propiciación, ni redención, ni justificación, ni reconciliación. Además, la vida de todas las imágenes comienza en el Antiguo Testamento, pero se elaboran y enriquecen en el Nuevo, particularmente al ser relacionadas directamente con Cristo y la cruz.

La propiciación

Los cristianos occidentales de habla hispana están muy familiarizados con el lenguaje de la 'propiciación' en relación con la muerte de Cristo, por cuanto la versión de Reina Valera, con la cual se han criado, contiene tres afirmaciones explícitas en torno a ella, de la pluma de Pablo.

> … Cristo Jesús, a quien Dios puso como propiciación por medio de la fe en su sangre. Romanos 3.24–25

Y Juan.

> … abogado tenemos para con el Padre, a Jesucristo el justo. Y él es la propiciación por nuestros pecados. 1 Juan 2.1–2

> En esto consiste el amor. no en que nosotros hayamos amado a Dios, sino en que él nos amó a nosotros, y envió a su Hijo en propiciación por nuestros pecados. 1 Juan 4.10

Pero aunque estén familiarizados con el concepto, esto no significa, necesariamente, que se sientan cómodos con el mismo. 'Propiciar' a alguien alude a apaciguarlo o pacificar su ira. ¿Significa, entonces, que Dios se enoja? Si así fuera, ¿pueden las ofrendas o los ritos mitigar su enojo? ¿Acepta Dios el soborno? Estos son conceptos que suenan paganos más que cristianos. Podemos entender que los animistas primitivos consideraran indispensable aplacar la ira de los dioses, los espíritus o los antepasados, pero ¿son dignas del Dios cristiano tales nociones? ¿Acaso no deberíamos haber madurado lo suficiente como para haberlas superado? En particular, ¿realmente hemos de creer que por su muerte Jesús propició la ira del Padre, induciéndolo a abandonarla y en cambio a prodigarnos su favor?

Rechazamos, por cierto, los conceptos vulgares sobre ira, sacrificio y propiciación. No pertenecen a la religión del Antiguo Testamento, y menos a la del Nuevo. Pero esto no significa que no exista ningún concepto bíblico en relación con ellos. Lo que se nos revela en las Escrituras es una doctrina pura (de la que ha sido expurgada la vulgaridad pagana) de la santa ira de Dios, de su amoroso sacrificio de sí mismo en Cristo y de su iniciativa destinada a desviar su propia ira. Resulta obvio que la 'ira' y la 'propiciación' (el apaciguamiento de la ira) van juntas. Cuando la ira ha sido purgada de ideas indignas, entonces la propiciación también es purgada de igual manera. Lo opuesto también es cierto. Los que no pueden aceptar la idea de la ira de Dios repudian todo concepto de la propiciación. Aquí, por ejemplo, tenemos lo que piensa el profesor A. T. Hanson. 'Si se piensa en la ira como una actitud de Dios, no se puede evitar alguna teoría de la propiciación. Pero en el Nuevo Testamento no se dice nunca que la ira sea propiciada, porque no se la concibe con una actitud de Dios.'[1]

Es esta incomodidad con las doctrinas de la ira y la propiciación lo que ha llevado a algunos teólogos a volver a examinar el vocabulario bíblico. Se han concentrado en un grupo de palabras en particular, que la versión de Reina Valera tradujo en términos de 'propiciación', a saber el sustantivo *hilasmos* (1 Juan 2.2; 4.10), el adjetivo *hilastērios* (Romanos 3.25, donde quizá se usa como sustantivo) y el verbo *hilaskomai* (Hebreos 2.17; también Lucas 18.13 en voz pasiva, que quizá tendría que traducirse 'ser propiciado —o propicio— a mí, pecador').

¿Quién es propiciado. Dios o el ser humano?

La cuestión crucial está en resolver si el objeto de la acción expiatoria es Dios o el hombre. En el primer caso, la palabra apropiada es 'propiciación' (apaciguar a Dios); en el segundo, la palabra acertada es 'expiación' (resolver la cuestión del pecado y la culpa).

El teólogo británico que inició este intento de reinterpretación fue C. H. Dodd.[2] He aquí su comentario sobre Romanos 3.25. 'El significado que transmite … es el de la expiación, no el de la propiciación. La mayoría de los traductores y comentaristas están equivocados.'[3] Este autor expresa una opinión similar en relación con 1 Juan 2.2, a saber la de que la traducción 'propiciación por nuestros pecados' es ilegítima aquí y en otras partes.[4] C. H. Dodd era director de los equipos que produjeron la *New English Bible* (Nueva Biblia Inglesa), de la cual el Nuevo Testamento se publicó en 1961. No es de sorprender que su punto de vista se reflejara en la traducción de los versículos mencionados. Romanos 3.25 se traduce en la versión de Dodd 'Dios lo destinó para que fuera el medio de expiar el pecado

1. A. T. Hanson: *Wrath of the Lamb*, p. 192.

2. C. H. Dodd publicó un artículo sobre *hilaskesthai* en el *Journal of Theological Studies*, que posteriormente fue publicado nuevamente en su *Bible and the Greeks* (La Biblia y los griegos). El mismo intento de reinterpretar la 'propiciación' como 'expiación' también se expresa en sus dos comentarios sobre Romanos (*Romans*) y sobre las Epístolas de Juan (*Johannine Epistles*) en la serie 'Moffatt New Testament Commentaries'.

3. C. H. Dodd: *Bible and the Greeks*, p. 94. Ver también *Romans*, pp. 54s.

4. C. H. Dodd: *Johannine Epistles*, p. 25.

por su muerte sacrificial' (ver VM 'a quien Dios ha propuesto como sacrificio expiatorio, por medio de la fe en su sangre'; RVA 'Dios le ha puesto a él como expiación por la fe en su sangre'). En 1 Juan 2.2 y 4.10 la frase clave se traduce 'él mismo es el remedio para la corrupción de nuestros pecados' (ver RVA 'él es la expiación por nuestros pecados'). La RSV, cuyo Nuevo Testamento se publicó unos años antes (1946), tiene 'expiación' en los tres versículos (así NBE).

El argumento de C. H. Dodd, desarrollado con su acostumbrada erudición, era lingüístico. Reconocía que en el griego pagano (tanto el clásico como el popular) el significado normal del verbo *hilaskomai* era 'propiciar' o 'aplacar' a una persona ofendida, especialmente a una deidad. Pero sostenía que este no era su significado en el judaísmo helenístico, como lo demuestra la Septuaginta (LXX), o, para el caso, el Nuevo Testamento. Afirmaba que en la LXX *kipper* (el verbo hebreo correspondiente a 'expiar') se traducía a veces por palabras griegas distintas de *hilaskomai*, que significan 'purificar' o 'cancelar'; que *hilaskomai* en la LXX traduce a veces otras palabras hebreas distintas de *kipper*, que significan 'limpiar' o 'perdonar'; y que cuando 'hilaskomai' efectivamente traduce *kipper* el significado es expiación o remoción de la corrupción. Así es como lo resume. 'El judaísmo helenístico, representado por la LXX, no considera lo cúltico como un medio para pacificar el descontento de la deidad, sino como un medio para librar al hombre del pecado.'[5] De hecho, se creía generalmente en la antigüedad que 'la realización de ritos prescritos … tenían el valor, por así decirlo, de un poderoso desinfectante'.[6] Por consiguiente, concluye, las menciones neotestamentarias del grupo de palabras relacionadas con *hilaskomai* se deberían interpretar de la misma manera. Con su cruz, Jesucristo expió el pecado; no propició a Dios.

La reconstrucción que hizo el profesor Dodd, si bien fue aceptada por muchos de sus contemporáneos y sucesores, fue sometida a una rigurosa crítica por otros, en particular por el doctor Leon Morris[7] y el doctor Roger Nicole.[8] Ambos demostraron que las conclusiones

5. C. H. Dodd: *Bible and the Greeks*, p. 93.

6. C. H. Dodd: *Johannine Epistles*, pp. 25s.

7. Leon Morris escribió un artículo sobre *hilaskesthai* en *The Expository Times*, y luego amplió su tesis en su *Apostolic preaching*. También ha publicado una elaboración y simplificación posterior de este libro en su *Atonement*.

8. El artículo del doctor Roger R. Nicole titulado 'C. H. Dodd and the Doctrine of Propitiation' apareció en el *Westminster Theological Journal*, XVII.2 (1955),

de Dodd se debían a pruebas incompletas o a deducciones dudosas. Por ejemplo, su apreciación del significado del grupo *hilaskomai* en el judaísmo helenístico no hace referencia alguna a los libros de los Macabeos, aun cuando estos pertenecen a la LXX y contienen varios pasajes que hablan de evitar 'la ira del Todopoderoso'; tampoco cita Dodd los escritos de Josefo y de Filón, aun cuando en ellos, como lo demuestra Friedrich Büchsel, prevalece el significado de 'aplacar'.[9] En cuanto al entendimiento neotestamentario de estas palabras, F. Büchsel señala lo que C. H. Dodd pasa por alto, el hecho de que tanto en la *1 Carta de Clemente* (fines del primer siglo) como en el *Pastor de Hermas* (comienzos del segundo) *hilaskomai* se usa claramente para propiciar a Dios. Luego entonces, para que la teoría de C. H. Dodd acerca del uso de la LXX y el Nuevo Testamento fuera correcta, tendría que sostener que 'forman una especie de isla lingüística con pocos precedentes en épocas anteriores, poca confirmación de los contemporáneos, y sin seguidores en años posteriores'.[10]

No podemos sino afirmar que Dodd estaba equivocado. Incluso en el canon del Antiguo Testamento hay numerosos casos en los cuales *kipper* y *hilaskomai* se usan en cuanto a propiciar la ira ya sea de los hombres (como cuando Jacob pacificó a Esaú con presentes y cuando un sabio apacigua la ira de un rey[11]) o de Dios (como cuando Aarón y Finees desviaron la ira de Dios que pendía sobre los israelitas[12]). Incluso en pasajes donde la traducción natural es 'hacer expiación por el pecado', con frecuencia el contexto contiene menciones explícitas de la ira de Dios, lo cual implica que el pecado humano puede ser expiado únicamente desviando la ira divina.[13] Estos casos, señala Roger Nicole, son consecuentes con 'el uso predominante en el griego clásico y en la *koinē*, en Josefo y Filón, en los escritores patrísticos y en los Macabeos'.[14] La conclusión de Leon Morris en relación con el

pp. 117–157. Reconoce cierta deuda para con Leon Morris, aun cuando se trata de un estudio independiente.

9. Ver el artículo sobre el grupo de palabras relacionadas con *hilaskomai* por F. Büchsel y J. Hermann en el *Theological Dictionary of the New Testament* de Kittel, t. III, pp. 300–323.

10. Roger Nicole: *C. H. Dodd*, p. 132.

11. Gn. 32.20; Pr. 16.14.

12. Nm. 16.41–50; 25.11–13. Ver también Zac. 7.2; 8.22; Mal. 1.9.

13. Por ejemplo, Éx. 32.30 (ver v. 10); Dt. 21.1–9; 1 S. 3.14; 26.19.

14. R. Nicole: *C. H. Dodd*, p. 134.

Antiguo Testamento es la de que, si bien *hilaskomai* 'es una palabra compleja, [sin embargo] la desviación de la ira parecería representar un persistente sustrato de significado sobre el cual se pueden explicar naturalmente todos los usos'.[15]

Lo mismo vale para las menciones neotestamentarias. La descripción de Jesús como el *hilasmos* (la propiciación) en relación con nuestros pecados (1 Juan 2.2; 4.10) podría entenderse sencillamente en el sentido de que los llevó o los canceló. Pero también se lo menciona como nuestro 'abogado … para con el Padre' (2.1), lo cual implica el descontento de aquel ante quien ruega a nuestro favor. En cuanto al pasaje de Romanos 3, el contexto es determinante. Sea que traduzcamos *hilastērion* en el versículo 25 como 'el lugar de la propiciación' (es decir, el propiciatorio, como en Hebreos 9.5) o 'el medio de la propiciación' (es decir, un sacrificio propiciatorio), el Jesús al que así se describe es presentado por Dios como el remedio para la culpa humana universal bajo su ira, para demostrar lo cual Pablo ha requerido dos capítulos y medio. Como lo comenta acertadamente Leon Morris, 'la ira ha ocupado un lugar tan importante en la argumentación que lleva a esta sección, que tenemos justificativos para buscar alguna expresión que indique su cancelación en el procedimiento que da como resultado la salvación'.[16] Es cierto que en Hebreos 2.17 *hilaskomai* es un verbo transitivo, con 'los pecados del pueblo' como su objeto. Por lo tanto, puede traducirse 'expiar' (RV 1960, RVA, VHA) o 'hacer expiación por' (NIV). Sin embargo, este significado no es indubitable. En nota marginal, NIV traduce 'que aparte la ira de Dios, quitando' los pecados del pueblo.

Si aceptamos que la argumentación lingüística de C. H. Dodd ha perdido, o cuando menos que no se la ha podido demostrar adecuadamente, y que el grupo de palabras relacionadas con *hilaskomai* significa 'propiciación', y no 'expiación', todavía tenemos que decidir de qué manera representar la ira de Dios y su apartamiento. Sería fácil caricaturizarlos de modo tal que se los deseche por ridículos. Esto es lo que ha hecho William Neil en el siguiente pasaje.

15. L. Morris: *Apostolic preaching*, p. 155.

16. *Ibid.*, p. 169. En su extenso análisis, *Cross in the New Testament*, Leon Morris escribe: "En toda la literatura griega, tanto bíblica como no bíblica, el vocablo *hilasmos* significa 'propiciación'. No podemos decidir que ahora nos gusta más otro significado" (p. 349).

> La escuela teológica del 'fuego y azufre' se deleita en ideas tales como la de que Cristo fue sacrificado para apaciguar la ira de Dios, o de que la cruz fue una transacción legal en la cual la víctima inocente tuvo que pagar la pena por los crímenes de otros, la propiciación de un Dios severo. Vale la pena notar que estas ideas no encuentran apoyo alguno en Pablo. Estas nociones ingresaron en la teología cristiana por el camino de las mentalidades legalistas de los eclesiásticos medievales, y no pertenecen al cristianismo bíblico.[17]

Tres aspectos en el enfoque bíblico de la propiciación

Por cierto, esto no representa al cristianismo de la Biblia en general, ni al de Pablo en particular. Es dudoso que alguien haya aceptado jamás esta tosca interpretación. Porque se trata de nociones paganas de la propiciación con apenas un barniz cristiano. Si hemos de elaborar una doctrina verdaderamente bíblica de la propiciación, será necesario distinguirla de las ideas paganas en tres puntos cruciales. se relacionan con el por qué de la necesidad de una propiciación, quién la hizo, y de qué se trataba.

Primero, **la propiciación es necesaria porque el pecado despierta la ira de Dios.** Esto no significa (como temen los animistas) que Dios es susceptible de perder los estribos ante la menor provocación, menos todavía que se encoleriza sin razón aparente. No hay nada caprichoso o arbitrario en cuanto al santo Dios. Además, jamás actúa en forma irascible, maliciosa, rencorosa o vengativa. Su enojo nunca es misterioso ni irracional. Jamás es impredecible, porque lo provoca el mal y solo el mal. La ira de Dios, como lo hemos considerado más plenamente en el capítulo 4, es su firme, inexorable, infatigable e intransigente antagonismo ante el mal en todas sus formas y manifestaciones. En pocas palabras, la ira de Dios está en el polo opuesto al nuestro. Lo que provoca nuestro enojo (la vanidad herida) nunca lo provoca a él. En cambio lo que provoca su ira (el mal) pocas veces nos incomoda a nosotros.

17. William Neil: *Apostle extraordinary*, pp. 89s.

La segunda diferencia es, **quién hace la propiciación**. En un contexto pagano son siempre seres humanos los que procuran apartar la ira divina ya sea mediante una meticulosa realización de ritos, mediante la recitación de fórmulas mágicas o mediante el ofrecimiento de sacrificios (vegetales, animales o incluso humanos). Se considera que tales prácticas aplacan a la deidad ofendida. Pero el evangelio comienza con la clara afirmación de que nada que podamos hacer, decir, ofrecer o contribuir nosotros, puede servir para hacer compensación por nuestros pecados o apartar la ira de Dios. No hay forma de persuadir, halagar o sobornar a Dios para que nos perdone, por cuanto en realidad no merecemos otra cosa que juicio. Tampoco, como hemos visto, es cierto que Cristo mediante su sacrificio haya 'convencido' a Dios de que nos perdone. La iniciativa la tomó Dios mismo en su pura misericordia y gracia.

Esto estaba claro ya en el Antiguo Testamento, en el que los sacrificios se reconocían no como obras humanas sino como dones divinos. No obraban la gracia de Dios; más bien, eran provistos por un Dios de gracia con el fin de que él pudiese manifestar su gracia para con su pueblo pecador. En referencia a la sangre del sacrificio, Dios declaró. 'Yo os la he dado para hacer expiación sobre el altar por vuestras almas' (Levítico 17.11). Y esta verdad se reconoce más claramente aun en el Nuevo Testamento, especialmente en los principales textos sobre la propiciación. Dios mismo 'presentó' (RV 1977 margen), 'puso' (RV 1960) o 'exhibió' (BA) a Cristo Jesús como sacrificio propiciatorio (Romanos 3.25). No se trata de que nosotros hayamos amado a Dios, sino que él nos amó a nosotros y envió a su Hijo en propiciación por nuestros pecados (1 Juan 4.10). No cabe ninguna duda de que el amor de Dios es la fuente, no la consecuencia, de la expiación. Como lo expresó P. T. Forsyth, 'la expiación no obtuvo la gracia, provino de ella'.[18] En otras palabras, Dios no nos ama porque Cristo murió por nosotros; más bien, Cristo murió por nosotros porque Dios nos ama. Si fue la ira de Dios lo que requería la propiciación, fue el amor de Dios mismo el que obró la propiciación.

Si se puede decir que la propiciación 'cambió' a Dios, tengamos bien en claro que no cambió de la ira al amor o de la enemistad a la gracia,

18. P. T. Forsyth: *Cruciality of the cross*, p. 78. Comparar la afirmación de Calvino: 'La obra de expiación deriva del amor de Dios; por lo tanto, no lo estableció' (*Institución*, II.XVI.4).

por cuanto su carácter es inalterable. Lo que la propiciación cambió fue su trato con nosotros. Como escribió P. T. Forsyth. 'La distinción que les pido que observen es entre un cambio de sentimiento y un cambio de trato … Los sentimientos de Dios hacia nosotros nunca necesitaron cambiar. Pero la forma de tratarnos por parte de Dios (la relación práctica de Dios con nosotros), eso sí tenía que cambiar.'[19] Dios nos perdonó y nos recibió en su seno nuevamente.

Queda un tercer aspecto en el que la doctrina bíblica de la propiciación se diferencia de los conceptos paganos al respecto. **en qué consistía el sacrificio** propiciatorio en la cruz. No se trataba ni de un animal, ni de un vegetal ni de un mineral. No era una cosa, sino una persona. Más aun, la persona que Dios ofreció no era alguna otra persona, ya fuese un ser humano o un ángel, o incluso su Hijo considerado como alguien distinto o externo a sí mismo. En la cruz Dios se ofreció a sí mismo. Al dar al Hijo, se estaba dando a sí mismo. Como escribió repetidamente Karl Barth, 'era el Hijo de Dios, es decir, Dios mismo'.

> El hecho de que se trataba del Hijo de Dios, que Dios mismo ocupó nuestro lugar en el Gólgota y de este modo nos libró de la ira y el juicio divinos, revela en primer lugar la plena implicancia de la ira de Dios, de su justicia condenatoria y punitiva. [Además], dado que fue el Hijo de Dios, es decir Dios mismo quien ocupó nuestro lugar el viernes santo, la sustitución pudo ser efectiva y pudo lograr nuestra reconciliación con el Dios justo … Solo Dios, nuestro Señor y Creador, pudo obrar como fiador por nosotros, pudo ocupar nuestro lugar, pudo experimentar la muerte eterna en lugar de nosotros como consecuencia de nuestro pecado, de tal modo que fue experimentada y vencida definitivamente.[20]

Y todo esto, aclara Barth, era expresión no solo de la santidad y la justicia de Dios, sino de 'las perfecciones del amor divino', más todavía del 'santo amor' de Dios.

Luego entonces, Dios mismo ocupa el centro de nuestra respuesta a las tres preguntas en torno a la propiciación divina. Es Dios mismo quien en su santa ira tiene que ser propiciado, Dios mismo quien en

19. P. T. Forsyth: *The work of Christ*, p. 105.
20. Karl Barth: *Church dogmatics*, t. II, parte 1, pp. 398, 403.

su santo amor se ocupó de llevar a cabo el acto propiciatorio, y Dios mismo quien, en la persona de su Hijo, murió como propiciación por nuestros pecados. Así, Dios tomó su propia iniciativa amorosa para apaciguar su propia ira justa. Él la llevó sobre sí, en su propio Hijo, cuando ocupó nuestro lugar y murió por nosotros. No hay crudeza aquí que pueda evocar el ridículo, solo la profundidad del santo amor que evoca nuestra adoración.

Al procurar de este modo defender y restablecer la doctrina bíblica de la propiciación, no tenemos la intención de negar la doctrina bíblica de la expiación. Si bien debemos resistir todo intento de remplazar la propiciación por la expiación, aceptamos de buen grado todo intento de considerarlas como aspectos de la salvación que van juntos. Así F. Büchsel escribió que '*hilasmos* ... es la acción en la cual Dios es propiciado y el pecado es expiado'.[21] El doctor David Wells lo sintetizó así.

> Según el pensamiento paulino, el ser humano está alienado de Dios por el pecado y Dios está alienado del ser humano por la ira. Es en la muerte sustitutiva de Cristo que el pecado queda vencido y la ira apartada, de modo que Dios puede contemplar sin desagrado al hombre y a la mujer, quienes a su vez pueden mirar a Dios sin temor. El pecado es expiado y Dios es propiciado.[22]

La redención

Pasamos ahora de la 'propiciación' a la 'redención'. Al procurar comprender el éxito de la cruz, las imágenes se trasladan del atrio del templo al mercado, de la esfera ceremonial a la esfera comercial, de los ritos religiosos a las transacciones empresariales. En el nivel más básico 'redimir' es comprar o recuperar por compra, ya sea como adquisición o como rescate. Inevitablemente, entonces, se pone el énfasis de la imagen de la redención en nuestro lamentable estado de pecado —más bien nuestro cautiverio— que hizo necesario un acto de rescate divino. La 'propiciación' se centra en la ira de Dios que fuera aplacada por la cruz; la 'redención', en la angustiosa situación de los pecadores, de la cual fuimos rescatados por la cruz.

21. F. Büchsel: '*hilaskomai*', p. 317.
22. David F. Wells: *Search for salvation*, p. 29.

Por otra parte, 'rescate' es la palabra apropiada. Las palabras griegas *lytroō* (traducida generalmente 'redimir') y *apolytrōsis* ('redención') se derivan de *lytron* ('rescate' o 'precio de liberación'), que era un término casi técnico en el mundo antiguo para la adquisición o manumisión de un esclavo. Como escribió Leon Morris, en vista del 'invariable uso de los autores profanos', a saber que este grupo de vocablos se refiere a 'un proceso que comprende la liberación mediante pago de un precio de rescate',[23] a menudo muy costosa, no tenemos libertad para diluir su significado convirtiéndola en una liberación difusa e incluso barata. Hemos sido 'rescatados' por Cristo, no solamente 'redimidos' o 'liberados' por él. B. B. Warfield tenía razón cuando señaló que 'asistimos a los funerales de una palabra. Es triste verificar la muerte de cualquier cosa digna, incluso de un vocablo digno. Pero lo cierto es que hay palabras dignas que se mueren, como cualquier otra cosa digna, si no nos ocupamos de cuidarlas'. Más triste aun es 'que mueran en el corazón de los hombres las cosas que las palabras representan'.[24] Se refería a la pérdida, por parte de los de su generación, de un sentido de gratitud para con aquel que pagó nuestro rescate.

En el Antiguo Testamento la propiedad, los animales, las personas y la nación eran todos 'redimidos' mediante el pago de un precio. Estaba legislado el derecho (incluso el deber) de representar el papel de 'pariente redentor' y recuperar mediante la compra una propiedad que había sido enajenada, con el objeto de conservarla en la familia o tribu. Tenemos, por ejemplo, los casos en que actuaron Booz y Jeremías.[25] En cuanto a los animales, los machos primogénitos de todo el ganado pertenecía por derecho a Yahvéh; los asnos y los animales impuros, sin embargo, podían ser redimidos (es decir recuperados por compra) por el dueño.[26] En el caso de individuos israelitas, cada uno tenía que pagar 'el rescate de su persona' en la época del censo nacional; los varones primogénitos (quienes desde la primera pascua pertenecían a Dios), especialmente los que sobrepasaban el número

23. Leon Morris: *Apostolic preaching*, p. 10. Ver también el capítulo 5, 'Redemption', en su *Atonement*, pp. 106–131.

24. De un artículo sobre la redención ('Redemption') por B. B. Warfield, aparecido primeramente en *The Princeton Theological Review* (t. XIV, 1916), y reimpreso en su *Person and work*, pp. 345, 347.

25. Lv. 25.25–28; Rt. 3–4; Jer. 32.6–8. Ver Lv. 27 para la redención de tierras que habían sido dedicadas al Señor mediante un voto especial.

26. Éx. 13.13; 34.20; Nm. 18.14–17.

de los levitas que los remplazaban, tenían que ser redimidos; el dueño de un toro notoriamente peligroso, que acorneara a un hombre y lo matara, debía ser muerto, a menos que se redimiese la vida del hombre mediante una multa adecuada; y un israelita pobre obligado a venderse a sí mismo como esclavo podía posteriormente ya sea redimirse él mismo o ser redimido por un pariente.[27] En todos estos casos de 'redención' había una intervención decisiva y costosa. Alguien pagaba el precio necesario para liberar la propiedad de su embargo, a los animales de ser sacrificados, a las personas de la esclavitud e incluso de la muerte.

El concepto se aplicaba aun a la nación. El vocabulario de la redención se usaba para describir la liberación de Israel por parte de Yahvéh tanto de la esclavitud en Egipto[28] como del exilio en Babilonia.[29] Pero en este caso, dado que el redentor no era un ser humano sino Dios mismo, ¿podemos seguir sosteniendo que 'redimir' es 'rescatar'? ¿Qué precio pagó Yahvéh para redimir a su pueblo? El obispo B. F. Westcott parece haber sido el primero en sugerir una respuesta. "La idea del ejercicio de una fuerza poderosa, la idea de que la 'redención' cuesta mucho, está presente en todas partes."[30] Warfield amplió este concepto. 'Cuando se alude a la redención de Egipto, ocupa un lugar central la idea de que fue efecto de una gran inversión de poder divino y que, en ese sentido, costó mucho. Esta parece constituir la idea central que se procuraba transmitir.'[31] Porque Dios redimió a Israel 'con brazo extendido' y 'con mano poderosa'.[32] Llegamos a la conclusión de que la redención *siempre* comprende el pago de un precio, y de que la redención de Israel por parte de Yahvéh no fue una excepción. Incluso aquí, resume Warfield, 'se preserva la concepción del pago de un precio que está intrínseca en [el verbo] *lutrousthai* … Una redención sin que se pague un precio es una transacción tan anómala como una venta sin la mediación de dinero.'[33]

27. Éx. 30.12–16; 13.13; 34.20; Nm. 3.40–51; Éx. 21.28–32; Lv. 25.47–55.

28. Por ejemplo, Éx. 6.6; Dt. 7.8; 15.15; 2 S. 7.23.

29. Por ejemplo, Is. 43.1–4; 48.20; 51.11; Jer. 31.11.

30. B. F. Westcott: *Epistle to the Hebrews*, p. 298.

31. B. B. Warfield: *Person and work*, p. 448. Leon Morris plantea lo mismo en su *Apostolic preaching*, pp. 14–17, 19s.

32. Por ejemplo, Éx. 6.6; Dt. 9.26; Neh. 1.10; Sal. 77.15.

33. B. B. Warfield: *Person and work*, pp. 453s.

Tres énfasis de la redención en el Nuevo Testamento

Cuando llegamos al Nuevo Testamento y consideramos su enseñanza acerca de la redención, nos damos cuenta de inmediato que hay cambios. Sigue entendiéndose que quienes necesitan redención se encuentran en una situación tan lamentable que pueden ser redimidos solamente mediante el pago de un precio. Pero ahora la situación es moral más que material, y el precio es la muerte expiatoria del Hijo de Dios. Esto resulta evidente en el famoso dicho de Jesús sobre el rescate, de carácter fundacional para la doctrina neotestamentaria de la redención. 'El Hijo del hombre no vino para ser servido, sino para servir, y para dar su vida en rescate por muchos' (Marcos 10.45). Las imágenes suponen que nos encontramos en una esclavitud de la que solo el pago de un rescate puede liberarnos, y que el rescate es nada menos que la vida del propio Mesías. Nuestra vida está enajenada; en cambio su vida será sacrificada. F. Büchsel seguramente tiene razón al decir que las palabras de Jesús 'indudablemente implican la sustitución'. Esto queda claro por la combinación de los dos adjetivos en la expresión griega *antilytron hyper pollōn* (literalmente, 'un rescate en lugar de y por amor a muchos'). 'La muerte de Jesús significa que le ocurre a él lo que debería haberles ocurrido a muchos. En consecuencia él ocupa el lugar de ellos.'[34] Una expresión paralela (quizá eco de aquella) aparece en 1 Timoteo 2.5–6. 'Jesucristo … se dio a sí mismo en rescate por todos.'

Resulta instructivo que el historiador judío Josefo usara lenguaje similar cuando describió la visita del general romano Craso al templo de Jerusalén en el 54–53 a.C., decidido a saquear el santuario. Un sacerdote llamado Eleazar, guardián de los tesoros sagrados, le dio una gran barra de oro (cuyo valor era de 10.000 siclos) a modo de *lytron anti pantōn*, 'rescate a cambio del todo'. Es decir, la barra de oro fue ofrecida para sustituir los tesoros del templo.[35]

¿Cuál es, en primer lugar, la lamentable situación humana, de la que no podemos evadirnos y que hace necesario que seamos redimidos? Hemos visto que en el Antiguo Testamento las personas eran

34. F. Büchsel: '*hilaskomai*', p. 343.
35. Josefo: *Antigüedades*, XIV.107.

redimidas de una variedad de situaciones sociales graves tales como deudas, cautividad, esclavitud, exilio y eventual ejecución. De lo que Cristo nos ha rescatado es de una esclavitud moral. Esta se describe unas veces como nuestras 'transgresiones' o 'pecados' (por cuanto en dos versículos claves 'redención' es sinónimo de 'el perdón de pecados'[36]), otras como 'la maldición de la ley' (a saber el juicio divino que pronuncia contra los que quebrantan la ley),[37] y otras más como la 'vana manera de vivir, la cual recibisteis de vuestros padres'.[38] Con todo, ni siquiera la liberación de estos cautiverios completa nuestra redención.

Hay algo más todavía, por cuanto Cristo 'se dio a sí mismo por nosotros para redimirnos de toda iniquidad',[39] para liberarnos de *todos* los estragos de la caída. Esto es algo que aún no hemos experimentado. En el Antiguo Testamento, si bien el pueblo de Dios había sido redimido de sus exilios egipcio y babilónico, no obstante seguían esperando la promesa de una redención más plena, anticipando la redención de Jerusalén.[40] Así también el pueblo de Dios en el Nuevo Testamento, si bien ya ha sido redimido de la culpa y el juicio, sigue esperando 'el día de la redención' cuando hemos de ser hechos perfectos. Aquí estará incluida 'la redención de nuestro cuerpo'. Entonces, toda la creación que gime al unísono será liberada de su esclavitud a la corrupción y compartirá la libertad de la gloria de los hijos de Dios. Mientras tanto, el Espíritu Santo que mora en nosotros es el sello, la garantía y las primicias de nuestra final redención.[41] Solo entonces Cristo nos habrá redimido (como también al universo) de todo pecado, dolor, inutilidad y corrupción.

Segundo, habiendo considerado la lamentable situación de la que hemos sido redimidos, es preciso que consideremos el precio con el cual hemos sido redimidos. El Nuevo Testamento nunca exagera las imágenes hasta el punto de indicar a quién se le pagó el rescate, pero no nos deja con dudas acerca del precio, que fue la persona de Cristo. Para comenzar, estaba el costo de la encarnación, de ingresar a

36. Ef. 1.7; Col. 1.14. Ver He. 9.15.

37. Gá. 3.13; 4.5.

38. 1 P. 1.18.

39. Tit. 2.14. El sustantivo es *anomia*, 'ilegalidad'.

40. Lc. 2.38. Ver 1.68; 24.21.

41. Lc. 21.28; Ef. 1.14; 4.30; Ro.8.18–23.

nuestra condición o estado con el fin de alcanzarnos. Se nos dice que Dios envió a su Hijo, 'nacido de mujer y nacido bajo la ley, para que redimiese a los que estaban bajo la ley' (Gálatas 4.4–5). Jeremias se pregunta si Pablo estaba aludiendo al 'dramático acto de ingresar en la esclavitud con el fin de redimir a un esclavo', así como la entrega del cuerpo para ser quemado (1 Corintios 13.3) podría referirse al hecho de ser 'señalado con la marca del esclavo'.[42] Más allá de la encarnación, sin embargo, se encontraba la expiación. Para cumplirla se dio 'a sí mismo' (1 Timoteo 2.6; Tito 2.14) o entregó su 'vida' (su *psychē*, Marcos 10.45), muriendo bajo la maldición de la ley para redimirnos de ella (Gálatas 3.13).

Sin embargo, cuando se indica el gran precio pagado por Cristo para rescatarnos, la expresión más común empleada por los escritores del Nuevo Testamento no fue 'sí mismo', ni su 'vida' sino su 'sangre'. 'Fuisteis rescatados … no con cosas corruptibles, como oro o plata, sino con la sangre preciosa de Cristo, como de un cordero sin mancha y sin contaminación', escribió Pedro en su primera carta (1.18–19). Por su parte, el escritor de la Carta a los Hebreos, empapado como lo estaba en las imágenes sacrificiales, enfatizó el hecho de que Cristo fue víctima a la vez que sacerdote, ya que 'por su propia sangre, entró una vez para siempre en el Lugar Santísimo'.[43]

Pero ¿qué significa la 'sangre' de Cristo? Todos los entendidos están de acuerdo en que alude a su muerte, pero ¿en qué sentido? Escogiendo la triple aseveración en Levítico 17.11–14 de que 'la vida de la carne en la sangre está' o 'todo ser vive por la sangre que está en él' (DHH), y la declaración aun más directa de Deuteronomio 12.23 de que 'la sangre es la vida', teólogos británicos elaboraron una teoría extrañamente popular a fines del siglo pasado. Según esta opinión, la sangre de Cristo no representa su muerte sino su vida, vida que se libera mediante la muerte y de este modo está disponible para nosotros. Vincent Taylor, C. H. Dodd, y aun P. T. Forsyth estaban entre los que elaboraron esta idea. Sin embargo, su origen se remonta generalmente al obispo B. F. Westcott en su *Commentary on the Epistles*

42. Jeremias: *Mensaje central* (pp. 37s en la edición citada por el autor; ver Bibliografía). Ver 1 Clem. LV.

43. He. 9.12. Ver también las referencias a la sangre de Cristo en relación con nuestra redención tanto en Ro. 3.24s como en Ef. 1.7.

of John (Comentario a las Epístolas de Juan), publicado en 1883, en el cual escribió.

> Mediante la efusión de la sangre la vida que estaba en ella no fue destruida, aunque fue separada del organismo al que anteriormente daba vida … De esta manera dos ideas inconfundibles estaban incluidas en el sacrificio de la víctima, la muerte de una víctima por el derramamiento de su sangre, y la liberación, por así decirlo, del principio de vida que lo había vivificado, de modo que esta vida quedó disponible para otro fin.[44]

Precisamente la sangre de Cristo fue primero su propia vida entregada *por* nosotros y luego entregada *a* nosotros.

En su comentario posterior sobre la Epístola a los Hebreos, Westcott seguía enseñando el mismo concepto. La sangre es vida 'considerada como todavía viviente', y 'la sangre vertida es la energía … puesta a disposición de otros'.[45]

James Denney rechazó enfáticamente esta tesis. En 1902, en su libro *The death of Christ* (La muerte de Cristo) animó a sus lectores a no adoptar 'el extraño capricho que fascinó a Westcott', quien distinguió en la sangre de Cristo entre su muerte y su vida, su sangre derramada y ofrecida, su vida entregada a muerte y liberada por los seres humanos. 'Me aventuro a decir', continuó, 'que jamás una fantasía más infundada obsesionó y perturbó la interpretación de parte alguna de las Escrituras' (p. 149).

En 1948 se publicó la excelente monografía de Alan Stibb titulada *The meaning of the word 'blood' in Scripture* (El significado del término 'sangre' en las Escrituras), que tendría que haber dado por tierra con esta teoría para siempre. Stibb hace un exhaustivo examen de las menciones del término 'sangre' tanto en el Antiguo como en el Nuevo Testamento, y no encuentra ninguna dificultad para demostrar que se trata de 'una palabra simbólica para muerte'. Por cierto que 'la sangre es la vida de la carne'. Pero 'esto significa que si se separa la sangre de la carne, sea en el hombre o en los animales, la vida física

44. B. F. Westcott: *Commentary on the Epistles of John*. Nota adicional sobre 1 Jn. 1.7, 'The idea of Christ's blood in the New Testament', pp. 34ss.

45. B. F. Westcott: *Epistle to the Hebrews*. Nota adicional sobre Hebreos 9.9, pp. 283ss.

presente en la carne llegará a su fin. La sangre derramada, representa, por consiguiente, no la liberación de vida de la carga de la carne, sino la terminación de la vida en la carne. Funciona como testigo de la muerte física, no como prueba de supervivencia espiritual'. Por lo tanto, la expresión 'beber la sangre de Cristo' no describe 'la participación en su vida sino la apropiación de los beneficios de su vida entregada a muerte'.[46] No podemos hacer otra cosa que llegar a la conclusión, como lo hace Stibb, con una cita tomada del artículo de Johannes Behm sobre la palabra 'sangre' en el diccionario de Kittel. "'Sangre de Cristo' es (igual que 'cruz') solo otra expresión más clara para la muerte de Cristo en su significado salvífico" o en su 'significación redentora'.[47]

La imagen de la 'redención' ofrece un tercer énfasis. Además de la trágica situación de la cual somos redimidos, y del precio pagado para ello, llama la atención hacia la persona del Redentor, quien adquiere derechos de propiedad sobre lo que ha comprado. Así, el señorío de Jesús tanto sobre la iglesia como sobre el cristiano se atribuye al hecho de que nos compró con su propia sangre. A los presbíteros, por ejemplo, se los anima a supervisar la iglesia sobre la base de que Dios en Cristo la ha comprado con su propia sangre (Hechos 20.28). Si valía la pena que él derramase su sangre por la iglesia, ¿acaso no vale la pena que nosotros trabajemos por ella? El privilegio de servir allí lo determina el inmenso valor del precio pagado por su compra. Ese parece ser el concepto. Además, la comunidad redimida en el cielo canta una nueva canción que celebra el valor y la dignidad del Cordero.

> Digno eres de tomar el libro
>   y de abrir sus sellos;
> porque tú fuiste inmolado,
>   y con tu sangre nos has redimido para Dios,
>   de todo linaje y lengua y pueblo y nación.[48]

46. Alan M. Stibbs: *Meaning of the word 'blood' in Scripture*, pp. 10, 12, 16; 30. Leon Morris tiene un capítulo titulado 'The blood' en su *Apostolic preaching* (pp. 108–124), y en su *Cross in the New Testament* escribe: "Los hebreos entendían 'sangre' habitualmente en el sentido de 'muerte violenta'" (p. 219). F. D. Kidner también critica la tesis de Westcott en su *Sacrifice in the Old Testament*, y señala que la prohibición de usar sangre en la comida 'es consecuente con la idea de su carácter precioso, pero difícilmente con la de su potencia' (p. 24).

47. Johannes Behm: *'haima'*, p. 173.

48. Ap. 5.9; ver 1.5s; 14.3s.

Recordar que el Señor Jesucristo nos ha comprado con su sangre, y que como consecuencia nosotros le pertenecemos, debería motivarnos a la santidad, como cristianos individuales, así como motiva a los presbíteros a cumplir un ministerio fiel, y a la hueste celestial a adorar. Detectamos una nota de escándalo en la voz de Pedro cuando habla de los maestros falsos que con su desvergonzado comportamiento 'negarán al Señor que los rescató' (2 Pedro 2.1). Puesto que él los compró, le pertenecen. Por lo tanto, deberían reconocerlo como Señor en lugar de negarlo. El urgente llamado que nos hace Pablo cuando dice 'huid de la fornicación' ('inmoralidad sexual', NVI) tiene como base la doctrina del cuerpo humano y a quién le pertenece. Por un lado, pregunta sorprendido. '¿Ignoráis que vuestro cuerpo es templo del Espíritu Santo, el cual está en vosotros, el cual tenéis de Dios, y que no sois vuestros?' Y afirma. 'Porque habéis sido comprados por precio; glorificad, pues, a Dios en vuestro cuerpo.'[49] Nuestro cuerpo no solo ha sido creado por Dios y algún día será resucitado por él, sino que ha sido comprado con la sangre de Cristo y en él mora su Espíritu. Por lo tanto pertenece a Dios triplemente, por creación, por redención y porque mora en él. ¿Cómo, entonces, podemos usarlo mal, siendo que no nos pertenece? En cambio, hemos de glorificar y honrar a Dios con él, mediante la obediencia y ejerciendo control sobre él. Hemos sido comprados por Cristo, por lo cual no tenemos derecho alguno a hacernos esclavos de nadie ni de nada. Tiempo hubo en que fuimos esclavos del pecado; ahora somos esclavos de Cristo, y su servicio es la verdadera libertad.

La justificación

Las dos figuras que hemos considerado hasta aquí nos han llevado al recinto del templo (la propiciación) y al mercado (la redención). La tercera imagen (la justificación) nos llevará a los tribunales judiciales. La justificación es lo opuesto de la condenación (como en Romanos 5.18; 8.34), y ambas constituyen veredictos producidos por un juez, el cual resuelve si el acusado es culpable o no.

Hay lógica en el orden en el cual estamos analizando estos grandes vocablos que describen lo que se logró en la cruz. Inevitablemente la propiciación viene primero, porque mientras no ha sido apaciguada

49. 1 Co. 6.18–20; ver 7.23.

la ira de Dios (es decir, mientras su amor no ha encontrado la forma de apartar su enojo), no puede haber salvación alguna para los seres humanos. Luego estamos en condiciones de entender el significado de la salvación. Comenzamos en forma negativa, con la redención, o sea con nuestro rescate del espantoso cautiverio del pecado y la culpa, al elevado precio de la sangre de Cristo. La justificación es su contraparte positiva. Cierto es que algunos eruditos niegan esto. Sanday y Headlam escribieron que la justificación 'es simplemente el perdón, el perdón gratuito',[50] y más recientemente Jeremias ha afirmado que 'la justificación es perdón, nada más que perdón'.[51] Por cierto que estos dos conceptos son complementarios; pero no son idénticos. El perdón anula nuestras deudas y evita la posibilidad del castigo; la justificación nos da el derecho a una posición delante de Dios como seres justos.

Los reformadores del siglo XVI, a quienes Dios iluminó para que redescubriesen el evangelio bíblico de la 'justificación por la fe', estaban convencidos de su capital importancia. Lutero la llamó 'el principal artículo de toda la doctrina cristiana, que por cierto forja a los verdaderos cristianos'.[52] Y Cranmer escribió.

> Esta fe es la que enseña la Escritura; esta es la fuerte roca y fundamento de la religión cristiana; esta doctrina, todos los autores primitivos y antiguos de la iglesia de Cristo aprueban; esta doctrina promueve y presenta la verdadera gloria de Cristo, y abate la vanagloria del hombre; quienquiera que la niega no ha de ser contado como un verdadero cristiano … sino como adversario de Cristo …[53]

Quisiera agregar una afirmación hecha por algunos evangélicos anglicanos contemporáneos.

> Nos parece, al igual que a todos los evangélicos, que la justificación por la fe es el corazón y la médula, el paradigma

50. Sanday y Headlam: *Romans*, p. 36.

51. Jeremias: *Mensaje central* (p. 66 en la edición citada por el autor; ver Bibliografía).

52. Martín Lutero: *Gálatas* (sobre Gá. 2.16) (p. 143 en la edición citada por el autor). Ver p. 101 (sobre Gá. 2.4s).

53. Del sermón de Cranmer sobre la salvación ('Sermon on salvation') en su *First book of homilies*, pp. 25s.

> y la esencia, de toda la economía de la gracia salvífica de Dios. Como Atlas, lleva un mundo sobre sus hombros, un pleno conocimiento evangélico del amor de Dios en Cristo para con los pecadores.[54]

A pesar de la primordial importancia de esta verdad, ha sido objeto de mucha resistencia. Primero, están los que evidencian una fuerte antipatía hacia las categorías legales en todo lo que se refiere a la salvación. Lo hacen sobre la base de que ellas presentan a Dios como Juez y Rey, y no como Padre, y por consiguiente no pueden describir adecuadamente el trato personal que Dios tiene con nosotros, como tampoco nuestra relación personal con él. Esta objeción tendría valor si la justificación fuera la única imagen relacionada con la salvación. Pero su sabor jurídico es equilibrado por las imágenes más personales de la 'reconciliación' y la 'adopción' (en las que Dios es Padre, no Juez), temas que consideraremos en seguida.

Una segunda crítica es la de quienes intentan hacer a un lado esta doctrina por considerarla ligada a la idiosincrasia paulina, originada en su peculiar mentalidad forense. Se puede descartar sin reparos esta objeción, por cuanto lo que es de carácter paulino es apostólico y por lo tanto autorizado. De todos modos, el argumento es falso. El concepto de la justificación no es invento de Pablo. Comienza con Jesús, quien dijo que el cobrador de impuestos de su parábola 'descendió a su casa justificado' ante Dios, no así el fariseo (Lucas 18.14). Más todavía, eltema de la justificación aparece ya en el Antiguo Testamento, donde se predice que el siervo justo y sufriente de Dios 'justificará … a muchos [porque] llevará sus iniquidades' (Isaías 53.11).

Una tercera objeción proviene del catolicismo romano. Es preciso considerar las razones por las cuales el catolicismo rechaza la enseñanza de los reformadores sobre la justificación por la fe. Podríamos, sin cometer una injusticia, resumir la doctrina del Concilio de Trento bajo tres encabezamientos. lo que se relaciona con la naturaleza de la justificación, lo que la precede y la ocasiona, y lo que viene después. Primero, el Concilio enseñó que la justificación se lleva a cabo en el bautismo e incluye el perdón y la renovación. La persona bautizada

54. R. T. Beckwith, G. E. Duffield y J. I. Packer: *Across the divide*, p. 58.

queda limpia del pecado original y de los que hubiera cometido hasta ese momento, y simultáneamente es receptora de una justicia nueva y sobrenatural. Segundo, antes del bautismo la gracia divina predispone a las personas para que 'se conviertan a su propia justificación mediante un libre asentimiento a esa gracia, a la vez que cooperando con ella'. Tercero, los pecados posteriores al bautismo (que si son 'mortales' ocasionan la pérdida de la gracia) no se incluyen en los alcances que tiene la justificación. Tienen que ser purgados mediante la contrición, la confesión y la penitencia (también, si queda alguno al morir, mediante el purgatorio), de modo que se puede decir que estas y otras buenas obras posteriores al bautismo hacen a la persona 'merecedora' de la vida eterna.[55]

Diálogo entre protestantes y católicos

Las iglesias protestantes tenían buenas razones para sentirse profundamente preocupadas por esta enseñanza. Al mismo tiempo, ninguna de las partes se proponía escuchar atentamente a la otra, y ambas estaban imbuidas del espíritu amargo y polémico de la época. Hoy la cuestión básica, cual es la de la forma de ser salvo, sigue siendo crucial. Mucho es lo que está en juego. No obstante, la atmósfera ha cambiado. Además, la sorprendente monografía de Hans Küng sobre la doctrina de la justificación como la expone Karl Barth[56] ha dado lugar a nuevas posibilidades para el diálogo. Ha ocurrido lo mismo con el Segundo Concilio Vaticano de los primeros años de la década de 1960.[57]

La obra de Hans Küng tiene dos partes. Con respecto a la primera, que expone 'La teología de la justificación en Karl Barth', Barth mismo le escribió a Hans Küng así. 'Usted ha reproducido en forma completa y acertada mis puntos de vista, tal como los entiendo yo mismo … Me hace decir lo que realmente digo y … lo expresa en

55. Ver Concilio de Trento, sesión VI, y sus decretos sobre el pecado original, sobre la justificación y sobre la penitencia.

56. Hans Küng: *Justificación* (1957).

57. Para valoraciones protestantes amables pero a la vez críticas del pensamiento católico romano reciente ver *Revolution in Rome* por David F. Wells; *Across the divide* por R. T. Beckwith, G. E. Duffield y J. I. Packer; *Justification today: the Roman Catholic and Anglican debate* por R. G. England; la contribución de George Carey titulada 'Justification by Faith in Recent Roman Catholic Theology' en *Great acquittal*; y *Rome and reformation today,* de James Atkinson.

la forma en que yo quiero decirlo' (p. XVII). La segunda parte de la tesis de Küng contiene 'Un intento de ofrecer una respuesta católica' y en su conclusión sostiene que hay 'una concordancia fundamental entre la teología católica y la protestante, precisamente en cuanto a la teología de la justificación' (p. 271). Barth escribió sobre esta sección. '¡Si esta es la enseñanza de la Iglesia Católica Romana, entonces por cierto tengo que admitir que mi punto de vista sobre la justificación concuerda con el punto de vista católico romano, aun cuando solo fuese por la razón de que la enseñanza católico romana estaría en ese caso sorprendentemente de acuerdo con la mía!' Luego pregunta cómo es que dicha concordancia 'pudo haber permanecido oculta tanto tiempo y a tantas personas'. ¡Finalmente, en tono de broma, pregunta si Hans Küng la descubrió antes, durante o después de la lectura de su *Church dogmatics* (Dogmática eclesiástica)! (pp. XVII–XVIII)

Por cierto que Hans Küng hace algunas afirmaciones notables, aunque quizá sea una lástima que sus tesis procuran demostrar la concordancia de Trento con Barth, antes que con Lutero, hacia el cual parece tener menos simpatía. En el capítulo 27 define la gracia según las Escrituras como 'graciosidad' (o 'misericoria'), el 'favor' o la 'generosa bondad' de Dios. 'La cuestión no es *que yo tenga* gracia, sino que *él manifieste gracia* (que *él sea misericordioso*)' (pp. 189s). En el capítulo 28 escribe que la justificación 'se debe definir como un *declarar justo por decisión tribunalicia*', y que en el Nuevo Testamento 'la asociación con una situación jurídica nunca está ausente' (p. 200). Además, se trata de 'un acontecimiento jurídico ... una justicia salvífica totalmente graciosa (misericordiosa)' (pp. 205–206). Luego en el capítulo 31 Hans Küng sostiene firmemente la verdad de la *sola fide* (por la fe sola), y dice que Lutero estaba en una posición totalmente acertada y ortodoxa cuando agregó la palabra 'sola' al texto de Romanos 3.28, por cuanto 'no era invención de Lutero', sino que ya había aparecido en varias otras traducciones, y Trento no tenía la intención de contradecirla (p. 237). Por lo tanto, escribe Küng, 'tenemos que reconocer una concordancia fundamental con respecto a la fórmula de la *sola fide* ... El hombre es justificado por Dios sobre la base de la fe sola' (p. 246). Más aun, "la justificación por medio de la 'fe sola' pone de manifiesto la total incapacidad e incompetencia del hombre de lograr cualquier tipo de autojustificación" (p. 301). 'Así, el hombre es justificado por medio de la sola gracia de Dios; el hombre no logra nada; no hay actividad humana. Más bien el ser humano se somete simplemente a la justificación de Dios. No hace obras; cree' (p. 240).

El profesor Küng no se detiene allí, sin embargo. No obstante su énfasis en la naturaleza jurídica de la justificación como declaración divina, insiste en que la Palabra de Dios es siempre eficaz, de modo que todo lo que Dios pronuncia se cumple. Por lo tanto, cuando Dios dice 'tú eres justo', es porque 'el pecador *es* justo, real y verdaderamente, exterior e interiormente, total y plenamente. Sus pecados le *son* perdonados, y el hombre es justo en su corazón … En síntesis, la *declaración* de justicia por Dios es … al mismo tiempo y en el mismo acto un *hacer justo*' (p. 204). La justificación es 'el acto único que simultáneamente declara justo y hace justo' (p. 210).

Pero hay aquí una ambigüedad peligrosa, especialmente en la frase retórica acerca de que el pecador justificado es 'total y plenamente' justo. ¿Qué quiere decir esto?

Si 'justo' significa aquí 'perdonado, aceptado, en la debida relación con Dios', entonces por cierto que nos hacemos inmediata, total y completamente lo que Dios declara que somos; disfrutamos de una posición de justicia que él nos ha conferido. Este es el significado exacto de la 'justificación'. Si 'justo' se usa con el significado de 'hecho nuevo, vivificado', también entonces la palabra creadora de Dios nos hace inmediamente lo que él declara. Sin embargo, este sería un uso incorrecto de la palabra 'justo' porque lo que se está describiendo en ese caso no es la justificación, sino la regeneración.

Ahora bien, si 'justo' significa 'tener un carácter justo' o ser 'hechos conformes a la imagen de' Cristo, en ese caso la declaración divina no nos lo asegura inmediatamente, sino que más bien inicia el proceso. Esto no es justificación, sino santificación, y se trata de un proceso continuo, que dura toda la vida.

El Excursus II explicativo de Hans Küng, 'Justification and sanctification in the New Testament' (Justificación y santificación en el Nuevo Testamento), tampoco expresa en forma clara lo que quiere decir el autor cuando habla de que Dios 'hace justo' al pecador. Reconoce el problema de que el lenguaje de la 'santificación' se usa en el Nuevo Testamento en dos sentidos diferentes. A veces aparece casi como sinónimo de la justificación, por cuanto denota la santidad de nuestra *posición*, no de nuestro carácter. En este sentido, en el momento de nuestra justificación nos hacemos 'santos', porque hemos sido 'santificados en Cristo Jesús', apartados para pertenecer al pueblo santo de Dios.[58] Otras veces la palabra 'santificación' describe el proceso de crecer en santidad y hacernos semejantes a Cristo.[59]

La confusión parece surgir porque Hans Küng no mantiene esta distinción en forma consecuente. A veces se refiere a la justificación y a la santificación como cosas que se dan juntas ('Dios simultáneamente justifica y santifica', p. 308), y otras veces como cosas que son ambas susceptibles de crecimiento (Trento hablaba de 'la necesidad de ... crecer en justificación', p. 228). Esto resulta muy desconcertante, sin embargo. En el debate en torno a la justificación sería prudente reservar a la palabra santificación el significado distintivo que tiene de 'crecer en santidad'. Porque entonces podemos afirmar que la justificación (Dios nos declara justos por medio de la muerte de su Hijo) es instantánea y completa, lo cual no admite grados, mientras que la santificación (Dios nos hace justos mediante la morada de su Espíritu en nosotros), si bien comienza en el momento en que somos justificados, es gradual. Más aun, en el transcurso de esta vida es incompleta, dado que estamos siendo transformados a la imagen de Cristo de modo 'más y más resplandeciente' (2 Corintios 3.18, BLA; ver 'en un grado de gloria a otro', RSV).

Al desear mayor clarificación sobre este punto no queremos desmerecer la genial proeza de Hans Küng. Al mismo tiempo, han pasado varias décadas desde la publicación de su libro, y no parece haber habido en la Iglesia Católica Romana ninguna amplia proclamación del evangelio de la justificación por la sola gracia mediante la fe sola.

Coincidencias y divergencias

A riesgo de una excesiva simplificación, podría decirse que tanto los evangélicos como los católicos romanos enseñan ambos que Dios por su gracia es el único Salvador de los pecadores, que la autosalvación es imposible, y que la muerte de Jesucristo como sacrificio propiciatorio es la base última de la justificación. Pero precisamente qué es la justificación, cómo se relaciona con otros aspectos de la salvación

58. Por ejemplo, Hch. 20.32; 1 Co. 1.2; 6.11; He. 10.29; 13.12.
59. Por ejemplo, Ro. 6.19; 2 Co. 7.1; 1 Ts. 4.3, 7; 5.23; He. 12.14.

y cómo se lleva a cabo, estos son aspectos de continua y angustiosa discusión.

Los evangélicos se sienten en la necesidad de exigir a los católicos romanos explicaciones acerca del pecado, la gracia, la fe y las obras. Los católicos romanos se sienten incómodos cuando hablamos acerca de la 'total depravación' (el que todas las partes de nuestra persona como seres humanos han sido afectadas por la caída); este concepto obra de telón de fondo de nuestra insistencia en la necesidad tanto de una salvación radical como de una gracia a la cual nada podemos contribuir. Para ellos se trata de un punto de vista pesimista de la condición humana, que conlleva una doctrina inadecuada de la creación. Agregan que los seres humanos no han perdido su albedrío, y que por consiguiente están en condiciones de colaborar con la gracia y contribuir a la salvación.

Nosotros, a la inversa, vemos la necesidad de subrayar las antítesis neotestamentarias con respecto a la salvación. 'Porque por gracia sois salvos por medio de la fe; y esto no de vosotros, pues es don de Dios; no por obras, para que nadie se gloríe.' 'Sabiendo que el hombre no es justificado por las obras de la ley, sino por la fe de Jesucristo.' 'Nos salvó, no por obras de justicia que nosotros hubiéramos hecho, sino por su misericordia.'[60]

No podemos evitar la cruda alternativa que nos plantean estos versículos. No las obras, sino la gracia. No la ley, sino la fe. No nuestras obras de justicia, sino la misericordia de Dios. Aquí no encontramos ninguna colaboración entre Dios y nosotros, solo una elección entre dos modos mutuamente excluyentes, el de él y el nuestro. Más todavía, la fe que justifica no es, en absoluto, una obra más. Decir 'justificación por la fe' no es más que otro modo de decir 'justificación por Cristo'. La fe no tiene absolutamente ningún valor en sí misma; su valor radica exclusivamente en su objeto. La fe es el ojo que mira a Cristo, la mano que se apropia de él, los labios que beben el agua de vida. Y cuanto más claramente veamos la absoluta suficiencia de la persona a la vez divina y humana de Jesucristo y su muerte expiatoria, tanto más incongruente resulta el suponer que alguien tuviese algo que ofrecer. Por ello, la justificación por la fe sola (citando nuevamente a Cranmer) 'promueve la verdadera gloria de Cristo y desbarata la vanagloria del hombre'.

60. Ef. 2.8–9; Gá. 2.16; Tit. 3.5.

Con todo, si nosotros pedimos explicaciones a los católicos romanos sobre estos asuntos, también es preciso que respondamos a lo que ellos requieren de nosotros.

Lo principal podría ser una serie de preguntas como las siguientes. ¿Todavía afirman con insistencia que cuando Dios justifica a los pecadores los 'pronuncia' pero no los 'hace' justos? ¿Que la justificación es una declaración legal, no una transformación moral? ¿Que la justicia es 'imputada', pero no 'infundida' ni 'impartida'? ¿Que nos ponemos la justicia de Cristo como si fuese un manto, el cual oculta nuestra continuada pecaminosidad? ¿Que la justificación, si bien cambia nuestra posición, no cambia nuestro carácter ni nuestra conducta? ¿Que todo cristiano justificado, como enseñaban los reformadores, es *simul justus et peccator* (simultáneamente una persona justa y una persona pecadora)? Si es así, ¿acaso no resulta ser la justificación una ficción legal, incluso un gigantesco engaño, una transacción falsa, externa a uno mismo, que deja a la persona sin renovación interior? ¿Acaso no están afirmando que han sido transformados cuando de hecho no ha sido así? ¿No viene a ser la doctrina de 'la justificación por medio de la fe sola' una licencia mal disimulada que ofrece libertad para seguir pecando?

Son preguntas importantes. De un modo o de otro, las he oído a todas. Y no cabe duda de que nosotros los evangélicos, en nuestro celo por destacar el carácter totalmente libre y gratuito de la salvación, a veces hemos sido poco cautelosos en nuestra fraseología, y hemos dado la impresión de que las buenas obras no tienen ningún valor. Pero claro, evidentemente el apóstol Pablo también podía ser poco cauteloso, por cuanto sus críticos le hicieron la misma acusación. Sugerencias similares lo llevaron a exclamar, en Romanos 6.1. '¿Qué, pues, diremos? ¿Perseveraremos en el pecado para que la gracia abunde?' Su pregunta retórica recibió una indignada respuesta en la que recordó a sus lectores el bautismo que habían recibido. ¿Acaso no sabían, cuando fueron bautizados en Cristo Jesús, que fueron bautizados en su muerte? Habiendo de ese modo muerto con él al pecado, ¿cómo podían volver a vivir en el pecado? (vv. 2–3).

La doctrina paulina de la justificación

Lo que Pablo estaba haciendo, al responder de esta manera, era mostrarles que la justificación no es la única imagen de la salvación.

Sería totalmente erróneo decir que 'salvación es igual a justificación'. La palabra 'salvación' es abarcadora, y tiene muchas facetas que se ilustran mediante figuras distintas, de las cuales la justificación es solo una. Redención es otra, y ofrece testimonio de la radical liberación del pecado y la consiguiente culpa que experimentamos. Otra figura es la de re-creación, de tal manera que 'si alguno está en Cristo, nueva criatura es' (2 Corintios 5.17). Otra más es regeneración o nuevo nacimiento, o sea la obra interior del Espíritu Santo, que así habita en el creyente como una inmerecida presencia llena de gracia, y lo transforma a la imagen de Cristo; esto se entiende como el proceso de santificación. Todas estas figuras van juntas. La regeneración no es un aspecto de la justificación, sino que ambas son aspectos de la salvación, y ninguna de ellas se puede dar sin la otra. En efecto, la gran afirmación 'nos salvó' se desmenuza en sus partes componentes, que son 'el lavamiento de la regeneración y por la renovación en el Espíritu Santo' por un lado y por otro el ser 'justificados por su gracia' (Tito 3.5–7). La obra justificatoria del Hijo y la obra regeneradora del Espíritu no se pueden separar. Por ello, las buenas obras de amor siguen a la justificación y al nuevo nacimiento como la necesaria demostración de su genuinidad. Porque la salvación, que nunca es 'por obras', siempre es 'para obras'. Lutero solía ilustrar el orden adecuado de los hechos haciendo referencia al árbol y su fruto. 'Primero viene el árbol, y luego el fruto. Porque las manzanas no hacen el árbol, sino que el árbol hace las manzanas. Así, primero la fe hace la persona, y luego esta última produce las obras.'[61]

La obra del Hijo a favor de nosotros y la obra del Espíritu en nosotros, vale decir, la justificación y la regeneración, son mellizas inseparables. Una vez que comprendemos esto no hay mayor peligro en insistir que la justificación es una declaración legal, externa, de que el pecador ha entrado en una relación correcta con Dios, que ha sido perdonado y rehabilitado. Esto resulta claro si se tiene en cuenta el uso popular del término. Como lo ha señalado Leon Morris, 'cuando hablamos de justificar una opinión o una acción, no queremos decir que la estamos cambiando o mejorando. Más bien queremos decir que conseguimos para ella un veredicto, que la vindicamos'.[62] De igual

61. Martín Lutero: *Epístola a los Gálatas*, sobre Gá. 3.10 (p. 247 en la edición citada por el autor).

62. L. Morris: *Cross in the New Testament*, p. 242.

manera, cuando Lucas dice que todos, al escuchar las enseñanzas de Jesús justificaron a Dios (Lucas 7.29), lo que quiere significar es que reconocían que el modo de obrar de Dios era el correcto.

El vocabulario de la justificación y la condenación aparece en forma sistemática en el Antiguo Testamento. Moisés dio instrucciones a los jueces israelitas diciéndoles que debían decidir los casos que les plantearan. 'Absolverán [justificarán] al justo, y condenarán al culpable' (Deuteronomio 25.1). Todos sabían que Yahvéh jamás '[justificaría] al impío' (Éxodo 23.7), y que 'el que justifica al impío, y el que condena al justo, ambos son igualmente abominación a Jehová' (Proverbios 17.15). El profeta Isaías pronunció un tremendo ¡ay! contra los magistrados 'que justifican al impío mediante cohecho, y al justo quitan su derecho' (5.23). Condenar al justo y justificar al injusto equivaldría a poner patas arriba la administración de la justicia. Fue seguramente con esta práctica judicial corrupta como trasfondo que Pablo desconcertó a sus lectores cuando escribió que '[Dios] justifica al impío' (Romanos 4.5). ¿Cómo podía explicarse que Dios procediera de semejante manera? Resultaba inconcebible que el Juez divino practicase lo que, empleando las mismas palabras griegas, había dictaminado que no debían practicar los jueces humanos. Además, ¿cómo podía el Justo declarar justos a los injustos? Solo pensarlo resultaba inaudito.

Con el fin de sintetizar la defensa paulina de la justificación divina de los pecadores, seleccionaré cuatro frases claves del apóstol, que se refieren sucesivamente a la fuente, a la base, al medio y a los efectos de la justificación.

Primero, **la fuente de nuestra justificación** está indicada en la expresión 'justificados … por su gracia' (Romanos 3.24), es decir, por su favor totalmente inmerecido. Dado que es cierto y seguro que 'no hay justo, ni aun uno' (Romanos 3.10), es igualmente cierto y seguro que nadie puede declararse a sí mismo justo a la vista de Dios.[63] La autojustificación es enteramente imposible (Romanos 3.20). Por lo tanto, 'Dios es el que justifica' (Romanos 8.33). Solo él puede hacerlo y lo hace gratuitamente (Romanos 3.24, *dōrean*, 'como un regalo sin costo, gratis'), no en razón de obras que hayamos hecho nosotros, sino sobre la base de su propia gracia. Como lo expresa el conciso epigrama

63. Sal. 143.2. Ver Sal. 51.4; 130.3; Job 25.4.

de Tom Wright, 'si no hay pecado, no hace falta la justificación; si no hay gracia, es imposible la justificación'.[64]

No obstante, una cosa es la gracia; otra cosa es la justicia. Y la justificación tiene que ver con la justicia. Cuando decimos que somos 'justificados por su gracia' estamos hablando de la fuente de nuestra justificación, pero no decimos nada acerca de la base de justicia de la misma, sin la cual Dios entraría en contradicción con su propia justicia. De modo que otra expresión paulina clave, que nos lleva a **la base de nuestra justificación**, es que somos 'justificados en su sangre' (Romanos 5.9). Justificación no es sinónimo de amnistía, lo cual estrictamente es perdón sin base en un principio, un perdón que pasa por alto —incluso hasta olvida (*amnēstia* significa 'olvido, falta de memoria')— el mal proceder y renuncia a llevar el caso a la justicia. En cambio, la justificación es un acto de justicia. Es la gracia obrando ante la justicia. Un sinónimo de justificación es 'la justicia de Dios' (Romanos 1.17; 3.21), que por el momento podría explicarse como 'su modo justo de justificar al injusto'. El doctor J. I. Packer la define como 'la benevolente obra de Dios de otorgar a los pecadores culpables una justificación justificada, absolviéndolos en el tribunal celestial sin perjuicio para su propia justicia como Juez de ellos'.[65] Cuando Dios justifica a los pecadores, no es que declare buenas a personas malas, ni tampoco que diga que después de todo no son pecadores. Lo que hace es declararlos legalmente justos o rectos, libres de culpa con respecto a la ley quebrantada, por cuanto él mismo, en la persona de su Hijo, ha cargado con la pena que les correspondía por haber quebrantado la ley. Por ello, Pablo puede reunir en una sola frase los conceptos de la justificación, la redención y la propiciación (Romanos 3.24–25). La razón por la cual somos 'justificados gratuitamente por su gracia' es el hecho de que Jesucristo pagó el precio del rescate y de que Dios lo presentó como un sacrificio propiciatorio. En otras palabras, somos 'justificados en [por] su sangre'. No podría haber justificación sin expiación.

El tercer aspecto, en la exposición paulina, es **el medio por el cual obtenemos la justificación**. Está indicado en la expresión

64. De su ensayo 'Justification: the biblical basis and its relevance for contemporary evangelicalism', en *Great acquittal*, p. 16.

65. De su artículo 'Justificación' en *Nuevo Diccionario Bíblico*, p. 779.

favorita de Pablo, 'justificados ... por la fe'.[66] La gracia y la fe van indisolublemente juntas, por cuanto la única función de la fe es la de recibir lo que la gracia ofrece gratuitamente. Por consiguiente, no somos justificados 'por [medio de]' nuestra fe, en la forma en que somos justificados 'por [medio de]' la gracia de Dios y 'por [medio de]' la sangre de Cristo. La gracia de Dios es la fuente, y la sangre de Cristo es la base de nuestra justificación. La fe es el medio por el cual somos unidos a Cristo. Como lo expresó Richard Hooker con su característica precisión. 'Dios justifica a la persona que cree, pero no porque su creer sea digno, sino porque aquel en quien cree es digno.'[67]

Más todavía, si la fe es solo el medio, es al mismo tiempo el único medio. Si bien el vocablo 'único' no aparece en el griego de Romanos 3.28, fue un acierto del instinto de Lutero, como hemos visto, y además una traducción correcta, traducir así la expresión de Pablo. 'Sostenemos que el hombre es justificado por la fe sola, aparte de la observación de la ley'. Cuando escribió 'por la fe aparte de las obras de la ley' lo hizo con el fin de excluir por completo las obras de la ley, dejando a la fe como el único medio de llegar a la justificación. Pablo ya nos ha dado sus razones en el versículo anterior, es decir la exclusión de la jactancia. Y esto solo es posible si se excluyen implacablemente todas las obras y méritos humanos, como también toda cooperación y contribución humana, a fin de ver la muerte expiatoria de Cristo en su solitaria gloria como la única base de nuestra justificación. Cranmer vio esto con toda claridad. 'Este dicho, que seamos justificados por la fe sola, gratuitamente y sin obras, se expresa con el fin de eliminar todo mérito de nuestras obras, como incapaces de merecer nuestra justificación a manos de Dios, ... y por ello atribuir todo el mérito y el merecimiento de nuestra justificación a Cristo solo y a su muy precioso derramamiento de sangre ... Y este modo de expresión utilizamos al humillarnos ante Dios, y con el objeto de dar toda la gloria a nuestro Salvador Jesucristo, quien es el más digno de tenerla.'[68]

66. Por ejemplo, Ro. 3.28; 5.1; Gá. 2.16; Fil. 3.9.

67. Tomado de 'Definition of justification', que es el capítulo XXXIII de la obra *Ecclesiastical polity* de Hooker, que se comenzó a publicar en 1593.

68. Del sermón sobre la salvación ('Sermon on salvation') de Cranmer en su *First book of homilies*, pp. 25, 29.

Cuarto, ¿cuáles son **los efectos de nuestra justificación**? Creo que podemos deducirlos sobre la base de otra expresión paulina, a veces ignorada, a saber la de que somos 'justificados en Cristo'.[69] Cuando decimos que somos justificados 'por medio de Cristo' aludimos a su muerte histórica; cuando decimos que somos justificados 'en Cristo' aludimos a la relación personal con él que ahora disfrutamos por medio de la fe. Este simple hecho hace que nos resulte imposible pensar en la justificación como una transacción puramente externa; no se la puede aislar de nuestra unión con Cristo y de todos los beneficios que ella conlleva. El primero es la condición de miembros de la comunidad mesiánica de Jesús. Si estamos en Cristo y por lo tanto somos justificados, somos hijos de Dios y los verdaderos descendientes (espirituales) de Abraham. Además, ninguna barrera racial, social ni de género puede interponerse entre nosotros. Este es el tema de Gálatas 3.26–29. Por cierto que Tom Wright tiene razón cuando enfatiza el hecho de que 'la justificación no es un acta de promoción individualista, sino la declaración de Dios de que pertenecemos a la comunidad del pacto'.[70] Segundo, el pueblo que integra esta nueva comunidad, para crear la cual Cristo se entregó a muerte en la cruz, ha de ser 'celoso de buenas obras', y cada uno de sus miembros ha de dedicarse a ellas.[71] De manera que en última instancia no existe ningún conflicto entre Pablo y Santiago. Pueden haber usado el verbo 'justificar' con sentidos diferentes. Por cierto que escribían sobre diferentes tipos de herejías, Pablo contra el legalismo farisaico de los judaizantes y Santiago contra la ortodoxia muerta de los intelectualistas. Sin embargo, ambos enseñan que la fe auténtica funciona. Pablo destaca la fe que produce obras y Santiago las obras que nacen de la fe.[72]

La nueva comunidad de Jesús es una comunidad escatológica que ya vive en la nueva era por él inaugurada. Porque la justificación es un hecho histórico. Traslada a un primer plano actual el veredicto que corresponde al juicio final. Por eso la iglesia es una comunidad de esperanza, que mira con humilde confianza hacia el futuro. Cierto es que podemos decir con Pablo que la ley nos condenó. Pero también

69. Gá. 2.17. Ver Ro. 8.1; 2 Co. 5.21; Ef. 1.6.
70. Tom Wright: 'Justification: the biblical basis' en *Great acquittal*, p. 36.
71. Tit. 2.14; 3.8.
72. Por ejemplo, Gá. 5.6; 1 Ts. 1.3; Stg. 2.14–26.

con él exclamamos que 'ninguna condenación hay para los que están en Cristo Jesús'. ¿Por qué? Porque Dios ha hecho por nosotros lo que la ley no podía hacer. Al mandar a su Hijo con la semejanza de nuestra naturaleza pecaminosa para ser ofrecido como ofrenda por el pecado, en realidad condenó nuestro pecado en el Jesús humano. Es solo porque él fue condenado que podíamos ser justificados nosotros. ¿Qué podemos temer, entonces? '¿Quién acusará a los escogidos de Dios? Dios es el que justifica. ¿Quién es el que condenará? Cristo es el que murió; más aun, el que también resucitó, el que además está a la diestra de Dios, el que también intercede por nosotros.' Por esto, una vez que hemos sido justificados, nada puede separarnos del amor de Dios, que es en Cristo Jesús Señor nuestro.[73]

La reconciliación

La cuarta imagen de la salvación, que ilustra lo que logró la cruz, es la 'reconciliación'. Probablemente sea la más popular de las cuatro porque es la más personal. Hemos dejado atrás el recinto del templo, el mercado de esclavos y los tribunales; nos encontramos ahora en nuestra propia casa con nuestra familia y amigos. Sí, hay una disputa, incluso una 'enemistad', pero reconciliar significa restaurar una relación, renovar una amistad. La figura de la reconciliación presupone la existencia de una relación originaria que, habiéndose quebrado, ha sido recuperada por Cristo.

Una segunda razón que explica por qué la gente se siente cómoda con esta imagen es el hecho de que la reconciliación es lo opuesto de la alienación, y hoy en día hay mucha gente que se refiere a sí misma como personas 'alienadas'. Los marxistas hablan de la alienación económica de los trabajadores en relación con el producto de su labor. Otros hablan de alienación política, de una sensación de impotencia para cambiar la sociedad. Pero para muchos más el concepto de alienación refleja el temperamento o clima de la vida actual. No se sienten cómodos sumergidos en el materialismo, frente a la sensación de vaciedad y superficialidad del mundo occidental. Más aun, se sienten insatisfechos y desorientados, imposibilitados de encontrarse a sí mismos, de descubrir su identidad o su libertad. Para ellos, hablar de reconciliación trae el sabor a buenas nuevas.

73. Ro. 7.7–25; 8.1, 3, 33–34, 39.

Lo primero que tenemos que decir acerca del evangelio bíblico de la reconciliación, sin embargo, es que ella comienza con la reconciliación para con Dios y sigue con una comunidad reconciliada en Cristo. La reconciliación no es un término que la Biblia usa para describir la idea de que las personas tienen que 'reconciliarse consigo mismas', aun cuando es verdad que ella insiste en que solo cuando nos dejamos inundar por el amor a Dios y al prójimo llegamos a encontrarnos verdaderamente a nosotros mismos.

Paz con Dios

La reconciliación con Dios, entonces, es el comienzo. Este es el significado de la 'expiación'. Alude al acontecimiento por medio del cual Dios y los seres humanos, anteriormente alienados entre sí, son reconciliados, reunidos nuevamente. Romanos 5.11 dice que por medio de Cristo 'hemos recibido ahora la reconciliación'. Resulta significativo que en Romanos 5.9–11, que es uno de los cuatro grandes pasajes sobre la reconciliación en el Nuevo Testamento, ser reconciliado y ser justificado son conceptos paralelos. 'Estando ya justificados en su sangre' se equipara con 'si siendo enemigos, fuimos reconciliados con Dios por la muerte de su Hijo'. Sin embargo, estos dos estados, si bien ambos fueron efectuados por la cruz, no son idénticos. La justificación se refiere a nuestra situación legal ante el Juez supremo; la reconciliación se refiere a nuestra relación personal con el Padre. Más todavía, esta última (la reconciliación) es consecuencia y fruto de la primera (la justificación). Solo cuando hemos sido justificados por la fe tenemos paz con Dios (Romanos 5.1), lo cual equivale a reconciliación.

Hay dos términos más en el Nuevo Testamento que confirman este énfasis de que la reconciliación significa paz para con Dios, a saber 'adopción' y 'acceso'. Con respecto al primero, Jesús mismo invariablemente se dirigía a Dios íntimamente como '*Abba*, Padre'. Fue él quien nos dio permiso para hacer lo mismo, acercándonos a Dios como 'nuestro Padre que estás en los cielos'. Los apóstoles ampliaron el tema. Juan atribuye el hecho de que seamos hijos de Dios al haber nacido de Dios; expresa su sensación de maravilla ante el hecho de que el Padre nos haya amado al punto de llamarnos, y todavía más, de hacernos sus hijos.[74] Pablo, por otra parte, atribuye nuestra posición

74. Jn. 1.12–13; 1 Jn. 3.1–10.

como hijos de Dios más a nuestra adopción que al nuevo nacimiento; destaca los privilegios que tenemos al ser hijos en lugar de esclavos y, por lo tanto, herederos de Dios.[75]

La 'entrada' o 'acceso' (*prosagōgē*) a Dios es otra bendición de la reconciliación. Según parece, denota la comunión activa con Dios que disfrutan sus hijos, especialmente en la oración. Dos veces Pablo reúne las expresiones 'acceso' [o 'entrada'] a Dios y 'paz para con Dios'. La primera vez las atribuye a nuestra justificación más que a nuestra reconciliación (Romanos 5.1–2), y la segunda vez explica el 'acceso' como una experiencia trinitaria, en el sentido de que tenemos acceso al Padre por medio del Hijo por el Espíritu (Efesios 2.17–18) y tenemos seguridad y acceso con confianza (3.12). Pedro, por su parte, se vale del verbo relacionado con el mismo vocablo, y declara que fue con el objeto de 'llevarnos' a Dios (*prosagō*) que Cristo murió por nosotros una vez para siempre, el justo en lugar de los injustos (1 Pedro 3.18). El escritor de la Carta a los Hebreos toma en préstamo el ritual del día de expiación, con el fin de trasmitir la proximidad de Dios que Cristo, por su sacrificio y sacerdocio, ha hecho posible. 'Así que … teniendo libertad para entrar en el Lugar Santísimo por la sangre de Jesucristo … acerquémonos con corazón sincero, en plena certidumbre de fe …' (10.19–22).

Así, la reconciliación, la paz con Dios, la adopción para formar parte de la familia, y el acceso a su presencia, dan todos testimonio de la misma relación nueva en que hemos entrado por obra de Dios.

Una nueva humanidad reconciliada

Pero la reconciliación tiene un plano horizontal a la vez que vertical. Dios nos ha reconciliado a unos con otros en su nueva comunidad a la vez que consigo mismo. Un segundo gran pasaje sobre la reconciliación (Efesios 2.11–22) se centra en este aspecto; en particular se refiere a la solución de la brecha entre judíos y gentiles, de modo que algunas veces resulta difícil a cuál reconciliación se está refiriendo Pablo. Les recuerda a sus lectores cristianos de origen gentil que antes ellos estaban, por un lado, 'alejados de la ciudadanía de Israel y ajenos a los pactos de la promesa', y por otro, 'sin Cristo … sin esperanza y sin Dios en el mundo' (v. 12). De modo que estaban 'alejados' tanto

75. Por ejemplo, Ro. 8.14–17; Gá. 3.26–29; 4.1–7.

de Dios como de Israel, doblemente alienados. 'Pero ahora en Cristo Jesús, vosotros que en otro tiempo estábais lejos, habéis sido hechos cercanos por la sangre de Cristo', prosigue el apóstol. Es decir, cerca de Dios y cerca de Israel (v. 13). Cristo, aquel que 'es nuestra paz' él mismo, derribó la barrera entre estas dos mitades de la raza humana y de ambos pueblos hizo uno (v. 14). Cristo abolió las disposiciones de la ley que los mantenía apartados y creó en sí mismo 'un solo y nuevo hombre, haciendo la paz' (v. 15). Dada la amargura y el odio mutuo que tanto judíos como gentiles sentían, esta reconciliación fue un milagro de la gracia y el poder de Dios. Dio como resultado el surgimiento de una sola humanidad, nueva y unificada, cuyos miembros han sido reconciliados tanto con Dios como entre sí, por medio de la cruz. Enemigos hasta entonces, ahora su recíproca hostilidad ha sido herida de muerte. Son ahora conciudadanos en el reino de Dios, hermanos y hermanas en la familia de Dios (v. 19), miembros por igual del cuerpo de Cristo y participantes en común de la promesa mesiánica (3.6). Esta completa igualdad de judíos y gentiles en la nueva comunidad es el 'misterio' que por siglos se mantuvo secreto, pero que ahora Dios reveló a los apóstoles, especialmente a Pablo, el apóstol a los gentiles (3.4–6).

La reconciliación de 'todas las cosas'

Ni siquiera esto completa la reconciliación que Dios ha logrado por medio de Cristo. En Colosenses, que es una epístola hermana de Efesios porque contienen muchos paralelos, Pablo agrega una dimensión cósmica a la obra de Cristo. Este gran pasaje cristológico (Colosenses 1.15–20) podría ser un primitivo himno cristiano, como creen muchos entendidos, o una composición original de Pablo; sea como fuere, es una sublime afirmación de la supremacía absoluta de Jesucristo en la creación y la redención, en el universo y en la iglesia. Al mismo tiempo, está dirigida adecuadamente a los herejes en Colosas que, según parece, hablaban de la existencia de intermediarios angelicales (menciona tronos, dominios, principados, potestades) entre el Creador y la creación material; quizá hayan sugerido que Jesús era uno de ellos. Pablo rechaza todo esto. El apóstol pone el énfasis en 'todas las cosas', expresión que usa cinco veces; generalmente se refiere al cosmos, pero aquí incluye a los principados y las potestades. Todas las cosas fueron creadas por Dios 'en', 'por medio de', y 'para'

Cristo (v. 16). Él es 'antes' de todas las cosas en tiempo y en rango, y 'en' él todas las cosas subsisten y se integran (v. 17). Dado que todas las cosas existen en, por medio de, para, y bajo Cristo, él es el supremo Señor por derecho. Además, él es la cabeza del cuerpo, la iglesia, y el primogénito de entre los muertos, a fin de que sea preeminente en todo (v. 18). Y esta segunda esfera de su supremacía se debe al hecho de que agradó a Dios que su plenitud a la vez habitara en él (v. 19) y por medio de él cumpliese su obra de reconciliación, haciendo la paz mediante su sangre derramada en la cruz. Esta vez lo que se reconcilia se menciona una vez más como 'todas las cosas', que luego se describen como 'las que están en la tierra [tanto] como las que están en los cielos' (v. 20).

No podemos saber con seguridad a qué se está refiriendo Pablo. La presunción es que 'todas las cosas' reconciliadas (v. 20) tienen la misma identidad que 'todas las cosas' creadas (vv. 16–17). Pero si lo que fue creado por medio de Cristo luego tuvo que ser reconciliado por medio de Cristo, algo debió haber ocurrido entre tanto. Como lo expresa Peter O'Brien, 'la presuposición es que la unidad y la armonía del cosmos han sufrido una dislocación considerable, incluso una ruptura, requiriendo por ello la reconciliación'.[76] Si esta fuese una referencia al orden natural, entonces quizá su 'reconciliación' sea igual que la liberación 'de la esclavitud de corrupción' (Romanos 8.21), aun cuando esto último es un acontecimiento futuro. Por otro lado, si la referencia fuese a inteligencias cósmicas perversas o ángeles caídos, no hay garantía neotestamentaria que indique que hayan sido (o que serán) salvíficamente reconciliados con Dios.

Parecería más probable, por lo tanto, que los principados y potestades hayan sido reconciliados en el sentido del próximo capítulo, a saber que han sido despojados por Cristo, quien 'los exhibió públicamente, triunfando sobre ellos en la cruz' (Colosenses 2.15). Es preciso admitir que es un uso extraño del término 'reconciliados', pero, como Pablo también describe este hecho como 'hacer la paz' (1.20), quizá F. F. Bruce tenga razón al suponer que está pensando en una 'pacificación' de seres cósmicos 'que se someten, contra su voluntad, a un poder al que no pueden resistir'.[77] En este caso es posible que se

76. Peter O'Brien, *Colossians*, p.53.

77. E. K. Simpson y F. F. Bruce: *Ephesians and Colossians*, p. 210.
Peter O'Brien sigue a F. F. Bruce en esta interpretación (*Colossians*, p. 56).

esté pensando en la misma situación que, en otra parte, se describe diciendo que toda rodilla se dobla ante Jesús y toda lengua confiesa su señorío (Filipenses 2.9–11), y que todas las cosas son colocadas por Dios bajo sus pies hasta el día cuando serán reunidas bajo una sola cabeza 'en Cristo' (Efesios 1.10, 22).

Reconciliados, embajadores de reconciliación

Hasta aquí venimos investigando los objetos de la obra reconciliadora de Dios por medio de Cristo. Los pecadores han sido reconciliados con él, los judíos y los gentiles entre sí, e incluso los poderes cósmicos en el sentido de ser despojados y pacificados.

Ahora tenemos que considerar el modo en que se ha efectuado la reconciliación, y cuál es, en el gran drama de la reconciliación, el papel respectivo que representamos Dios, Cristo y nosotros mismos. Con el fin de obtener luz sobre estos asuntos pasamos al cuarto pasaje sobre la reconciliación.

> Todo esto proviene de Dios, quien nos reconcilió consigo mismo por Cristo, y nos dio el ministerio de la reconciliación; que Dios estaba en Cristo reconciliando consigo al mundo, no tomándoles en cuenta a los hombres sus pecados, y nos encargó a nosotros la palabra de la reconciliación. Así que, somos embajadores en nombre de Cristo, como si Dios rogase por medio de nosotros; os rogamos en nombre de Cristo. Reconciliaos con Dios. Al que no conoció pecado, por nosotros lo hizo pecado, para que nosotros fuésemos hechos justicia de Dios en él. 2 Corintios 5.18–21

La primera verdad que este pasaje deja en claro es la de que **Dios es el autor de la reconciliación.** De hecho, este es invariablemente el énfasis principal. 'Todo [*ta panta*, 'todas las cosas'] proviene de Dios.' Tal vez 'todas las cosas' se refiera a las 'cosas nuevas' de la nueva creación que se mencionan en el versículo anterior. Dios es el Creador; la nueva creación procede de él. Hay ocho verbos en este párrafo que tienen a Dios como sujeto. Describen su misericordiosa iniciativa. Dios reconcilia, Dios da, Dios ruega, Dios hace pecado a Cristo por nosotros. Como traduce la versión Dios Habla Hoy la primera parte del versículo 18, 'todo esto es la obra de Dios' (NEB, 'de principio a fin esta ha sido la obra de Dios').

Por lo tanto ninguna explicación de la expiación es bíblica si le resta a Dios la iniciativa y se la otorga, en cambio, ya sea a Cristo o a nosotros. Por cierto que la iniciativa no es nuestra. Nosotros no tenemos nada que ofrecer, nada que contribuir, nada que invocar. En la memorable frase de William Temple, 'todo es de Dios; lo único que hay de mi parte, con lo cual contribuyo a mi redención, es el pecado del cual necesito ser redimido'. Tampoco proviene de Cristo la primera iniciativa. Ninguna interpretación de la expiación que atribuya a Cristo la iniciativa de tal modo que se la reste al Padre es aceptable. Por cierto que Cristo tomó la iniciativa en cuanto a venir, pero solo en el sentido de decir 'He aquí que vengo, oh Dios, para hacer tu voluntad' (Hebreos 10.7). La iniciativa del Hijo estaba supeditada a la iniciativa del Padre. No hubo ninguna renuencia de parte del Padre. No hubo ninguna intervención de parte de Cristo como tercer factor. La reconciliación fue concebida por el amor de Dios y nació de él. 'De tal manera amó Dios al mundo, que ha dado a su Hijo unigénito' (Juan 3.16).

Hemos de observar que toda vez que aparece en el Nuevo Testamento el verbo 'reconciliar', o bien Dios es el sujeto (él nos reconcilió consigo) o, si la frase está en forma pasiva, lo somos nosotros (fuimos reconciliados a él). Dios nunca es el objeto. No se dice nunca que 'Cristo reconcilió al Padre con nosotros'. Formalmente, lingüísticamente, esto es un hecho. Pero teológicamente debemos tener cuidado de no exagerar este aspecto. Porque si teníamos razón al decir que Dios hizo propiciación de su ira por medio de Cristo, podríamos decir que se reconcilió a sí mismo con nosotros por medio de Cristo. Si necesitaba ser propiciado, del mismo modo necesitaba ser reconciliado. En otras palabras, es un error pensar que la barrera entre Dios y nosotros, que requería la obra de reconciliación, estaba enteramente de nuestro lado, de tal manera que nosotros necesitábamos ser reconciliados pero Dios no. Por cierto que nosotros éramos 'enemigos de Dios', con sentimientos de hostilidad hacia él en nuestro corazón.[78] Pero el 'enemigo' estaba en ambos lados. El muro o la barrera entre Dios y nosotros lo constituía tanto nuestra rebelión contra él como su ira sobre nosotros como consecuencia de nuestra rebelión. Tres argumentos apoyan esta afirmación.

78. Para referencias a la hostilidad humana hacia Dios ver Ro. 5.10; 8.7; Ef. 2.14, 16; Col. 1.21; Stg. 4.4.

Primero, *el lenguaje*. Las palabras mismas, 'enemigo', 'enemistad', y 'hostilidad' suponen reciprocidad. Por ejemplo, en Romanos 11.28 la palabra 'enemigos' tiene que ser pasiva, porque se la contrasta con la palabra pasiva 'amados'. Así también las 'enemistades' entre judíos y gentiles en Efesios 2.14 eran recíprocas, lo cual sugiere que las otras 'enemistades' (entre Dios y los pecadores) también eran recíprocas. Por ello, F. Büchsel sostiene que no deberíamos interpretar la palabra enemigos 'unilateralmente', con el único significado de 'enemigos de Dios', sino también con el de 'estar bajo la ira de Dios'.[79]

El segundo argumento se refiere al *contexto*, tanto de cada uno de los pasajes como de la Biblia toda. En, o cerca de cada uno de los pasajes principales sobre la reconciliación hay una referencia a la ira de Dios. El más llamativo es Romanos 5, donde la frase 'salvos de la ira' de Dios (v. 9) va inmediatamente seguida de 'siendo enemigos' de Dios (v. 10). Lo mismo puede decirse al considerar el contexto bíblico más amplio. Leon Morris destaca esto en forma especial. 'Hay, según el criterio escritural, una clara hostilidad de parte de Dios hacia todo lo que es malo … Así, aparte de los detalles de interpretación sobre pasajes particulares, hay una fuerte y persistente enseñanza en el sentido de que Dios se manifiesta activo en su oposición a todo lo que sea malo.'[80]

Tercero, está *la teología*. La lógica de Pablo era la de que Dios había actuado objetivamente en la reconciliación *antes* de que fuese proclamado el mensaje de la reconciliación. De modo que la 'paz' que predican los evangelistas (Efesios 2.17) no puede ser la de que *nuestra* enemistad ha sido vencida (más bien predican con el fin de que así ocurra). Sí se refiere al hecho de que Dios ha hecho a un lado *su* enemistad como consecuencia de la cruz de Cristo. Él se ha reconciliado con nosotros; ahora es preciso que nosotros seamos reconciliados con él.

Emil Brunner se expresó sin ambigüedad sobre este asunto.

> La reconciliación presupone enemistad entre dos partes. Para expresarlo en forma más precisa. la reconciliación,

79. Del artículo sobre *allassō* y *katallassō* por F. Büchsel, p. 257.

80. L. Morris: *Apostolic preaching*, p. 196. Ver los capítulos de Morris sobre la reconciliación ('Reconciliation') tanto en *Apostolic preaching*, pp. 186–223 como en *Atonement*, pp. 132–150.

> la reconciliación real, un acto objetivo de reconciliación, presupone enemistad de ambos lados. Es decir, que el ser humano es enemigo de Dios y que Dios es enemigo del ser humano.[81]

Brunner pasa a explicar que nuestra enemistad para con Dios se ve en nuestra intranquilidad, que va desde la frivolidad hasta la abierta renuncia a Dios y aun el odio para con él. La enemistad de Dios hacia nosotros es su ira. Más todavía, 'Dios está presente en esta ira, es *su* ira' (p. 517).

La segunda verdad que resulta perfectamente clara en 2 Corintios 5.18–19 es que, si Dios es el autor, **Cristo es el agente de la reconciliación**. 'Dios ... nos reconcilió consigo mismo por Cristo' y 'Dios estaba en Cristo reconciliando consigo al mundo'. Ambas declaraciones nos dicen que Dios tomó la iniciativa para reconciliar, y que lo hizo en y por medio de Cristo. En este sentido ambas declaraciones son idénticas. Pero al nombrar los beneficiarios pasa de 'nosotros' al 'mundo', con el fin de expresar el alcance de la reconciliación; y la preposición cambia de 'por' a 'en', para mostrar que Dios no estaba obrando a través de Cristo como su agente a la distancia sino que estaba realmente presente en él cuando realizaba la obra.

A continuación tenemos que notar los verbos en tiempo pasado, especialmente el aoristo ('reconcilió', v. 18). Ambos verbos indican que Dios estaba haciendo, más todavía, hizo algo en Cristo. Veamos las consecuencias que extrae de esto James Denney.

> La obra de reconciliación, en el sentido del Nuevo Testamento, es una obra que fue *completada*, y que debemos concebir como terminada, *antes de que comenzase la predicación del evangelio* ... La reconciliación ... no es algo que se esté haciendo; es algo que ya ha sido hecho. No cabe duda de que hay una obra de Cristo que está en proceso de cumplimiento, pero ella tiene como base una obra terminada de Cristo. Es en virtud de algo ya consumado en su cruz el que Cristo pueda tener para nosotros el atractivo que tiene, y que logre la respuesta con la cual nosotros *recibimos* la reconciliación.[82]

81. E. Brunner: *Mediator*, p. 516.

82. James Denney: *Death of Christ*, pp. 85s. Ver también p. 128.

Pocos años después P. T. Forsyth afirmó lo mismo en forma sumamente expresiva.

> 'Dios estaba en Cristo reconciliando', precisamente reconciliando, completando la obra. No se trata de un asunto tentativo, preliminar ... La reconciliación quedó terminada con la muerte de Cristo. Pablo no predicaba una reconciliación gradual. Predicaba lo que los primitivos teólogos solían llamar la obra terminada ... Predicaba algo realizado una vez para siempre. una reconciliación que es la base de la reconciliación de toda alma, no una simple invitación.[83]

¿Qué fue, entonces, lo que Dios consiguió en y por medio de Cristo? En el pasaje de 2 Corintios 5, Pablo contesta esta pregunta de dos modos complementarios, negativa y positivamente. Negativamente, Dios se negó a tomar en cuenta nuestras transgresiones (v. 19b). Desde luego que nosotros merecíamos que se tuvieran en cuenta en contra de nosotros. Pero si Dios nos sometía a juicio, de cierto que moriríamos. ('Si mirares a los pecados, ¿quién, oh Señor, podrá mantenerse?' Salmos 130.3). De modo que Dios en su misericordia se negó a tener en cuenta contra nosotros nuestros pecados o a exigirnos que cumpliéramos la pena correspondiente. ¿Qué es, entonces, lo que ha hecho con ellos? Dios no puede pasar por alto el pecado. Por eso, la contrapartida positiva aparece en el versículo 21. 'Al que no conoció pecado, por nosotros lo hizo pecado, para que nosotros fuéramos hechos justicia de Dios en él.' No cabe duda de que se trata de una de las declaraciones más sorprendentes de toda la Biblia, pero esto no significa que debamos evadirla. James Denney no exageraba cuando escribió acerca de ella. 'Por misterioso y tremendo que sea este pensamiento, es la clave para entender todo el Nuevo Testamento.'[84] Por amor a nosotros Dios decidió que Cristo fuera hecho pecado con nuestros pecados. El Dios que se negó a tomar en cuenta contra nosotros nuestros pecados se los atribuyó, en cambio, a Cristo. Por cierto que su carácter impecable lo habilitaba de un modo especial y único para llevar nuestros pecados en nuestro lugar.

83. P. T. Forsyth: *Work of Christ*, p. 86.
84. James Denney: *Death of Christ*, p. 88.

Más todavía, Cristo se hizo pecado por nosotros, con el fin de que 'nosotros fuésemos hechos justicia de Dios en él'. En otras palabras, nuestros pecados fueron imputados a un Cristo que no tenía pecado, con el fin de que nosotros los pecadores, al ser unidos a él, recibiéramos como un don gratuito una posición de justicia delante de Dios.

Los discípulos de Cristo, a través de los siglos, han meditado sobre este intercambio entre el Cristo sin pecado y los pecadores, y se han maravillado. Es probable que el primer ejemplo sea el de la *Carta a Diogneto*, del siglo II, en su capítulo 9. '¡Oh dulce intercambio! ¡Oh inescrutable operación! ¡Oh beneficios que sobrepasan toda expectativa!. que la maldad de muchos sea escondida en un solo y único Justo, y que la justicia de ese solo y único, justifique a muchos transgresores!' Luego tenemos lo que le escribió Lutero a un monje atormentado por sus pecados. "Aprende a conocer a Cristo y a él crucificado. Aprende a cantarle y decirle 'Señor Jesús, tú eres mi justicia, yo soy tu pecado. Tú tomaste sobre ti lo que era mío; pero pusiste sobre mí lo que era tuyo. Te hiciste lo que tú no eras, para que yo llegase a ser lo que no era.'"[85]

Alrededor de medio siglo más tarde (en 1585) Richard Hooker dijo en un sermón sobre Habacuc 1.4.

> Así somos a la vista de Dios el Padre, tal como es el propio Hijo de Dios mismo. No importa que se lo considere necedad o delirio o furia o lo que se quiera. Es nuestra sabiduría y nuestro consuelo; no nos interesa ningún otro conocimiento en el mundo sino este, que el ser humano ha pecado y Dios ha sufrido; que Dios se ha hecho a sí mismo el pecado de los hombres, y que estos son hechos justicia de Dios.[86]

Como ejemplo del siglo actual me permito elegir el epigrama de Emil Brunner. 'La justificación significa el siguiente milagro. que Cristo ocupa nuestro lugar y nosotros el de él.'[87]

Repasando el parágrafo que estamos estudiando, es importante notar la paradoja constituida por la primera declaración y la última. Por un lado, Dios estaba en Cristo, reconciliando. Por otro, Dios

85. Lutero: *Letters of spiritual counsel*, p. 110.
86. Del sermón de Hooker sobre Habacuc 1.4 ('Sermon on Habakkuk 1.4', pp. 490s).
87. E. Brunner: *Mediator*, p. 524.

hizo a Cristo pecado por nosotros. El que Dios haya estado en Cristo cuando lo hizo pecado por nosotros es el misterio más grande en torno al tema de la expiación. Pero es preciso que nos aferremos a ambas declaraciones tenazmente, y que nunca expliquemos a ninguna de las dos de tal modo que resulten mutuamente contradictorias.

Tercero, si Dios es el autor y Cristo es el agente, **nosotros somos los embajadores de la reconciliación**. Al considerar 2 Corintios 5.18–19, hasta ahora solo nos hemos ocupado de la primera parte de ambas frases. Pero cada una de ellas tiene dos partes. La primera afirma lo que ha logrado la reconciliación (Dios estaba en Cristo reconciliando al mundo consigo) y la segunda se refiere al anuncio de la misma (él nos ha encomendado el ministerio y el mensaje de la reconciliación). Más aun, este ministerio de reconciliación tiene, a su vez, dos etapas. Comienza como una proclamación de que Dios estaba en Cristo reconciliando, y que hizo a Cristo pecado por nosotros. Sigue, en el versículo 20, con una apelación a la gente, diciendo 'reconciliaos con Dios', es decir, 'aprovechad las condiciones de reconciliación con Dios que se os ofrecen' (ver Mateo 5.24), o simplemente 'recibidla' (ver Romanos 5.11).[88] Es preciso que distingamos claramente estas cosas. Dios completó la obra de la reconciliación en la cruz, pero sigue siendo necesario que los pecadores se arrepientan y crean si han de ser 'reconciliados con Dios'. Los pecadores tienen que 'reconciliarse con Dios', aunque no debemos olvidar que del lado de Dios la obra de la reconciliación ya se ha completado. Si estos dos aspectos se han de mantener claramente separados, también se han de distinguir claramente en toda auténtica predicación del evangelio. No basta con declarar una doctrina de reconciliación absolutamente ortodoxa si jamás rogamos a la gente que acuda a Cristo. Tampoco es correcto que un sermón consista en una interminable apelación, si no ha sido precidida por una exposición del evangelio. La regla debería ser que 'no haya apelación sin proclamación, y que no haya proclamación sin apelación'.

Al hacer esta apelación 'somos embajadores en nombre de Cristo' (v. 20). Esto era particularmente cierto en el caso de Pablo y sus colegas apostólicos. Ellos eran los enviados y representantes personales de Jesucristo. Pero en un sentido secundario también es cierto en cuanto

88. T. J. Crawford: *Doctrine of Holy Scripture*, p. 75.

a todos los testigos y predicadores cristianos, los que son heraldos del evangelio; hablamos en su nombre y por cuenta de él. Luego, al hacer la apelación, con frecuencia se oye otra voz, porque es 'como si Dios estuviese haciendo su apelación por medio de nosotros'. Es una notable verdad que el mismo Dios que obró 'por medio de Cristo' para obtener la reconciliación, ahora obra 'por medio de nosotros' para anunciarla.

Las cuatro figuras bíblicas de la salvación. una síntesis

Hemos examinado cuatro de la principales imágenes neotestamentarias acerca de la salvación, tomadas del santuario, del mercado, de los tribunales de justicia, y del hogar. Su carácter pictórico hace que resulte imposible integrarlas fácilmente unas con otras. Los sacrificios en el templo y los veredictos legales, el esclavo en el mercado y el niño en el hogar, pertenecen todos claramente a mundos diferentes. Sin embargo, de las cuatro imágenes pueden desprenderse ciertos temas.

Primero, cada uno de ellos destaca un aspecto distinto de nuestra necesidad humana. La propiciación subraya la ira de Dios sobre nosotros; la redención, nuestra cautividad al pecado; la justificación, nuestra culpa, y la reconciliación, nuestra enemistad contra Dios y nuestra alienación de él. Estas metáforas no nos resultan halagadoras. Ponen de manifiesto la magnitud de nuestra necesidad.

Segundo, las cuatro imágenes enfatizan el hecho de que la iniciativa salvífica la tomó Dios en su amor. Es él quien ha propiciado su propia ira, quien nos ha redimido de nuestra triste esclavitud, nos ha declarado justos a su vista y nos ha reconciliado consigo mismo. Textos pertinentes nos dejan sin dudas en cuanto a todo esto. 'Dios … nos amó a nosotros, y envió a su Hijo en propiciación por nuestros pecados.' 'Dios … ha visitado y redimido a su pueblo.' 'Dios es el que justifica.' 'Dios … nos reconcilió consigo mismo por Cristo.'[89]

Tercero, las cuatro imágenes enseñan claramente que la obra salvífica de Dios se logró mediante el derramamiento de sangre, vale decir, el sacrificio sustitutivo de Cristo. Con respecto a la sangre de Cristo los textos son, una vez más, inequívocos. 'Dios [lo] puso como

89. 1 Jn. 4.10; Lc. 1.68; Ro. 8.33; 2 Co. 5.18.

propiciación por medio de la fe en su sangre.' 'En [él] tenemos redención por su sangre.' '[Estamos] ya justificados en su sangre.' 'Vosotros que en otro tiempo estabais lejos, habéis sido hechos cercanos [es decir, reconciliados] por la sangre de Cristo.'[90] Dado que la sangre de Cristo constituye un símbolo de su vida entregada en muerte violenta, también está claro en cada una de las cuatro imágenes que él murió en nuestro lugar como sustituto. La muerte de Jesús fue el sacrificio expiatorio a causa del cual Dios desvió de nosotros su ira; fue el precio de rescate por el cual hemos sido redimidos, la condenación del inocente a fin de que el culpable fuese justificado, el único que no tenía pecado hecho pecado por nosotros.[91]

De manera que la sustitución no es una 'teoría de la expiación'. Tampoco es una imagen más destinada a ocupar su lugar como una opción al lado de las otras. Es, más bien, la esencia de cada una de las imágenes y el corazón mismo de la expiación. Ninguna de las cuatro imágenes podría subsistir si no incluyera en su centro la sustitución. Desde luego que no estoy diciendo que es necesario entender, y menos articular una expiación sustitutiva antes de que uno pueda ser salvo. No obstante, la responsabilidad de los maestros, de los predicadores y de otros testigos cristianos es la de obtener la gracia necesaria para exponerla con claridad y convicción. Porque cuanto mejor entienda la gente la gloria de la sustitución divina, tanto más fácil les resultará confiar en el Sustituto.

90. Ro. 3.25; Ef. 1.7; Ro. 5.9; Ef. 2.13 (ver Col. 1.20).

91. Ro. 3.25; 1 P. 1.18s; Ro. 8.3, 33; 2 Co. 5.21.

8

La Revelación de Dios

LO QUE OBTUVO LA CRUZ DE CRISTO SE HA DE VER EN función de la revelación tanto como de la salvación. En términos corrientes, podemos decir que fue un acontecimiento 'revelador' a la vez que 'salvífico'. Por medio de lo que Dios hizo en la cruz para el mundo al mismo tiempo le estaba hablando a ese mundo. Así como los seres humanos dan a conocer su carácter por medio de sus acciones, también Dios se nos ha mostrado en la muerte de su Hijo. El propósito de este capítulo es el de investigar de qué manera la cruz fue palabra a la vez que obra, y en ese sentido, 'escucharla' atentamente.

La gloria de Dios

Según el Evangelio de Juan, Jesús se refería a su muerte como una 'glorificación'. Era el acontecimiento a través del cual él y su Padre habrían de manifestarse o ser supremamente 'glorificados'. Para muchas personas esto resulta sorprendente. En el Antiguo Testamento la gloria o esplendor de Dios se revelaba en la naturaleza y en la historia, es decir, en el universo creado y en la nación redimida. Por una parte, el cielo y la tierra estaban llenos de su gloria; como dijo Jesús, aun las flores de la primavera en Galilea, cuya gloria excedía la de Salomón.[1] Por otra parte, Dios manifestó su gloria al libertar a Israel de sus cautiverios egipcio y babilónico y al revelarles su carácter misericordioso y justo.[2] Así Dios desplegó su majestad en su mundo y ante su pueblo.

Cuando se abre el Nuevo Testamento, se asocia aquella gloria con Jesucristo. No podía esperarse otra cosa. Como lo expresó Lord Ramsey de Canterbury, 'en tanto que *doxa* es el esplendor divino, Jesucristo *es* ese esplendor'.[3] Según los Evangelios sinópticos, sin

1. Sal. 19.1; 29.9; Is. 6.3; Mt. 6.29.
2. Nm. 14.22; Sal. 97.2–6; Is. 35.2; 40.5; Éx. 33.18–34.7.
3. A. M. Ramsey: *Glory of God*, p. 28.

embargo, si bien la gloria de Jesús se vislumbró en la transfiguración, su manifestación plena no habría de tener lugar hasta su parusía y el reino que habría de consumarse entonces.[4] Cristo se revelaría en 'poder y gloria'. Hay algo muy llamativo en la presentación que hace Juan. Si bien la gloria de Jesús se manifestó poderosamente en sus milagros o 'señales',[5] sobre todo habría de verse en su debilidad presente, en la autohumillación de su encarnación.

> Y aquel Verbo fue hecho carne, y habitó entre nosotros
> (y vimos su gloria, gloria como del unigénito del Padre),
> lleno de gracia y de verdad. Juan 1.14

Hay aquí alusiones al Antiguo Testamento. La gloria de Dios que cubrió y llenó el tabernáculo en el desierto se manifestaba ahora en aquel que por un tiempo habitó (*eskēnōsen*, 'fijó su tabernáculo') entre nosotros. Yahvéh mostró su gloria a Moisés al declarar que su 'nombre' era tanto misericordioso como justo. Así también la gloria que hemos visto en Jesucristo era una gloria 'llena de gracia y de verdad'. Más importante aún es el deliberado contraste entre 'carne' y 'gloria' y también 'la *paradoja* fundamental de la gloria de la humillación divina'.[6]

La autohumillación del Hijo de Dios, que comenzó con la encarnación, culminó en su muerte. Sin embargo, mediante esa misma humillación de sí mismo fue 'levantado'. No solo fue físicamente levantado sobre la cruz, sino espiritualmente exaltado a la vista del mundo.[7] Por cierto que fue 'glorificado'. La cruz, que parecía ser motivo de vergüenza, fue en realidad motivo de gloria. En los Evangelios sinópticos la pasión es la senda que conduce a la gloria futura;[8] para Juan es también el escenario en el que se lleva a cabo efectivamente la glorificación.[9] En tres ocasiones separadas, Jesús se

4. Para la gloria de la transfiguración ver Lc. 9.32; 2 P. 1.16; para la gloria en la parusía ver Mr. 13.26, y para la gloria del reino final ver Mr. 10.37; Mt. 25.31.

5. Jn. 2.11; 11.4, 40.

6. F. Donald Coggan: *Glory of God*, p. 52.

7. Juan no usa el verbo 'crucificado' hasta el capítulo 19, donde aparece diez veces. Antes de esto tres veces usa el término 'levantado', con su deliberada ambigüedad (3.14; 8.28; 12.32).

8. Lc. 24.26. Ver 1 P. 4.13; 5.1, 10; Ro. 8.17–18.

9. Escribo 'también' porque es evidente que Juan piensa que Cristo es glorificado de otros modos también, por ejemplo por obra del Espíritu (16.14), en la iglesia (17.10), y en el cielo (17.5, 24).

refirió a su próxima muerte como la hora de su glorificación. Primero, cuando unos griegos pidieron conocerlo, Jesús dijo. 'Ha llegado la hora para que el Hijo del hombre sea glorificado.' Y pasó de inmediato a hablar de su muerte en función de un grano de trigo que cae en la tierra, y de como él mismo glorificaría el nombre del Padre. Segundo, tan pronto como Judas abandonó el aposento alto y salió a la noche, Jesús dijo. 'Ahora es glorificado el Hijo del hombre, y Dios es glorificado en él.' Tercero, comenzó su gran oración, con la cual dio término a la noche en el aposento alto, con las palabras. 'Padre, la hora ha llegado; glorifica a tu Hijo, para que también tu Hijo te glorifique a ti.'[10] Dos cosas resultan destacables en relación con estos tres pasajes. Primero, que cada uno de ellos comienza ya sea con la expresión 'ahora' o 'la hora ha llegado', haciendo que la referencia a la cruz sea indiscutible; segundo, que la glorificación será tanto para el Padre como para el Hijo.

De manera que tanto el Padre como el Hijo son revelados por la cruz. ¿Pero qué es lo que revelan de sí mismos? Por lo pronto están implícitas allí la humillación y la entrega de sí mismos en amor. ¿Pero qué podemos decir en cuanto a la santidad de ese amor? Esa santidad hizo necesario que el Cordero de Dios quitara el pecado del mundo y que el Buen Pastor diera su vida por sus ovejas. Ese santo amor hizo más expeditivo (como lo profetizó correctamente Caifás) que un hombre muera por el pueblo, y no que toda la nación perezca.[11] Todos estos aspectos integraban lo que Juan entendía en torno a la muerte por medio de la cual el Padre y el Hijo serían glorificados. La gloria que irradia de la cruz es esa misma combinación de cualidades divinas que Dios le reveló a Moisés como misericordia y justicia. Es la misma combinación que hemos visto en la Palabra hecha carne como 'la gracia y la verdad'.[12] Esta es la 'bondad' de Dios, que Calvino vio desplegada en el 'teatro' de la cruz.

> Porque en la cruz de Cristo, como en un espléndido teatro, la incomparable bondad de Dios se presenta ante todo el mundo. La gloria de Dios brilla, por cierto, en todas las

10. Jn. 12.20–28; 13.30–32; 17.1.
11. Jn. 1.29; 10.11; 11.49–52; 18.14.
12. Éx. 34.6; Jn. 1.14, 17.

> criaturas en lo alto y bajo, pero nunca en forma más brillante que en la cruz …
>
> Si alguien objetara que nada podría ser menos glorioso que la muerte de Cristo …, yo contesto que en esa muerte vemos una ilimitada gloria que está oculta al impío.[13]

Cuando leemos a Pablo, el concepto de que Dios se ha revelado a sí mismo en y mediante la cruz resulta más explícito todavía. Lo que en Juan es la manifestación de la gloria de Dios, en Pablo es la demostración. Más aun, la vindicación de la justicia y el amor de Dios. Quizá resulte útil examinar los textos uno al lado del otro y luego por separado. Ambos aparecen en la Carta a los Romanos.

> [Dios presentó a Cristo como sacrificio expiatorio] para manifestar su justicia, a causa de haber pasado por alto, en su paciencia, los pecados pasados, con la mira de manifestar en este tiempo su justicia, a fin de que él sea el justo, y el que justifica al que es de la fe de Jesús. Romanos 3.25–26

> Mas Dios muestra su amor para con nosotros, en que siendo aún pecadores, Cristo murió por nosotros. Romanos 5.8

Los verbos griegos traducidos 'manifestar' y 'mostrar' en los capítulos 3 y 5, respectivamente, son diferentes. Aun así es correcto usar el mismo verbo al traducirlos, porque significan lo mismo. Pablo declara que en la muerte de Cristo, Dios nos ha dado clara manifestación pública tanto de su justicia como de su amor. Ya hemos visto que Dios declaró 'satisfecha' su ira y su amor, justicia y misericordia, al entregarse él mismo en Cristo para que llevase nuestro pecado y nuestra condenación. Ahora hemos de ver cómo, al satisfacer estos atributos divinos en la cruz, Cristo las desplegó y manifestó.

La justicia de Dios

Los hombres y las mujeres con sensibilidad moral siempre se han sentido perplejos ante la aparente injusticia de la providencia divina. Este no es un problema moderno. El patriarca Abraham se indignó porque Dios, con la destrucción de Sodoma y Gomorra, se proponía

13. Calvino en *St John*, p. 68 (sobre Jn. 13.31); p. 135 (sobre Jn. 17.1).

matar a los justos juntamente con los malos. Entonces lanzó su angustiado grito. 'El Juez de toda la tierra, ¿no ha de hacer lo que es justo?' (Génesis 18.25). Los personajes y los autores de la Biblia vienen luchando con esta cuestión desde antiguo. Es uno de los temas recurrentes de la literatura sapiencial, y domina el libro de Job. ¿Por qué los malvados prosperan y los inocentes sufren? Se nos dice que el pecado y la muerte, la transgresión humana y el juicio divino están agrupados, incluso soldados entre sí. ¿Por qué, entonces, no vemos con mayor frecuencia que los pecadores sean reprimidos? En cambio, con la mayor frecuencia parecerían lograr escapar con impunidad. Los justos, por otra parte, son muchas veces acosados por desastres. No es solo que Dios no los protege, sino que parece no contestar sus oraciones ni preocuparse por su destino. Por lo tanto es evidente que hay necesidad de una 'teodicea', una vindicación de la justicia de Dios, una justificación ante la raza humana de los caminos aparentemente injustos de Dios.

La Biblia responde a esta necesidad de dos modos complementarios. Primero, poniendo la mirada en el juicio final. Segundo (desde la perspectiva de los creyentes neotestamentarios), volviendo la mirada hacia el juicio decisivo que se llevó a cabo en la cruz. En el Antiguo Testamento la respuesta corriente al problema seguía el primer camino, por ejemplo en el Salmo 73. Los malos prosperan, gozan de salud y poseen riquezas. A pesar de su violencia, de su arrogancia y su insolente desafío a Dios, se salen con la suya. Ningún rayo del cielo los derriba en tierra. El salmista admite que cuando sintió envidia de esa libertad para pecar e inmunidad al sufrimiento, estuvo a punto de alejarse de Dios; sus pensamientos, reflexiona, eran más los de una 'bestia' que de un israelita piadoso. No logró comprender adecuadamente la situación 'hasta [entrar] en el santuario de Dios'. Entonces '[comprendió] el fin de ellos'. Aunque los malos se muestran tan confiados, ese lugar es más resbaladizo de lo que se dan cuenta, y llegará el día en que caerán, aplastados por el justo juicio de Dios.

En el Nuevo Testamento, se repite varias veces esta misma seguridad en cuanto al juicio final, cuando los desequilibrios de la justicia serán reparados. Pablo les dice a los filósofos atenienses que Dios ha pasado por alto la idolatría en el pasado solo porque 'ha establecido un día en el cual juzgará al mundo con justicia, por aquel varón a quien designó'. Advierte a sus lectores en Roma que no pretendan abusar de las riquezas de la 'benignidad, paciencia y longanimidad' de Dios, que les ofrecen espacio para el arrepentimiento.

Pedro dirige el mismo mensaje a los 'burladores' que ridiculizan la noción de un futuro día de juicio. La razón por la cual no se produce es que Dios, en su paciencia, mantiene abierta la puerta de la oportunidad un poco más, 'no queriendo que ninguno perezca, sino que todos procedan al arrepentimiento'.[14]

Si la primera parte de la teodicea bíblica consiste en advertir acerca de un juicio futuro y final, la segunda consiste en declarar que el juicio de Dios ya se ha llevado a cabo en la cruz. Por eso, en los días del Antiguo Testamento se permitió que los pecados se fueran acumulando, por así decirlo, sin que fuesen castigados (como merecían) ni perdonados (por cuanto 'la sangre de los toros y de los machos cabríos no puede quitar los pecados'). Pero ahora, dice el escritor de la Carta a los Hebreos, Cristo 'ha muerto para liberarlos de los pecados cometidos bajo el primer pacto'(NVI).[15] En otras palabras, si Dios se mostró inactivo anteriormente frente al pecado no era por indiferencia moral sino por su paciencia. Dios se abstuvo hasta que viniese Cristo y se ocupase de ello en la cruz. El pasaje clásico sobre este tema es Romanos 3.21–26, al que ahora nos remitimos.

> Pero ahora, aparte de la ley, se ha manifestado la justicia de Dios, testificada por la ley y por los profetas; la justicia de Dios por medio de la fe en Jesucristo, para todos los que creen en él. Porque no hay diferencia, por cuanto todos pecaron, y están destituidos de la gloria de Dios, siendo justificados gratuitamente por su gracia, mediante la redención que es en Cristo Jesús, a quien Dios puso como propiciación por medio de la fe en su sangre, para manifestar su justicia, a causa de haber pasado por alto, en su paciencia, los pecados pasados, con la mira de manifestar en este tiempo su justicia, a fin de que él sea el justo, y el que justifica al que es de la fe de Jesús.

14. Hch. 17.30–31; Ro. 2.4; 2 P. 3.3–9.
15. He. 10.4; 9.15, NVI.

Charles Cranfield ha descripto estos seis versículos como 'el centro y el corazón' de toda la Carta a los Romanos. Con el fin de entenderlos, tendremos que comenzar con un breve análisis de esa enigmática frase en el versículo 21. 'Pero ahora ... se ha manifestado la justicia de Dios'. La fraseología es casi idéntica a la de 1.17 ('porque ... la justicia de Dios se revela'), excepto que los verbos se encuentran en tiempo pasado y presente, respectivamente. Cualquiera sea la 'justicia de Dios', es evidente que se revela en el evangelio. Fue revelada allí cuando se formuló el evangelio al comienzo, y sigue siendo revelada allí toda vez que se predica el evangelio. Por cierto que esta no es la única revelación que Pablo menciona. También afirma que el poder y la deidad de Dios se revelan en la creación (1.19–20), y que para los impíos que detienen la verdad, 'la ira de Dios se revela desde el cielo' (1.18), particularmente en la desintegración moral de la sociedad. Pero, declara el apóstol, el mismo Dios que ha revelado su poder en la creación y su ira en la sociedad también ha revelado su justicia en el evangelio.

¿Qué significa 'la justicia de Dios'?

El significado de 'la (o 'una', ver VM) justicia de Dios' es algo que se viene debatiendo interminablemente. Se han ofrecido tres explicaciones principales.

Primero, según la tradición medieval, se decía que se trataba del atributo divino de la virtud o la justicia, como en los versículos 25 y 26 en Romanos 3, donde se dice que Dios la 'manifiesta'. El problema con esta interpretación es que normalmente la justicia de Dios termina en juicio (ver, por ejemplo, Apocalipsis 19.11). Difícilmente esto pueda considerarse como las 'buenas nuevas' reveladas en el evangelio. Lutero había sostenido este punto de vista, y casi lo llevó a la desesperación. Si se puede demostrar que la justicia de Dios en ciertas circunstancias produce justificación en lugar de juicio, entonces la situación sería otra. Pero me estoy anticipando.

La segunda explicación sobre el significado de la 'justicia de Dios' la ofrecen los reformadores. Para ellos, la frase significaba una posición de justicia que es 'de Dios' (genitivo) en el sentido de que 'proviene de Dios' (como traduce NIV), es decir, es concedida por él (ver NBE). Como expresa el versículo 21 de Romanos 3, es 'aparte de la ley' porque la función de la ley es la de condenar, no justificar. Esto es así aun cuando haya sido 'testificada por la ley y por los profetas', porque se trata de una doctrina veterotestamentaria. Dado que somos todos injustos (3.10) y por consiguiente no podemos establecer nuestra propia justicia (3.20; 10.3), la justicia de Dios es un don gratuito (5.17), al cual nos 'sujetamos' (10.3). Es algo que 'alcanzamos' (9.30), que 'tenemos' (Filipenses 3.9) y que, finalmente, somos 'hechos' (2 Corintios 5.21). 'La justicia de Dios', al ser un regalo para los injustos que se recibe solo por la fe en Cristo (Romanos 3.22), no es, de hecho, otra cosa que la justificación.

En tercer lugar, varios estudiosos han llamado la atención en los últimos años a los pasajes del Antiguo Testamento, especialmente en los Salmos y en Isaías, en los que 'la justicia de Dios' y 'la salvación de Dios' son expresiones sinónimas, en referencia a la iniciativa de Dios al acudir a rescatar a su pueblo y vindicarlo cuando era oprimido.[16] En este caso la 'justicia de Dios' no es su atributo de justicia, como en la primera explicación; tampoco es la posición de justicia que Dios nos otorga, como vieron los reformadores. Es su actividad dinámica y salvífica. La principal objeción a esta interpretación es que Pablo, si bien declara que la ley y los profetas dan testimonio de la justicia de Dios, no cita ninguno de los versículos apropiados.

La segunda de las tres interpretaciones encaja mejor en cada uno de los contextos en los que aparece la expresión, y parecería ser casi con seguridad la correcta. Por otra parte, quizá no sea necesario rechazar totalmente las otras dos. Porque si la justicia de Dios es la posición de justicia que él otorga a los que creen en Jesús, esto es posible por su dinámica actividad salvífica, y la operación resulta totalmente consecuente con su justicia inherente. La 'justicia de Dios', por lo tanto, podría definirse como 'el modo justo de Dios de hacer justos a los injustos'; es la posición de justicia que él concede a los pecadores a quienes él justifica. Más todavía, como vimos en el capítulo anterior, su acto libre de justificar, que tiene base en su gracia, es 'mediante la redención que es en Cristo Jesús' (Romanos 3.24), 'a quien Dios puso [algunos piensan que 'propuso'] como propiciación' (v. 25). Si Dios en Cristo en la cruz no hubiese pagado el precio de nuestro rescate y no hubiese propiciado su propia ira contra el pecado, no podría habernos justificado.

16. Por ejemplo, Sal. 71.15; 98.2; Is. 45.21 ('Dios justo y Salvador'); 46.13; 51.5–6; 56.1. Ver, por ejemplo, C. H. Dodd en *Romans*, pp. 10–13.

En la cruz, Dios manifestó su justicia

Ahora bien, la razón por la cual hizo esto, a saber 'poner' a Cristo como propiciación, como sacrificio expiatorio, fue para 'manifestar su justicia'. Tan importante es este objetivo divino que el apóstol la menciona dos veces en palabras casi idénticas, si bien cada vez agrega una explicación diferente. La primera vez vuelve la mirada hacia el pasado, y dice que Dios manifestó su justicia en la cruz 'a causa de haber pasado por alto, en su paciencia, los pecados pasados' (v. 25). La segunda vez proyecta la mirada desde la cruz hacia el presente y el futuro, y dice que Dios manifestó (más aun, sigue manifestando) 'en este tiempo su justicia, a fin de que él sea el justo, y el que justifica al que es de la fe de Jesús' (v. 26).

Al manifestar paciencia hacia los pecadores, Dios se creó un problema para sí mismo. Se entiende que el pecado, la culpa y el juicio están inexorablemente ligados en su mundo moral. ¿Por qué, entonces, no juzgó a los pecadores conforme a sus obras? Hacía falta una teodicea para vindicar su justicia. Aun cuando podía postergar su juicio haciendo uso de su capacidad de autodominio, no podía permitir que el cúmulo de pecados humanos aumentara indefinidamente, y menos aun anular totalmente el juicio. Si Dios no castiga con justicia el pecado, sería 'injusto consigo mismo', como lo expresó Anselmo, o, en palabras de James Denney, 'no se haría justicia a sí mismo [sino que] se haría una injusticia'.[17] De hecho se destruiría a sí mismo, como también a nosotros. Dejaría de ser Dios y nosotros dejaríamos de ser plenamente humanos. Él se destruiría a sí mismo al contradecir su carácter divino como justo Legislador y Juez, y nos destruiría a nosotros al contradecir nuestra dignidad humana como personas moralmente responsables creadas a su imagen. Es inconcebible que Dios llegara a hacer cualquiera de las dos cosas. Así, si bien en su paciencia temporariamente dejó sin castigo los pecados, ahora con justicia los ha castigado, al condenarlos en Cristo. Ha demostrado su justicia ejecutándola. Y lo ha hecho públicamente (según algunos este es el énfasis del verbo 'puso'), no solo con el fin de ser justo sino que también se lo vea como justo. Debido a su anterior apariencia de injusticia al no castigar los pecados, ahora ha dado una prueba

17. Anselmo: *Cur Deus homo?*, I.XIII, y James Denney: *Death of Christ*, p. 188.

presente y visible de justicia al llevar sobre sí mismo el castigo en la persona de Cristo.

Nadie puede ahora acusar a Dios de pasar por alto el mal. Nadie puede suponer indiferencia moral o injusticia de su parte. La cruz demuestra con igual intensidad tanto la justicia Dios, al juzgar el pecado, como su misericordia, al justificar al pecador. Porque ahora, como resultado de la muerte propiciatoria de su Hijo, Dios puede ser 'el justo y el que justifica' a los que creen en él. Está ahora en condiciones de conceder una posición de justicia a los injustos, sin comprometer su propia justicia.

Ahora vemos con toda claridad la relación entre lo que ha logrado la cruz (ilustrado en las cuatro imágenes analizadas en el capítulo anterior) y la revelación de Dios. Al llevar él mismo en Cristo la terrible pena de nuestros pecados, Dios no solo propició su ira, nos rescató de la esclavitud, nos justificó a sus ojos y nos reconcilió consigo mismo. Al mismo tiempo, en la cruz defendió y manifestó su propia justicia. Por la forma en que nos justificó, también se justificó a sí mismo. Este es el tema del libro de P. T. Forsyth titulado *The justification of God* (La justificación de Dios). Publicado en 1916, lo subtituló 'Conferencias para tiempos de guerra sobre una teodicea cristiana'.

> No hay ninguna teodicea para el mundo, salvo en una teología de la cruz. La única teodicea final es esa autojustificación de Dios que era fundamental para su justificación de los hombres. Ninguna razón humana puede justificar a Dios en un mundo como este. Él tiene que justificarse a sí mismo, y lo hizo en la cruz de su Hijo.[18]

El amor de Dios

No es solo la justicia de Dios lo que pareciera ser incompatible con las injusticias que prevalecen en el mundo. También su amor parece contradecirse en la realidad. Las tragedias personales, las inundaciones y los terremotos, los accidentes que cuestan cientos de vidas, el hambre y la pobreza en escala global, la fría inmensidad del universo, las inclemencias de la naturaleza, la tiranía y las torturas,

18. P. T. Forsyth: *Justification of God*, pp. 124–125. Barth también escribió que la justificación del hombre es la autojustificación de Dios (*Church dogmatics*, v.1, pp. 559–564).

las enfermedades y la muerte, y la suma total de la miseria de los siglos… ¿Cómo pueden reconciliarse estos horrores con un Dios de amor? ¿Por qué las permite?

El cristianismo no ofrece respuestas fáciles para estos angustiosos interrogantes. En cambio sí ofrece una prueba del amor de Dios, tan histórica y objetiva como las pruebas que parecerían negarlo. Es a la luz de ese hecho que es preciso comprender las calamidades del mundo. Esta prueba es la cruz. Quiero comenzar con dos versículos tomados de la 1 Carta de Juan.

> En esto hemos conocido el amor, en que él puso su vida por nosotros. 1 Juan 3.16

La mayoría de las personas no tiene ninguna dificultad en decirnos lo que piensan que es el amor. A lo mejor saben que se han escrito libros enteros con el propósito de distinguir entre diferentes clases de amor, como el de Anders Nygren en 1930, *Agape and eros* (Ágape y eros) y *Los cuatro amores* (1960), de C. S. Lewis. Aun así, insistirían en que el significado del amor es perfectamente evidente. Sin embargo, el apóstol Juan estaría en desacuerdo con ellos. Juan se atreve a decir que, aparte de Cristo y su cruz, el mundo no habría sabido jamás lo que es el verdadero amor. Por supuesto que todos los seres humanos han experimentado alguna medida y algún grado de amor. Pero Juan está diciendo que en toda la historia del mundo hubo solo un acto de amor puro, no arruinado por ninguna mancha ocasionada por motivos ulteriores. Este acto fue la entrega de sí mismo que hizo Dios en Cristo en la cruz por pecadores que no lo merecían. Si lo que buscamos es una definición del amor, no deberíamos buscarla en un diccionario, sino en el Calvario.

El segundo versículo de Juan es más preciso todavía.

> En esto consiste el amor. no en que nosotros hayamos amado a Dios, sino en que él nos amó a nosotros, y envió a su Hijo en propiciación [*hilasmos*] por nuestros pecados.
> 1 Juan 4.10

En el pasaje de Romanos 3 que estudiamos más arriba, Pablo toma el carácter propiciatorio de la cruz (*hilastērion*) como la demostración o manifestación de la justicia de Dios. En este pasaje Juan lo toma como la manifestación del amor de Dios. La cruz es ambas cosas por igual. El verdadero amor es el amor de Dios, no el nuestro. Él lo puso de manifiesto entre nosotros (v. 9) al mandar a su Hijo unigénito al mundo para que muriera por nosotros y para que nosotros viviéramos por él. Estas dos palabras. 'vivir' (v. 9) y 'propiciación', (v. 10) describen ambas lo extremo de nuestra necesidad. Porque éramos pecadores, merecíamos morir sometidos a la justa ira de Dios. Pero Dios mandó a su Hijo único, y al mandarlo vino él mismo, a fin de morir esa muerte y llevar sobre sí esa ira, en nuestro lugar. Se trataba de un acto de puro e inmerecido amor.

Esto es lo que nos enseña Juan. En este mundo nuestra atención se ve atraída constantemente por los problemas del mal y el dolor, que parecerían contradecir el amor de Dios. Pero sería sabio no permitir que nuestra atención sea desviada de la cruz, donde el amor de Dios ha sido manifestado en forma pública y visible. Si se le puede llamar una 'tragedia' a la cruz, fue una tragedia que ilumina todas las demás tragedias.

Pablo también escribe acerca del amor de Dios en la primera mitad de Romanos 5. Dos veces se refiere a él, y de esta manera nos proporciona dos modos complementarios de comprobar su realidad. El primero es que 'el amor de Dios ha sido derramado en nuestros corazones por el Espíritu Santo que nos fue dado' (5.5). El segundo es que 'Dios muestra su amor para con nosotros, en que siendo aún pecadores, Cristo murió por nosotros' (5.8). Uno de los aspectos del evangelio que más satisfacen es la forma en que combina lo objetivo y lo subjetivo, lo histórico y lo vivencial, la obra del Hijo de Dios y la obra del Espíritu de Dios. Podemos saber que Dios nos ama, dice Pablo, porque ha demostrado su amor en la historia mediante la muerte de su Hijo *y* porque constantemente lo derrama en nuestros corazones por medio de su Espíritu que mora en nosotros. Si bien hemos de concentrarnos, como lo hace Pablo, en la demostración objetiva del amor de Dios en la cruz, no hemos de olvidar que el Espíritu Santo confirma ese testimonio histórico mediante su propio testimonio interior y personal, que inunda nuestros corazones con la certeza de que somos amados. Es algo similar a nuestra experiencia de que el Espíritu Santo testifica juntamente con nuestro espíritu que somos hijos de Dios. El Espíritu ofrece testimonio cuando oramos, y nos ayuda a exclamar '*Abba*, Padre'; es entonces cuando sabemos que somos hijos de Dios, justificados, reconciliados, redimidos y amados (Romanos 8.15–16).

En la cruz, Dios manifiesta su amor

En la cruz 'Dios muestra su amor para con nosotros' (Romanos 5.8). Es un amor muy suyo, porque no hay otro amor igual. ¿En qué consiste la demostración? Tiene tres partes, las que unidas resultan plenamente convincentes.

Primero, Dios entregó a **su Hijo** por nosotros. Cierto es que en el versículo 8 Pablo afirma simplemente que 'Cristo' murió por nosotros. Pero el contexto nos dice quién era este ungido, este Mesías. La muerte de Cristo, de conformidad con el versículo 10, fue 'la muerte de su Hijo'. Si Dios nos hubiera mandado un hombre, así como mandó profetas a Israel, le hubiéramos estado agradecidos. Si hubiese enviado un ángel, como lo hizo con María en la anunciación, lo hubiéramos considerado un gran privilegio. Pero en ambos casos hubiera sido una tercera persona, por cuanto tanto los hombres como los ángeles son seres creados por él. Al mandar a su propio Hijo, eternamente concebido desde su propio Ser, no nos estaba enviando una criatura, una tercera persona; estaba entregándose él mismo. La lógica de esto es ineludible. ¿Hubiera podido manifestarse el amor del Padre si nos hubiera enviado alguna otra persona? El amor es, en su esencia, entrega personal. Entonces, si el amor de Dios se vio en que entregó a su Hijo, indudablemente se estaba dando a sí mismo. 'De tal manera amó Dios al mundo, que ha dado a su Hijo unigénito' (Juan 3.16). Por lo demás, Dios 'no escatimó ni a su propio Hijo, sino que lo entregó por todos nosotros' (Romanos 8.32). Al referirse a este texto, P. T. Forsyth agregó muy correctamente la glosa. 'No escatimó a su propio Hijo, es decir, su propia Persona.'[19] El carácter último de ese amor es que se da a sí mismo. Por eso Pablo agregó, plenamente convencido, que juntamente con Cristo Dios, en su gracia, 'nos dará … con él todas las cosas'. Todos los dones menores están comprendidos en el 'don inefable' de su Hijo (2 Corintios 9.15).

En segundo lugar, Dios entregó a su Hijo **a morir** por nosotros. Ya hubiera sido maravilloso si Dios hubiese entregado a su Hijo (y de ese modo, a sí mismo) para hacerse carne por nosotros, para vivir, para

19. P. T. Forsyth: *Justification*, p. 154.

darse y para servir por nosotros en la tierra. Pero la encarnación no era sino el comienzo de su entrega de sí mismo. Habiéndose 'despojado' de su gloria y habiendo tomado la naturaleza del siervo, 'se humilló a sí mismo' y se hizo 'obediente hasta la muerte, y muerte de cruz' (Filipenses 2.7–8). Esto fue con el fin de entregarse hasta lo último, a la tortura de la crucifixión y al horror de llevar los pecados y de ser abandonado por Dios. 'Cristo murió por nosotros.' Su cuerpo murió y, como hemos visto, su alma murió, murió la muerte de la separación de Dios. El pecado y la muerte son inseparables. Generalmente el que peca y el que muere son la misma persona; sin embargo, en esta ocasión no lo fueron, ya que fuimos *nosotros* los que pecamos, pero *él* fue quien murió por nuestros pecados. Esto es amor, amor santo. Es el amor que ejecuta la pena por el pecado al llevarla sobre sí. El que no tenía pecado fue hecho pecado, el Inmortal murió… No hay modo en que podamos imaginar el terror o el dolor que conllevan semejantes experiencias.

El tercer aspecto de esta demostración en Romanos 5, es que Dios entregó a su Hijo a morir **por nosotros**, vale decir, por pecadores inmerecedores. 'Pecadores' es la primera palabra que usa Pablo para describirnos; somos seres fracasados que hemos errado el blanco, destituidos para siempre de la gloria de Dios (Romanos 3.23). Éramos 'impíos' (5.6), por cuanto no le dimos a Dios la gloria debida a su nombre, y no había temor de Dios delante de nuestros ojos (3.18). El tercer epíteto descriptivo que usa Pablo es 'enemigos' (5.10). Es decir, éramos 'enemigos de Dios', como lo expresa una versión (NVI), porque nos habíamos rebelado contra su autoridad, habíamos rechazado su amor y habíamos sido insolentes para con su ley (8.7). La cuarta y última palabra es 'débiles' (5.6). fue 'cuando aún éramos débiles' que Cristo murió por nosotros. Porque no teníamos fuerzas ni poder para salvarnos a nosotros mismos; estábamos incapacitados. Estas cuatro palabras conforman un feo conjunto de adjetivos. Es muy raro, sostiene Pablo en el versículo 7, que alguien esté dispuesto a morir por un hombre 'justo' (cuya justicia es fría, austera, severa); quizás alguien osara morir por un hombre 'bueno' (cuya bondad es cálida, amable y atractiva). Mas Dios muestra su amor hacia nosotros, ese amor único, en que murió por personas pecadoras, impías, rebeldes, inútiles como nosotros.

El valor de un regalo de amor se calcula tanto por lo que le cuesta al que lo da, como por el grado en el cual se piensa que lo merece el que lo recibe. El joven que está enamorado, por ejemplo, le da regalos costosos a su amada, con frecuencia por encima de lo que realmente puede, como símbolos de su amor desprendido; lo hace porque considera que ella los merece, y más. Jacob sirvió siete años por Raquel por el amor que le tenía. Pero Dios al dar a su Hijo se dio a sí mismo a muerte por sus enemigos. Lo dio todo por aquellos que no merecían nada de parte de él. 'Y esa es la prueba que ofrece Dios de su amor para con nosotros' (Romanos 5.8, NEB).

El canónigo William Vanstone tiene un capítulo en su libro *Love's endeavour, love's expense* (El esfuerzo del amor, el costo del amor) que se titula 'La fenomenología del amor' (pp. 39–54). Su tesis dice que todos los seres humanos, incluso los que han sido privados de amor en la niñez, son capaces de discernir el amor auténtico instintivamente. Luego sugiere que 'si podemos describir la forma del amor auténtico, difícilmente podamos buscar en otra parte una descripción del amor de Dios' (p. 42). Esto entra en conflicto con lo que escribí antes acerca de que el amor de Dios define el nuestro, y no a la inversa. Sin embargo, entiendo lo que quiere decir Vanstone y no es mi ánimo discutir su tesis. Vanstone enumera tres marcas del amor falso, por las que queda al descubierto su falsedad. Son. la marca de la limitación (algo se retiene), la marca del control (la manipulación de la gente), y la marca del aislamiento (nos mantenemos autosuficientes, intactos, incólumes). Por contraste, el amor auténtico se caracteriza por una entrega ilimitada, una disposición a afrontar riesgos sin tener la seguridad del éxito, y una vulnerabilidad que resulta fácilmente afectada. Me encontraba leyendo el libro del canónigo Vanstone mientras escribía este capítulo, y no podía dejar de observar el paralelo (aunque no es un paralelo exacto) entre sus tres marcas del amor auténtico y las tres marcas del amor de Dios que describe Pablo en Romanos 5.8.

El resumen final del canónigo Vanstone (p. 115) vincula estos conceptos. El amor de Dios 'se consume en su entrega, se consume totalmente, sin reserva, se agota, se gasta sin dejar residuo alguno'. Es decir, al dar a su Hijo, se dio a sí mismo. Luego, el amor de Dios 'se consume en una empresa precaria, siempre al borde del fracaso'. Dios dio a su Hijo para morir, asumiendo el riesgo que implicaba ceder el control sobre su propia persona. En tercer lugar, el amor de Dios aparece 'impotente ante aquello que ama, esperando la respuesta que convertirá ese amor en su tragedia o su triunfo'. Al dar a su Hijo para que muriera por los pecadores, Dios se hizo vulnerable a la posibilidad de que lo rechazaran y le dieran las espaldas.

El profesor Jürgen Moltmann va más allá todavía en su intento de explicar la manera en que Dios desplegó su amor en la cruz. Retoma la notable expresión de Lutero 'el Dios crucificado', que el propio Lutero había recogido de la teología medieval tardía. Al igual que este, sostiene que, a la vez que en la cruz Dios se define a sí mismo, es allí donde nosotros llegamos a conocerlo. La *theologia crucis* de Lutero, por lo tanto, 'no es un capítulo aislado en la teología, sino la armadura para toda la teología cristiana'.[20] No hay teología cristiana genuina si no surge de la cruz y se centra en ella. En particular, por 'la cruz' el profesor Moltmann quiere decir, más que ninguna otra cosa, el grito de abandono. Este grito, escribe Moltmann, muestra que Jesús no solo fue rechazado por los judíos como blasfemo y ejecutado por los romanos como rebelde; muestra que fue realmente condenado y abandonado por su Padre (pp. 149–152). Por consiguiente, surge la siguiente pregunta. ¿Quién es Dios en la cruz de ese Cristo que es abandonado por Dios? 'Toda la teología cristiana y toda la vida cristiana es fundamentalmente una respuesta a la pregunta que hizo Jesús al morir' (p. 4). Por esto la teología tiene que ser desarrollada 'desde una distancia en que se pueda oír el grito que dio Jesús en el momento de morir' (p. 201). ¿Qué es, entonces, lo que entendemos acerca de Dios cuando contemplamos al Jesús crucificado y oímos su grito de abandono? Por cierto que vemos su amor, expresado en su voluntad de identificarse con seres humanos rechazados. Porque 'el símbolo de la cruz en la iglesia señala al Dios que fue crucificado, no entre dos velas en un altar, sino entre dos ladrones en el lugar de la Calavera, donde se lleva a los desterrados, fuera de las puertas de la ciudad' (p. 40). En esa terrible experiencia que 'divide a Dios de Dios hasta el último grado de enemistad y diferenciación' (p. 152) tenemos que reconocer que tanto el Padre como el Hijo sufren el costo de su entrega, si bien en formas diferentes. 'El Hijo sufre al morir, el Padre sufre la muerte del Hijo. El dolor del Padre aquí es tan importante

20. Jürgen Moltmann: *El Dios crucificado* (p. 72 y otras en la edición citada por el autor; ver Bibliografía).

como la muerte del Hijo. El abandono del Hijo por parte del Padre es equivalente a la pérdida del Hijo que sufre el Padre' (p. 243). Esta expresión es impresionante. Mi propio deseo, lo confieso, sería que el profesor Moltmann hubiera resaltado más vigorosamente el que fue con los desterrados *espirituales*, y no solo con los desterrados *sociales*; vale decir, que Jesús se identificó en la cruz con los pecadores y no simplemente con los criminales. En ese caso hubiera podido clarificar tanto la naturaleza como la causa del terrible abandono por parte de Dios. No obstante, resulta conmovedora la abierta aceptación por parte de Moltmann de que el abandono fue real, y de que se trata de la prueba más grande del amor de Dios.

La teoría de la 'influencia moral'

La cruz es una manifestación y demostración tan evidente del amor de Dios que varios teólogos, en diversas épocas de la historia de la iglesia, han intentado encontrar allí su valor expiatorio. Para ellos el poder de la cruz no radica en alguna transacción objetiva destinada a cargar con los pecados. Su poder está en su inspiración subjetiva; no en su eficacia legal (al cambiar nuestra posición ante Dios) sino en su influencia moral (al cambiar nuestras actitudes y acciones).

Se afirma generalmente que el exponente más famoso de este punto de vista fue el filósofo y teólogo francés Pedro Abelardo (1079–1142). Se lo conoce mejor por su apasionado vínculo con Heloïse (con quien se casó secretamente después del nacimiento de su hijo), que tuvo consecuencias muy trágicas para ambos. En su vida académica pública, en cambio, sus brillantes conferencias y debates atrajeron grandes auditorios. Era un poco más joven que Anselmo, y estaba de acuerdo con él en el repudio a la noción de que la muerte de Cristo fue un rescate abonado al diablo. Pero estaba violentamente en desacuerdo con la doctrina de Anselmo en cuanto a la cruz como satisfacción por el pecado. '¡Cuán cruel y malvado parecería ser', escribió, 'que alguien exija la sangre de una persona inocente como precio de algo, o que pudiera alegrarse de que un hombre inocente fuera muerto, y todavía más, que Dios considerara tan aceptable la muerte de su Hijo que por medio de ella él pudiera reconciliarse con el mundo en su totalidad!'[21]

21. Comentario de Abelardo sobre Romanos 3.19–26, en *A scholastic miscellany*, ed. Eugene Fairweather, p. 283.

Abelardo describió a Jesús como nuestro Maestro y ejemplo principalmente. Si bien siguió usando frases tradicionales como 'redimido por Cristo', 'justificado en su sangre', y 'reconciliado con Dios', interpretaba la eficacia de la muerte de Cristo exclusivamente en términos subjetivos. Según esta tesis, el sacrificio voluntario del Hijo de Dios nos mueve a una agradecida respuesta de amor, y de allí al arrepentimiento.

> La redención es ese gran amor encendido en nosotros por la pasión de Cristo, un amor que no solamente nos libera de la esclavitud al pecado, sino que logra para nosotros la verdadera libertad de hijos, donde el amor en lugar del temor se convierte en el afecto dominante.[22]

Para apoyar su posición Abelardo citó palabras de Jesús. '... sus muchos pecados le son perdonados, porque amó mucho' (Lucas 7.47). Pero no entendió el texto, porque tomó al amor como la base del perdón recibido en lugar de su resultado. Para él el perdón era por cierto el resultado de la muerte de Cristo; pero lo era indirectamente, vale decir, que la cruz despierta nuestro amor a Cristo, y cuando lo amamos, somos perdonados. La 'justificación' se ha convertido para Abelardo en una infusión divina de amor. Como lo expresó Robert Franks, Abelardo 'redujo todo el proceso de la redención a un solo principio claro y único, a saber, la manifestación del amor de Dios para con nosotros en Cristo, que despierta un amor correspondiente en nosotros'.[23]

Pedro Lombardo, que fue obispo de París en 1159 y a quien se podría describir como discípulo de Abelardo, escribió en su famoso *Libro de las sentencias*.

> Habiéndonos sido dada una tan grande prenda de amor, nos sentimos tanto movidos como alentados a amar a Dios

22. *Ibid.*, p. 284. Ver James Orr, *El progreso del dogma* (pp. 229–230 en la edición citada por el autor).

23. Robert S. Franks: *Work of Christ*, p. 146. Después de escribir estos párrafos se me ha llamado la atención el profundo artículo del doctor Alister McGrath, titulado 'La teoría moral de la expiación: Una crítica histórica y teológica' ('The moral theory of the atonement: an historical and theological critique'). Sostiene el autor que llamar a la teoría de la influencia moral 'abelardiana' es un error; que el error surgió por 'considerar una sola porción pequeña de la *Expositio in Epistolam ad Romanos* de Abelardo como representativa de su doctrina en

> que hizo tan grandes cosas por nosotros; y por esto somos justificados, es decir, al ser liberados de nuestros pecados somos hechos justos. Por consiguiente, la muerte de Cristo nos justifica porque, por medio de ella, la caridad nace en nuestros corazones.[24]

Ya a comienzos del siglo XII, entonces, se hizo evidente un debate teológico de inmensa importancia, debate cuyos protagonistas principales fueron Anselmo y Abelardo. Anselmo enseñaba que la muerte de Jesucristo era una objetiva satisfacción por el pecado, Abelardo que su eficacia era fundamentalmente subjetiva en la influencia moral que ejerce sobre nosotros. Para Anselmo la base sobre la cual Dios perdona nuestros pecados era la muerte propiciatoria de Cristo. Para Abelardo, era nuestro propio amor, penitencia y obediencia, que son despertados en nosotros al contemplar la muerte de Cristo.

Es probable que el defensor más franco de la teoría de la 'influencia moral' en el siglo XX haya sido el doctor Hastings Rashdall, cuyas conferencias Bampton, 1915, se publicaron bajo el título *The idea of atonement in Christian theology* (El concepto de expiación en la teología cristiana). Rashdall insistió que había que hacer una elección entre la posición objetiva de Anselmo y la subjetiva de Abelardo en torno a la expiación; para él no había duda de que Abelardo estaba en lo cierto. Según Jesús, sostuvo Rashdall, la única condición para la salvación era el arrepentimiento. 'El hombre verdaderamente penitente que confiesa sus pecados a Dios recibe un perdón instantáneo' (p. 26). 'Dios es un Padre amante que perdona el pecado con la sola condición del verdadero arrepentimiento, y [la muerte de Jesucristo] opera ayudando a producir dicho arrepentimiento' (p. 48). Todavía más, 'solo se puede suponer que Dios perdona haciendo mejor a la persona, y eliminando en consecuencia cualquier exigencia de castigo' (p. 359). En otras palabras, es *nuestro* arrepentimiento y *nuestra*

general' (p. 208); y que la imitación de Cristo que recalcaba él no era el medio, sino más bien el resultado de nuestra redención. No obstante, el pasaje en su comentario sobre la Carta a los Romanos es muy explícito, de modo que no veo cómo se puede con justicia eliminar este elemento de la perspectiva de Abelardo. De todos modos, los dirigentes del iluminismo alemán por cierto enseñaban la teoría de la 'influencia moral' como lo demuestra el doctor McGrath. También lo hacía Hastings Rashdall, al que aludiré pronto.

24. La obra de Pedro Lombardo: *Sententiarum libri quatuor*, III, Dist. XIX.1 (citado por Rashdall, pp. 371, 438).

conversión, producidos dentro de nosotros cuando contemplamos la cruz, lo que permite que Dios nos perdone. La significación de la cruz no está en que ella exprese el amor de Dios al ocuparse de nuestros pecados, sino en que ha despertado nuestro amor y de esta manera ha hecho innecesaria la acción divina contra los pecados. Las buenas obras de amor, en lugar de constituir pruebas de la salvación, se convierten en la base sobre la que ella se otorga.

Crítica a la teoría de la 'influencia moral'

Hay tres razones por las que, si tomamos en serio las Escrituras, debemos declarar inaceptable la teoría de la 'influencia moral' o 'ejemplarista'. La primera es que quienes apoyan este punto de vista tienden a no tomarla en serio ellos mismos. Rashdall rechazó todos los textos que resultaban incompatibles con su teoría. Declaró que el dicho de Jesús sobre el rescate (Marcos 10.45) era una 'inserción doctrinalmente pintoresca', y que sus expresiones eucarísticas acerca de la sangre del nuevo pacto y el perdón de pecados tenían también valor secundario. ¿Sobre qué base? Simplemente que 'nuestro Señor nunca enseñó que su muerte fuera necesaria para el perdón de pecados' (p. 45). Esto constituye un notable ejemplo de razonamiento circular, donde se da por sentado justamente aquello que se quiere probar. Rashdall es más sincero cuando dice que nuestra aceptación de la inspiración bíblica no debe impedir que 'rechacemos cualquier fórmula que … parezca decir que el pecado no puede ser perdonado sin un sacrificio vicario' (p. 207). En otras palabras, su consejo es. primero arme su teoría expiatoria, luego defiéndala contra toda objeción, y no permita que alguna cuestión sin importancia como la inspiración divina se interponga en su camino; simplemente sostenga que el mensaje puro de Jesús fue alterado por el cristianismo inicial, inspirado en Isaías 53, y que Pablo completó el proceso.

La segunda razón por la que rechazamos la teoría de la influencia moral la encontramos en palabras de Anselmo, que citamos en oposición a Abelardo y a Rashdall. 'Todavía no han considerado la gravedad del pecado.' La teoría de la 'influencia moral' ofrece un remedio superficial porque ha hecho un diagnóstico superficial. Atrae en la época de la Ilustración porque pone toda su confianza en la razón y la capacidad humanas. No encontramos en esa teoría una comprensión bíblica profunda en cuanto a la rebelión radical del ser humano contra Dios. Tampoco presenta la ira de Dios como su indignado antagonismo para con el pecado humano, ni expone la indispensable necesidad de una satisfacción por el pecado que responda al carácter de justicia y amor del propio Dios. James Orr tenía razón al decir que la posición de Abelardo con respecto a la expiación 'es defectuosa precisamente en aquel aspecto en el cual es fuerte la de Anselmo',[25] a saber en su análisis del pecado, de la ira y la satisfacción.

Tercero, la teoría de la influencia moral tiene un defecto fundamental en su propio énfasis central. La explicación se centra en el amor de Cristo, que brilla desde la cruz y al mismo tiempo despierta nuestro amor como respuesta. Es nuestro deseo realzar estas dos verdades en forma equivalente. También nosotros sabemos que es porque Cristo nos amó que se entregó por nosotros.[26] También hemos encontrado nosotros que su amor despierta nuestro amor. 'Nosotros le amamos a él, porque él nos amó primero' dice Juan en su primera carta (4.19). Estamos de acuerdo con Denney cuando escribió. 'No titubeo en decir que el sentido de deuda para con Cristo es la más profunda y penetrante de todas las emociones en el Nuevo Testamento.'[27] Hasta aquí, por lo tanto, estamos de acuerdo. La cruz es la culminación del amor de Cristo y la inspiración del nuestro. Pero la cuestión que queremos destacar es esta. ¿Precisamente *cómo* despliega y demuestra la cruz el amor de Cristo? ¿Qué hay en la cruz que revela amor? El amor verdadero tiene un propósito en su entrega; no hace gestos casuales o en forma irresponsable. Cuando alguien se arroja desde el extremo de un muelle y se ahoga, o se lanza a un edificio en llamas y muere calcinado, si su sacrificio no tenía ningún fin salvífico solo nos demostraría su irracionalidad, no su amor. Pero si yo me estuviera ahogando en el mar o me encontrara atrapado en un edificio en llamas, y al intentar salvarme esa persona perdiera la vida, entonces vería amor y no irracionalidad en su acción. De la misma manera, la muerte de Jesús en la cruz no puede ser vista como una demostración de amor en sí mismo, a menos que la entrega de su vida haya tenido el fin de rescatar la nuestra. Antes que pueda resultarnos atractiva es necesario ver que su muerte tuvo un objetivo. Pablo y Juan vieron amor en la cruz

25. James Orr: *El progreso del dogma* (p. 229 en la edición citada por el autor).
26. Por ejemplo, Gá. 2.20; Ef. 5.2, 25; 1 Jn. 3.16.
27. James Denney: *Death of Christ*, p. 158.

porque la entendieron como una muerte por los pecadores (Romanos 5.8) y como una propiciación por los pecados (1 Juan 4.10). Esto es, la cruz puede ser vista como una prueba del amor de Dios solo cuando, al mismo tiempo, se la ve como una prueba de su justicia. De allí la necesidad de mantener juntas estas dos demostraciones en nuestra mente. Así insistió Berkouwer.

> En la cruz de Cristo la justicia y el amor de Dios se revelan *simultáneamente*, de modo que podemos hablar de su amor solamente en relación con la realidad de la cruz ... [Además] la gracia y la justicia de Dios se revelan solo en la sustitución real, en el sacrificio radical, en la inversión de los papeles.[28]

De forma parecida, Pablo escribió.

> Porque el amor de Cristo nos constriñe [literalmente 'nos atrapa' y por ello no nos deja elección alguna], pensando esto. que si uno murió por todos, luego todos murieron; y por todos murió, para que los que viven, ya no vivan para sí, sino para aquel que murió y resucitó por ellos. 2 Corintios 5.14–15

La compulsión del amor de Cristo, dice Pablo, nace de una convicción. Estamos convencidos del propósito y el elevado costo de la cruz, vale decir que debemos nuestra vida a su muerte. Por eso sentimos que su amor nos constriñe y no nos deja alternativa sino la de vivir para él.

La gran obra de R. W. Dale, *The atonement* (La expiación), fue escrita con el fin de demostrar que la muerte de Cristo en la cruz fue objetiva antes de que pudiera ser subjetiva, y que 'a menos que se conciba el gran sacrificio [de la cruz] bajo formas objetivas, el poder subjetivo se pierde' (p. LI). La cruz es la suprema revelación del amor de Dios en la historia. Pero 'la revelación consiste esencialmente en una redención, más que la redención en una revelación'.[29]

Por lo tanto, no deberíamos permitir que Anselmo y Abelardo se encuentren en polos opuestos. En términos generales, Anselmo tenía razón cuando entendía la cruz como una satisfacción por el pecado, pero tendría que haber puesto mayor énfasis en el amor de Dios. Abelardo tenía razón cuando veía la cruz como una manifestación

28. G. C. Berkouwer: *Work of Christ*, pp. 277–278, 311.
29. H. W. Robinson: *Suffering human and divine.*

de amor, pero no cuando negaba lo que Anselmo afirmaba. Anselmo y Abelardo se necesitan mutuamente en lo que tienen de testimonio positivo, uno en cuanto a la justicia de Dios y el otro en cuanto a su amor. Fue precisamente al lograr una satisfacción justa por el pecado que se puso de manifiesto el amor.

Tres parábolas sobre el perdón

Aun después que estos argumentos han sido desplegados, los que apoyan la teoría de la 'influencia moral' consideran que todavía poseen la carta decisiva. Sostienen que Jesús mismo, en por lo menos tres de sus parábolas, enseñó el perdón sin la expiación, sobre la base del arrepentimiento solo. En la parábola del fariseo y el publicano, este último exclamó, 'Dios, sé propicio a mí, pecador', e inmediatamente fue 'justificado' (Lucas 18.9–14). En la parábola de los dos deudores, el rey perdonó al siervo y canceló su deuda sin insistir en el pago, aunque este luego no mostró igual misericordia (Mateo 18.23–35). Y en la parábola del hijo pródigo, el padre dio la bienvenida al hogar al joven y lo instaló nuevamente, cuando volvió penitente; no le impuso ningún castigo (Lucas 15.11–24). Estas tres parábolas ilustran la misericordia perdonadora de Dios, se dice, y no contienen indicio alguno de la necesidad de un sacrificio expiatorio. Sin embargo, se pueden esgrimir tres argumentos contrarios a esa interpretación.

Primero, las parábolas de que se trata tampoco hacen alusión alguna a Cristo. ¿Hemos de deducir de esto que no solo es innecesaria su cruz, sino él mismo, para que obtengamos perdón? No. Las parábolas no son alegorías; no tenemos ningún derecho a esperar que haya una correspondencia exacta, punto por punto, entre el relato y su mensaje.

Segundo, cada una de estas tres parábolas contiene dos actores que se contrastan deliberadamente entre sí. dos adoradores en el templo (el fariseo soberbio y el publicano de actitud humilde), dos siervos del rey (uno perdonado ampliamente por el rey y el otro a quien el siervo que había sido perdonado por el rey se negó a perdonar), y dos hijos (uno indigno e injusto pero penitente, el otro justo y recto pero arrogante). Estas parábolas destacan, valiéndose de los contrastes, la condición del perdón, no la base sobre la cual descansa. Nos dicen lo que debemos hacer, pero no dicen nada directamente acerca de lo que ha hecho Dios para que podamos ser perdonados.

En tercer lugar, los cristianos de todos modos encuentran la cruz en las tres parábolas, porque la misericordia perdonadora (puesta de manifiesto para con el publicano humillado, el siervo en bancarrota, y el hijo pródigo) recibió su demostración histórica suprema en el desprendido amor de Dios en Cristo, quien murió para que los pecadores pudiesen ser perdonados.

De estas tres parábolas es la del hijo pródigo la que para muchos enseña más claramente un 'evangelio' del perdón sin expiación. Este fue el argumento de Hastings Rashdall en sus conferencias Bampton en 1915, mencionadas arriba. Jesús enseñó, dijo Rashdall, que Dios es un Padre amoroso que perdona a todos los pecadores que se arrepienten. Esta es la 'simple enseñanza acerca del perdón de Dios que se enseña en la parábola del hijo pródigo', y que la iglesia primitiva procedió a corromper (p. 27).

Pocos años más tarde, Douglas White sostuvo la misma tesis. 'Jesús enseñó ... que Dios nos ama y anhela que seamos reconciliados con él. Si alguna vez enseñó otra cosa, se trataba de la libertad del perdón ... No hay ninguna cuestión de penitencia o castigo; solo amor y perdón. La gran ilustración de esto fue el hijo pródigo ... Según esta enseñanza, no hay ningún prerrequisito para el perdón de Dios, salvo el espíritu de arrepentimiento.' Fue Pablo, sigue diciendo, el que pervirtió este sencillo mensaje, haciendo necesaria la cruz para la salvación, empleando una fraseología 'repugnante', y de este modo 'oscureciendo la doctrina de Jesús tocante a la incondicional libertad del perdón de Dios'.[30]

El doctor Kenneth Bailey ha explicado que esta interpretación de la parábola es corriente en el mundo musulmán.

> El islam sostiene que en este relato el muchacho se salva sin un salvador. El pródigo regresa. El padre lo perdona. No hay ninguna cruz, ninguna pasión, ningún salvador. Si el hombre busca el perdón, dice el islam, Dios es misericordioso y perdona. La encarnación, la cruz y la resurrección son todas innecesarias. Si Dios es realmente grande, puede perdonar sin estas cosas. El relato del hijo pródigo es para ellos prueba

30. Douglas White: 'Nature of Punishment', pp. 6–9.

> de que los cristianos han pervertido en forma lamentable el mensaje de Cristo.[31]

De modo que en su libro *The cross and the prodigal* (La cruz y el hijo pródigo) el doctor Bailey, quien desde hace muchos años enseña la asignatura Nuevo Testamento en la Escuela de Teología del Cercano Oriente en Beirut, hace un nuevo análisis de Lucas 15 'a través de los ojos de los campesinos del Oriente Medio'. Explica que toda la aldea sabría que el pródigo que regresaba estaba en desgracia, y que algún tipo de castigo era inevitable, aunque solo fuera para preservar el honor del padre. Pero el padre carga con el sufrimiento en lugar de infligirlo. Si bien 'un hombre de su edad y posición *siempre* camina de modo lento y digno, y si bien no ha corrido hacia *ninguna parte* por ningún motivo desde hace 40 años', sin embargo se 'lanza' por el camino como un adolescente para darle la bienvenida al hijo que vuelve al hogar. Se arriesga de esta manera a ser ridiculizado por los pilluelos de la calle, y 'carga sobre sí la vergüenza y la humillación debida al pródigo'.

'En esta parábola', continúa Kenneth Bailey, 'tenemos un padre que abandona la comodidad y la seguridad de su casa y se expone de manera humillante en la calle de la aldea. El hecho de bajar y salir al encuentro de su hijo insinúa la encarnación. El espectáculo en la calle de la aldea insinúa el significado de la cruz' (pp. 54–55). Así 'la cruz y la encarnación están presentes en forma implícita y a la vez dramática en el relato, [por cuanto] la pasión de la cruz no fue principalmente la tortura física sino más bien la agonía del amor rechazado'. Lo que era esencial para la reconciliación del pródigo era 'una demostración física de un amor totalmente desprendido que se manifiesta en el sufrimiento ... ¿No es esta la historia del modo en que Dios se ocupa del ser humano, en el Gólgota?' (pp. 56–57).

Llegamos a la conclusión, por lo tanto, de que la cruz fue una manifestación sin paralelo del amor de Dios. Él mostró su amor al cargar con nuestra pena y por consiguiente nuestro dolor, con el fin de poder perdonarnos y restaurarnos. La parábola del hijo pródigo, lejos de contradecir esto, implícitamente lo expresa. T. J. Crawford tenía razón al expresarlo de esta forma. antes de que podamos ver

31. Kenneth E. Bailey: *Cross and the prodigal*, p. 56.

en los sufrimientos de Cristo prueba alguna del amor del Padre para con nosotros, 'algún bien tiene que correspondernos sobre la base de ellos, imposible de obtener de otro modo, o algún mal tiene que ser apartado de nosotros sobre la base de ellos, imposible de remediar o evitar de otro modo'.[32] Este 'mal que de otro modo es ineludible' es el terrible juicio de Dios, y este 'bien que de otro modo es inalcanzable' es nuestra adopción por parte de él como integrantes de su familia (p. 375).

Al asegurar estas grandes bendiciones para nosotros al costo de tan grandes sufrimientos, Dios nos ha ofrecido una incomparable demostración de su amor.

La sabiduría y el poder de Dios

En los primeros once capítulos de Romanos, Pablo desarrolla su magistral exposición del evangelio. Dios presentó a Cristo como sacrificio propiciatorio, y ahora justifica a los pecadores por medio de la fe en Cristo, los transforma por la obra interior del Espíritu y está creando una comunidad nueva en la que son admitidos los gentiles en las mismas condiciones que los judíos. Cuando ha terminado, prorrumpe en una arrebatadora doxología.

> ¡Oh profundidad de las riquezas de la sabiduría y de la ciencia de Dios! ¡Cuán insondables son sus juicios, e inescrutables sus caminos! … Porque de él, y por él, y para él, son todas las cosas. A él sea la gloria por los siglos. Amén.
>
> Romanos 11.33–36

Ya antes el apóstol ha descripto la muerte expiatoria de Cristo como una demostración de la justicia y el amor de Dios; ahora lo sobrecoge el sentido de la sabiduría de Dios, puesta de manifiesto al idear un plan de salvación tan costoso que satisface nuestras necesidades y al mismo tiempo satisface su propio carácter.

La cruz como la sabiduría y el poder de Dios es el tema principal de 1 Corintios 1.17–2.5, especialmente en el contraste con la sabiduría y el poder del mundo. Es la mención que hace Pablo del 'evangelio' lo que da lugar a su meditación, porque sabe de inmediato que está frente a una decisión acerca de su contenido. La elección es entre 'palabras

32. T. H. Crawford: *Doctrine of Holy Scripture*, p. 335.

persuasivas de humana sabiduría' y 'la cruz de Cristo'. Si resolviera elegir la sabiduría humana, la cruz resultaría 'vana', quedaría despojada, de hecho sería destruida (1.17). De modo que elige 'la palabra de la cruz', sabiendo que es locura para los que se pierden, pero al mismo tiempo es el poder de Dios para los que se salvan (1.18). Sabiduría sin poder o poder insensato. se trataba de una elección decisiva, y todavía lo es. La única combinación que excluye como opción es la sabiduría del mundo más el poder de Dios.

La razón por la cual Pablo opta por el poder a expensas de la sabiduría, el poder de Dios en lugar de la sabiduría del mundo, es que Dios en las Escrituras ya había declarado su intención de destruir la sabiduría de los sabios y frustrar el entendimiento de los entendidos (1.19). De modo que, si Dios se ha puesto en contra de ellos, ¿dónde se han de encontrar los sabios, los eruditos y los filósofos de esta época? ¿Acaso Dios no se ha decidido ya en contra de ellos al enloquecer su sabiduría (1.20)? De modo que nuevamente resulta claro que el poder (el poder salvador) no está en la sabiduría del mundo sino en la locura de Dios, a saber, el evangelio del Cristo crucificado.

El funcionamiento de este principio puede verse en la evangelización de los judíos y los griegos, por cuanto ambos grupos imponían condiciones para aceptar el evangelio. 'Los judíos piden señales, y los griegos buscan sabiduría' (1.22). En otras palabras, insisten en que el mensaje debe autenticarse a sí mismo ante ellos mediante el poder y la sabiduría respectivamente. En total contraste con sus demandas, sin embargo, 'nosotros predicamos a Cristo crucificado' (1.23), el cual en absoluto se conforma a estos criterios. Para los judíos la cruz es 'tropezadero' y para los gentiles 'locura', por cuanto los ofende en lugar de impresionarlos. Pero para los que son llamados por Dios, sean judíos o griegos, es exactamente lo opuesto. Aunque fue crucificado en debilidad, Cristo es el poder de Dios, y aunque aparentemente su obra en la cruz fue una locura, Cristo es la sabiduría de Dios (1.24). Porque lo que los seres humanos consideran insensatez divina es más sabia que la sabiduría de ellos, y lo que ellos consideran debilidad de Dios es más fuerte que la de ellos (1.25).

En síntesis, los valores divinos y los humanos están en completo desacuerdo entre sí. La cruz, que como medio de salvación parece la mayor insensatez y debilidad, es en realidad la manifestación más excelsa de la sabiduría y el poder de Dios.

Pablo corona su argumento con dos ilustraciones. La primera, tomada de la experiencia de los corintios en cuanto a su llamado y conversión (1.26–31); y la segunda, de su propia experiencia en la evangelización (2.1–5). Según los criterios humanos no muchos de entre los corintios conversos eran sabios o poderosos. De hecho, Dios escogió deliberadamente a personas que el mundo considera insensatas y débiles, con el fin de avergonzar a los sabios y a los fuertes; más aun, escogió lo vil, lo menospreciado y lo que no es para deshacer lo que es. Su objetivo, al hacerlo, era excluir la jactancia humana. La soberbia estaba completamente fuera de lugar, porque era Dios quien tenía que unirlos a Cristo. Por su parte, Cristo se había constituido en la sabiduría de ellos (al revelarles a Dios) y el poder de ellos (al traerles la justificación, la santidad y la promesa de la redención final). Por ello, como dice la Escritura, si alguien se jacta, debe hacerlo únicamente en el Señor, no en sí mismo ni en otros.

En cuanto a Pablo el evangelista, cuando fue a Corinto, no fue con un mensaje de sabiduría humana. Tampoco fue sostenido por su propia fuerza. Les llevó el revelado mensaje de la cruz, que les parecía insensato; fue con debilidad, con temor y temblor, confiando en el poder del Espíritu Santo para que confirmara la palabra. Su único propósito al visitarlos con ese mensaje insensato y débil era que la fe de ellos descansara firmemente en el poder de Dios, no en la sabiduría de los hombres.

Lo que venimos escuchando en todo este pasaje son variaciones sobre el tema de la sabiduría y el poder de Dios, su sabiduría a través de la insensatez humana y su poder a través de la debilidad humana. El evangelio de la cruz jamás será un mensaje popular, porque humilla el orgullo de nuestro intelecto y nuestro carácter. No obstante, Cristo crucificado es tanto la sabiduría de Dios (1.24) como la nuestra (1.30). Porque la cruz es el modo divino de satisfacer su amor y su justicia en la salvación de los pecadores. Por consiguiente también manifiesta su poder, 'para salvación a todo aquel que cree' (Romanos 1.16).

Cuando contemplamos la cruz vemos allí la justicia, el amor, la sabiduría y el poder de Dios. No es fácil decidir cuál de estos se revela con mayor luminosidad, sea la justicia de Dios al juzgar el pecado, o el amor de Dios al cargar con el juicio en nuestro lugar, o la sabiduría de Dios al combinar perfectamente ambas cosas, o el poder de Dios al salvar a los que creen.

La cruz es un acto, y por lo tanto una demostración de todo ello. la justicia, el amor, la sabiduría y el poder de Dios. La cruz nos asegura que este Dios es la realidad dentro, detrás, y más allá del universo.

En uno de sus grandes himnos, Isaac Watts reunió la autorrevelación de Dios en la creación y en la cruz. Después de hablar de su obra en la naturaleza, continúa.

> Pero en la gracia que rescató al hombre
> brilla su más fulgurante forma de gloria.
> Aquí, en la cruz, es donde mejor está dibujada
> con sangre preciosa y líneas carmesí.
>
> Aquí todo su nombre aparece completo.
> ni el ingenio puede adivinar,
> ni la razón probar,
> cuál de las letras está escrita mejor,
> la del poder, la sabiduría, o el amor.

9

La Victoria sobre el Pecado

ES IMPOSIBLE LEER EL NUEVO TESTAMENTO SIN QUE NOS impresione la atmósfera de gozosa confianza que lo envuelve. Esta percepción se destaca claramente en contraste con la religión más bien insulsa que, con frecuencia, pasa por ser cristianismo hoy en día. Los cristianos primitivos no se sentían derrotados en ningún sentido; más bien hablaban de victoria. Por ejemplo, 'gracias sean dadas a Dios, que nos da la victoria … '. 'En todas estas cosas [adversidades y peligros] somos más que vencedores …' También, 'Dios … nos lleva siempre en triunfo … '. Cada una de las cartas de Cristo a la siete iglesias de Asia termina con una promesa especial, 'al que venciere'.[1] Victoria, triunfo, vencer, este era el vocabulario de aquellos primeros seguidores del Señor resucitado. Si hablaban de victoria, sabían que se lo debían al Jesús victorioso. Lo decían en los textos que hasta aquí he citado solo en forma truncada. Lo que Pablo escribió fue. 'Nos da la victoria *por medio de nuestro Señor Jesucristo*', 'somos más que vencedores *por medio de aquel que nos amó*', y 'Dios … nos lleva siempre en triunfo *en Cristo Jesús*'. Es él quien 'ha vencido', 'ha triunfado', y además lo hizo 'en la cruz'.[2]

Cualquier observador de la época que viera morir a Cristo hubiera escuchado con sorprendida incredulidad la afirmación de que el Crucificado fuera un Vencedor. ¿Acaso no fue rechazado por su propia nación, traicionado, negado y abandonado por sus propios discípulos, y finalmente ejecutado por la autoridad que investía el procurador romano? Extendido en la cruz, privado de toda libertad de movimiento, atado o clavado, o ambos, al madero, amarrado e impotente. Parecería ser una derrota total. Si hay victoria en ese

1. 1 Co. 15.57; Ro. 8.37; 2 Co. 2.14; Ap. 2–3.
2. Ap. 3.21; 5.5; 12.11; Col. 2.15.

momento, es la victoria del orgullo, los prejuicios, los celos, el odio, la cobardía y la brutalidad. No obstante, lo que sostiene el cristianismo es que la realidad es lo opuesto de lo que aparece a la vista. Lo que parecería ser (y lo era) la derrota del bien por el mal es también, y con mayor certidumbre, la derrota del mal por el bien. Vencido allí, él mismo estaba venciendo. Aplastado por el cruel poder de Roma, él mismo estaba aplastando la cabeza de la serpiente (Génesis 3.15). La víctima era victoriosa. La cruz sigue siendo el trono desde el cual gobierna al mundo.

> Cumplido es ya lo que dijo David
> en verdadera canción profética en la antigüedad,
> que Dios fuera el rey de los paganos,
> por cuanto Dios reina desde el madero.

He aquí, por lo tanto, un tema adicional tocante a lo que logró la cruz de Cristo. La cruz obtuvo la salvación de los pecadores (como lo indican las cuatro imágenes que consideramos en el capítulo 7). Es también la revelación de Dios (especialmente de su amor santo, como lo hemos considerado en el capítulo anterior). Además, veremos ahora, la cruz aseguró el triunfo sobre el mal.

Gustav Aulen y Christus Victor

Fue particularmente Gustav Aulen, el teólogo sueco, el que por su influyente libro *Christus Victor* (1930) recordó a la iglesia esta verdad olvidada. El título del libro en sueco significa algo así como 'El concepto cristiano de la expiación', pero *Christus Victor* capta mejor su énfasis. La tesis del autor, en un estudio que es más histórico que apologético, es que la reconstrucción tradicional de dos de las teorías principales sobre la expiación es errónea. Se refiere al punto de vista 'objetivo' o 'legal' (la muerte de Cristo reconciliando al Padre), asociado con Anselmo, y al punto de vista 'subjetivo' o 'moral' (la muerte de Cristo inspirándonos y transformándonos), asociado con Abelardo. Hay un tercer punto de vista, que Aulen llama tanto 'dramático' como 'clásico'. Es 'dramático' porque ve la expiación como un drama cósmico en el que Dios, en Cristo, batalla con los poderes del mal y obtiene la victoria sobre ellos. Es 'clásico' porque, sostiene Aulen, fue 'la idea dominante sobre la expiación durante los primeros mil años de la historia cristiana' (pp. 22–23).

Aulen se ocupó de demostrar que su concepto de la expiación como una victoria sobre el pecado, la muerte y el mal era el punto de vista dominante del Nuevo Testamento; que lo apoyaron todos los Padres griegos desde Ireneo a fines del siglo II hasta Juan de Damasco a comienzos del VIII, y que por ello lo sostienen las iglesias ortodoxas orientales; que los principales Padres occidentales también adoptaron este punto de vista (aunque a menudo al lado del punto de vista 'objetivo'), incluidos Ambrosio y Agustín, y los papas León el Grande y Gregorio el Grande; que se perdió en la época del escolasticismo católico medieval; que lo recuperó Lutero; pero que el escolasticismo protestante posterior lo volvió a perder y se volvió a la noción anselmiana de la satisfacción.

Aulen es, por lo tanto, muy crítico de la doctrina de la 'satisfacción' sostenida por Anselmo, que él llama 'latina' y 'jurídica'. La descarta con cierto desprecio como 'realmente una vía lateral en la historia del dogma cristiano' (p. 31), de hecho una desviación. Sin embargo, la crítica que le hace a Anselmo no es enteramente justa. Con justicia subraya la verdad de que en el punto de vista 'clásico' 'se considera que la obra de la expiación es llevada a cabo por Dios mismo', que 'él mismo es el agente efectivo en la obra redentora, de comienzo a fin' (p. 50), y que 'la expiación es, por sobre todo, un movimiento hacia Dios por Cristo como hombre' (p. 22), 'desde abajo, por así decirlo' (p. 50), o 'una obra humana de satisfacción llevada a cabo por Cristo' (p. 104). Como vimos en el capítulo 5, Anselmo destacaba claramente el hecho de que, si bien el hombre *debería* llevar a cabo la satisfacción por el pecado, *no puede* hacerlo, por cuanto se trata de sus propios pecados por los cuales es preciso obtener satisfacción. De hecho, solo Dios mismo puede hacerlo, y por consiguiente lo hace, por medio de Cristo. A pesar de lo que escribe Aulen, la enseñanza de Anselmo es que, por medio de la obra de ese ser único, el Dios-hombre, no es solo el hombre el que obtiene la satisfacción; es Dios mismo quien, al mismo tiempo, satisfacía y era satisfecho.

No obstante, Gustav Aulen estaba en lo cierto cuando llamó la atención de la iglesia a la cruz como victoria. Mostró que, con su muerte, Jesús nos salvó no solo del pecado y la culpa sino de la muerte y el diablo, en realidad, de todos los poderes malignos. Su tesis tenía pertinencia también en un siglo desgarrado por dos guerras mundiales y en una cultura europea consciente de la existencia de fuerzas demoníacas. Igualmente tenía razón cuando señaló que 'la nota de triunfo [que] resuena como un llamado de trompeta a través de la enseñanza de la iglesia primitiva' (p. 59) ya estaba ausente de la fría lógica de la obra *Cur Deus homo*? de Anselmo. Fue Lutero quien volvió a hacer sonar esa nota. Sus himnos y catecismos reverberan con la alegría de que Dios nos ha rescatado de ese 'monstruo' o 'tirano' que es el diablo, y que anteriormente nos tenía cautivos, sujetos al pecado, la ley, la maldición y la muerte.

Otra crítica que se le hace a la tesis de Aulen, acertadamente, es que hizo un contraste demasiado marcado entre el tema de la 'satisfacción' y el de la 'victoria', como si fuesen alternativas mutuamente incompatibles. Pero el Nuevo Testamento no nos obliga a elegir entre ellas, porque incluye a ambas. Dios tomó la iniciativa y obtuvo la victoria por medio de Cristo, pero uno de los tiranos de los cuales nos libertó es precisamente la culpa por la que, según Anselmo, murió para expiar. Un admirable intento de combinar los dos conceptos fue el que hizo el comentarista escocés del siglo XIX, John Eadie.

> Nuestra redención es una obra a la vez de precio y de poder; de expiación y de conquista. En la cruz se hizo la compra, y en la cruz se ganó la victoria. Allí fue derramada la sangre que anula la sentencia dictada contra nosotros y allí fue soportada la muerte, que fue el golpe mortal al reino de Satanás.[3]

De hecho, las tres explicaciones principales de la muerte de Cristo contienen verdades bíblicas. En alguna medida pueden armonizarse, especialmente si observamos que la principal diferencia es que, en cada una de ellas, la obra de Dios en Cristo está dirigida hacia una persona diferente. En el punto de vista 'objetivo' Dios se satisface a sí mismo, en el 'subjetivo' nos inspira, y en el 'clásico' vence al diablo. Así Jesucristo es, sucesivamente, el Salvador, el Maestro y el Vencedor. Nosotros, respectivamente somos culpables, indiferentes y esclavizados. P. T. Forsyth llamó la atención a esto en el último capítulo de su libro *The work of Christ* (La obra de Cristo). Bajo el título 'El cordón de tres dobleces' se refiere a los aspectos 'satisfactorio', 'regenerativo' y 'triunfante' de la obra de Cristo. Sugiere Forsyth que se encuentran entrelazados en 1 Corintios 1.30, donde Cristo es hecho

3. Citado del comentario de John Eadie sobre Colosenses (*Colossians*, p. 174) por T. J. Crawford en *Doctrine of Holy Scripture*, p. 127.

por nosotros 'justificación, santificación y redención' (pp. 199–200). Y si bien 'algunas almas … gravitarán hacia la gran liberación, algunas a la gran expiación y algunas a la gran regeneración' (p. 233), son, no obstante, todas ellas parte de la totalidad de lo que logró el Salvador. 'la destrucción del mal, la satisfacción de Dios y la santificación de los hombres' (p. 202).

Al concentrarnos ahora en el tema de la 'conquista', seguramente resultará útil que observemos primeramente la histórica victoria de Cristo en la cruz, y luego la victoria de su pueblo, victoria esta que ha sido posible por la suya.

La victoria de Cristo

Lo que afirma el Nuevo Testamento, en su modo desinhibido, es que, en la cruz, Jesús desarmó al diablo y lo venció, como también a todos los 'principados y potestades' bajo su mando. Quienes escuchaban el evangelio en el primer siglo no habrían tenido ninguna dificultad para aceptar esto; 'tal vez sea difícil para el hombre moderno comprender cuán atormentado y angustiado vivía el mundo al cual llegó Cristo'.[4] Hasta hoy en muchos países la gente vive atemorizada por los espíritus maléficos. En el supuestamente sofisticado Occidente se ha despertado una nueva y alarmante fascinación con el ocultismo, hábilmente documentada por Michael Green en su libro *I believe in Satan's downfall* (Creo en la derrota de Satanás). Pero al mismo tiempo muchos ridiculizan la creencia en un diablo personal, con espíritus malos a su disposición, como una superstición anacrónica. Es muy conocida la dogmática afirmación de Rudolf Bultmann. 'Es imposible usar la luz eléctrica y la radiodifusión, y valernos de los descubrimientos médicos y quirúrgicos modernos, y al mismo tiempo creer en el mundo de los demonios y espíritus del Nuevo Testamento.'[5] Michael Green resume esta anomalía de la coexistencia de la curiosidad y la incredulidad cuando sugiere que dos actitudes opuestas serían igualmente agradables al diablo. 'La primera es la de una excesiva preocupación por el Príncipe del mal. La segunda es la de un excesivo escepticismo acerca de su misma existencia' (p. 16). Green pasa luego a dar seis razones que explican por qué cree él en la existencia de ese ser inmensamente poderoso, perverso y astuto al que se le llama Satanás o el diablo.

4. H. E. W. Turner: *Patristic doctrine*, p. 47.

5. Rudolf Bultmann: *Kerygma and myth*, pp. 4–5.

Sus explicaciones se relacionan con la filosofía, la teología, el entorno, la experiencia, lo oculto, la Escritura, y sobre todo Jesús. Hace una exposición convincente; no tengo nada que agregarle.

La victoria predicha

¿Pero cómo logró Dios en Cristo la victoria sobre Satanás? Tal como la describen las Escrituras, la victoria se desenvuelve en seis etapas, aunque la derrota decisiva se llevó a cabo en la cruz. La etapa inicial es la victoria predicha. La primera predicción la hizo Dios mismo en el huerto del Edén como parte de su juicio sobre la serpiente, en Génesis 3.15. 'Y pondré enemistad entre ti y la mujer, y entre tu simiente y la simiente suya; ésta te herirá en la cabeza, y tú le herirás en el calcañar.' Identificamos a la simiente de la mujer como el Mesías, por medio de quien se establecerá el reinado justo de Dios y se erradicará el reinado del mal. Siendo esto así, cada texto del Antiguo Testamento que declara el reinado presente de Dios (por ejemplo, 'Tuya es, oh Jehová, la magnificencia y el poder … Tuyo, oh Jehová, es el reino …') o su futuro reinado sobre las naciones por medio del Mesías ('Admirable, Consejero, Dios fuerte, Padre eterno, Príncipe de paz') puede entenderse como una nueva profecía del aplastamiento definitivo de Satanás.[6]

La victoria iniciada

La segunda etapa es la victoria iniciada en el ministerio de Jesús. Reconociéndolo como su futuro vencedor, Satanás hizo muchos y diversos intentos de librarse de él. Intentó mediante el asesinato de los niños de Belén por orden de Herodes, mediante las tentaciones en el desierto para evitar el camino de la cruz, mediante la decisión de la multitud de obligarlo a encarar un reinado político–militar, mediante la contradicción de Pedro en cuanto a la necesidad de la cruz ('¡Quítate de delante de mí, Satanás!'), y por medio de la negación de Judas, en quien Satanás 'entró'.[7]

Pero Jesús estaba decidido a cumplir lo que estaba escrito de él. Anunció que el reino de Dios había llegado a esa generación por medio de él, y que sus portentosas obras constituían pruebas visibles de ese reino. Vemos a este reino avanzando y al reino de Satanás

6. 1 Cr. 29.11; Is. 9.6–7.

7. Ap. 12.1ss; Mt. 2.1–18; 4.1–11; Jn. 6.15; Mt. 16.23; Jn. 13.27.

retrocediendo ante él, en la medida en que los demonios son echados, las enfermedades son curadas, y aun la naturaleza desorganizada reconoce a su Señor.[8] Más todavía, Jesús mandó a sus discípulos a predicar y a sanar como representantes suyos; cuando volvieron, emocionados porque los demonios se les habían sometido en su nombre, él contestó que había visto 'a Satanás caer del cielo como un rayo'.

He aquí, empero, su declaración más notable en torno a este tema. 'Cuando el hombre fuerte armado guarda su palacio, en paz está lo que posee. Pero cuando viene otro más fuerte que él y le vence (*nikaō*, lograr la victoria sobre), le quita todas sus armas en que confiaba, y reparte el botín.' No es difícil reconocer en el hombre fuerte al diablo, en el 'otro más fuerte' a Jesucristo, y en el reparto del botín (o, en Marcos, el saqueo de la casa) a la liberación de sus esclavos.[9]

La victoria obtenida

Sin embargo, el hombre fuerte no fue 'vencido' ni 'atado' hasta que se produjo la tercera etapa, la definitiva, la victoria obtenida en la cruz. Según Juan, Jesús se refirió tres veces a Satanás como 'el príncipe de este mundo'; agregó que estaba a punto de 'venir' (es decir, de lanzar su última ofensiva) pero que sería 'echado fuera' y 'juzgado'.[10] Evidentemente estaba anticipando el hecho de que en el momento de su muerte se llevaría a cabo la contienda final y los poderes de las tinieblas serían derrotados. Cristo habría de 'destruir por medio de la muerte al que tenía el imperio de la muerte, esto es, al diablo'. Así liberaría a los que estaban sujetos a servidumbre (Hebreos 2.14–15).

Tal vez el pasaje neotestamentario más importante en el que se habla de la victoria de Cristo sea Colosenses 2.13–15.

> Os dio vida juntamente con él, perdonándoos todos los pecados,
> anulando el acta de los decretos que había contra nosotros,
> que nos era contraria, quitándola de en medio y clavándola en
> la cruz, y despojando a los principados y a las potestades,
> los exhibió públicamente, triunfando sobre ellos en la cruz.

8. Por ejemplo, Mr. 1.24 (demonios); Mt. 4.23 (enfermedad); Mr. 4.39 (la naturaleza).

9. Por ejemplo, Lc. 10.18; 11.21–22; Mr. 3.27.

10. Jn. 12.31; 14.30; 16.11.

Pablo reúne aquí dos aspectos diferentes de la obra salvadora de la cruz de Cristo. el perdón de nuestros pecados y la derrota cósmica de los principados y las potestades.[11] El apóstol ilustra la gracia y el carácter gratuito del perdón (*charizomai*) de Dios refiriéndose a la costumbre antigua de la cancelación de deudas. 'El acta de los decretos que había contra nosotros, que nos era contraria' difícilmente pueda referirse a la ley o el mandamiento, que Pablo consideraba 'santo, justo y bueno' (Romanos 7.12). Más bien debe referirse a la ley quebrantada, que por esa razón estaba 'contra nosotros, y que nos era contraria' con su juicio. La palabra que usa Pablo para el 'acta' es *cheirografon*, que era 'un documento escrito a mano, especialmente un certificado de deuda, una obligación' (AG) o una 'confesión firmada de deuda, que figuraba con un testimonio perpetuo contra nosotros'.[12]

Luego el apóstol emplea tres verbos para describir la forma en que Dios ha obrado con nuestras deudas. 'Anuló' la obligación 'limpiándola' completamente (que es lo que literalmente significa *exaleiphō*) y luego 'quitándola de en medio y clavándola a la cruz'. Jeremias piensa que es una alusión al *titulus*, la tablilla que se colocaba sobre la cabeza de la persona crucificada, en la que se escribían sus crímenes; en el *titulus* de Jesús eran nuestros pecados, no pecados de él, los que estaban

11. Desde la Segunda Guerra Mundial, aproximadamente, y en particular desde la publicación de la obra de Hendrik Berkhof, *Cristo y los poderes*, y de la de G. B. Caird, titulada *Principalities and powers*, se ha suscitado un vivo debate en torno a la identidad de los 'principados y potestades' de Pablo. Hasta entonces todos parecen haber concordado en que se refería a agencias espirituales personales, tanto angélicas como demoníacas. Pero, porque tanto *archai* (gobernadores) como *exousiai* (autoridades) son usados por él en relación con poderes políticos, se ha sugerido que Pablo mismo había comenzado a 'desmitologizar' el concepto de ángeles y demonios, y que los ve más bien como estructuras que tienen existencia y poder terrenales, especialmente el estado, pero también la tradición, lo convencional, la ley, la economía, y hasta la religión. Si bien este intento de reconstrucción ha adquirido popularidad en algunos grupos evangélicos (como también liberales), no resulta convincente. El agregado de 'en las regiones celestes' (o 'lugares celestiales') en los pasajes de Efesios, y la antítesis de 'sangre y carne' en Ef. 6.10, para no mencionar la extensión mundial de la influencia de las potestades, me parece encajar en el concepto de los seres sobrenaturales mucho más fácilmente, aunque por supuesto dichos seres pueden usar, y de hecho usan, estructuras e individuos como medios para su acción. Para estudio ulterior ver mi discusión en *Efesios*, pp. 249–274; E. M. B. Green en *Satan's downfall*, pp. 84ss; y especialmente la discusión completa titulada 'Principados y potestades' ('Principalities and powers', pp. 110–150) por P. T. O'Brien.

12. F. F. Bruce: *Colossians*, p. 238.

anotados.[13] En todo caso, Dios nos libra de nuestra bancarrota solo pagando nuestras deudas en la cruz de Cristo. Hay más todavía. 'No solo ha cancelado la deuda, sino que también ha destruido el documento en el que estaba anotada.'[14]

A continuación Pablo pasa del perdón de nuestros pecados a la derrota de los poderes del mal, y usa tres gráficos verbos para hablar de ella. El primero podría significar que Dios en Cristo los 'despojó' de sobre sí como ropa sucia, porque se habían ceñido alrededor de él y se estaban aferrando a él, y los 'desechó' (NEB; 'destituyó', NBE). O mejor, significa que los 'despojó' ya sea de sus armas y por lo tanto los 'desarmó' (VM), o de 'su dignidad y poder'[15] y de este modo los degradó. La segunda expresión del apóstol es que Cristo 'los exhibió públicamente', mostrándolos como las 'potestades sin potestad'[16] en que estaban convertidos. Así, en tercer lugar, 'triunfó sobre ellos en la cruz', lo que probablemente sea una referencia a la procesión de cautivos con que se celebraba una victoria. De este modo, la cruz, comenta Handley Moule, fue 'su patíbulo desde un punto de vista, su carroza imperial desde otro'.[17] Alexander Maclaren sugiere un cuadro unificado de Cristo como 'el vencedor despojando a sus enemigos de sus armas y ornamentos y vestimenta, luego exhibiéndolos como sus prisioneros, y finalmente arrastrándolos al pie de las ruedas de su carro triunfal'.[18]

Estas son imágenes fuertes. Pero ¿qué es lo que significan en realidad? ¿Hemos de visualizar una batalla cósmica literal, en la que las potestades de las tinieblas rodearon y atacaron a Cristo en la cruz, y en la que él las desarmó, las desacreditó y venció? Si fue invisible, como seguramente tiene que haber sido, ¿cómo pudo Cristo 'exhibirlos públicamente'? Parecería que tenemos que pensar en su victoria, si bien real y objetiva, en otros términos.

13. J. Jeremias: *Mensaje central* (p. 37 en la edición citada por el autor; ver Bibliografía).

14. Peter O'Brien: *Colossians*, p. 133. Ver p. 124.

15. *Ibid.*, p. 127.

16. *Ibid.*, p. 129.

17. H. C. G. Moule: *Colossian Studies*, p. 159. Fue 'como si la cruz', escribió Calvino, 'que estaba llena de vergüenza, hubiese sido transformada en una carroza triunfal' (*Instituciones*, II.XVI.6).

18. Alexander Maclaren: *Colossians and Philemon*, p. 222.

Primero, por cierto que resulta significativo que Pablo vincula lo que hizo Cristo con el *cheirografon* (la cancelación y remoción del mismo) con lo que hizo con los principados y potestades (desarmándolos y venciéndolos). Clavó la certificación de la deuda en la cruz; derrotó a las potestades mediante la cruz. No parecería ser necesario insistir en que esto último sea más literal que lo primero. Lo importante es que ambas cosas ocurrieron juntas. ¿Acaso no es el pago de nuestras deudas la forma en que Cristo ha derrotado a las potestades? Al liberarnos de éstas, nos ha liberado de aquellas.

Segundo, venció al diablo resistiendo en forma absoluta sus tentaciones. Tentado a evitar la cruz, Jesús perseveró en la senda de la obediencia, 'haciéndose obediente hasta la muerte, y muerte de cruz' (Filipenses 2.8). Su obediencia era indispensable para su obra de salvación. 'Porque así como por la desobediencia de un hombre los muchos fueron constituidos pecadores, así también por la obediencia de uno, los muchos serán constituidos justos' (Romanos 5.19). Si hubiese desobedecido, desviándose un centímetro de la senda de la voluntad de Dios, el diablo hubiera podido asentar el pie y hubiese frustrado el plan de salvación. Pero Jesús obedeció; y el diablo fue derrotado. Provocado por los insultos y las torturas a que fue sometido, Jesús se negó totalmente a responder. Mediante su generoso amor para con otros, venció 'con el bien el mal' (Romanos 12.21). Por lo demás, cuando las fuerzas combinadas de Roma y Jerusalén fueron dispuestas en su contra, él podría haber enfrentado el poder con otro poder. Pilato no tenía, en realidad, ninguna autoridad final sobre él; más de doce legiones de ángeles hubieran aparecido velozmente para rescatarlo si las hubiera llamado. Jesús podría haber bajado de la cruz, y con burla lo desafiaron a que lo hiciera.[19] Pero él rechazó todo empleo de poder terrenal. Fue 'crucificado en debilidad', aun cuando la debilidad de Dios era más fuerte que la fuerza humana. De este modo se negó a desobedecer a Dios, a odiar a sus enemigos, o a imitar el uso terrenal del poder. Por su obediencia, su amor y su humildad, logró una gran victoria moral sobre los poderes del mal. Él se mantuvo libre, incontaminado, sin hacer concesiones. El diablo no pudo apoderarse de él, y tuvo que aceptar su derrota.[20] Como lo expresó F. F. Bruce.

19. Jn. 19.11; Mt. 26.53; Mr. 15.30.
20. 2 Co. 13.4; 1 Co. 1.25; Jn. 14.30.

> Cuando está suspendido allí, atado de manos y pies al madero en aparente debilidad, se imaginaron que lo tenían a merced de ellos, y se arrojaron sobre él con intento hostil … Pero él luchó con ellos y los dominó.[21]

De manera que la victoria de Cristo, predicha inmediatamente después de la caída en el Edén, fue iniciada durante su ministerio público y decisivamente ganada en la cruz. Las tres etapas restantes fueron consecuencias de esto.

La victoria confirmada y anunciada

La cuarta etapa es la victoria confirmada y anunciada en la resurrección. No hemos de considerar a la cruz como derrota y a la resurrección como victoria. Más bien, la cruz fue la victoria conquistada, y la resurrección la victoria confirmada, proclamada y demostrada. Era imposible que fuese retenido por la muerte, porque la muerte ya había sido derrotada. Los principados y poderes malignos, que habían sido privados de sus armas y de su dignidad en la cruz, en consecuencia ahora fueron puestos bajo sus pies y sometidos a él.[22]

La victoria extendida

Quinto, la victoria se extiende en la medida en que la iglesia sale a cumplir su misión, en el poder del Espíritu, a predicar al Cristo crucificado como Señor y a llamar a la gente al arrepentimiento y a creer en él. En toda conversión verdadera hay un volverse no solo del pecado hacia Cristo, sino 'de las tinieblas a la luz y de la potestad de Satanás a Dios', y 'de los ídolos a Dios, para servir al Dios vivo y verdadero'. En cada conversión hay también un rescate 'de la potestad de las tinieblas … al reino de su amado Hijo'.[23] De modo que toda conversión cristiana comprende un enfrentamiento de poderes en el

21. F. F. Bruce: *Colossians*, p. 239.

22. Hch. 2.24; Ef. 1.20–23; 1 P. 3.22.

23. Hch. 26.18; 1 Ts. 1.9; Col. 1.13. Entre los animistas, ahora llamados generalmente 'religionistas tradicionales', que viven con temor a los espíritus, el concepto de un 'enfrentamiento de poderes' con Jesucristo tiene particular importancia. 'El vuelco de un pueblo a servir al Dios vivo y verdadero es normalmente una respuesta a alguna clara y convincente demostración del poder de Cristo sobre los poderes espirituales (experienciales), más que un asentimiento mental a verdades acerca de Jesucristo (cognitivas)' (*Christian*

cual el diablo es obligado a soltar la vida de alguien al que tiene en sus garras. El poder superior de Cristo queda demostrado. Siendo así, bien pudiera ser acertado interpretar aquello de 'atar' al dragón durante mil años como coincidente con la idea de 'atar' al hombre fuerte, lo cual se hizo en la cruz. El resultado de atar a Satanás es que no 'engañase más a las naciones', lo cual parece referirse a la evangelización de las naciones, tarea que comenzó después de la gran victoria de la cruz y su consecuencia inmediata, constituida por la pascua y el pentecostés.[24]

La victoria consumada

Sexto, anticipamos la victoria consumada en la *parusía*. El intervalo entre los dos acontecimientos se ha de llenar con la misión de la iglesia. El Ungido del Señor ya está reinando, pero también está esperando hasta que sus enemigos sean puestos como estrado de sus pies. En ese día toda rodilla se doblará ante él y toda lengua le confesará como Señor. El diablo será arrojado al lago de fuego, donde la muerte y el Hades se le unirán. Porque el postrer enemigo que será destruido es la muerte. Luego, cuando todo dominio, autoridad y potencia perversos sean destruidos, el Hijo entregará el reino al Padre, y él será todo en todos.[25]

Victoria en la cruz y en la resurrección

¿Será correcto, empero, atribuir la victoria de Cristo a su muerte? ¿No fue lograda más bien por su resurrección? ¿No fue al levantarse nuevamente de la muerte que venció la muerte? En efecto, ¿no será que todo el énfasis de este libro recae con demasiada insistencia en la cruz, y en forma insuficiente en la resurrección? ¿Acaso no van juntos ambos acontecimientos, como lo ha sostenido Michael Green convincentemente en su reciente libro, *The empty cross of Christ* (La cruz vacía de Cristo)? Es fundamental que nos ocupemos de estos interrogantes.

witness to traditional religionists of Asia and Oceania, Lausanne Occasional Paper Nº 16, p. 10). Ver también los 'Lausanne Occasional Papers' que se relacionan con el testimonio cristiano entre pueblos similares en América Latina y el Caribe (Nº 17) y en África (Nº 18).

24. Ap. 20.1–3; Mt. 28.18–20.

25. Sal. 110.1; Fil. 2.9–11; Ap. 20.10, 14; 1 Co. 15.24–28.

Para comenzar, es indudablemente cierto que la muerte y resurrección de Jesús van juntas en el Nuevo Testamento. Pocas veces se mencionan de manera independiente. En las tres predicciones sucesivas de su pasión que registra Marcos, cada vez Jesús agregó que, después de tres días, se levantaría nuevamente.[26] Según Juan, también dijo que 'pondría' su vida y que 'la volvería a tomar'.[27] Más aun, sucedió tal como dijo que sucedería. '[Yo soy] el que vivo, y estuve muerto; mas he aquí que vivo por los siglos de los siglos' (Apocalipsis 1.18).

Los apóstoles también hablaban de ambos eventos en conjunto. El *kerygma* apostólico más antiguo, en palabras de Pedro, era que 'a este, entregado por el determinado consejo y anticipado conocimiento de Dios ... matasteis ...; al cual Dios levantó'. Pablo expresa el evangelio original y universal afirmando que 'Cristo murió por nuestros pecados ...; fue sepultado ..., resucitó ...; y ... apareció'.[28] Además, las cartas de Pablo están llenas de frases tales como 'creemos que Jesús murió y resucitó' y que los que viven han de vivir 'para aquel que murió y resucitó por ellos'.[29]

Desde el comienzo se reconoció que los dos sacramentos evangélicos daban testimonio de ambas cosas. En el bautismo, el candidato simbólicamente muere y se levanta con Cristo, mientras que en la cena del Señor es el Cristo resucitado quien se hace conocer a nosotros por medio de los mismos emblemas que hablan de su muerte.[30] De modo que esto no está (o no debería estar) en discusión. Sería sumamente desequilibrado proclamar ya sea la cruz sin la resurrección (como me temo que hacía Anselmo) o la resurrección sin la cruz (como hacen lo que presentan a Jesús como el Señor viviente más que como un Salvador que expía los pecados). Por lo tanto, es saludable mantener una ligazón indisoluble entre ellas.

No obstante, tenemos que tener claridad acerca de la naturaleza de la relación entre la muerte y la resurrección de Jesús, y ser cuidadosos de no atribuir eficacia salvífica a ambas por igual. Michael Green no

26. Mr. 8.31; 9.31; 10.34.
27. Jn. 10.17–18; ver 2.19.
28. Hch. 2.23–24; 1 Co. 15.1–8.
29. 1 Ts. 4.14; 2 Co. 5.15.
30. Ro. 6.1–4; Lc. 24.30–35.

cae en esta trampa, por cuanto afirma claramente que 'la cruz de Jesús es el centro mismo del evangelio'.[31] Por cierto que lo es.

Cuando analizamos las cuatro imágenes de la salvación en el capítulo 7, resultó evidente que es 'por la sangre de Jesús' que fue propiciada la ira de Dios contra el pecado, y por la misma sangre de Jesús que nosotros hemos sido redimidos, justificados y reconciliados. Fue por su muerte, y no por su resurrección, que la situación de nuestros pecados fue resuelta. Ya en el *kerygma* apostólico más antiguo se expresa que 'Cristo murió por nuestros pecados'. En ninguna parte del Nuevo Testamento está escrito que 'Cristo resucitó por nuestros pecados'. Aun así, ¿acaso no fue por su resurrección que Cristo venció la muerte? No, decimos claramente que fue por su muerte que Cristo destruyó a aquel que tiene el imperio de la muerte (Hebreos 2.14).

Desde luego que la resurrección era esencial para confirmar la eficacia de su muerte, así como su encarnación tenía por objeto preparar el camino para que ella pudiese darse. Pero debemos insistir en que la obra de Cristo de llevar los pecados se cumplió en la cruz. La victoria sobre el diablo, el pecado y la muerte fue lograda allí. Lo que hizo la resurrección fue vindicar al Jesús que fue rechazado por los hombres, declarar con poder que él es el Hijo de Dios y confirmar públicamente que su muerte para llevar los pecados había resultado efectiva para el perdón de los mismos. Si Cristo no hubiese resucitado, nuestra fe y nuestra predicación serían inútiles, por cuanto su persona y obra no hubiesen recibido el apoyo divino.[32] Esto es lo que implica Romanos 4.25; a primera vista parecería enseñar que la resurrección de Cristo es el medio para lograr nuestra justificación. 'Fue entregado por nuestras transgresiones, y resucitado para nuestra justificación.' Charles Cranfield explica. 'Lo que necesitaban nuestros pecados era, en primer lugar, la muerte expiatoria de Cristo. Sin embargo, si su muerte no hubiese sido seguida por su resurrección, no hubiera sido el poderoso acto de Dios a favor de nuestra justificación.'[33] Debido a la resurrección, es un Cristo viviente el que nos ofrece la salvación que ha logrado para nosotros en la cruz. Él nos permite por su Espíritu no solo compartir los méritos de su muerte sino también vivir en el

31. E. M. B. Green: *Empty cross*, p. 11.
32. Por ejemplo, Hch. 2.24; 5.31; Ro. 1.4; 1 Co. 15.12ss.
33. C. E. B. Cranfield: *Romans*, t. I, p. 252.

poder de su resurrección, y nos promete que en el día final nosotros también tendremos cuerpos de resurrección.

James Denney expresa la relación entre la muerte y la resurrección de Jesús de este modo.

> No puede haber salvación alguna del pecado a menos que haya un Salvador viviente. esto explica el énfasis que pone el apóstol (es decir, Pablo) en la resurrección. Pero Aquel que vive puede ser Salvador solo porque ha muerto. por eso el énfasis en la cruz. El cristiano cree en un Señor viviente, o no podría creer. Pero cree en un Señor viviente que murió una muerte expiatoria, porque ningún otro puede atraer la fe de un alma que está bajo el peso del pecado.[34]

Para sintetizar, el evangelio incluye tanto la muerte como la resurrección de Jesús, por cuanto no se hubiera logrado nada con su muerte si él no hubiese resucitado de esa muerte. Pero el evangelio pone de relieve la cruz, por cuanto fue allí donde se obtuvo la victoria. La resurrección no logró nuestra liberación del pecado y de la muerte, pero nos ha dado la seguridad de ambas. Se debe a la resurrección que nuestra 'fe y esperanza sean en Dios' (1 Pedro 1.3, 21).

Entrando en la victoria de Cristo

Para los cristianos, como para Cristo, la vida significa conflicto. Para los cristianos, como para Cristo, también debería significar victoria. Todos hemos de ser victoriosos como el Cristo victorioso. ¿Acaso no escribió Juan a los 'jóvenes' de las iglesias que supervisaba que habían 'vencido al maligno'? ¿Acaso no trazó deliberadamente Jesús un paralelo entre él mismo y nosotros en este sentido, prometiendo, al que venciere, el derecho a compartir su trono, así como él había vencido y compartido el trono del Padre?[35]

Con todo, el paralelo es solo parcial. Resultaría totalmente imposible que nosotros lucháramos y venciéramos al diablo por nuestra cuenta. nos falta tanto la habilidad como la fuerza para hacerlo. Y de todos modos, sería innecesario hacerlo porque ya lo hizo Cristo. La victoria de los cristianos, por lo tanto, consiste en hacer suya la victoria de Cristo y en disfrutar de sus beneficios. Podemos darle gracias a

34. James Denney: *Death of Christ*, p. 73.

35. 1 Jn. 2.13; Ap. 3.21.

Dios porque 'nos da la victoria por medio de nuestro Señor Jesucristo'. Sabemos que Jesús, habiendo sido levantado de entre los muertos, está ahora sentado a la diestra del Padre en las regiones celestiales. Pero también afirma Pablo que Dios 'nos dio vida juntamente con Cristo ... y juntamente con él nos resucitó, y asimismo nos hizo sentar en los lugares celestiales con Cristo Jesús'. En otras palabras, por el misericordioso poder de Dios, nosotros, los que hemos compartido la resurrección de Cristo, compartimos también su trono. Si Dios ha colocado todas las cosas bajo los pies de Cristo, ellas deben estar bajo los nuestros también, si es que nosotros estamos en él. Valiéndonos de la metáfora del propio Jesús, ahora que el hombre fuerte ha sido desarmado y atado, ha llegado el momento de atacar su palacio y saquear sus bienes.[36]

Sin embargo, no es tan simple como parece. Porque si bien el diablo ha sido derrotado, aún no ha aceptado la derrota. Ha sido derribado, pero todavía no ha sido eliminado. La verdad es que sigue ejerciendo un gran poder. Esta es la razón de la tensión que sentimos tanto en nuestra teología como en nuestra experiencia. Por un lado tenemos vida, estamos sentados y reinando con Cristo. Como acabamos de ver, incluso los principados y potestades del mal han sido sometidos por Dios bajo sus pies, y por consiguiente bajo los nuestros. Por el otro se nos advierte (también en Efesios) que estas mismas fuerzas espirituales están en contra de nosotros, de manera que no tenemos ninguna esperanza de oponernos a ellas a menos que seamos fuertes con la fuerza del Señor y que estemos vestidos con su armadura.[37] La misma paradoja se expresa en otro lenguaje. Por un lado, las Escrituras nos aseguran que, habiendo nacido de Dios, Cristo nos guarda 'y el maligno no [nos] toca'; por otro se nos advierte que velemos, por cuanto ese mismo ser maligno 'anda alrededor buscando a quien devorar'.[38]

Muchos cristianos escogen una u otra de estas posiciones; algunos oscilan inciertamente entre ellas. Algunos son triunfalistas, ven solo la decisiva victoria de Jesucristo y pasan por alto las advertencias apostólicas acerca de los poderes de las tinieblas. Otros son derrotistas, y solo ven la terrible malicia del diablo; pasan por alto la victoria que

36. 1 Co. 15.57; Ef. 1.20–23; 2.4–6; Mr. 3.27.

37. Ef. 1.20–23; 6.10–17.

38. 1 Jn. 5.18; 1 P. 5.8.

ya Cristo obtuvo sobre él. La tensión forma parte del dilema cristiano entre el 'ya' y el 'todavía no'. El reino de Dios ya ha sido inaugurado y avanza; pero todavía no se ha consumado. La era del reinado de Cristo ya ha llegado, de manera que hemos gustado 'los poderes del siglo venidero'; sin embargo, la era antigua todavía no ha pasado completamente. Ya somos hijos e hijas de Dios, no más esclavos; pero todavía no hemos entrado en 'la libertad gloriosa de los hijos de Dios'.[39] Enfatizar excesivamente el 'ya' lleva al triunfalismo. Caeríamos en la trampa de afirmar una perfección —ya sea moral (impecabilidad) o física (perfecta salud)— que en realidad pertenece únicamente al reino consumado, al 'todavía no'. Enfatizar excesivamente el 'todavía no' lleva al derrotismo, a aceptar la continuidad del mal. Esta actitud es incompatible con el 'ya' de la victoria de Cristo.

Otra forma de enfocar esta tensión consiste en considerar las implicancias del verbo *katargeō*, que, si bien con frecuencia se traduce en nuestras versiones como 'destruir', el término no expresa todo. Significa más bien 'volver ineficaz o inactivo', y se usa para aludir a tierras improductivas y a árboles que no dan fruto. No han sido destruidos. Todavía están allí, pero son estériles. Por lo tanto, cuando se aplica este verbo al diablo, a nuestra naturaleza caída y a la muerte[40] sabemos que no han sido 'destruidos' completamente. El diablo sigue estando muy activo, nuestra naturaleza caída sigue imponiéndose y la muerte seguirá reclamándonos hasta que Cristo venga. No han cesado de existir, pero su poder ha sido quebrado. No han sido abolidos, sino que han sido derrotados.

Juan hace la importante afirmación de que 'la razón por la cual apareció el Hijo de Dios fue que pudiese deshacer o eliminar las obras del diablo' (1 Juan 3.8, traducción literal). Jesús vino a enfrentar y derrotar al diablo, y por ello a remediar el daño que había hecho. ¿Qué son estas 'obras del diablo', los efectos de su nefasta actividad? A Lutero le encantaba, por ejemplo en su clásico comentario sobre *Gálatas*, ofrecer una lista de ellas. En un lugar escribió que 'la ley, el pecado, la muerte, el diablo y el infierno [constituyen] todos los males y miserias de la humanidad' (p. 162), y en otro que 'el pecado, la muerte y la maldición [son] esos invencibles y poderosos tiranos'

39. He. 6.5; 1 Jn. 2.8; Ro. 8.21.

40. He. 2.14 (el diablo); Ro. 6.6 (la 'carne' o la naturaleza caída); 2 Ti. 1.10 (la muerte).

de los que solo Cristo nos puede librar (p. 275). Anders Nygren en su famoso comentario sobre Romanos sugiere que los capítulos 5 a 8 de esta carta describen la vida de la persona que ha sido justificada por la fe. 'El capítulo 5 la describe como libre de la *ira*. El capítulo 6 dice que está libre del *pecado*. El capítulo 7, libre de *la ley*. Y finalmente el capítulo 8 dice que somos libres de *la muerte*' (p. 188). Pero estas listas omiten toda referencia a la 'carne' (nuestra naturaleza humana caída) y al 'mundo' (la sociedad impía), que resultan familiares a la gente de iglesia por lo menos en el trío 'el mundo, la carne y el diablo'. De modo que las cuatro 'obras del diablo' de las que nos libra Cristo, en las que me parece que se concentran los escritores neotestamentarios, son la ley, la carne, el mundo y la muerte.

Victoria sobre la tiranía de la ley

Primero, por medio de Cristo ya no estamos bajo la tiranía de la ley. Soprende a muchas personas el que la ley, el buen don de Dios para su pueblo, en sí misma 'santa, justa y buena', pudiera haberse convertido en un tirano que nos esclaviza. Pero esa es justamente la enseñanza de Pablo. 'Antes que viniese la fe, estábamos confinados bajo la ley, encerrados para aquella fe que iba a ser revelada', afirma en Gálatas 3.23. La razón es que la ley condena nuestra desobediencia y de esa manera nos coloca bajo su 'maldición' o juicio. Pero Cristo nos ha redimido de la maldición de la ley al hacerse maldición por nosotros. Es en este sentido que 'el fin de la ley es Cristo' y que nosotros ya no estamos 'bajo' ella.[41] Decididamente, no significa que ahora ya no hay absolutos morales excepto el amor, como enseñaban los defensores de 'la nueva moral' en la década del sesenta, o que ahora no tenemos ninguna obligación de obedecer la ley de Dios, como enseñan otros antinomianos. Dado que la tiranía de la ley es su maldición, es de *esta* que somos librados por Cristo, de modo que ya no estamos 'bajo' ella. La ley ya no nos esclaviza con su condenación. El *cheirografon* en el cual estábamos pensando más arriba ha sido borrado. Los primeros cuatro versículos de Romanos 8 reunen estos cabos. Dichos versículos dicen que para los que están en Cristo 'ninguna condenación hay' (v. 1), por cuanto Dios ya ha condenado nuestros pecados en Jesucristo (v. 3), y lo hizo con el fin de que 'la justicia de la ley se cumpliese en

41. Gá. 3.23; 13; Ro. 6.14; 10.4; Gá. 5.18.

nosotros' (v. 4). De manera que la misma cruz de Cristo, que nos libra de la condenación de la ley, nos compromete a obedecer la ley.

Victoria sobre la tiranía de la carne

En segundo lugar, por medio de Cristo ya no estamos bajo la tiranía de la carne. Lo que Pablo quiere decir con la 'carne' (*sarx*) es nuestra naturaleza caída, nuestra humanidad no redimida. Es todo lo que somos por nacimiento, herencia y crianza antes de que Cristo nos renovara. Nuestra 'carne' es nuestro 'yo' en Adán, y su característica es el egocentrismo. Pablo proporciona un catálogo de algunos de sus peores y más repugnantes resultados, que incluyen la inmoralidad sexual, la idolatría y las prácticas del ocultismo (culto mal orientado), el odio, los celos y la ira, la ambición egoísta, las disensiones y la borrachera. Cuando vivíamos esta clase de vida, éramos 'esclavos de concupiscencias y deleites diversos'. Como lo dijo el propio Jesús, 'todo aquel que hace pecado, esclavo es del pecado'. Pero inmediatamente agregó. 'Si el Hijo os libertare, seréis verdaderamente libres.' Y ser libres de nuestra naturaleza caída y su egoísmo es producto de la cruz. 'Sabiendo esto, que nuestro viejo hombre fue crucificado juntamente con él, para que el cuerpo del pecado sea destruido, a fin de que no sirvamos más al pecado.'[42] Cristo mediante su cruz ha obtenido la victoria sobre la carne, a la vez que sobre la ley.

Victoria sobre la tiranía del mundo

Tercero, por medio de Cristo ya no estamos bajo la tiranía del mundo. Si la carne es el asidero que tiene el diablo dentro de nosotros, el mundo es el medio por el cual ejerce presión sobre nosotros desde afuera. El 'mundo', en este contexto, significa la sociedad humana impía, cuya hostilidad para con la iglesia se expresa ya mediante la ridiculización abierta y la persecución, ya mediante una sutil subversión o infiltración de sus valores y normas. Juan afirma sin vacilar que el amor al mundo y el amor al Padre son mutuamente excluyentes. La mundanalidad abarca 'los deseos de la carne, los deseos de los ojos, y la vanagloria de la vida'. En la primera expresión, 'carne' traduce *sarx*. 'Carne' y 'mundo' están inevitablemente ligados, por cuanto 'mundo' es la comunidad de personas irredentas, cuya perspectiva la dicta su

42. Gá. 5.19–21; Tit. 3.3; Jn. 8.34–36; Ro. 6.6.

naturaleza no redimida. Juntando las tres expresiones, parecería que las características del mundo que Juan destaca son. sus deseos egoístas, sus juicios superficiales (los ojos ven solo la apariencia superficial de las cosas) y su arrogante materialismo. Jesús declaró con firmeza que él había 'vencido al mundo'. Él rechazó totalmente los valores distorsionados del mundo y mantuvo inmaculada su piadosa perspectiva propia. Luego Juan agrega que, por medio de Cristo, nosotros también podemos ser vencedores.

> Porque todo lo que es nacido de Dios vence al mundo; y esta es la victoria que ha vencido al mundo, nuestra fe. ¿Quién es el que vence al mundo, sino el que cree que Jesús es el Hijo de Dios?[43]

Cuando creemos en Jesucristo es cuando cambian nuestros valores. Ya no nos conformamos a los valores del mundo. En cambio, encontramos que estamos siendo transformados por nuestra mente renovada, que capta y aprueba la voluntad de Dios. La cruz de Cristo es lo que más nos desapega de la mundanalidad. Es por medio de la cruz que el mundo nos ha sido crucificado y nosotros al mundo.[44] Hemos sido librados de su tiranía.

Victoria sobre la tiranía de la muerte

En cuarto lugar, por medio de Cristo ya no estamos bajo la tiranía de la muerte. Se dice a veces que nuestros antepasados victorianos sentían una fascinación morbosa por la muerte, pero nunca hablaban del sexo; la generación actual, en cambio, está obsesionada con el sexo, mientras que la muerte es el gran ignorado. El temor a la muerte es prácticamente universal. Se afirma que el duque de Wellington dijo que 'el hombre que pueda jactarse de no haber sentido nunca temor a la muerte tiene que ser un cobarde o un mentiroso'. El doctor Samuel Johnson agregó que 'ningún hombre racional puede morir sin sentir una recelosa intranquilidad'.[45] No obstante, Jesucristo puede 'librar a todos los que por el temor de la muerte estaban durante toda la vida sujetos a servidumbre' (Hebreos 2.15). Esto es así porque con su propia

43. 1 Jn. 2.15–16; Jn. 16.33; 1 Jn. 5.4–5.
44. Ro. 12.1–2; Gá. 6.14.
45. *Life of Johnson* por Boswell, t. II, p. 212.

muerte ha destruido (privado de poder) 'al que tenía el imperio de la muerte, esto es, al diablo' (v. 14).

Jesús el Cristo no solo ha destronado al diablo sino que ha resuelto el problema del pecado. De hecho, es al resolver el problema del pecado que se ha ocupado de la muerte. Porque el pecado es el 'aguijón' de la muerte, la razón principal de que la muerte sea dolorosa y ponzoñosa.

Es el pecado lo que causa la muerte, y lo que después de la muerte traerá aparejado el juicio. De allí el temor a la muerte. Pero Cristo ha muerto por nuestros pecados y se los ha llevado. Por eso Pablo, con gran desdeño, asemeja la muerte a un escorpión cuyo aguijón ha sido extraído, y a un conquistador militar cuyo poder ha sido quebrado. Ahora que hemos sido perdonados, la muerte ya no puede dañarnos. De modo que el apóstol exclama, desafiante. '¿Dónde está, oh muerte, tu aguijón? ¿Dónde, oh sepulcro, tu victoria?' Por supuesto que no hay respuesta. Por lo cual vuelve a exclamar, esta vez con una nota de triunfo. 'Gracias sean dadas a Dios, que nos da la victoria por medio de nuestro Señor Jesucristo' (1 Corintios 15.55–57).

Por consiguiente, ¿cuál debería ser la actitud del cristiano ante la muerte? Sigue siendo un enemigo, antinatural, desagradable e indigno; es 'el postrer enemigo que será destruido'. Pero, de todos modos, se trata de un enemigo derrotado. En razón de que Cristo se ha llevado nuestros pecados, la muerte ha perdido su poder para dañar y, en consecuencia, para atemorizar. Jesús lo sintetizó en una de sus grandes declaraciones. 'Yo soy la resurrección y la vida; el que cree en mí, aunque esté muerto, vivirá.'[46] Es decir, Jesús es la resurrección de los creyentes que mueren, y la vida de los creyentes que viven. Su promesa para los primeros es 'viviréis', no solo con el significado de que sobrevivirán, sino de que serán resucitados. Su promesa para los que viven es 'no moriréis jamás', no con el significado de que escaparán a la muerte sino de que la muerte resultará ser un episodio trivial, una transición hacia la plenitud de vida.

La victoria de Cristo y las enfermedades

La convicción cristiana de que Cristo destruyó o 'quitó la muerte' (2 Timoteo 1.10) ha llevado a algunos creyentes a deducir que también

46. 1 Co. 15.26; Jn. 11.25–26.

ha quitado o destruido la enfermedad, y que a la cruz podemos exigirle sanidad a la vez que perdón. Una exposición popular de este tema es *Bodily healing and the atonement* (La sanidad corporal y la expiación) presentada en 1930 por el autor canadiense T. J. McCrossan. El libro ha sido reeditado y publicado nuevamente por Kenneth E. Hagin, de la iglesia pentecostal Rhema. McCrossan formula su posición en los siguientes términos. 'Todos los cristianos deberían esperar que Dios sane sus cuerpos en la actualidad, porque Cristo murió para expiar nuestras enfermedades tanto como nuestros pecados' (p. 10). Basa su argumento en Isaías 53.4, que traduce 'ciertamente que ha cargado nuestras enfermedades y llevado nuestros dolores'. Destaca en particular que el primer verbo hebreo (*nasa'*) significa cargar en el sentido de 'sufrir el castigo por algo'. Como también se usa en Isaías 53.12 ('cargó el pecado de muchos'), 'la clara enseñanza ... es que Cristo cargó nuestras enfermedades exactamente de la misma manera en que cargó con nuestros pecados' (p. 120).

Existen tres dificultades para aceptar esta interpretación. Primero, *nasa'* se usa en una variedad de contextos en el Antiguo Testamento, incluido el transporte del arca y otros elementos del tabernáculo, la tarea de llevar la armadura y las armas, y la de cargar niños. Aparece en Isaías 52.11 con referencia a 'los que lleváis los utensilios de Jehová'. De manera que el verbo por sí solo no significa 'cargar o llevar el castigo de'. Estamos obligados a traducirlo de esta manera solo cuando su objeto es el pecado. El que Cristo 'llevara' o 'cargara' nuestras enfermedades puede (y de hecho es así) significar algo totalmente diferente.

Segundo, el concepto que defiende McCrossan no tiene sentido. El concepto de 'cargar con la pena del pecado' se entiende fácilmente, por cuanto la pena que corresponde al pecado es la muerte y Cristo murió nuestra muerte en nuestro lugar. ¿Pero cuál es la pena que corresponde a la enfermedad? La enfermedad no tiene penalidad. Una enfermedad podría *ser* ella misma una penalidad por el pecado, pero no es ella misma una ofensa que requiera una pena. De modo que decir que Cristo 'hace expiación' por nuestras enfermedades equivale a mezclar las categorías; no es una noción inteligente.

Tercero, Mateo (que es el evangelista que más se ocupa del cumplimiento de las Escrituras veterotestamentarias) no aplica Isaías 53.4 a la muerte expiatoria sino al ministerio de curación de Jesús. Escribió que fue con el objeto de cumplir lo que se dijo por medio de Isaías que

Jesús sanó a todos los enfermos. De manera que no tenemos libertad para volver a aplicar el texto a la cruz. Es cierto que Pedro cita el siguiente versículo, 'por cuya herida fuistes sanados'; pero el contexto tanto en Isaías como en Pedro deja en claro que el ser 'sanados' en que están pensando es la salvación del pecado.[47]

Por consiguiente, no deberíamos afirmar que Cristo murió por nuestras enfermedades a la vez que por nuestros pecados, que 'la expiación ofrece curación', o que la salud está a disposición de todos en igual medida que el perdón.

Esto no quiere decir, empero, que nuestro cuerpo no sea afectado por la muerte y resurrección de Jesús. Por cierto que deberíamos tomar muy en serio las siguientes afirmaciones de Pablo acerca del cuerpo.

> [Llevamos] en el cuerpo siempre por todas partes la muerte de Jesús, para que también la vida de Jesús se manifieste en nuestros cuerpos. 2 Corintios 4.10

El apóstol se refiere aquí a la fragilidad y mortalidad de nuestro cuerpo, especialmente (en su caso) en relación con la persecución física. Es, dice, como experimentar en nuestros cuerpos la muerte (o el morir) de Jesús y el propósito de esto es que la vida de Jesús se revele en nuestros cuerpos. No parece referirse a la resurrección de su cuerpo, porque se ocupa de eso más adelante. Tampoco parece restringirse al tema de sus ataques físicos, en los que fue derribado, pero no destruido (v. 9). Más bien parece decir que ahora en nuestros cuerpos mortales (destinados a morir) se está 'manifestando' (dicho dos veces) la misma 'vida' de Jesús (también dicho dos veces). Aun cuando nos sentimos cansados, enfermos y abatidos, experimentamos un vigor y una vitalidad que constituyen la vida del Jesús resucitado dentro de nosotros. Pablo reitera el mismo pensamiento en el versículo 16. 'Aunque este nuestro hombre exterior se va desgastando, el interior no obstante se renueva de día en día.'

Podemos afirmar en forma gozosa y confiada que la vida de Jesús se revela o manifiesta constantemente en nuestro cuerpo; que Dios ha puesto en el cuerpo humano procesos terapéuticos maravillosos que combaten la enfermedad y restauran la salud; que toda curación es curación divina; que Dios puede sanar milagrosamente, y a veces

47. Mt. 8.16–17; Is. 53.5; 1 P. 2.24.

lo hace (sin medios, instantánea y permanentemente). Pero esperar que los enfermos sean sanados y los muertos resucitados del modo regular en que esperamos que sean perdonados los pecadores, es recalcar el 'ya' a expensas del 'todavía no', porque equivale a anticipar la resurrección. Solo entonces nuestro cuerpo será totalmente liberado de la enfermedad y la muerte.

Es preciso que ahora volvamos a los cuatro tiranos sobre los cuales Cristo ha logrado la victoria, y de los que, en consecuencia, nos libera. Las cuatro tiranías caracterizan la antigua *aeon* ('era') que fue inaugurada por Adán. En ella la ley esclaviza, la carne domina, el mundo engaña y seduce, y la muerte reina. En cambio la nueva *aeon*, que fue inaugurada por Cristo, se caracteriza por la presencia de la gracia y no por la ley, el Espíritu y no la carne, la voluntad de Dios y no las modas del mundo, y una vida abundante en lugar de la muerte. Esta es la victoria de Cristo de la que él nos permite participar.

El libro de Apocalipsis

Ningún libro del Nuevo Testamento ofrece un testimonio más claro o más rotundo de la victoria de Cristo que el apocalipsis cristiano que conocemos como Apocalipsis, 'Libro de la revelación', o 'la revelación de Juan'. Más de la mitad de las veces en que aparece en el Nuevo Testamento el grupo de palabras relacionadas con el término 'victoria' (*nikaō*, vencer y *nikē*, victoria) ocurren en este libro. H. B. Swete escribió que de comienzo a fin es un *Sursum corda* ('Elevad vuestros corazones'), por cuanto llama a sus lectores a elevar el corazón abatido, a armarse de coraje y a perseverar hasta el fin. Michael Green ha sugerido que el canto de liberación 'Venceremos' pudo haber sido escrito como 'una sintonía culminante del Nuevo Testamento'.[48] Por cierto que su son de triunfo se oye en todo el libro de Apocalipsis.

En el mundo antiguo se suponía que toda victoria en el campo de batalla era ganada por dioses y no por simples mortales. 'Solo un dios vence, es invicto, e invencible'.[49] De allí la popularidad de la diosa *Nikē*, que frecuentemente aparece representada en monumentos, y en cuyo honor se construyó el pequeño pero grácil templo cerca de la entrada al Partenón. A veces me he preguntado si fue por contraste consciente

48. E. M. B. Green: *Satan's downfall*, p. 220.

49. El artículo de O. Bauernfeind sobre el grupo de palabras relacionadas con *nikaō*.

con *Nikē* que en Apocalipsis se llama *ho Nikōn* ('el Vencedor') a Jesús, y que este título también sea legado a los vencedores cristianos.[50]

El Apocalipsis fue escrito casi seguramente durante el reinado del emperador Domiciano (81–96 d. C.). Su trasfondo es el aumento tanto de la persecución a la iglesia (ahora sistemática más que esporádica) como de la práctica del culto al emperador. La negativa de los cristianos a cumplir con ese culto con frecuencia daba lugar a nuevas erupciones de persecución. Lo que hace el libro de Apocalipsis, en consonancia con su género apocalíptico, es levantar el telón que oculta el invisible mundo de la realidad espiritual y mostrarnos lo que ocurre detrás de la escena. El conflicto entre la iglesia y el mundo se ve como expresión en el escenario público de la invisible contienda entre Cristo y Satanás, el Cordero y el dragón. Esta interminable batalla se describe en una serie de dramáticas visiones que han sido interpretadas de diversas maneras. como representación del desarrollo histórico de esa época (la escuela 'preterista'), a lo largo de siglos sucesivos (la 'historicista'), o como preludio del fin (la 'futurista'). Ninguna de ellas satisface totalmente. Las visiones no pueden representar acontecimientos sucesivos en una secuencia continua, dado que el juicio y la victoria finales se dramatizan varias veces. Parecería más probable, por lo tanto, que las escenas se superponen parcialmente; que toda la historia del mundo entre la primera venida de Cristo (la victoria ganada) y la segunda (la victoria reconocida) se recapitula varias veces en forma de visión. Se pone el acento en el enfrentamiento entre el Cordero y el dragón, que ya ha tenido una cantidad de manifestaciones históricas, y tendrá otras antes del fin.

El libro comienza con referencias a Jesucristo como 'el primogénito de los muertos', 'el soberano de los reyes de la tierra' (1.5), 'el primero y el último' y 'el que vivo' (1.17–18). Presenta una magnífica visión de él para justificar estos títulos como el resucitado, el ascendido, glorificado y reinante Señor. Luego vienen las cartas a las siete iglesias de la provincia romana de Asia, cada una de las cuales concluye con una promesa apropiada para 'el que venciere'. Luego de esta recorrida de Cristo por sus iglesias en la tierra, la atención se vuelve hacia Cristo compartiendo el trono de Dios en el cielo. A lo largo de cuatro capítulos (4–7) el trono ocupa el lugar central y todo se describe en

50. Para *ho nikōn* ver Ap. 2.7, 11, 17, 26; 3.5, 12, 21 (dos veces); 6.2; 21.7.

relación con el mismo. Jesucristo aparece a la vez como el León y el Cordero (una combinación de imágenes que podría indicar que su poder se debe al sacrificio que hizo de su propia persona). Aparece de pie 'en medio del trono'. La razón de que solo él sea digno de abrir el rollo sellado (el libro de la historia y el destino) es que él 'ha vencido' (5.5). La naturaleza de su triunfo es que él fue herido y con su sangre ha adquirido pueblo para Dios de todas las naciones (5.9). Se entiende que debemos comprender que los terribles acontecimientos que suceden después de la ruptura de los sellos y el sonido de las trompetas (guerra, hambre, plagas, martirio, terremotos y desastres ecológicos) están, a pesar de todo, bajo el control del Cordero, quien ya reina y cuyo reino perfecto se establecerá pronto (11.15–18).

Lo que me interesa, no obstante, es llegar a la visión del capítulo 12, la que en algunos sentidos parecería constituir el centro del libro. Juan vio a una mujer encinta, que tenía al sol como vestido, a la luna como estrado de sus pies, y a doce estrellas como su corona, y que estaba a punto de dar a luz a un Hijo cuyo destino era regir a todas las naciones (v. 5). El niño es el Mesías y ella la iglesia del Nuevo Testamento de la que provino el Mesías. Un enorme y grotesco dragón escarlata, identificado en el versículo 9 como 'la serpiente antigua, que se llama diablo y Satanás', estaba en pie delante de la mujer, listo para devorar a su hijo tan pronto como naciese. Pero el niño fue 'arrebatado para Dios y para su trono', y la mujer huyó a un lugar desierto preparado para ella por Dios (vv. 5–6).

La victoria sobre el dragón y sus ángeles

Siguió luego una gran batalla en el cielo, en la que el dragón y sus ángeles fueron derrotados. Como el Cristo había sido arrebatado de la tierra al cielo, el dragón fue luego arrojado del cielo a la tierra. La victoria con toda seguridad se ha de referir a la cruz, por cuanto fue 'por medio de la sangre del Cordero' (v. 11) que los creyentes en Cristo vencieron al dragón. Ninguna otra arma podía usarse, porque el dragón se había presentado 'con gran ira, sabiendo que tiene poco tiempo' (v. 12).

Esta es, entonces, la situación. El diablo ha sido derrotado y destronado. Lejos de significar esto el fin de sus actividades, sin embargo, la ira que siente al saber que se aproxima su destino fatal lo lleva a redoblar sus actividades. La victoria sobre él ha sido ganada, pero aún se mantiene un penoso conflicto con él. Además, en este conflicto se vale de tres aliados que aparecen ahora (en la visión de Juan) en forma de dos repugnantes monstruos, y una impúdica y llamativa prostituta. Resulta evidente que los tres constituyen símbolos del imperio romano, si bien en tres aspectos diferentes, a saber Roma la perseguidora, Roma la engañadora y Roma la seductora.

El primer monstruo surge del mar, según ve Juan; tiene siete cabezas y diez cuernos, igual que el dragón. Este dragón delega en él su poder, su trono y su autoridad, de modo que cuenta con un séquito universal. No vale la pena entrar en todos los detalles de interpretación (p. ej. qué cabezas y cuernos representan a cuáles emperadores). Lo que es de primordial importancia es que el monstruo dice insolentes blasfemias contra Dios (13.5). Se le 'permitió hacer guerra contra los santos' e incluso (temporariamente) 'vencerlos' (v. 7), y es adorado por todos excepto los seguidores del Cordero (v. 8). Este es el poder absoluto del estado romano. Pero el cumplimiento de la profecía no se completó en el imperio romano. La horrible 'bestia' que sube 'del mar' levanta nuevamente su repugnante cabeza y sus agresivos cuernos en cada estado tiránico y violento que se opone a Cristo, oprime a la iglesia y exige el incuestionable homenaje de los ciudadanos.

El segundo monstruo surge 'de la tierra' (v. 11). Evidentemente se trata de un secuaz del primer monstruo, por cuanto ejerce su autoridad; también promueve su culto y realiza señales milagrosas con el fin de lograrlo. Así como perseguir es característica de la primera bestia, engañar es característica de la segunda (v. 14). La gente es obligada a adorar la imagen de la primera bestia (referencia obvia al culto al emperador) y a llevar la marca de la bestia, sin la cual no podrán comerciar.

Esta segunda bestia recibe posteriormente el nombre de 'falso profeta' (19.20). Si bien en esa generación este profeta simbolizaba a los promotores del culto al emperador, en nuestros días representa toda religión e ideología falsa que orienta el culto de adoración a cualquier objeto que no sea el Dios vivo y verdadero.

El tercer aliado del dragón no aparece hasta después que han pasado unos cuantos capítulos, tiempo durante el cual se pronostica y celebra confiadamente varias veces la victoria final del Cordero.[51] Se trata de una aliada, denominada 'la gran ramera' (17.1). Una vez

51. Por ejemplo, Ap. 14.1–5; 15.1–4; 16.4–7.

más sin lugar a dudas representa a Roma, porque se hace referencia a ella como 'Babilonia la grande' (14.8 y 17.5), 'la gran ciudad que reina sobre los reyes de la tierra' (17.18), y una ciudad que está situada sobre 'siete montes' (v. 9). Pero esta vez lo que se simboliza es la corrupción moral de Roma. Se sienta sobre una bestia escarlata (uno de los reyes sobre los que descansa la autoridad de ella), está adornada con púrpura y escarlata, oro, joyas y perlas, y sostiene en su mano un cáliz de oro 'lleno de abominaciones y de la inmundicia de su fornicación' (v. 4). Tal es su poder seductor que se dice que los habitantes de la tierra están 'embriagados con el vino de su fornicación' (v. 2). Sea que dichas fornicaciones representen inmoralidad sexual o idolatría espiritual, no eran sus únicas ofensas. Leemos posteriormente de sus 'deleites' (18.3) o excesivos lujos, producto del comercio internacional que incluía la trata de esclavos (vv. 11–13), pecados no especificados y maldades (v. 5), y su jactanciosa arrogancia (v. 7). Sus reyes darán batalla contra el Cordero, pero el Cordero los vencerá porque él es 'Señor de señores y Rey de reyes' (17.14).

Luego, en los capítulos 18 y 19, no solo se describe con gráficos detalles la caída de 'Babilonia la grande', sino que, además, su derrota es vindicada como inevitable y justa. Hay un vistazo de Jesús, el Vencedor, montado en un caballo blanco, el que con justicia juzga y pelea (19.11–16).

En los tres últimos capítulos se describen la destrucción final de Satanás y la muerte, los nuevos cielos y nueva tierra, la nueva Jerusalén, en la que no habrá lágrimas, muerte, dolor ni noche, cuando Dios establezca su reinado perfecto.

El enfrentamiento con Satanás, hoy

El diablo no ha cambiado su estrategia. Aunque el imperio romano ha desaparecido hace mucho tiempo, otras estructuras perseguidoras, engañadoras y corruptoras han surgido en su lugar. Contrariando la Declaración de Derechos Humanos proclamada por las Naciones Unidas, en algunos países hindúes y musulmanes el propagar el evangelio y el profesar haberse convertido son, en la actualidad, ofensas punibles con encarcelamiento y aun con la muerte. En la Unión Soviética, el hospital psiquiátrico se usó como alternativa de la prisión. En la mayoría de los países marxistas se imponen severas restricciones para la enseñanza a la juventud y para todas las actividades religiosas fuera de edificios registrados al efecto. Dondequiera predomina una cultura no cristiana, las oportunidades para acceder a la educación superior y a las perspectivas de promoción son más restringidas para los cristianos, y se les niegan los plenos derechos civiles. En cuanto a la 'bestia [que sube] de la tierra' o el 'falso profeta', está activo a través de otras religiones, cultos nuevos e ideologías seculares.

Michael Green proporciona en dos capítulos de su libro *I believe in Satan's downfall* (Creo en la derrota de Satanás) información bien documentada acerca de la 'fascinación de lo oculto' y las 'religiones falsas'. Estoy de acuerdo con él en que estas siguen siendo dos de 'las armas más poderosas del arsenal de Satanás' (p. 194). En cuanto a la 'gran ramera', el ataque a la moralidad cristiana tradicional (es decir, bíblica) ha logrado penetrar las defensas de la iglesia misma. En lo tocante a la santidad de la vida humana (por ejemplo en relación con el aborto y la experimentación con embriones) la iglesia tiende a no ser clara. No hay ningún testimonio unido contra la inmoralidad de las armas que destruyen indiscriminadamente. El divorcio se tolera cada vez más, incluso entre líderes cristianos. En lo sexual no siempre se condenan los estilos de vida contrarios a una estricta heretosexualidad monogámica. Y seguimos disfrutando en Occidente un nivel de riqueza que no manifiesta ninguna sensibilidad por la situación de los millones de desamparados en el mundo.

El mensaje del libro de Apocalipsis es que Jesucristo ha derrotado a Satanás y algún día lo destruirá completamente. Es a la luz de estas certidumbres que hemos de enfrentar su maliciosa y continuada actividad, ya sea física (por medio de la persecución), intelectual (por medio del engaño), o moral (por medio de la corrupción). ¿Cómo, entonces, podemos obtener los beneficios de la victoria de Cristo e imponernos sobre el diablo? ¿Cómo podemos ser contados entre los 'vencedores'? ¿Cómo haremos retroceder al enemigo, no solo en nuestras propias vidas sino en el mundo que ha usurpado?

Primero, se nos instruye a **resistir al diablo**. 'Resistid [al diablo] firmes en la fe.' También, 'resistid al diablo, y huirá de vosotros'.[52] No debemos tenerle miedo. Buena parte de su exhibición de poder es falsa, porque fue derrocado en la cruz. Es preciso que tengamos el coraje de denunciar la falsedad. Vestidos con toda la armadura de

52. 1 P. 5.8–9; Stg. 4.7.

Dios, podemos enfrentarlo con éxito (Efesios 6.10–17). No debemos huir de él, sino por el contrario resistir sus embates para que él huya de nosotros. Nuestra propia y débil voz, sin embargo, no es suficientemente autorizada para despedirlo. No podemos decir en nuestro propio nombre, como podía hacerlo Jesús. 'Vete, Satanás'. Pero podemos hacerlo en el nombre de Jesús. Tenemos que hacer nuestra la victoria de la cruz. 'En el nombre de Jesucristo, de *Christus victor*, que te derrotó en la cruz, vete, Satanás.' Da resultado. Satanás conoce al que lo derrotó. Huye de delante de él.

Segundo, se nos dice que debemos **proclamar a Jesucristo**. La predicación de la cruz sigue siendo el poder de Dios. Cuando proclamamos a Cristo crucificado y resucitado, hacemos volver a las personas 'de las tinieblas a la luz, y de la potestad de Satanás a Dios' (Hechos 26.18). De esta manera el reino de Satanás irá retrocediendo ante el arrollador reino de Dios. Ningún otro mensaje tiene la misma fuerza inherente. Ningún otro nombre es defendido y honrado por el Espíritu Santo de la misma manera.

Tanto en nuestra vida como en la misión de la iglesia, es solo la cruz de Cristo, por medio de la cual Satanás ha sido derrotado, la que puede prevalecer contra él. Sigue siendo cierto hoy que 'ellos le han vencido por medio de la sangre del Cordero y de la palabra del testimonio de ellos, y menospreciaron su vida hasta la muerte' (Apocalipsis 12.11). Resulta esencial un incondicional testimonio a favor de Cristo. También lo es la disposición, si fuera necesario, a morir por amor a él. Pero indispensable, en ambos casos, es el contenido de nuestra fe y mensaje. la victoria objetiva y decisiva del Cordero sobre todas las potestades de las tinieblas, victoria ganada por él cuando derramó su sangre en la cruz.

SECCIÓN IV

VIVIR BAJO LA CRUZ

10

LA COMUNIDAD DE LOS CELEBRANTES

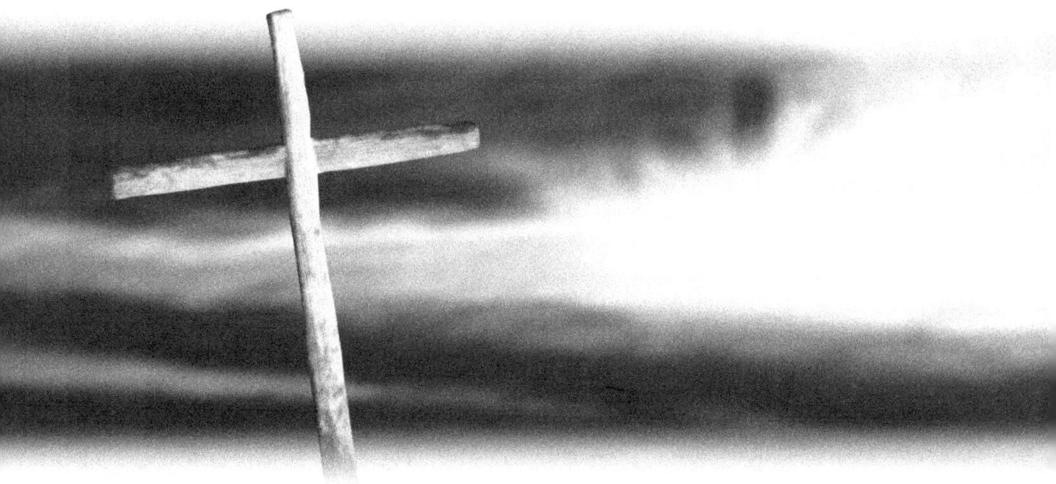

ES POSIBLE QUE EL LECTOR HAYA ENCONTRADO DEMASIADO individualista esta presentación de la cruz de Cristo. De ser así, el equilibrio tendría que darse en esta sección. Podemos ver un destello de individualismo en la declaración de Pablo. 'Con Cristo estoy juntamente crucificado ... vivo en la fe del Hijo de Dios, el cual me amó y se entregó a sí mismo por mí.'

Pero el mismo Nuevo Testamento que contiene esa expresión también insiste en que Jesucristo 'se dio a sí mismo por nosotros para redimirnos de toda iniquidad y purificar para sí un pueblo propio, celoso de buenas obras.'[1] De modo que el propósito mismo de su autoentrega en la cruz no fue solamente para salvar individuos aislados y perpetuar su soledad. Tenía la finalidad de crear una nueva comunidad cuyos miembros pertenecerían a él, se amarían unos a otros y servirían entusiastamente al mundo. Esta comunidad de Cristo sería nada menos que una humanidad renovada y reunificada, de la cual él, como segundo Adán, sería la cabeza. Incorporaría a judíos y a gentiles en igualdad de condiciones. De hecho, incluiría representantes de todas las naciones. Cristo murió en absoluta soledad, rechazado por su propia nación y abandonado por sus propios discípulos. Pero levantado sobre la cruz habría de atraer a todos los seres humanos hacia sí. Desde el día de Pentecostés en adelante se ha visto con claridad que la conversión a Cristo significa también conversión a la comunidad de Cristo. Esto ocurre en la medida en que las personas se vuelven de sí mismas hacia él, y de 'esta perversa generación' a la sociedad alternativa que él está reuniendo alrededor de sí. Estas dos transferencias. de lealtad personal y de integración social, no pueden separarse.[2]

1. Gá. 2.20; Tit. 2.14; Hch. 2.40–41.

2. Ef. 2.15; Ro. 5.12–19; Ef. 3.6; Ap. 7.9; Jn. 12.32 (ver 11.52); Hch. 2.40–47.

En el Nuevo Testamento se dedica mucho espacio a la descripción de esta sociedad nueva y redimida, sus creencias y valores, sus normas, deberes y destino. El tema de esta sección es que la comunidad de Cristo es la comunidad de la cruz. Debe su existencia a la cruz, y sigue viviendo por la cruz y sujeta a ella. Nuestra perspectiva y nuestra conducta son ahora gobernadas por la cruz. Todas nuestras relaciones han sido radicalmente transformadas por ella. La cruz no es simplemente un distintivo para nuestra identificación y la bandera bajo la cual marchamos; es también la brújula que nos proporciona nuestra ubicación en un mundo desorientado. En particular, la cruz revoluciona nuestras actitudes hacia Dios, hacia nosotros mismos, hacia otras personas, tanto dentro como fuera de la confraternidad cristiana. También transforma nuestra actitud hacia los graves problemas de la violencia y el sufrimiento. Dedicaremos un capítulo a cada una de estas cuatro relaciones.

Una nueva relación con Dios

Las cuatro imágenes de la salvación que vimos en el capítulo 7, todas dan testimonio de nuestra nueva relación con Dios. Ahora que él ha actuado en su amor para hacer a un lado su ira, hemos sido justificados por él, redimidos para él y reconciliados con él. Nuestra reconciliación incluye los conceptos del 'acceso' y la 'proximidad', que son aspectos de nuestro conocimiento dinámico de Dios o la 'vida eterna' (Juan 17.3). Esta íntima relación con Dios, que ha reemplazado a la antigua y dolorosa separación de él, tiene varias características.

Primero, está marcada por la *audacia*. La palabra que a los apóstoles les gustaba usar para designarla es *parrēsia*, que significa 'franqueza, llaneza' (AG). En nuestro testimonio ante el mundo como en nuestras oraciones a Dios, podemos ser audaces. Por medio de Cristo ahora podemos acercarnos a Dios con libertad (*parrēsia*) y confianza. Gracias al sumo sacerdocio de Cristo tenemos *parrēsia* para acudir al 'trono de la gracia' de Dios, y *parrēsia* 'para entrar en el Lugar Santísimo por la sangre de Jesucristo', es decir, a la presencia misma de Dios.[3] Esta libertad de acceso y esta audacia para hablar a Dios en oración no son incompatibles con la humildad. Esta posibilidad se debe enteramente al mérito de Cristo, no al nuestro. Su sangre ha limpiado

3. Ef. 3.12; He. 4.16; 10.19.

nuestras conciencias (de un modo que resultaba imposible en los días del Antiguo Testamento) y Dios ha prometido no recordar más nuestros pecados. De manera que ahora miramos hacia el futuro con seguridad, no con temor. Sentimos todo el poder de la lógica de Pablo. ya que, cuando éramos enemigos de Dios, fuimos tanto justificados como reconciliados por medio de la muerte de Cristo, 'mucho más', habiendo sido justificados y reconciliados, seremos salvos en el último día de la ira de Dios. Ahora que estamos 'en Cristo', tenemos confianza en que 'en todas las cosas' Dios está obrando nuestro bien y de que nada puede separarnos de su amor.[4]

La segunda característica de nuestra nueva relación con Dios es el *amor*. Por cierto que 'nosotros le amamos a él, porque él nos amó primero'. Antes le teníamos miedo. Pero ahora el amor ha desplazado al temor. El amor hace nacer el amor. En un sentido, el amor de Dios en Cristo nos ha liberado. En otro nos circunscribe, porque no nos deja alternativa sino la de vivir el resto de nuestra vida para él, en servicio agradecido y en actitud de adoración.[5]

El *gozo* es la tercera marca de los que han sido redimidos por la cruz. Cuando los exiliados en Babilonia volvieron a Jerusalén, su 'boca se [llenó] de risa' y su 'lengua de alabanza'. La antigua alienación y humillación habían pasado; Dios los había rescatado y restaurado. Asemejaron su entusiasmo al jolgorio de la cosecha. 'Los que sembraron con lágrimas, con regocijo segarán. Irá andando y llorando el que lleva la preciosa semilla; mas volverá a venir con regocijo, trayendo sus gavillas.' ¿Cuánto más deberíamos regocijarnos en el Señor, los que hemos sido redimidos de una esclavitud mucho más opresiva? Los primitivos cristianos apenas podían contenerse; compartían entre ellos sus comidas 'con alegría y sencillez de corazón'.[6]

La audacia, el amor y el gozo no se han de tomar como experiencias puramente privadas e interiores. Han de distinguir también nuestro culto público. Lejos de estar divorciado del resto de nuestra vida, el breve lapso de tiempo que pasamos juntos el domingo, día del Señor, tiene como objeto darle sentido. Humildemente (como pecadores) pero osadamente (como pecadores perdonados), entramos en la presencia de Dios. Respondemos a su amorosa iniciativa con un

4. He. 9.14; 8.12; 10.17 (Ver Jer. 31.34); Ro. 5.9–10; 8.28, 38–39.
5. 1 Jn. 4.18–19; 2 Co. 5.14–15.
6. Sal. 126; Hch. 2.46 (*agalliasis* significa 'exultación').

correspondiente amor de nuestra parte, no solo ofreciéndole culto con instrumentos musicales sino articulando nuestro gozo con canciones de alabanza. W. M. Clow tenía razón cuando llamó nuestra atención al canto como un rasgo característico del culto cristiano, y dio la razón del mismo.

> No hay perdón en este mundo, o en el que ha de venir, salvo por medio de la cruz de Cristo. 'Por medio de él se os anuncia perdón de pecados.' Las religiones del paganismo apenas si conocen la palabra … Las grandes religiones como el budismo y el islamismo no conceden lugar a la necesidad ni a la gracia de la reconciliación. La prueba más clara de esto se encuentra en los himnos del culto cristiano. Un templo budista jamás resuena con un grito de alabanza. Los fieles mahometanos nunca cantan. Sus oraciones son, en su mejor momento, oraciones de sumisión y ruego. Raras veces alcanzan la alegre nota de la acción de gracias. Jamás expresan júbilo con las canciones de los perdonados.[7]

Por contraste, toda vez que los cristianos se reúnen es imposible hacer que dejen de cantar. La comunidad cristiana es una comunidad de celebración.

Pablo hace referencia a la fiesta judía más conocida, para expresar nuestro común sentido de gozosa exaltación. '… nuestra pascua, que es Cristo, ya fue sacrificada por nosotros. Así que celebremos la fiesta …' (1 Corintios 5.7). Hablando estrictamente, 'pascua' se refería a la comida comunitaria que se comía durante la noche del quince de *Nisán*, inmediatamente después de matar los corderos pascuales esa misma tarde (*Nisán* 14). Con el tiempo se comenzó a aplicar también a la fiesta de los panes sin levadura que venía a continuación y que duraba una semana entera. El fundamento del regocijo del pueblo era su costosa redención de Egipto. Más costoso aun fue el sacrificio redentor de Jesucristo en la cruz. Él, nuestro Cordero pascual, ha sido sacrificado, y por el derramamiento de su preciosa sangre vital

7. W. M. Clow: *Cross in Christian experience*, p. 278. Si alguien nos dijera que en el Corán a Alá se lo describe regularmente como 'el Compasivo, el Misericordioso', y a veces 'el Perdonador' (por ejemplo *Sura* 40), responderíamos que, no obstante, su perdón tiene que ser ganado y jamás se otorga como un don gratuito al que no lo merece. Por ello la ausencia, en el culto musulmán, de la nota de jubilosa celebración.

nosotros hemos sido liberados. Por eso se nos exhorta a guardar la fiesta. En efecto, toda la vida de la comunidad cristiana debería concebirse como una fiesta en la que, con amor, gozo y audacia, celebramos lo que Dios ha hecho por nosotros por medio de Cristo. En esta celebración nos encontramos incluidos en el culto del cielo, y nos unimos 'con los ángeles y los arcángeles y con toda la compañía del cielo' para dar gloria a Dios. Además, porque el culto a Dios es en esencia el reconocimiento de su dignidad, nos unimos al coro celestial para cantar sobre su dignidad como Creador tanto como Redentor.

> Señor, digno eres
> de recibir la gloria y la honra y el poder;
> porque tú creaste todas las cosas,
> y por tu voluntad existen y fueron creadas.
>
> Apocalipsis 4.11

> El Cordero que fue inmolado
> es digno de tomar el poder, las riquezas,
> la sabiduría, la fortaleza,
> la honra, la gloria y la alabanza.
>
> Apocalipsis 5.12

Es sorprendente que las referencias de Pablo al Cordero pascual y la fiesta pascual aparezcan en el centro de un capítulo extremadamente solemne, en el que ha debido censurar a los corintios por su relajación moral. Uno de los miembros está envuelto en una relación incestuosa, pero ellos no dan señales de dolorosa humillación o penitencia. Pablo les indica que deben excomulgar al que está ofendiendo, y les advierte acerca del peligro de que el pecado se extienda en la comunidad si no se toman medidas decisivas para erradicarlo. '¿No sabéis que un poco de levadura leuda toda la masa?' les pregunta (1 Corintios 5.6). Es esta alusión a la levadura lo que le recuerda la pascua y su fiesta de los panes sin levadura. Como los cristianos celebran 'la fiesta', deben hacerlo 'no con la vieja levadura, ni con la levadura de malicia y maldad, sino con panes sin levadura, de sinceridad y de verdad' (v. 8). La fiesta cristiana es radicalmente diferente de las fiestas paganas, que por lo general estaban acompañadas de frenesí y con frecuencia degeneraban en una orgía de ebriedad e inmoralidad. La santidad ha de caracterizar la celebración cristiana, porque el propósito último de Cristo por medio de la cruz es 'presentaros santos y sin mancha e irreprensibles delante de él' (Colosenses 1.22).

El sacrificio de Cristo y el nuestro

Si bien la vida cristiana es una continua fiesta, la Cena del Señor es el equivalente cristiano especial de la pascua. Por lo tanto, ocupa un lugar central en la vida de celebración de la iglesia. Fue instituida por Jesús en la época de la pascua, más todavía durante la comida pascual misma. Él reemplazó deliberadamente la recitación ceremonial 'este es el pan de la aflicción que comieron nuestros padres' por 'esto es mi cuerpo, que por vosotros es dado … Esta copa es el nuevo pacto en mi sangre, que por vosotros se derrama'. El pan y el vino de la fiesta cristiana nos obligan a volver la mirada hacia la cruz de Cristo, y recordar con gratitud lo que él sufrió y logró allí.

Las iglesias protestantes se han referido tradicionalmente al bautismo y a la Cena del Señor ya sea como 'sacramentos del evangelio' (porque dramatizan las verdades centrales de las buenas nuevas) o como 'sacramentos de gracia' (porque ponen de manifiesto visiblemente la iniciativa salvífica de la gracia de Dios). Ambas expresiones son correctas. El movimiento principal que encarnan los sacramentos evangélicos es de Dios hacia el ser humano, no de este hacia Dios. La aplicación del agua en el bautismo representa ya sea la purificación del pecado y el derramamiento del Espíritu (si se administra por aspersión) o la participación en la muerte y resurrección de Cristo (si es por inmersión) o ambos. No nos bautizamos a nosotros mismos. Nos sometemos al bautismo, y la acción realizada en nosotros simboliza la obra salvadora de Cristo. De modo semejante, en la Cena del Señor la representación esencial consiste en tomar, bendecir, romper y dar el pan, y tomar, bendecir, verter y dar el vino. No nos administramos (o no deberíamos hacerlo) los elementos a nosotros mismos. Nos son dados; nosotros los recibimos. Al comer el pan y beber el vino físicamente, así espiritualmente por la fe nos alimentamos con el Cristo crucificado en nuestros corazones. De esta manera, en ambos sacramentos somos más o menos pasivos. Somos receptores, no dadores. Beneficiarios, no benefactores.

Al mismo tiempo, el bautismo se reconoce como una ocasión apropiada para la confesión de la fe, y la Cena del Señor para ofrecer acciones de gracias. De allí el uso popular en forma creciente de 'eucaristía' (*eucharistia*, 'acción de gracias') como nombre para la Cena del Señor. Y dado que 'sacrificio' es otro vocablo para 'ofrenda', no es sorprendente que se haya inventado la expresión 'sacrificio eucarístico'. Pero ¿es legítima? ¿Qué implica?

El significado de la eucaristía

Para comenzar, deberíamos poder estar de acuerdo todos en cuanto a cinco modos en que lo que hacemos en la Cena del Señor se relaciona con el autosacrificio de Cristo en la cruz. Primero, como expresa 1 Corintios 11.24–25, *recordamos* su sacrificio. '… haced esto en memoria de mí.' Sin duda las acciones prescriptas con el pan y el vino hacen que la recordación sea vívida y dramática. Segundo, *participamos* de sus beneficios. El propósito del servicio va más allá de la 'conmemoración' hacia la 'comunión' (*koinōnia*). 'La copa de bendición que bendecimos, ¿no es la comunión de la sangre de Cristo? El pan que partimos, ¿no es la comunión del cuerpo de Cristo?' (1 Corintios 10.16). Por esta razón es correcto llamar a la eucaristía la 'santa comunión' (dado que por medio de ella podemos compartir con Cristo) y la 'Cena del Señor' (dado que por medio de ella podemos alimentarnos de Cristo, incluso festejarlo). En tercer lugar, *proclamamos* su sacrificio. 'Así, pues, todas las veces que comiereis este pan, y bebiereis esta copa, la muerte del Señor anunciáis hasta que él venga' (1 Corintios 11.26). Si bien su muerte tuvo lugar hace siglos, la proclamación de la misma continúa hoy. Con todo, la Cena es una provisión temporaria. Se proyecta hacia la venida del Señor, como también hacia atrás, hacia la muerte del Señor. No es solo una fiesta sobre el Cristo crucificado sino un anticipo del banquete celestial. De modo que abarca todo el período entre sus dos venidas. Cuarto, *atribuimos nuestra unidad* a su sacrificio. Porque nunca participamos de la Cena del Señor solos, en lo privado de nuestro propio cuarto. Nos reunimos (1 Corintios 11.20) con el fin de celebrar. Reconocemos que lo que nos ha reunido es nuestra común participación en los beneficios del sacrificio de Cristo. 'Siendo uno solo el pan, nosotros, con ser muchos, somos un cuerpo; pues todos participamos de aquel mismo pan' (1 Corintios 10.17). Quinto, *damos gracias* por su sacrificio, y en prenda de nuestro agradecimiento nos ofrecemos, alma y cuerpo, como 'sacrificio vivo' a su servicio (Romanos 12.1).

Así, entonces, cada vez que participamos de la Cena del Señor, recordamos, participamos en, proclamamos, reconocemos como la base de nuestra unidad su sacrificio en la cruz y respondemos en agradecido culto de adoración. Con todo, la pregunta que todavía sigue abierta es si existe alguna relación más íntima aun entre el sacrificio que ofreció Cristo en la cruz y el sacrificio de acción de gracias que ofrecemos en la eucaristía, entre su sacrificio de 'muerte' y nuestros sacrificios 'vivos'. Es esto lo que ha dividido a la cristiandad desde el siglo XVI, y es tema de apasionado debate ecuménico en la actualidad. No podemos hablar sobre la iglesia como una 'comunidad de celebración' sin indagar más profundamente sobre la naturaleza de la celebración eucarística.

Inmediatamente después del período apostólico, los Padres de la iglesia primitiva comenzaron a usar lenguaje sacrificial en relación con la Cena del Señor. Vieron en ella el cumplimiento de Malaquías 1.11. 'En todo lugar se ofrece a mi nombre incienso y ofrenda limpia, porque grande es mi nombre entre las naciones, dice Jehová de los ejércitos.'[8] Pero el pan y el vino no consagrados como 'ofrendas puras' eran símbolos de la creación, por la que el pueblo daba gracias. Los autores antiguos también consideraban que las oraciones y alabanzas del pueblo, y las limosnas para los pobres, eran ofrendas dedicadas a Dios. Fue con Cipriano, obispo de Cartago, a mediados del siglo III, que la Cena del Señor empezó a llamarse sacrificio verdadero. En este sacrificio la pasión del Señor era ofrecida a Dios por los sacerdotes, de los que decía que su papel sacrificial era paralelo al de los sacerdotes del Antiguo Pacto. De allí surgió, con el tiempo, la doctrina eucarística del catolicismo medieval. Esta expresa que el sacerdote cristiano ofrece a Cristo, realmente presente bajo las formas del pan y el vino, como un sacrificio propiciatorio a Dios por los pecados de los vivos y los muertos. Fue contra esto que los reformadores protestaron vigorosamente.

8. Mal. 1.11 se cita en la *Didajé* XIV.1; también fue usado por Ireneo, Tertuliano, Jerónimo y Eusebio. Ver el panorama de referencias patrísticas sobre 'sacrificio' en la obra de Daniel Waterland, *Review of the doctrine of the Eucharist*, pp. 347–388. Ver también el ensayo de Michael Green sobre el sacrificio eucarístico titulado 'Eucharistic sacrifice', especialmente pp. 71–78.

La reacción de la Reforma

Si bien Lutero y Calvino se distanciaron entre sí en su enseñanza eucarística, todos los reformadores estaban unidos en el rechazo del sacrificio de la misa. Querían hacer una clara distinción entre la cruz y el sacramento, entre el sacrificio de Cristo ofrecido por nosotros y nuestros sacrificios ofrecidos por medio de él. Cranmer expresó las diferencias con lucidez.

> Una sola clase de sacrificio hay, que se llama sacrificio propiciatorio o misericordioso, vale decir, un sacrificio que pacifica la ira e indignación de Dios, y obtiene misericordia y perdón por todos nuestros pecados … Si bien en el Antiguo Testamento había ciertos sacrificios llamados por ese nombre, en realidad de verdad no hay más que un sacrificio por medio del cual son perdonados nuestros pecados y se obtiene la misericordia y el favor de Dios. Este único sacrificio es la muerte del Hijo de Dios, nuestro Señor Jesucristo; tampoco fue ningún otro sacrificio propiciatorio en momento alguno, como tampoco lo habrá. Este es el honor y la gloria de nuestro Sumo sacerdote, en el cual no admite ni socio ni sucesor …
>
> Hay otra clase de sacrificio, que no nos reconcilia con Dios; lo hacen aquellos que son reconciliados por Cristo, para testificar de nuestras obligaciones para con Dios, y para mostrarnos agradecidos a él. Son llamados sacrificios laudatorios, de alabanza y acción de gracias.
>
> La primera clase de sacrificio, Cristo la ofreció a Dios por nosotros; la segunda clase, nosotros mismos la ofrecemos a Dios por medio de Cristo.[9]

Una vez hecha esta vital diferencia, Cranmer se propuso ser consecuente en su aplicación. El ministro ordenado todavía podía ser llamado (en un contexto inglés) *priest*, es decir 'sacerdote', porque la palabra inglesa es simplemente una contracción de la palabra 'presbítero' (anciano). Pero eliminó toda referencia al 'altar' en el Libro de Oración Común y la reemplazó por 'mesa', 'santa mesa', 'mesa del

9. *Cranmer on the Lord's Supper*, p. 235.

Señor' o 'mesa de la comunión'. Porque Cranmer vio claramente que el servicio de comunión es una cena servida por un ministro desde una mesa, no un sacrificio ofrecido por un sacerdote en un altar. La forma que finalmente tomó el servicio de comunión exhibe la misma determinación. Retiró la ofrenda de gratitud hecha por los participantes de la oración de consagración (donde se encontraba en su primer servicio de comunión, reemplazando la ofrenda de Cristo mismo en la misa medieval) y, como correspondía, la ubicó después de la recepción del pan y el vino como 'oración de oblación'. De este modo, excluía cualquier posibilidad de mala interpretación, ya que el sacrificio del pueblo se veía como un ofrecimiento de alabanza en agradecida respuesta por el sacrificio de Cristo, cuyos beneficios habían vuelto a recibir por la fe.

La Escritura apoya la doctrina de Cranmer en ambos aspectos. salvaguarda el carácter único del sacrificio de Cristo y define nuestros sacrificios como expresión de agradecimiento, no como un medio para asegurar el favor de Dios. La finalidad única del sacrificio de Cristo en la cruz se indica por medio del adverbio *hapax* o *efapax* (que significa 'de una vez por todas'). Este énfasis aparece cinco veces en la Carta a los Hebreos. Por ejemplo, 'que no tiene necesidad cada día, como aquellos sumos sacerdotes, de ofrecer primero sacrificios por sus propios pecados, y luego por los del pueblo; porque esto lo hizo *una vez para siempre*, ofreciéndose a sí mismo'. También, 'ahora, en la consumación de los siglos, se presentó *una vez para siempre* por el sacrificio de sí mismo para quitar de en medio el pecado'.[10] Por esto, a diferencia de los sacerdotes veterotestamentarios que se levantaban para cumplir sus deberes en el templo, ofreciendo repetidamente los mismos sacrificios, Jesucristo, *habiendo ofrecido una vez para siempre un solo sacrificio por los pecados*, se sentó a la diestra de Dios, descansando así de su obra terminada (Hebreos 10.11–12).

Sin embargo, aun cuando su obra de expiación ha sido completada, Cristo sigue realizando un ministerio celestial continuo. No es la de 'ofrecer' su sacrificio a Dios, dado que la ofrenda fue hecha una vez para siempre en la cruz. Tampoco es 'presentarla' al Padre, rogándole que la acepte, dado que su aceptación fue demostrada públicamente por la resurrección. Ahora su ministerio es, como nuestro abogado,

10. He. 7.27; 9.26. Ver He. 9.12, 28; 10.10; Ro. 6.10; 1 P. 3.18.

el de 'interceder' por los pecadores sobre la base de aquella ofrenda. En esto consiste su 'sacerdocio inmutable, porque la intercesión era tanto un ministerio sacerdotal como un sacrificio. Vive 'siempre para interceder' por nosotros.[11]

El carácter único del sacrificio de Cristo no significa, entonces, que no tenemos sacrificios para ofrecer, sino simplemente que su naturaleza y propósito son diferentes. Nuestros sacrificios no son materiales sino espirituales, y su objetivo no es propiciatorio sino eucarístico. Son expresión de una agradecida respuesta.

Este es el segundo aspecto en que vemos el apoyo bíblico para la posición de Cranmer. El Nuevo Testamento describe a la iglesia como una comunidad sacerdotal, tanto un 'sacerdocio santo' como un 'real sacerdocio', en el que todo el pueblo de Dios participa por igual como 'sacerdotes'.[12] Este es el famoso 'sacerdocio de todos los creyentes', en el cual los reformadores ponían mucho énfasis. Como consecuencia de este sacerdocio universal, la palabra 'sacerdote' (*hiereus*) no se aplica nunca en el Nuevo Testamento al ministro ordenado, por cuanto este participa en ofrecer lo que ofrece el pueblo pero no tiene ninguna ofrenda diferente de la de ellos para hacer.

Los sacrificios de los creyentes

¿Qué sacrificios espirituales, entonces, le ofrecemos a Dios como 'sacerdocio santo'? Se mencionan ocho en las Escrituras. Primero, hemos de presentarle *nuestro cuerpo para su servicio*, como 'sacrificio vivo'. Esto suena como si fuera una ofrenda material; sin embargo, se la denomina 'culto racional' (Romanos 12.1), 'adoración espiritual' (RV 1977), probablemente porque agrada a Dios solo si expresa la adoración que nace del corazón. Segundo, ofrecemos *nuestra alabanza, adoración y agradecimiento* a Dios, 'fruto de labios que confiesan su nombre'.[13] Nuestro tercer sacrificio es *la oración*, que se dice que asciende hasta Dios como incienso fragante. Nuestra cuarta ofrenda es *un 'corazón contrito y humillado'*, que Dios acepta y nunca desprecia.[14] Quinto, a *la fe* se le llama 'sacrificio y servicio'. También lo son, en sexto lugar, *nuestros dones y buenas acciones*, porque 'de

11. He. 7.23–25; 1 Jn. 2.1–2.

12. 1 P. 2.5, 9; Ap. 1.6.

13. He. 13.15; ver Sal. 50.14, 23; 69.30–31; 116.17.

14. Ap. 5.8; 8.3–4; ver Mal. 1.11; Sal. 51.17; ver Os. 14.1–2.

tales sacrificios se agrada Dios'.[15] El séptimo sacrificio es *nuestra vida* derramada, incluso hasta la muerte, como una ofrenda de libación en el servicio de Dios, mientras que el octavo es la ofrenda especial del evangelista, cuya predicación del evangelio se denomina 'servicio sacerdotal' (DHH) porque puede presentar a sus *convertidos* como 'ofrenda agradable' a Dios.[16]

Estos ocho son todos, en palabras de Daniel Waterland, 'sacrificios verdaderos y evangélicos', porque pertenecen al evangelio y no a la ley, y constituyen agradecidas respuestas a la gracia de Dios en Cristo.[17] También, 'son espirituales e intrínsecos [por cuanto] son buenos pensamientos, buenas palabras o buenos caminos, todos ellos nacidos en el corazón'.[18] Continúa diciendo que la eucaristía puede denominarse un 'sacrificio' solo porque es una ocasión tanto para rememorar el sacrificio de Cristo como para hacer una ofrenda amplia como respuesta de nuestra parte.

La contrarreforma católica

La Reforma protestante, incluida sus cuidadosas distinciones entre el sacrificio de Cristo y el nuestro, fue condenada por la Iglesia Católica Romana en el Concilio de Trento (1545–1564). Su 22ª sesión, en 1562, se centró en el sacrificio de la misa.

> Puesto que en este sacrificio divino que se celebra en la misa está contenido e inmolado de una manera incruenta el mismo Cristo que una vez se ofreció a sí mismo de manera cruenta en el altar de la cruz, el santo concilio enseña que el mismo es verdaderamente propiciatorio … Porque, apaciguado por este sacrificio, el Señor concede la gracia y el don de la penitencia, y perdona hasta los delitos y pecados más graves. Por cuanto la víctima es una y la misma, la misma que se ofrece ahora por el ministerio de los sacerdotes que entonces se ofreció en la cruz, siendo solo diferente el modo de la ofrenda.[19]

15. Fil. 2.17; 4.18; He. 13.16; ver Hch. 10.4.
16. Fil. 2.17; 2 Ti. 4.6; Ro. 15.16.
17. Daniel Waterland: *Review of the doctrine of the Eucharist*, pp. 344–345.
18. *Ibid.*, p. 601.
19. H. J. Schroeder (ed.): *Canons and decrees*, sesión XXII, capítulo 2.

> Si alguien dice que en la misa no se ofrece a Dios un sacrificio real y verdadero, … sea anatema (Canon 1).
>
> Si alguien dice que por las palabras 'Haced esto en memoria de mí' Cristo no instituyó a los apóstoles en sacerdotes, o no ordenó que ellos y otros sacerdotes ofreciesen el propio cuerpo y la propia sangre de él, sea anatema (Canon 2).
>
> Si alguien dice que el sacrificio de la misa es solo de alabanza y acción de gracias; o que es una mera conmemoración del sacrificio consumado en la cruz pero no un sacrificio propiciatorio, sea anatema (Canon 3).

Los cánones del Concilio de Trento siguen en vigencia como parte de la enseñanza oficial de la Iglesia Católica Romana. Su esencia ha sido confirmada en el curso del último medio siglo, por ejemplo, en dos encíclicas papales.

Pío XI en *Ad catholici sacerdotii* (1935) describió la misa como, en sí misma, 'un sacrificio real … que tiene verdadera eficacia'. Más aun, 'la inefable grandeza del sacerdote humano se destaca en todo su esplendor, [porque] tiene poder sobre el cuerpo mismo de Jesucristo'. Primero 'lo hace presente en nuestros altares [y luego] en el nombre de Cristo mismo lo ofrece como víctima infinitamente agradable a la Divina Majestad' (pp. 8–9).

En *Mediator Dei* (1947) Pío XII afirmó que el sacrificio eucarístico 'representa', 'vuelve a representar', 'renueva' y 'demuestra' el sacrificio de la cruz. Al mismo tiempo lo describió como en sí mismo 'verdadera y apropiadamente la ofrenda de un sacrificio' (párrafo 72), y dijo que 'en nuestros altares [Cristo] se ofrece a sí mismo diariamente por nuestra redención' (párrafo 77). Agregó que la misa 'de ninguna manera deroga la dignidad del sacrificio en la cruz [puesto que] es un recordatorio de que para nosotros no hay salvación sino en la cruz del Señor Jesucristo' (párrafo 83). Pero a pesar de esta afirmación, al llamar a la eucaristía en el mismo párrafo 'la inmolación diaria' de Cristo, inevitablemente le resta valor al carácter histórico definitivo y a la eterna suficiencia de la cruz.

Hay tres elementos particularmente irritantes en estas afirmaciones del Concilio de Trento y en las posteriores encíclicas papales, que requieren clarificación. Al ser una inmolación diaria si bien incruenta de Cristo, el sacrificio de la misa (1) es distinto de su sacrificio 'cruento' en la cruz y lo complementa, (2) es obra de sacerdotes humanos, y (3) es 'verdaderamente propiciatorio'.

Por contraste, los reformadores insistieron, como debemos hacerlo nosotros, que el sacrificio de Cristo (1) se llevó a cabo una vez para siempre en la cruz (de modo que no puede ser representado nuevamente ni complementado de modo alguno), (2) que fue hecho por él mismo (los seres humanos no pueden hacerlo o participar en el mismo), y (3) que fue una satisfacción perfecta por el pecado (de modo que cualquier mención de sacrificios propiciatorios adicionales resulta gravemente despectiva con respecto a dicho sacrificio).

Los teólogos de la tradición católica en tiempos más recientes, junto con algunos eruditos de otras tradiciones, han propuesto posiciones más moderadas. Por un lado procuran retener algún concepto de sacrificio eucarístico que ligue nuestro sacrificio con el de Cristo. Al mismo tiempo, han negado que este sacrificio único pueda ser repetido o complementado de algún modo, o que nosotros podemos ofrecer a Cristo, o que la eucaristía es propiciatoria. Algunos hacen estas tres negaciones a la vez.

Si bien escapamos ligeramente a la secuencia cronológica, parece apropiado comenzar con el Segundo Concilio Vaticano (1962–1965). Por una parte, los obispos citaron y apoyaron los resultados a que había arribado el Concilio de Trento 400 años antes, por ejemplo que Cristo 'está siempre presente en el sacrificio de la misa, … él mismo ofreciendo ahora, por medio del ministerio de los sacerdotes, el sacrificio que antes hizo de sí mismo en la cruz'.[20] Se hacen otras toscas afirmaciones también, como cuando a los sacerdotes se les dice que instruyan a los fieles a 'ofrecer a Dios Padre la Víctima divina en el sacrificio de la misa'.[21]

Con todo, hay dos énfasis nuevos. Primero, que la eucaristía no es una repetición sino una perpetuación de la cruz. Y segundo, que la ofrenda eucarística no la hacen los sacerdotes sino Cristo y todo su pueblo en conjunto. El Concilio afirmó, por ejemplo, que Cristo 'instituyó el sacrificio eucarístico … con el que iba a perpetuar por

20. *Constitución sobre la sagrada liturgia*, I.1.7.
21. *Decreto sobre el ministerio y vida de los presbíteros*, II.5.

los siglos, hasta su vuelta, el sacrificio de la cruz'.[22] El papel de los sacerdotes se indica de modo que, 'obrando en nombre de Cristo y proclamando su misterio, unen las oraciones de los fieles al sacrificio de su Cabeza y representan y aplican en el sacrificio de la misa, hasta la venida del Señor ..., el único sacrificio del Nuevo Testamento, a saber. el de Cristo, que se ofrece a sí mismo al Padre, una vez por todas, como hostia inmaculada'.[23]

Tanto en lo que dicen como en lo que dejan sin decir, uno percibe en estas afirmaciones el esfuerzo por alejarse de las crudezas de Trento. Empero no llegan a ser todavía aceptables desde el punto de vista bíblico, porque la ofrenda de la cruz no puede ser 'perpetuada', como tampoco puede nuestra ofrenda ser 'unida' a la de Cristo.

La 'Declaración acordada sobre la eucaristía' (*Agreed statement on the Eucharist*) producida por la Comisión Internacional Anglicana Católico Romana (ARCIC, *Anglican Roman Catholic International Commission*) pareciera alejarse más todavía de Trento. Los miembros de la comisión no solo se niegan a llamar a la eucaristía 'propiciatoria', sino que insisten enérgicamente en el carácter absolutamente definitivo de la cruz.

> La muerte de Cristo en la cruz ... fue un solo, perfecto y suficiente sacrificio por los pecados del mundo. No puede haber repetición de, o agregado a, lo que entonces se logró una vez para siempre por Cristo. Ningún intento de expresar un nexo entre el sacrificio de Cristo y la eucaristía ha de oscurecer este hecho fundamental de la fe cristiana.[24]

La cruz y la eucaristía

¿Qué nexo hay, entonces, entre la cruz y la eucaristía? Se han destacado recientemente dos ideas principales, a saber. el eterno y celestial ministerio de Jesús, y la unión de la iglesia con él como su cuerpo.

22. *Constitución sobre la sagrada liturgia*, II.47.

23. *Constitución dogmática sobre la Iglesia*, III.28.

24. 'Informe final' (*Final report*) de la Comisión Internacional Anglicana Católico Romana, p. 13. Ver también la valoración y crítica evangélica titulada *Evangelical Anglicans and the ARCIC Final report*, emitida por cuenta del Consejo Evangélico de la Iglesia de Inglaterra (Church of England Evangelical Council).

¿Es la eucaristía 'prolongación' de la cruz?

Según la primera idea, el sacrificio de Cristo se toma como 'prolongado' (o 'perpetuado', como en el Vaticano II). Se supone que Cristo está continuamente ofreciéndose al Padre. El monje Gregory Dix, por ejemplo, desarrolló este concepto en *The shape of the liturgy* (La forma de la liturgia). Rechazó el punto de vista de que la muerte de Jesús fue 'el momento de su sacrificio'. Por el contrario, argumentó, 'su sacrificio fue algo que comenzó con su humanidad y que tiene su continuación eterna en el cielo' (pp. 242–243). R. J. Coates ha explicado la importancia que tiene esta idea para quienes la apoyan. La iglesia de algún modo comparte en la continua ofrenda que Cristo hace de sí mismo, si bien queda claro que 'la iglesia no puede ofrecer a Cristo en el altar terrenal, si él no se está ofreciendo a sí mismo en el altar celestial'.[25]

Debemos afirmar que el Nuevo Testamento no representa a Cristo como si se estuviera ofreciendo eternamente al Padre. Cierto es que Padre, Hijo, y Espíritu Santo se entregan mutuamente en amor eterno. Pero se trata de algo recíproco, y en cualquier caso es totalmente distinto del sacrificio histórico específico de Cristo por el pecado. También es cierto que la encarnación comprendía un sacrificio, dado que al hacerse carne, el Hijo 'se despojó a sí mismo … se humilló' (Filipenses 2.7–8), y a lo largo de su ministerio público demostró que no había venido 'para ser servido, sino para servir'. Pero él mismo enseñó, y luego sus apóstoles, que la culminación de su encarnación y ministerio fue su autoentrega en la cruz como rescate por muchos (Marcos 10.45). Es este acto histórico, que comprende su muerte por nuestros pecados, el que la Escritura llama su sacrificio por el pecado y considera completado una vez para siempre. No solo no puede ser repetido, sino que no puede ser extendido o prolongado. 'Consumado es,' exclamó Jesús. Por eso Cristo no tiene su altar en el cielo, sino solo su trono. En él se sienta, reinando, su obra de expiación terminada, y allí intercede por nosotros sobre la base de lo que está hecho y terminado. Richard Coates tenía razón cuando nos urgió a sostener 'la solitaria eminencia del sacrificio del Calvario'.[26]

25. R. J. Coates: *Doctrine of eucharistic sacrifice*, p. 135.
26. *Ibid.*, p. 143.

Este es el tema de la olvidada monografía de Alan Stibbs en 1954, *The finished work of Christ* (La obra terminada de Cristo). Stibb cita el argumento de Michael Ramsey, quien sostenía que, por cuanto Cristo es por siempre sacerdote, y sacerdocio significa ofrenda, por lo tanto en Cristo 'hay para siempre ese espíritu de autoentrega que el sacrificio del Calvario en forma única reveló en nuestro mundo de pecado y de muerte' (p. 5). De forma semejante, Donald Baillie sostuvo que el acto divino de llevar los pecados no se limitó a un momento de tiempo, sino que hay 'una eterna expiación en el propio ser y en la vida misma de Dios', de lo cual la cruz fue la parte encarnada (p. 6). Alan Stibb se opone a tales puntos de vista, y muestra que la ofrenda voluntaria de Cristo a favor de nuestra salvación 'está representada inequívocamente en la Escritura como exclusivamente terrena e histórica, [que fue] el propósito de la encarnación, efectuada en carne y sangre, en el tiempo y el espacio, bajo Poncio Pilato, [y que] por medio de ese acontecimiento, completado una vez para siempre, la necesaria y propuesta obra de expiación fue cumplida totalmente' (p. 8). No obstante, ¿acaso no podría Cristo ofrecer continuamente en el cielo el sacrificio que ofreció una vez para siempre en la tierra? ¿Acaso no es esto lo que se afirma en Hebreos al decir que Jesús es 'sacerdote para siempre'? La respuesta es. no. El sacerdocio eterno no requiere un sacrificio eterno. Stibbs procede a trazar una útil analogía entre el sacerdocio y la maternidad.

> Cierto es que el acto de la ofrenda fue necesario para convertir a Cristo en sacerdote …, así como el acto de dar a luz es necesario para convertir a una mujer en madre. Pero esa realidad no significa de allí en más, para quienes recurren a ella como 'madre', que esa mujer está siempre dándolos a luz. Su acto de dar a luz es para ellos no solo una obra indispensable sino también terminada. Lo que ahora disfrutan son otros ministerios complementarios de la maternidad, que están más allá del alumbramiento. De forma similar, en el sacerdocio de Cristo su ofrenda propiciatoria no solo es una obra indispensable sino terminada … [Sin embargo,] igual que con la maternidad, más allá de ese exitoso cumplimiento de la fundamental función del sacerdocio se encuentran otros ministerios reales,

> complementarios de la gracia, que el sacerdote cumple para beneficio de su pueblo ya reconciliado (en particular, su intercesión celestial) (pp. 30–31).

¿Es la eucaristía sacrificio de Cristo 'con su cuerpo'?

El segundo énfasis de lo que he llamado posiciones más 'moderadas' se relaciona con la enseñanza claramente escritural de que la iglesia es el cuerpo de Cristo, que vive en unión con su Cabeza. Pero esta doctrina bíblica ha adquirido con el tiempo un sesgo no bíblico, a saber que el cuerpo de Cristo se ofrece a sí mismo a Dios en y con su Cabeza. Esta noción ha sido ampliamente sostenida. Una exposición popular de la misma la ofreció Gabriel Hebert en 1951; influyó sobre los obispos anglicanos que se reunieron con motivo de la Conferencia de Lambeth en 1958.

> El sacrificio eucarístico, ese tormentoso centro de controversia, ha encontrado en nuestros días una expresión realmente evangélica desde el lado 'católico'. Esto es, cuando se insiste en que la acción sacrificial no es algún tipo de re-inmolación de Cristo, ni un sacrificio adicional a su único sacrificio, sino una participación en él. El verdadero celebrante es Cristo el Sumo sacerdote, y el pueblo cristiano se reúne como miembros de su cuerpo para presentar ante Dios su sacrificio, y para ser ofrecidos ellos mismos en sacrificio mediante su unión con él.[27]

Al apoyar esto, los obispos de Lambeth agregaron su propia declaración: 'Nosotros mismos, incorporados en el cuerpo místico de Cristo, somos el sacrificio que ofrecemos. Cristo con nosotros nos ofrece en sí mismo a Dios'.[28] William Temple ya había escrito algo casi idéntico. 'Cristo en nosotros nos presenta consigo mismo al Padre; nosotros en él nos entregamos para ser presentados de este modo.'[29]

Lo que es importante en relación con estas declaraciones es que no se habla en absoluto de que el sacrificio de Cristo se repita o de que

27. G. Hebert: en *Ways of worship*, ed. P. Edwall, E. Hayman y W. D. Maxwell. Citado en *Lambeth Conference Papers* de 1958, parte 2, pp. 84–85.

28. Lambeth 1958, parte 2, p. 84.

29. William Temple: *Christus Victor*, p. 242.

nosotros lo ofrecemos. En cambio, es Cristo, la Cabeza, quien ofrece su cuerpo consigo mismo al Padre. La declaración de la ARCIC dice algo similar, a saber que, en la eucaristía, 'entramos en el movimiento de la ofrenda que Cristo hace de sí mismo' (pp. 14, 20), o que somos incorporados a ella por Cristo mismo. El profesor Rowan Williams, un teólogo anglo-católico contemporáneo ampliamente respetado, ha expresado su parecer de que esto, vale decir, "el que nosotros seamos 'ofrecidos' en y por Cristo, [es] el hecho básico de la eucaristía".[30]

Otras reconstrucciones que se han sugerido intentan mezclar, no nuestro sacrificio, sino nuestra obediencia o nuestra intercesión con la de Cristo. El profesor C. F. D. Moule, por ejemplo, al recalcar la *koinōnia* por la cual estamos 'en Cristo', unidos a él, ha escrito que 'las dos obediencias, la de Cristo y la nuestra, la de Cristo en la nuestra y la nuestra en la de Cristo, son ofrecidas a Dios conjuntamente'.[31] Por otra parte, *Baptism, Eucharist and ministry* (Bautismo, eucaristía y ministerio), el llamado 'Texto de Lima' (1982), que es fruto de cincuenta años de debate ecuménico, afirma ofrecer una 'significativa convergencia teológica'. Este documento se centra en la intercesión más que en la obediencia. Aun cuando declara que los acontecimientos cristológicos (por ejemplo, su nacimiento, muerte y resurrección) 'son únicos y no pueden ser repetidos ni prolongados', no obstante afirma que 'en la acción de gracias y en la intercesión la iglesia está unida al Hijo, su gran sumo sacerdote e intercersor',[32] y que 'Cristo une a los fieles consigo mismo e incluye sus oraciones juntamente con su propia intercesión, de modo que los fieles son transfigurados y sus oraciones aceptadas' (II.4).

¿Qué se puede objetar, podríamos preguntarnos, en declaraciones como estas? Deliberadamente evitan los tres 'elementos irritantes' que contienen los documentos católico romanos tradicionales antes mencionados. Una vez que se ha establecido enérgicamente que el autosacrificio de Cristo es irrepetible, que la eucaristía no es propiciatoria, y que nuestras ofrendas no son meritorias, ¿todavía será preciso mantener separados el Calvario y la eucaristía? Después de todo, el

30. Rowan Williams: en *Essays on eucharistic sacrifice*, ed. Colin Buchanan, p. 34.

31. C. F. D. Moule: *Sacrifice of Christ*, p. 52.

32. *Bautismo, eucaristía, ministerio*, II.8. Ver también *Evangelical Anglicans and the Lima Text*, una evaluación y crítica, redactada por Tony Price para la Church of England Evangelical Council.

Nuevo Testamento nos llama sacerdotes y nos anima a ofrecer nuestros ocho 'sacrificios espirituales' a Dios. También coloca el generoso amor y la obediencia de Cristo delante de nosotros como el modelo al cual deberíamos aspirar. ¿Qué mejor o más sano, por lo tanto, que permitir que nuestra propia ofrenda sea recogida por la de él? ¿Acaso la perfección de la suya no compensaría la imperfección de la nuestra? Más todavía, como lo expresa el Vaticano II, ¿no sería de este modo 'el sacrificio espiritual de los fieles perfeccionado en unión con el sacrificio de Cristo'?[33] ¿No es esto apropiado y razonable? ¿Acaso no sería perversamente obstinado objetarlo?

La cruz en la eucaristía

Sin embargo, me temo que haya objeciones reales y graves. La primera es que, en realidad, los autores neotestamentarios nunca expresan el concepto de que nuestra ofrenda sea unida a la de Cristo. Lo que hacen es exhortarnos a que nos entreguemos (como sacrificio) en amorosa obediencia a Dios, de tres maneras. Primero, 'como' Cristo. 'Y andad en amor, como también Cristo nos amó, y se entregó a sí mismo por nosotros, ofrenda y sacrificio a Dios en olor fragante' (Efesios 5.2). La ofrenda que Cristo hizo de sí mismo ha de ser modelo de la nuestra. En segundo lugar, los sacrificios espirituales que ofrecemos a Dios se han de ofrecer 'por medio de' Cristo (1 Pedro 2.5), nuestro Salvador y mediador. Dado que todos nuestros sacrificios están manchados con nuestro egocentrismo, es solo por medio de él que se hacen aceptables. Tercero, hemos de darnos a nosotros mismos en sacrificio 'para' o 'por' Cristo, constreñidos por su amor para vivir solo para él la nueva vida surgida de la muerte, que él nos ha dado (2 Corintios 5.14–15). Así, debemos ofrecernos 'como', 'por medio de', y 'por' Cristo. Si fuera importante que viéramos la ofrenda de nosotros mismos como identificada con la de Cristo, es extraño que el Nuevo Testamento nunca lo diga. Por cierto, es 'en Cristo' que somos justificados, perdonados, adoptados y hechos nueva creación, pero no se dice nunca que adoramos a Dios 'en' Cristo, en unión con él, uniendo nuestras alabanzas con las de él. Aun cuando hemos de unirnos a la hueste celestial en adoración, y nuestra ofrenda de nosotros mismos sea al fin purgada de toda imperfección, aun entonces

33. *Decreto sobre el ministerio y vida de los presbíteros*, p. I.2.

no se dice que nuestra alabanza será unida a la de Cristo. Por cierto que no. Seguirá siendo objeto de nuestra adoración; no se convertirá en nuestro compañero de adoración (ver Apocalipsis 4–7).

Esto me lleva a la segunda objeción, que es con seguridad la razón por la cual el Nuevo Testamento no describe nuestro culto de adoración como si fuese ofrecido 'en y con' Cristo. La ofrenda de sí mismo hecha por el Redentor y las de los redimidos son tan diferentes entre sí cualitativamente que sería una flagrante anomalía intentar mezclarlas. Es preciso que volvamos a la distinción de Cranmer entre las dos clases de sacrificio. 'propiciatorio' (expiación por el pecado) y —aunque él no usó esta palabra— 'eucarístico' (que expresa alabanza y homenaje).

Resulta vital recordar que el sacrificio de Cristo era ambos, mientras que el nuestro es solo 'eucarístico'. La muerte de Jesús, en la que él se dio a sí mismo al Padre en obediencia a su voluntad, no solo fue un ejemplo perfecto de amor desprendido, como lo destacó Abelardo. También se dio a sí mismo como rescate por nosotros, padeciendo nuestra muerte en nuestro lugar. Por lo tanto murió como nuestro sustituto, y evitó de este modo lo que de otra manera hubiéramos tenido que experimentar, y como nuestro representante o ejemplo, nos mostró lo que nosotros mismos también deberíamos hacer. Si la cruz fuese únicamente esto último, podría haber sido posible asociar nuestra ofrenda más íntimamente con la suya, a pesar de la diferencia, del mismo modo que él llamaba a Dios 'Padre', y nos permitía hacer lo propio a nosotros. Pero la cruz fue primero y principalmente un sacrificio propiciatorio, y en ese sentido, absolutamente único. Precisamos mayor claridad para desentrañar los dos significados de la cruz, a fin de que veamos el carácter único de lo que Daniel Waterland llamaba con frecuencia 'el grandioso sacrificio de la cruz'[34] y 'el elevado y tremendo sacrificio de Cristo el Dios-hombre' (p. 37). Así llegaremos a la conclusión de que no solo es anormal, sino realmente imposible, asociar nuestros sacrificios con los de él, o incluso pensar en pedirle que eleve los nuestros hasta los de él. La única relación apropiada entre los dos será que los nuestros expresen nuestra amante y humilde gratitud por los de él.

34. Daniel Waterland: *Review of the doctrine of the Eucharist*, p. 343.

La ofrenda de Cristo y la nuestra

Ahora es preciso que consideremos una importante crítica a este énfasis evangélico. Esta crítica expresa que, cuando pensamos en nuestra conversión, es entendible que consideremos nuestros sacrificios solo como penitentes e indignas respuestas a la cruz. ¿Pero acaso no cambia la situación una vez que hemos acudido a Cristo y hemos sido recibidos de vuelta en el hogar? ¿Acaso no tenemos entonces algo para ofrecer, que puede ser incluido en la ofrenda de Cristo? Esta es una cuestión que el profesor Rowan Williams ha planteado. Quiere recuperar 'la idea de que el efecto del sacrificio de Cristo es precisamente hacernos seres 'litúrgicos', capaces de ofrecernos a nosotros mismos, nuestras alabanzas y nuestros dones simbólicos a un Dios al que sabemos que nos recibirá en Cristo'.[35] Por otra parte, 'el efecto de la ofrenda de Cristo es el de hacernos capaces de ofrecer, tenernos por dignos de presentarnos y de servir como sacerdotes' (p. 30). Si es así, ¿es necesario que la liturgia sea elaborada de tal modo que nos presente en el papel de incrédulos no convertidos, y que recapitule nuestra salvación? ¿No podría más bien considerarnos como ya pertenecientes a Cristo, hijos de Dios, y luego unir nuestra acción de gracias al Padre con la ofrenda que de sí mismo hizo Cristo en la cruz (pp. 26–27)?

Estas preguntas no dejan de tener su atractivo. Plantean una cuestión importante. Sin embargo, creo que se deben contestar negativamente. Nuestras ofrendas todavía están manchadas por el pecado y tienen que ser ofrecidas 'por medio de' Cristo, antes que 'en y con' él. Además, su sacrificio no solo está muy por encima de los nuestros en calidad; también difiere de los nuestros en carácter. No es apropiado, por consiguiente, mezclar ambos. Tampoco ofrece seguridad. El orgullo de nuestros corazones está tan profundamente arraigado y es tan sutilmente insidioso que nos resultaría fácil albergar la idea de que tenemos algo de nuestra parte para ofrecer a Dios. No es que Rowan Williams lo crea así. Es bien explícito en cuanto a que no tenemos nada para ofrecer antes de que hayamos recibido. Siendo esto así, y teniendo en cuenta nuestra exigente vanidad humana, ¿no se debería presentar explícitamente esta verdad en la Cena del Señor? Estoy de

35. Rowan Williams: *Eucharistic sacrifice*, p. 27.

acuerdo con Roger Beckwith y Colin Buchanan, a quienes cita Rowan Williams, de que 'todo progreso en la vida cristiana depende de una recapitulación de los términos originales de nuestra aceptación con Dios' (p. 26). La liturgia debe recordarnos acerca de estos, y no dejar que los olvidemos.

Michael Green entendió bien esto cuando se preparaba para el Congreso Anglicano Evangélico Nacional (de Inglaterrra) en Keele en 1967.

> Jamás superamos el hecho de que todavía somos pecadores, totalmente dependientes cada día de la gracia de Dios para con nosotros, inmerecedores de ella. No venimos a ofrendar; en primer lugar venimos a recibir. La naturaleza misma de la cena declara esto. Nosotros somos los hambrientos, que venimos a ser alimentados. Nosotros somos los inmerecedores, aceptados gratuitamente a la mesa del Señor.[36]

¿Qué podemos decir, como conclusión de esta discusión en torno al 'sacrificio eucarístico', acerca de la relación entre el sacrificio de Cristo y los nuestros? Pienso que tenemos que insistir en que difieren demasiado entre sí como para que jamás parezca posible asociarlos. Cristo murió por nosotros cuando todavía éramos pecadores y enemigos. Su amor desprendido y altruista despierta e inspira el nuestro. De modo que el nuestro es siempre secundario y en respuesta al suyo. Tratar de unirlos es empañar lo primario y lo secundario, la fuente y el curso del río, la iniciativa y la respuesta, la gracia y la fe. Si somos profundamente conscientes del carácter único del sacrificio de Cristo por el pecado, será menor el riesgo de equivocarnos.

Vuelvo al punto donde comenzó este capítulo. La comunidad cristiana es una comunidad de la cruz, por cuanto tuvo su nacimiento en la cruz y el centro de su adoración es el Cordero que fue inmolado, ahora glorificado. Así que la comunidad de la cruz es una comunidad de celebración, una comunidad eucarística que sin cesar ofrece a Dios por medio de Cristo el sacrificio de su alabanza y agradecimiento. La vida cristiana es una fiesta interminable. Y la fiesta que vivimos, ahora que nuestro Cordero pascual ha sido sacrificado por nosotros, es una gozosa celebración de su sacrificio, junto con una fiesta espiritual en

36. E. M. B. Green: de su capítulo 'Christ's sacrifice and ours', relacionando la Santa Comunión con la cruz, en *Guidelines*, p. 116.

torno al mismo. En esta fiesta celebratoria somos todos participantes. Pero ¿qué es aquello en lo cual participamos? No en el ofrecimiento del sacrificio de Cristo, ni siquiera en el movimiento del mismo, sino solamente en los beneficios que él obtuvo. Por este costoso sacrificio, y por las preciosas bendiciones que nos ha conquistado, jamás cesaremos de honrar y adorar al Cordero, ni siquiera en la eternidad.

11

Identidad y Servicio

La cruz revoluciona tanto nuestra actitud hacia Dios como hacia nosotros mismos. De modo que la comunidad de la cruz, además de ser una comunidad de celebración, es a la vez una comunidad que se comprende a sí misma. Esto puede parecer como una reversión al individualismo. Pero no debería serlo, ya que la autocomprensión tiene como fin la autoentrega. ¿Cómo se puede dar lo que no se sabe que se tiene? Este es el motivo por el cual resulta esencial la búsqueda de la propia identidad.

¿Quiénes somos, entonces? ¿Qué debemos pensar de nosotros mismos? ¿Qué actitud deberíamos adoptar hacia nosotros mismos? Estas son preguntas sobre las que no se puede dar una respuesta satisfactoria sin hacer referencia a la cruz.

Una autoimagen pobre es relativamente común hoy en día. Muchas personas tienen sentimientos de paralizante inferioridad. A veces se origina en una niñez de privaciones, a veces en alguna tragedia más reciente que les hace sentir que nadie las quiere, que nadie las ama. La presión de una sociedad competitiva empeora las cosas. Y otros factores de la vida moderna las hacen aun más difíciles. Dondequiera que haya personas política o económicamente oprimidas, se sienten disminuidas. Los prejuicios raciales y sexuales, y el trauma de ser declarado 'prescindible' pueden minar la confianza en sí misma de cualquier persona. Como lo expresó en una ocasión Arnold Toynbee, la tecnología degrada a las personas, al asignarles 'un número de serie en una tarjeta perforada, destinada a viajar por las entrañas de una computadora'.

A su vez, etólogos como Desmond Morris nos dicen que somos solo animales, y behavioristas como B. F. Skinner que no somos más que máquinas, programadas para dar respuestas automáticas a estímulos externos. Con razón tantas personas en nuestros días se sienten como un cero a la izquierda.

El popular movimiento del 'potencial humano' expresa una reacción, aunque excesiva, a todo este conjunto de influencias. '¡Desarrolla tu personalidad, exprésate, cumple tu destino!', dice esta corriente. Pone énfasis en 'el poder del pensamiento positivo', juntamente con la necesidad de 'pensar lo posible' y de adquirir 'actitudes mentales positivas'. Con el laudable deseo de desarrollar la autoestima, nos impulsa a creer que nuestra potencialidad para el desarrollo es virtualmente ilimitada.

Alrededor de este concepto ha surgido una amplia literatura. El doctor Paul Vitz lo describió claramente en su libro *Psychology as religion. The cult of self-worship* (La psicología como religión. el culto a la autoadoración). 'La psicología se ha convertido en religión', escribe, 'en particular una forma de humanismo secular basado en el culto al yo' (p. 9). Comienza analizando 'los cuatro teóricos más importantes del yo', a saber Erich Fromm, Carl Rogers, Abraham Maslow y Rollo May, todos los cuales, con diferentes idas y vueltas, enseñan la bondad intrínseca de la naturaleza humana. De esta premisa se desprenden la necesidad de un incondicional respeto por uno mismo, una incondicional toma de conciencia de uno mismo, y una incondicional autorealización.

Estas teorías del yo se han popularizado por medio del 'análisis transaccional' (*'Yo estoy bien; tú estás bien'*) y el EST (Erhard Seminar Training [Seminario de entrenamiento Erhard]), que el doctor Vitz llama con justicia 'una sorprendentemente literal autodeificación' (p. 31). También cita un anuncio comercial en *Psychology Today* (Psicología hoy) como ilustración de la 'jerga del *yoísmo*'. 'Me amo a mí mismo. No soy vanidoso. No soy más que un buen amigo de mí mismo. Y me gusta hacer todo lo que me hace sentir bien ...' (p. 62).

Este exclusivo ocuparse de uno mismo lo expresa en forma adecuada una jocosa quintilla.

> Había una vez un ninfo que se llamaba Narciso,
> y se creía muy delicioso;
> así que se miraba como un imbécil
> la cara en una charca,
> y su imbecilidad está con nosotros hasta hoy.[1]

1. Citado por John Piper, del Bethel College, Minneapolis, en un artículo aparecido en 1977 en *Christianity Today*, titulado 'Is self-love biblical?' (¿Es bíblico el amor a uno mismo?).

Es una pena que muchos cristianos parecen haberse dejado impresionar favorablemente por este movimiento. El enfoque se escuda bajo la falsa idea de que el mandamiento mosaico, que Jesús luego destacó, de que amemos al prójimo como nos amamos a nosotros mismos, es un mandamiento a amarnos a nosotros mismos tanto como al prójimo. Pero la verdad es que no es así. Presentaremos tres argumentos.

Primero, y gramaticalmente, Jesús no dijo 'el primer mandamiento es amar al Señor tu Dios, el segundo amar al prójimo, y el tercero amarse a uno mismo'. Habló únicamente del primer gran mandamiento y del segundo que se le parecía. La adición de 'como a ti mismo' proporciona una guía sencilla y práctica para el amor al prójimo, 'porque nadie aborreció jamás a su propia carne [cuerpo, DHH]' (Efesios 5.29). A este respecto, es como la regla de oro de que 'todas las cosas que queráis que los hombres hagan con vosotros, así también haced vosotros con ellos' (Mateo 7.12). No cabe duda de que la mayoría de nosotros nos amamos a nosotros mismos. De modo que sabemos cómo nos gusta ser tratados, y esto nos indicará cómo tratar a otros. El amor a uno mismo es algo que hemos de reconocer y una regla a tener en cuenta, no una virtud a ser recomendada.

Segundo, y lingüísticamente, el verbo es *agapaō*, y amor *agapē* significa autosacrificio en el servicio de otros. Por lo tanto no puede ser algo dirigido a uno mismo. El concepto de sacrificarnos con el fin de servirnos a nosotros mismos es absurdo.

Tercero, y teológicamente, el amor a uno mismo es lo que la Biblia entiende como pecado. El pecado consiste en estar encorvado hacia uno mismo (como lo expresó Lutero). Una de las marcas de 'los postreros días' es que habrá muchos 'amadores de sí mismos', 'amadores de los deleites más que de Dios' (2 Timoteo 3.1–5). Su amor estará mal orientado, hacia sí mismo en lugar de hacia Dios y el prójimo.

¿En qué forma, entonces, deberíamos considerarnos a nosotros mismos? ¿Cómo podemos evitar los dos extremos, del odio a uno mismo y el amor a uno mismo? ¿Cómo lograr no despreciarnos pero tampoco halagarnos a nosotros mismos? ¿Cómo podemos evitar una autoevaluación demasiado baja o demasiado elevada? ¿Cómo ponemos en práctica el consejo de Pablo. que cada uno 'piense de sí con cordura' (Romanos 12.3)?

La cruz de Cristo proporciona la respuesta, porque nos llama tanto a la negación de nosotros mismos como a la autoafirmación. Pero, antes de que estemos en condiciones de considerar estas exhortaciones complementarias, nos dice que ya somos personas nuevas porque hemos muerto y resucitado con Cristo.

Es en este sentido que la muerte de Jesús se ha de llamar con justicia 'representativa' y a la vez 'sustitutoria'.

Un 'sustituto' es alguien que actúa en lugar de otro de tal manera que la acción de ese otro sea innecesaria.

Un 'representante' es alguien que actúa por cuenta de otro, de tal manera que ese otro esté comprometido en su acción.

Así, una persona que en épocas anteriores servía en el ejército (a sueldo) en reemplazo de un conscripto, era un 'sustituto'. También lo es el futbolista que juega en lugar de otro que se ha accidentado. El conscripto y el jugador herido están inactivos; han sido reemplazados.

En cambio, un agente que sirve como el 'representante' de su firma, ha sido comisionado para actuar en su nombre. No habla en reemplazo de la firma, sino por ella. La firma se compromete a cumplir lo que él dice y hace.

De igual modo, como nuestro sustituto, Cristo hizo por nosotros lo que nosotros nunca hubiéramos podido hacer. Cristo llevó nuestro pecado y nuestro juicio. A la vez, como nuestro representante, hizo algo que nosotros, al estar unidos a él, también hemos hecho; hemos muerto y resucitado con él.

La exposición más extensa de Pablo sobre este extraordinario y maravilloso tema se encuentra al comienzo de Romanos 6.[2] El apóstol desarrolló su argumento como respuesta a la perversa sugerencia de que, ya que la gracia aumentó tanto más cuando más aumentó el pecado, bien podríamos seguir pecando, a fin de que la gracia crezca aun más (5.20–6.1). Pablo repudia la idea indignado, por la simple razón de que 'hemos muerto al pecado' y por ello ya no podemos vivir en él (6.2). ¿Cuándo se operó esa muerte? En nuestro bautismo.

> ¿O no sabéis que todos los que hemos sido bautizados en Cristo Jesús, hemos sido bautizados en su muerte? Porque somos sepultados juntamente con él para muerte por el

2. Ro. 6.1–14; ver Gá. 2.20; Col. 2.20; 3.1–14; 2 Co. 5.14–15.

> bautismo, a fin de que como Cristo resucitó de los muertos por la gloria del Padre, así también nosotros andemos en vida nueva. Romanos 6.3–4

El bautismo dramatiza en forma visible nuestra participación en la muerte y resurrección de Jesús. Por eso se puede decir que hemos 'muerto al pecado', a fin de que no viviéramos más en él.

La pieza faltante en el rompecabezas es que la muerte de Cristo (en la que hemos participado por fe interiormente y por el bautismo exteriormente) fue una muerte al pecado. 'Porque en cuanto murió, al pecado murió una vez por todas; mas en cuanto vive, para Dios vive' (v. 10). Hay un solo sentido en el cual se puede decir que Jesús 'murió al pecado', y es el de que él soportó la pena correspondiente, por cuanto 'la paga del pecado es muerte' (v. 23). Habiendo pagado el precio del pecado (o soportado la penalidad) con la muerte, ha resucitado a nueva vida. También ha sido así con nosotros, por nuestra unión con él. También nosotros hemos muerto al pecado, no en el sentido de que hayamos pagado personalmente la pena (Cristo hizo esto por nosotros, en lugar de nosotros), sino en el sentido de que hemos compartido los beneficios de su muerte. Ya que la penalidad del pecado ha sido cumplida, y la deuda saldada, nosotros quedamos libres de la terrible carga de culpa y condenación. Hemos resucitado con Cristo a nueva vida, con la cuestión del pecado terminada y olvidada. ¿Cómo, entonces, es posible que sigamos viviendo en el pecado al cual hemos muerto? Es posible, por cuanto sigue siendo necesario que tomemos precauciones para que el pecado no vuelva a reinar dentro de nosotros (vv. 12–14). Pero en realidad resulta inconcebible, porque es incompatible con el hecho de nuestra muerte y resurrección con Jesús. Es la muerte y la resurrección lo que nos ha separado de nuestra vieja manera de vivir. ¿Cómo podemos siquiera pensar en volver a ella? Por eso tenemos que '[considerarnos] muertos al pecado, pero vivos para Dios en Cristo Jesús, Señor nuestro' (v. 11). Esto no quiere decir que hemos de fingir que hemos muerto al pecado y resucitado para Dios, cuando sabemos muy bien que no es así. Por el contrario, sabemos que, por unión con Cristo, hemos compartido su muerte y resurrección, y por ello nosotros mismos hemos muerto al pecado y resucitado para Dios. Por lo tanto, debemos recordar constantemente este hecho y vivir una vida consecuente con el mismo.

William Tyndale lo expresó en términos gráficos al final del prólogo a su obra sobre Romanos (*Romans*).

> Pues adelante, lector, de conformidad con el orden de la escritura de Pablo … Recuerda que Cristo no hizo esta expiación para que tú hagas enojar a Dios nuevamente. Tampoco murió él por tus pecados, para que tú sigas viviendo en ellos. No te purificó para que volvieses, como el puerco, a tu antigua charca sino para que fueses una nueva criatura; para que vivas una vida nueva según la voluntad de Dios, y no de la carne.[3]

Barth captó la radical naturaleza de esta enseñanza y aludió a ella en su sección sobre la justificación. 'La sentencia que fue ejecutada como el juicio divino en la muerte de Jesús es la de que … yo soy el hombre de pecado, y que este hombre de pecado y por lo tanto yo mismo soy clavado a la cruz y crucificado (en el poder del sacrificio y la obediencia de Jesucristo en mi lugar), que por consiguiente soy destruido y reemplazado …' Este es el lado negativo de la justificación. Pero 'en el mismo juicio en el cual Dios nos acusa y condena como pecadores, y nos entrega a la muerte, nos perdona y nos coloca en una nueva vida ante sí y consigo'. Estas dos afirmaciones van juntas, nuestra verdadera muerte y nuestra verdadera vida más allá de la muerte, la destrucción por muerte y el reemplazo por la resurrección, el *no* y el *sí* de Dios a la misma persona.[4]

¿Cuál ha de ser nuestra actitud hacia nuestro nuevo ser, una vez aceptado este fundamental hecho acerca de todos los que están en Cristo, a saber, que hemos muerto y resucitado con él, de modo que nuestra vieja vida de pecado, culpa y vergüenza ha sido terminada y ha comenzado una vida enteramente nueva de santidad, perdón y libertad? Debido a que nuestro nuevo ser, si bien redimido, es todavía un ser caído, será necesario evidenciar una doble actitud, a saber, la autonegación y la autoafirmación, ambas iluminadas por la cruz.

La autonegación

Primero, el llamado a la autonegación. La invitación de Jesús es clara. 'Si alguno quiere venir en pos de mí, niéguese a sí mismo, y tome su

3. William Tyndale: *Doctrinal treatises*, p. 510.
4. K. Barth: *Church dogmatics*, IV.1, pp. 515–516, 543.

cruz, y sígame' (Marcos 8.34). Jesús acaba, por primera vez, de predecir claramente su pasión y muerte. 'Era necesario' que así ocurriera, dice el Señor (v. 31). Pero ahora expresa de manera explícita algo igualmente 'necesario' para sus seguidores. Él tiene que ir a la cruz; ellos tienen que tomar su cruz y seguirlo. Además, han de hacerlo 'cada día'. Y, como contrapartida negativa, si alguien no toma su cruz ni lo sigue, no es digno de él y no puede ser su discípulo.[5] De esta manera, podría decirse, todo cristiano es tanto un Simón de Cirene como un Barrabás. Como Barrabás escapamos a la cruz, porque Cristo murió en nuestro lugar. Como Simón de Cirene llevamos la cruz, porque él nos llama a tomarla y a seguirlo (Marcos 15.21).

Los romanos habían hecho de la crucifixión un espectáculo en todas las provincias colonizadas por ellos, y Palestina no era ninguna excepción. Todo rebelde condenado a la crucifixión estaba obligado a llevar su propia cruz, o por lo menos el *patibulum* (la parte transversal), hasta el escenario de la ejecución. Plutarco escribió que 'todo criminal condenado a morir lleva su cruz sobre sus espaldas'.[6] De modo que Juan escribió de Jesús que 'cargando su cruz, salió al lugar llamado de la Calavera' (19.17). Tomar nuestra cruz, por lo tanto, y seguir a Jesús, es 'ponerse en la posición de un hombre condenado camino a la ejecución'.[7] Porque si seguimos a Jesús con una cruz en las espaldas, hay un solo lugar al cual vamos. el lugar de la crucifixión. Como lo expresó Bonhoeffer. 'Cuando Cristo llama a un hombre, le pide que acuda y muera.'[8] Nuestra 'cruz', por lo tanto, no es un esposo irritativo o una esposa malhumorada. Es en cambio el símbolo de muerte al yo.

Aunque Jesús pudo haber tenido en mente la posibilidad del martirio, el carácter universal de su llamado ('Si alguno …') sugiere una aplicación más amplia. Sin duda lo que Jesús está describiendo, mediante esta gráfica imagen, es la autonegación. Negarnos a nosotros mismos es comportarnos hacia nosotros mismos como hizo Pedro con Jesús cuando lo negó tres veces. El verbo es el mismo (*aparneomai*). Renegó de él, lo repudió, le dio la espalda.

5. Lc. 9.23; Mt. 10.38; Lc. 14.27.
6. Citado por Martin Hengel en *Crucifixion*, p. 77.
7. H. B. Swete: *St. Mark*, p. 172.
8. Dietrich Bonhoeffer: *El precio de la gracia* (p. 79 en la edición citada por el autor).

La autonegación no es negarse lujos tales como chocolates, tortas, cigarrillos y copetines (aunque puede incluirlos). Es llegar a negarnos o repudiarnos, renunciando a nuestro supuesto derecho a seguir nuestro propio camino. 'Negarse uno mismo es … volverse de la idolatría del egocentrismo.'[9] Pablo debe haber querido referirse a lo mismo cuando escribió que los que pertenecen a Cristo 'han crucificado la carne con sus pasiones y deseos' (Gálatas 5.24). Ningún cuadro podría ser más gráfico que este de realmente tomar un martillo y clavos para clavar nuestra escurridiza naturaleza caída a la cruz y así entregarla a la muerte. La palabra tradicional para esto es 'mortificación'. Expresa la sostenida determinación, por el poder del Espíritu Santo, de hacer 'morir las obras de la carne' de modo que por esta muerte podamos vivir en comunión con Dios.[10]

De hecho, Pablo escribe en sus cartas sobre tres muertes y resurrecciones diferentes, que forman parte de nuestra experiencia cristiana. Mucha confusión se suscita cuando no distinguimos entre ellas. La primera (que ya hemos considerado) es la muerte al pecado y la subsiguiente vida para Dios, que nos ocurre a todos los cristianos en virtud de nuestra unión con Cristo en su muerte y resurrección. Compartimos los beneficios tanto de la muerte (el perdón) como de la resurrección (el poder) de Cristo. Esto es inherente a nuestra conversión/bautismo.

La segunda es la muerte al yo. Esta actitud recibe las diversas denominaciones de 'tomar la cruz', 'negarnos', 'crucificarnos' o 'mortificarnos'. Como resultado de esta muerte, vivimos una vida de comunión con Dios. Esto no es algo que ya nos ha ocurrido, y que ahora se nos dice que debemos 'considerar' o recordar. Más bien, es algo que debemos hacer nosotros mismos deliberadamente, sin duda por el poder del Espíritu, haciendo morir nuestra vieja naturaleza. Por cierto que todos los cristianos lo han hecho, en el sentido de que se trata de un aspecto esencial de nuestro arrepentimiento original y continuado, y no podemos ser discípulos de Cristo sin esto. Pero es preciso que mantengamos esta actitud, es decir, que tomemos la cruz cada día.

9. C. E. B. Cranfield en su *Mark*, p. 281.
10. Ro. 8.13. Ver Col. 3.5; 1 P. 2.24.

A la tercera clase de muerte y resurrección la mencioné en el capítulo 9. Es llevar en nuestro cuerpo al Jesús que muere, de modo que la vida de Jesús sea revelada en nuestro cuerpo. Pablo expresa este concepto en 2 Corintios 4.9–10. Está claro que esto ocurre en nuestro cuerpo. Hace alusión a sus enfermedades y debilidades, a la persecución y a la mortalidad. Es en conexión con esto que Pablo podía decir tanto 'cada día muero' (1 Corintios 15.30–31) como 'somos muertos todo el tiempo' (Romanos 8.36). Porque se trata de una continua fragilidad física. Pero también es continua la 'resurrección', la vitalidad interior o renovación que es posible por la vida de Jesús dentro de nosotros (2 Corintios 4.16).

Para resumir, la primera muerte es *legal*. Es una muerte al pecado mediante la unión con Cristo en su muerte al pecado (soportando la penalidad correspondiente); la resurrección con él nos lleva a la nueva vida de libertad de que disfrutan los pecadores justificados. La segunda muerte es *moral*. Es una muerte al yo en la medida en que sometemos a muerte la vieja naturaleza y sus malos deseos, y la resurrección que sigue conduce a una nueva vida de justicia en comunión con Dios. La tercera muerte es *física*; es una muerte a la seguridad, un 'ser entregados a muerte por amor a Jesús'; la correspondiente resurrección es la fortaleza de Jesús que él perfecciona a pesar de nuestra debilidad. La muerte legal es una 'muerte al pecado una vez para siempre', pero para el discípulo de Cristo la muerte moral y la física son experiencias diarias, incluso continuas.

Me pregunto cuántos de mis lectores han reaccionado hasta aquí, especialmente ante el énfasis sobre lo de morir al yo, o más bien someterlo a muerte crucificándolo o mortificándolo. Espero que se hayan sentido incómodos con el tema. He expresado una actitud tan negativa hacia el yo que casi puede haber parecido que me he puesto del lado de los tecnócratas, los etólogos, los behavioristas y los burócratas, en un enfoque desvalorizador de los seres humanos. Lo que he escrito es cierto (fue Jesús quien nos dijo que tomáramos nuestra cruz y lo siguiéramos a la muerte), pero esa es solo una cara de la verdad. Supone que nuestro yo es enteramente malo, y que por esa razón ha de ser repudiado totalmente, más aun 'crucificado'.

La autoafirmación

No debemos pasar por alto otra veta en las Escrituras. A la par del explícito llamado de Jesús a la autonegación está su implícito llamado a la autoafirmación. Esto no significa en absoluto lo mismo que el amor a sí mismo. Nadie que lea los Evangelios en conjunto podría jamás obtener la impresión de que Jesús tenía él mismo una actitud negativa hacia los seres humanos, o que la alentaba en otros. Todo lo contrario.

Consideremos, primeramente, su **enseñanza** acerca de las personas. Cierto es que llamó la atención a las cosas malas y feas que nacen del corazón humano (Marcos 7.21–23). Sin embargo, también habló del 'valor' de los seres humanos a la vista de Dios. Valen 'mucho más' que las aves o las bestias.[11] ¿En qué estaba basado este juicio de valor? Tiene que haber sido la doctrina de la creación, que Jesús tomó del Antiguo Testamento, a saber, que los seres humanos constituyen la corona de la actividad creadora de Dios, y que hizo al hombre varón y mujer a su propia imagen. Es la imagen divina que llevamos lo que proporciona nuestro valor distintivo. En su breve y excelente obra *The Christian looks at himself* (El cristiano se mira a sí mismo) el doctor Anthony Hoekema cita a un joven negro norteamericano que, rebelándose contra los sentimientos de inferioridad inculcados en él por los blancos, colgó un estandarte en su habitación con el siguiente lema. 'Yo soy yo, y soy bueno, porque Dios no hace basura' (p. 15). Puede que no lo haya expresado de un modo gramaticalmente correcto, pero la teología era buena.

En segundo lugar, tenemos la **actitud** de Jesús hacia la gente. Él no despreciaba ni rechazaba a nadie. Todo lo contrario, procuraba siempre honrar a los que el mundo deshonraba y aceptar a los que el mundo rechazaba. Hablaba con cortesía a las mujeres en público. Invitaba a los niños a acercarse a él. Brindaba palabras de esperanza a los samaritanos y a los gentiles. Permitía que los enfermos de lepra se le acercaran, y dejó que una prostituta lo ungiese y besara sus pies. Se hacía amigo de los parias de la sociedad, y atendía a los pobres y a los hambrientos. En todo este diversificado ministerio, brillaba su compasivo respeto para con los seres humanos. Jesús reconocía el

11. Mt. 6.26; 12.12.

valor de toda persona, y al amarla aumentaba aun más su valor.

Tercero, y en particular, debemos recordar la **misión y muerte** de Jesús por los seres humanos. Dijo que había venido a servir, no a ser servido, y a dar su vida en rescate por muchos. Nada hay que indique con más claridad el gran valor que Jesús asignaba a las personas que su determinación de sufrir y morir por ellas. Él era el Buen Pastor que vino al páramo, desafiando los rigores y enfrentando el peligro, con el fin de buscar y salvar a una sola oveja perdida. Más todavía, puso su vida por las ovejas. Solo cuando miramos la cruz vemos el verdadero valor de los seres humanos. Como lo expresó William Temple. 'Lo que yo valgo es lo que valgo para Dios; y ese valor es maravillosamente grande, porque Cristo murió por mí.'[12]

Una actitud equilibrada hacia nosotros mismos

Hasta ahora hemos visto que la cruz de Cristo es tanto prueba del valor del 'yo' humano como a la vez un cuadro de cómo negarlo o crucificarlo. ¿Podemos resolver esta paradoja bíblica? ¿Cómo es posible valorarnos y simultáneamente negarnos a nosotros mismos?

En realidad, la paradoja surge porque discutimos y desarrollamos actitudes sin antes haber definido el 'yo' del cual estamos hablando. Nuestro 'yo' no es una entidad simple que es completamente buena o mala; por consiguiente no ha de ser totalmente valorada o totalmente negada. Nuestro 'yo' es una entidad compleja de bien y de mal, de gloria y vergüenza, que por esa razón exige que desarrollemos actitudes más sutiles hacia nosotros mismos.

Lo que somos (nuestro 'yo' o nuestra identidad personal) es en parte resultado de la creación (la imagen de Dios) y en parte resultado de la caída (la imagen desfigurada). Lo que debemos negar, rechazar y crucificar es nuestro ser caído, todo lo que haya dentro de nosotros que sea incompatible con Jesucristo (de allí sus mandamientos 'niéguese a *sí mismo*' y luego '*sígame*'). Lo que hemos de afirmar y valorar es nuestro ser creado, todo lo que haya dentro de nosotros que sea compatible con Jesucristo (por eso su afirmación de que si nos perdemos a nosotros mismos, mediante la autonegación, hemos de encontrarnos). La verdadera autonegación (la negación de nuestro

12. William Temple: *Citizen and churchman*, p. 74.

ser falso y caído) no es el camino de la autodestrucción sino el camino al autodescubrimiento.

Luego entonces, lo que somos por creación es lo que debemos afirmar; nuestra racionalidad, sentido de obligación moral, sexualidad (sea la masculinidad o la femineidad), la vida de familia, los dones estéticos y la creatividad artística, la mayordomía de la tierra fructífera, la sed de amor y la experiencia de lo comunitario, la autoconciencia de la trascendente majestad de Dios, y el impulso innato a caer de rodillas y ofrecerle adoración. Todo esto, y más, forma parte de nuestra humanidad creada. Cierto es que ha sido manchada y torcida por el pecado. Pero Cristo vino a redimirla, no a destruirla. De modo que debemos afirmarla abiertamente y con gratitud.

Lo que somos por la caída, en cambio, debemos negarlo o repudiarlo. la irracionalidad, la perversidad moral, la desfiguración de las distinciones sexuales y falta de autocontrol en lo sexual, el egoísmo que arruina nuestra vida de familia, la fascinación por lo grotesco, la perezosa negativa a desarrollar los dones de Dios, la polución y la destrucción del ambiente, las tendencias antisociales que inhiben la verdadera comunidad, nuestra prepotente autonomía, nuestra idolátrica negativa a adorar al Dios vivo y verdadero. Todo esto (y más) forma parte de nuestra humanidad caída. Cristo no vino a redimir esto sino a destruirlo. De modo que debemos negarlo o repudiarlo enérgicamente.

Hasta aquí, con toda intención he simplificado excesivamente el contraste entre nuestra naturaleza como producto de la creación y la que es producto de la caída. A continuación, es preciso modificar y aun enriquecer el cuadro de dos maneras. Ambas se deben a la introducción en el escenario humano de la redención efectuada por Cristo. Los cristianos ya no podemos pensar en nosotros mismos solo como seres 'creados y caídos', sino más bien como seres 'creados, caídos y redimidos'. Y la inyección de este elemento nuevo nos ofrece, a la vez, más para afirmar y más para negar.

Primero, tenemos más para afirmar. No hemos sido creados únicamente a imagen de Dios, sino que hemos sido re-creados a esa imagen. La misericordiosa obra de Dios en nosotros, que se describe de diversas maneras en el Nuevo Testamento ('regeneración', 'resurrección', 'redención', etc.) es esencialmente una re-creación. Nuestro nuevo yo ha sido 'creado según Dios en la justicia y santidad de la verdad', y 'conforme a la imagen del que lo creó se va renovando hasta el conocimiento pleno'. En efecto, toda persona que está en Cristo 'nueva criatura es'.[13] Esto significa que nuestra mente, nuestro carácter y nuestras relaciones están siendo todas renovadas. Somos hijos de Dios, discípulos de Cristo y templo del Espíritu Santo. Pertenecemos a la nueva comunidad que es la familia de Dios. El Espíritu Santo nos enriquece con su fruto y sus dones. Somos herederos de Dios y esperamos con confianza la gloria que un día será revelada. El que se hace cristiano participa de una experiencia transformadora. Al cambiarnos, también cambia la imagen que tenemos de nosotros mismos. Ahora tenemos mucho más que afirmar, no con jactancia sino con gratitud. El doctor Hoekema tiene razón al destacar esto en forma prioritaria en *The Christian looks at himself* (El cristiano se mira a sí mismo). Menciona el himno 'Debajo de la cruz de Jesús'; en muchas maneras, es un himno magnífico y conmovedor. Pero Hoekema rechaza el final de una estrofa, que dice.

> Y de mi corazón herido, con lágrimas,
> dos maravillas confieso.
> la maravilla de su glorioso amor,
> y mi propia indignidad.

No, no, objeta el doctor Hoekema. Eso no lo podemos cantar. 'Y mi propia dignidad' expresaría la verdad, no así 'mi propia indignidad' (p. 16). ¿Cómo podemos declarar 'indigno' lo que Jesucristo ha declarado 'digno', de 'valor'? ¿Es 'indigno' ser hijo de Dios, miembros de Cristo y heredero del reino de los cielos? De modo, entonces, que una parte vital de nuestra autoafirmación, que en realidad es una afirmación de la gracia de Dios nuestro Creador y Redentor, es lo que somos ahora en Cristo. 'La base última de nuestra autoimagen positiva ha de ser nuestra aceptación por Dios en Cristo' (p. 102).

Segundo, los cristianos también tienen más que negar. Hasta aquí he incluido solo nuestro carácter de seres caídos en lo que debe ser negado. A veces, sin embargo, Dios nos llama a negarnos cosas que, aunque no son malas en sí mismas ni son atribuibles a la caída, no obstante impiden que cumplamos su voluntad particular para nosotros.

13. Ef. 4.24; Col. 3.10; 2 Co. 5.17.

Esto explica por qué Jesús, cuya humanidad era perfecta y no caída, con todo, tenía que negarse a sí mismo. Se nos dice que 'no estimó el ser igual a Dios como cosa a que aferrarse', es decir, algo de lo cual disfrutar egoístamente (Filipenses 2.6).

Él no se hizo 'igual a Dios' como dijeron sus enemigos (Juan 5.18); era eternamente igual a él, de modo que él y su Padre eran 'uno' (Juan 10.30). Sin embargo, no se aferró a los privilegios de su posición. En cambio, 'se despojó a sí mismo', haciendo a un lado su gloria. La razón por la cual la hizo a un lado no fue el que no fuera suya por derecho propio, sino que no podía retenerla y al mismo tiempo cumplir su destino de ser el Mesías de Dios y mediador. Fue a la cruz negándose a sí mismo, no porque hubiese hecho algo que merecía la muerte, por supuesto, sino porque esta era la voluntad de su Padre para él, de conformidad con las Escrituras, y a esa voluntad se sometió voluntariamente. A lo largo de su vida resistió la tentación de evitar la cruz. En las sucintas palabras de Max Warren, 'todo el vivir de Cristo fue un morir'.[14] Se negó a sí mismo con el fin de darse por nosotros.

Este mismo principio es aplicable a los seguidores de Cristo. 'Haya en vosotros este sentir', escribió Pablo. Conocía el llamado a la autonegación en su propia experiencia apostólica. Tenía derechos legítimos, por ejemplo a casarse y a exigir sostén económico, que deliberadamente se negó a sí mismo porque creía que esa era la voluntad de Dios para él. También escribió que los cristianos maduros deberían estar dispuestos a renunciar a sus derechos y limitar sus libertades, a fin de no hacer pecar a los hermanos y hermanas inmaduros.

Aun hoy, algunos cristianos son llamados a renunciar a la vida matrimonial, a una ocupación segura, a una promoción profesional o a una casa cómoda en un suburbio elegante, no porque alguna de estas cosas sea mala en sí misma sino porque son incompatibles con un llamado particular de Dios a servir en el extranjero, a vivir en zonas marginales, o a identificarse en forma más íntima con los pobres y hambrientos del mundo.

Hay, por lo tanto, una gran necesidad de discernimiento de nuestra identidad. ¿Quién soy? ¿Cuál es mi 'yo'? La respuesta es que soy un personaje mixto, con una personalidad dual. Tengo dignidad, porque fui creado y he sido re-creado a la imagen de Dios, pero también

14. M. A. C. Warren: *Interpreting the cross*, p. 81.

perversión, porque todavía tengo una naturaleza caída y rebelde. Soy tanto noble como vil, hermoso y feo, bueno y malo, recto y torcido. Soy imagen e hijo de Dios, pero a veces rindo obsequioso homenaje al diablo de cuyas garras Cristo me ha rescatado. Mi verdadero yo es lo que soy por creación (y es esto lo que Cristo vino a redimir) y por llamado. Mi falso yo es lo que soy por la caída, y eso es lo que Cristo vino a destruir.

Solo cuando hemos discernido cuál es cuál dentro de nosotros, sabremos qué actitud adoptar hacia cada uno de ellos. Debemos ser fieles a nuestro yo verdadero e implacables con nuestro yo falso. Debemos ser intrépidos en la afirmación de todo lo que somos por creación, redención y llamado, y firmes en el rechazo de todo lo que somos por la caída.

Más aun, la cruz de Cristo nos enseña ambas actitudes. Por un lado, la cruz es la medida divina del valor de nuestro verdadero yo, por cuanto Cristo nos amó y murió por nosotros. Por otro lado, es el modelo divino para la negación de nuestro falso yo, por cuanto hemos de clavarlo en la cruz y así someterlo a muerte. O, más simplemente, al pie de la cruz vemos simultáneamente nuestro valor y nuestra indignidad. Nuestro valor, porque percibimos la grandeza de su amor al morir por nosotros; y nuestra indignidad, por lo tremendo de nuestro pecado al ocasionar su muerte.

Amor autosacrificado

Ni la negación de nosotros mismos (el repudio de nuestros pecados) ni la autoafirmación (el aprecio de los dones de Dios) nos conducen a un estado inerte de autoabsorción. Por el contrario, ambas son medios para el autosacrificio. La autocomprensión debería conducir a la autoentrega. La comunidad de la cruz es una comunidad de amor que se da a sí mismo, expresado en el culto a Dios (el tema que abordamos en el capítulo anterior) y en el servicio a otros (el tema que abordaremos hacia el final de este capítulo). Es a esto que la cruz nos llama en forma consecuente e insistente.

Más que en ninguna otra parte, el contraste entre las normas de la cruz y las del mundo resulta dramático en el pedido de Jacobo y Juan y en la respuesta que les dio Jesús.

> Entonces Jacobo y Juan, hijos de Zebedeo, se le acercaron, diciendo. Maestro, querríamos que nos hagas lo que pidiéremos. Él les dijo. ¿Qué queréis que os haga? Ellos le dijeron. Concédenos que en tu gloria nos sentemos el uno a tu derecha, y el otro a tu izquierda. Entonces Jesús les dijo. No sabéis lo que pedís. ¿Podéis beber del vaso que yo bebo, o ser bautizados con el bautismo con que yo soy bautizado? Ellos dijeron. Podemos. Jesús les dijo. A la verdad, del vaso que yo bebo, beberéis, y con el bautismo con que yo soy bautizado, seréis bautizados; pero el sentaros a mi derecha y a mi izquierda, no es mío darlo, sino a aquellos para quienes está preparado. Cuando lo oyeron los diez, comenzaron a enojarse contra Jacobo y contra Juan. Mas Jesús, llamándolos, les dijo. Sabéis que los que son tenidos por gobernantes de las naciones se enseñorean de ellas, y sus grandes ejercen sobre ellas potestad. Pero no será así entre vosotros, sino que el que quiera hacerse grande entre vosotros será vuestro servidor, y el que de vosotros quiera ser el primero, será siervo de todos. Porque el Hijo del hombre no vino para ser servido, sino para servir, y para dar su vida en rescate por muchos.
>
> Marcos 10.35–45

El versículo 35 ('Querríamos que nos hagas lo que pidiéremos') y el 45 ('El Hijo del hombre …vino … para servir, y … para dar … '), al comienzo y al final del relato respectivamente, muestran a los hijos de Zebedeo y al Hijo del hombre en irreconciliable desacuerdo. Hablan un lenguaje diferente, respiran un espíritu diferente y expresan una ambición diferente. Jacobo y Juan quieren sentarse en tronos de poder y gloria; Jesús sabe que tiene que colgar de una cruz, en debilidad y vergüenza. La antítesis es total.

El contraste entre el mundo y la cruz

Por un lado, estaba la alternativa **entre la ambición egoísta y el sacrificio**. No cabe duda de que la afirmación de los hermanos, 'querríamos que nos hagas lo que pidiéremos', se puede considerar como la peor, la oración más descaradamente egocéntrica jamás pronunciada. Parecieran haber anticipado el hecho de que habría una atroz pelea por ocupar los asientos más honorables en el reino;

por eso consideraron conveniente hacer una reserva por anticipado. Su pedido de que pudieran compartir 'la gloria' (DHH) con Jesús era nada menos que 'un brillante espejo de la vanidad humana'.[15]

Era exactamente lo opuesto a una verdadera oración; esta nunca tiene el propósito de inclinar la voluntad de Dios hacia la nuestra, sino siempre la de inclinar nuestra voluntad a la de él. Pero el mundo (y aun la iglesia) están llenos de personas como Jacobo y Juan, aprovechadores y buscadores de posiciones de privilegio, sedientos de honor y prestigio. Miden la vida sobre la base de lo que se logra, y sueñan eternamente con el éxito. Son agresivamente ambiciosos para sí mismos.

Toda esta mentalidad es incompatible con el camino de la cruz. 'El Hijo del hombre no vino para ser servido, sino para servir, y para dar su vida ...'. Renunció al poder y a la gloria del cielo y se humilló a sí mismo para hacerse esclavo. Se entregó a sí mismo sin reserva y sin temor a las personas despreciadas y desatendidas de la comunidad. Su obsesión era la gloria de Dios y el bien de los seres humanos que llevan su imagen. Para elevarlos, estaba dispuesto a soportar incluso la vergüenza de la cruz. Ahora nos llama a seguirlo, no en busca de grandes cosas para nosotros mismos, sino más bien para buscar primeramente el reino de Dios y la justicia de Dios.[16]

La segunda elección fue **entre el poder y el servicio**. Pareciera estar claro que Jacobo y Juan querían el poder tanto como el honor. Cuando pidieron 'sentarse' a cada lado de Jesús en su gloria, podemos estar muy seguros de que no estaban soñando con asientos en el suelo, sobre cojines, bancos o sillas, sino con tronos. Se veían sentados cada uno en un trono. Sabemos que pertenecían a una familia de buena posición, porque el padre, Zebedeo, tenía empleados en su empresa pesquera en el lago. Quizás echaban de menos el no tener sirvientes que los atendieran; con todo, estaban dispuestos a renunciar a ese lujo por un tiempo, siempre que al final fuesen compensados. Al mundo le encanta el poder. 'Sabéis que los que son tenidos por gobernantes de las naciones se enseñorean de ellas, y sus grandes ejercen sobre ellas potestad', les dijo Jesús (Marcos 10.42). ¿Estaba pensando en Roma, cuyos emperadores hacían acuñar monedas con su propia imagen y

15. Calvino: *Commentary on a harmony of the evangelists*, t. II, p. 417.
16. Jer. 45.5; Mt. 6.33.

con la inscripción 'aquel que merece adoración'? ¿O estaba pensando en los Herodes, que, aunque eran solo reyes subalternos, gobernaban como tiranos?

La lujuria del poder es característica de nuestra condición caída, pero es totalmente incompatible con el camino de la cruz, que habla de servicio. Cuando Jesús afirmó que 'el Hijo del hombre no vino para ser servido, sino para servir' dijo algo notablemente original. Al Hijo del hombre de la visión de Daniel se le dio poder a fin de que todas las naciones lo sirvieran (7.13–14). Jesús tomó el título para sí, pero cambió el papel. No había venido a ser servido, sino más bien a ser el 'siervo del Señor' que describían los cánticos del Siervo en Isaías. Jesús fusionó los dos retratos. Él era tanto el glorioso Hijo del hombre como el Siervo sufriente; entraría en la gloria solo por medio del sufrimiento.

Jesús nos llama a seguirlo. En el mundo los gobernantes siguen pisando fuerte, manipulando, explotando y tiranizando a los demás. 'No será así entre vosotros' (Marcos 10.43), dijo Jesús enfáticamente. Su nueva comunidad se ha de organizar sobre un principio diferente y siguiendo un modelo diferente. La base es el servicio humilde y no el poder opresor. Dirigir y dominar son dos conceptos diferentes. El símbolo de un liderazgo auténticamente cristiano no es el manto púrpura del emperador, sino el tosco delantal del esclavo; no es el trono de marfil y oro, sino un lebrillo de agua para lavar los pies.

La tercera elección fue, y sigue siendo, **entre la comodidad y el sufrimiento**. Al pedir tronos en la gloria, además de honor y poder, Jacobo y Juan buscaban comodidad y seguridad. Siguiendo a Jesús, se habían vuelto errantes, incluso vagabundos. ¿Echaban de menos su cómoda casa? Cuando Jesús contestó su pregunta con otra pregunta sobre si podían compartir su copa y su bautismo, además de su trono, respondieron livianamente 'podemos' (vv. 38–39). Sin duda, no habían comprendido. Estaban soñando despiertos acerca de copas de vino en el banquete mesiánico, precedido por los lujosos baños que se sabía que Herodes amaba. Jesús, empero, se refería a su padecimiento. Por cierto que compartirían su copa y su bautismo, les dijo, sin agregar detalles. Jacobo habría de morir decapitado a manos de Herodes Antipas, y Juan habría de sufrir un solitario exilio.

El espíritu de Jacobo y de Juan perdura, especialmente si hemos sido acunados por la opulencia. Es cierto que la inflación y el desempleo han proporcionado a muchos una nueva experiencia de inseguridad. Con todo, todavía consideramos la seguridad como nuestro patrimonio; 'primero la seguridad' es un lema prudente. ¿Dónde está el espíritu de riesgo, el sentido de solidaridad incondicional para con los desamparados? ¿Dónde están los cristianos dispuestos a poner el servicio antes que la seguridad, la compasión antes que la comodidad, las privaciones antes que una vida desahogada? Miles de tareas cristianas pioneras esperan quién las haga, tareas que son un desafío a nuestra complacencia, y que exigen el valor de correr riesgos.

La insistencia en la seguridad es incompatible con el camino de la cruz. ¡Qué osadas aventuras fueron la encarnación y la expiación! ¡Qué violación de las convenciones y del decoro fue que el Dios todopoderoso renunciara a sus privilegios con el fin de adoptar la forma humana y cargar el pecado humano! Jesús no tuvo ninguna seguridad salvo en el Padre. De manera que seguir a Jesús es siempre aceptar por lo menos una medida de incertidumbre, peligro y rechazo por amor a él.

Jacobo y Juan codiciaron el honor, el poder y la cómoda seguridad. Toda la carrera terrena de Jesús, en cambio, estuvo marcada por el sacrificio, el servicio y el sufrimiento. Marcos, a quien se reconoce hoy como evangelista y teólogo, a la vez que historiador, coloca el pedido de Jacobo y Juan entre dos referencias explícitas a la cruz. Es la gloria de la cruz de Cristo la que destaca la egoísta ambición de estos hombres, manifestándola como algo torpe, tosco y vil. Al mismo tiempo pone de relieve la elección que debe enfrentar la comunidad cristiana de cada generación sucesiva, entre el camino de la multitud y el camino de la cruz.

Esferas de servicio

La comunidad de Cristo es una comunidad de la cruz y por lo tanto ha de caracterizarse por el sacrificio, el servicio y el sufrimiento. ¿Cómo puede desenvolverse todo esto en las tres esferas del hogar, de la iglesia, y del mundo?

El hogar

La vida de un hogar cristiano, que de todos modos debería caracterizarse por la manifestación de un amor humano natural, tendría que ser enriquecida por el amor divino sobrenatural, es decir, el amor de la cruz. Este amor debería caracterizar todas las relaciones familiares cristianas. entre marido y mujer, padres e hijos, hermanos y hermanas. Porque hemos de someternos 'unos a otros en el temor de Dios' (Efesios 5.21), 'por reverencia a Cristo' (DHH), el Cristo cuyo humilde y sumiso amor lo llevó a la cruz. Es en especial a los esposos a quienes se alude aquí. 'Maridos, amad a vuestras mujeres, así como Cristo amó a la iglesia, y se entregó a sí mismo por ella, para santificarla, … a fin de presentársela a sí mismo, una iglesia gloriosa …' (vv. 25–27). Se considera generalmente que este pasaje de Efesios resulta muy duro para las esposas, porque se espera que reconozcan que Dios ha puesto a sus maridos como 'cabeza', y que, consecuentemente, deben someterse a ellos. Sin embargo, podríamos argumentar que la calidad del amor que se requiere de los maridos, expresado en la entrega de sí mismos, es todavía más exigente. Se les pide, nada menos, que amen a sus esposas con el amor que tiene Cristo para su esposa, la iglesia. Este es el amor del Calvario. Es a la vez autosacrificado (se entregó a sí mismo por ella, v. 25), constructivo (lo hizo para santificarla) y resplandeciente (la conduce en crecimiento hasta adquirir su pleno potencial, vv. 26–27). Al mismo tiempo es un amor dedicado y protector. 'Los maridos deben amar a sus mujeres como a sus mismos cuerpos [por cuanto] nadie aborreció jamás a su propia carne, sino que la sustenta y la cuida, como también Cristo a la iglesia' (vv. 28–29). Los hogares cristianos, y en particular los matrimonios cristianos, serían más estables y arrojarían mejores resultados si se caracterizaran por reflejar la cruz.

La iglesia

Pasamos ahora del hogar a la iglesia, y comenzamos con los pastores. Vimos en un capítulo anterior que hay lugar para la autoridad y la disciplina en la comunidad de Jesús. No obstante, Jesucristo no ponía énfasis en estos aspectos sino en el nuevo estilo de liderazgo que introdujo, que se distinguía por la humildad y el servicio. Pablo mismo experimentó esta tensión. Como apóstol, había recibido de Cristo un grado especial de autoridad. Podría haberse presentado ante la recalcitrante iglesia de Corinto 'con vara', y estaba pronto 'para castigar toda desobediencia', en caso de que fuese necesario. Pero no quería 'usar de severidad' en el manejo de su autoridad; esta le había sido dada por el Señor Jesucristo para edificarlos, no para demolerlos.

Mucho más prefería ir como un padre que visita a sus hijos amados. Era la tensión entre la muerte y la resurrección de Jesús, entre la debilidad y el poder. Podía ejercer poder, por cuanto Cristo 'vive por el poder de Dios'. Pero 'fue crucificado en debilidad' y por eso es 'la mansedumbre y ternura de Cristo' lo que en realidad Pablo quiere exhibir.[17] Si los pastores cristianos se adhirieran más íntimamente al Cristo que fue crucificado en debilidad, y estuvieran preparados para aceptar las humillaciones que conlleva la debilidad, antes que insistir en enarbolar el poder, habría mucha menos discordia y mucha más armonía en la iglesia.

La cruz debe caracterizar todas nuestras relaciones en la comunidad cristiana, no solamente la relación entre los pastores y la congregación. Hemos de 'amarnos unos a otros', insiste Juan en su primera Carta. La razón para hacerlo es porque Dios es esencialmente amor y porque ha mostrado su amor al enviar a su Hijo a morir por nosotros. Este amor sublime se expresa invariablemente en desprendimiento. Se pide al discípulo de Cristo a no hacer nada 'por contienda o por vanagloria; antes bien con humildad, estimando cada uno a los demás como superiores a él mismo'. Y a continuación, en sentido positivo, se nos dice que cada uno de nosotros ha de mirar no su propio interés 'sino cada cual también por lo de los otros'. ¿Por qué? ¿Por qué esta renuncia a la ambición egoísta y este cultivo de un desprendido interés en otros? Porque esta fue la actitud de Cristo, que renunció a sus propios derechos y se humilló a sí mismo para servir a otros. De hecho, la cruz suaviza todas nuestras relaciones en la iglesia. Si tenemos presente que nuestro compañero en la fe cristiana es un 'hermano débil por quien Cristo murió', jamás evitaremos sino que siempre procuraremos servir a sus mejores y más elevados intereses. Pecar contra ellos sería pecar 'contra Cristo'.[18]

El mundo

Finalmente, así como la cruz ha de distinguir nuestra vida cristiana en el hogar y en la iglesia, tanto más debería ser en el mundo. La iglesia tiende a preocuparse de sus propios asuntos, obsesionada con cuestiones parroquiales triviales, mientras afuera el mundo necesitado

17. 1 Co. 4.21; 2 Co. 10.6–18; 13.10; 1 Co. 4.13–14; 2 Co. 13.4; 10.1.
18. 1 Jn. 4.7–12; Fil. 2.3–4; 1 Co. 8.11–13.

está a la espera. Jesucristo nos manda al mundo como el Padre lo envió a él al mundo. La misión surge del nacimiento, la muerte y la resurrección de Jesús. Su nacimiento, por el cual se identificó con nuestra humanidad, nos llama a una costosa identificación similar con la gente. Su muerte nos recuerda que el sufrimiento es la clave para el crecimiento de la iglesia, por cuanto es la semilla que muere la que se multiplica. Por su resurrección, Cristo alcanzó el señorío universal que le permitió afirmar que toda autoridad pasaba ahora a sus manos; en el ejercicio de esa autoridad envía a su iglesia a discipular a las naciones.[19]

En teoría conocemos muy bien el paradojal principio de que el sufrimiento es la senda que conduce a la gloria. Sabemos que la muerte es el camino a la vida, y la debilidad, el secreto del poder. Lo fue para Jesús, y lo sigue siendo para sus discípulos hoy en día. Pero aunque lo sabemos, somos reacios a aplicar este principio a la misión, como lo hace la Biblia. Como lo expresaba la imagen del Siervo sufriente en Isaías, el sufrimiento habría de ser la condición de su éxito en prodigar luz y justicia a las naciones. Como ha escrito Douglas Webster.

> Tarde o temprano la misión conduce a la pasión. En las categorías bíblicas … el siervo tiene que sufrir … Todo tipo de misión conduce a algún tipo de cruz. La forma misma de la misión es cruciforme. No podemos entender la misión si no es en función de la cruz …[20]

Esta visión bíblica del servicio sufrido ha sido eludida en buena medida, en nuestros días, por el 'evangelio de la prosperidad', una corriente sin fundamento bíblico que promete el éxito personal a los cristianos. También queda eclipsado el servicio sufrido en las expresiones triunfalistas de la misión, que emplean metáforas militaristas que difícilmente se acomodan a la humilde imagen del Siervo sufriente. Por contraste, Pablo se atrevió a escribir a los corintios. 'De manera que la muerte actúa en nosotros, y en vosotros la vida' (2 Corintios 4.12).

La cruz ocupa el centro mismo de la misión. Para el misionero transcultural puede significar costosos sacrificios individuales y

19. Jn. 17.18; 20.21; 12.24; Mt. 28.18–20.
20. Douglas Webster: *Yes to mission*, pp. 101–102.

familiares, la renuncia a la seguridad económica y a la promoción profesional. Puede significar también la solidaridad con los pobres y necesitados, el arrepentimiento del orgullo y del prejuicio de una supuesta superioridad cultural, y la modestia (y a veces frustración) de servir bajo el liderazgo nacional. Cada una de estas cosas puede constituir una especie de muerte, pero se trata de una muerte que proporciona vida a otros.

En toda evangelización hay una brecha cultural que necesitamos vencer. Esto resulta obvio cuando los cristianos se trasladan como misioneros del evangelio, de un país o continente a otro. Pero aun cuando permanezcamos en nuestro propio país, los cristianos y los no cristianos con frecuencia estamos diametralmente separados por subculturas sociales y estilos de vida, como también por valores, creencias y normas morales diferentes. Solo una encarnación puede superar estas fronteras divisorias; la encarnación significa entrar en el mundo de los demás, en sus esquemas de pensamiento, en el mundo de su alienación, de la soledad y el dolor. Más todavía, la encarnación llevó a Jesús a la cruz. Primero asumió nuestra carne, luego llevó nuestro pecado. Cristo penetró profundamente en nuestro mundo con el fin de alcanzarnos; en comparación con su obra, nuestros pequeños intentos de alcanzar a la gente parecen inexpertos y superficiales. La cruz nos llama a una clase de evangelización mucho más radical y costosa que la que siquiera ha comenzado a contemplar la mayoría de las iglesias, y menos aun a experimentar.

La cruz nos llama a la acción social también, porque nos pide que imitemos a Cristo.

> En esto hemos conocido el amor, en que él puso su vida por nosotros; también nosotros debemos poner nuestras vidas por los hermanos. Pero el que tiene bienes de este mundo y ve a su hermano tener necesidad, y cierra contra él su corazón, ¿cómo mora el amor de Dios en él? Hijitos míos, no amemos de palabra ni de lengua, sino de hecho y en verdad.
>
> 1 Juan 3.16–18

De conformidad con la enseñanza de Juan aquí, el amor es esencialmente desprendimiento. Dado que nuestra posesión más valiosa es nuestra vida, el amor más grande se ve en el acto de darla por otros. Así como la esencia del odio es el asesinato (como en el caso de Caín), la esencia del amor es el sacrificio de uno mismo (como lo fue con Cristo). Asesinar es quitarle la vida a otra persona; el autosacrificio es poner la propia vida por la de otro. Y Dios hace más que ofrecer una suprema exhibición de amor en la cruz. pone dentro de nosotros su amor. Con el amor de Dios que nos ha sido revelado y que mora en nosotros, contamos con doble e inescapable incentivo para darnos a otros en amor. Juan deja en claro que entregar nuestra vida por otros, aun cuando sea la forma suprema de autoentrega, no es su única expresión. Si alguno de nosotros 'tiene' una posesión y 've' a alguien que la necesita, pero no llega a relacionar lo que 'tiene' con lo que 've' en términos de acción práctica, no puede declarar que tiene en sí el amor de Dios. El amor da alimento al hambriento, cobija al que no tiene techo, auxilia al desamparado, ofrece amistad al solitario y consuelo al triste. Pero es así solo si estos dones son símbolos de la entrega de uno mismo. Sabemos que es posible dar alimentos, dinero, tiempo y energía, y sin embargo no estar dispuestos a entregarnos nosotros mismos. Cristo, en cambio, se dio a sí mismo. Aunque era rico, se hizo pobre, con el fin de que nosotros fuéramos enriquecidos. Conocemos su gracia, escribe Pablo, y debemos imitarla. La generosidad es indispensable para los seguidores de Cristo. En el amor de Cristo expresado en la cruz vemos una extravagancia casi temeraria. Su ejemplo es un contraste y un desafío a la frialdad calculadora de nuestro amor.

Aun así, como hemos notado repetidas veces a lo largo de este libro, la cruz es una revelación de la justicia de Dios tanto como de su amor. Es por ello que la comunidad de la cruz debería ocuparse de la justicia social además de la misericordiosa filantropía. Nunca será suficiente sentir lástima de las víctimas de la injusticia, si no hacemos nada para cambiar esa situación injusta. Los buenos samaritanos siempre serán necesarios para socorrer a los que han sido asaltados o despojados; pero sería aun mejor limpiar de bandidos el camino entre Jerusalén y Jericó. De igual manera, la filantropía cristiana en términos de alivio y auxilio es necesaria, pero el desarrollo a largo plazo es mejor. Por lo tanto, no podemos evadir nuestra responsabilidad política de participar en el cambio de las estructuras que impiden el desarrollo. Los cristianos no podemos observar pasivamente las injusticias que malogran el mundo de Dios y degradan a sus criaturas. La injusticia seguramente ocasiona dolor a Aquel cuya justicia brilló con fulgor en la cruz. Debería producir dolor al pueblo de Dios también.

Las injusticias contemporáneas adoptan muchas formas. Son internacionales (la invasión y anexión de territorio ajeno), políticas (el sometimiento y discriminación de minorías), legales (el castigo de ciudadanos sin juicio y sin sentencia), raciales (la humillante discriminación contra las personas sobre la base de raza o color), económicas (la tolerancia de la enorme desigualdad Norte–Sur y los traumas de la pobreza y la desocupación), sexuales (la opresión de la mujer), educacionales (la negación de la igualdad de oportunidades para todos) o religiosas (la renuencia a llevar el evangelio a todas las naciones). El amor y la justicia se combinan para enfrentar todas estas situaciones. Si amamos a la gente, nos ocuparemos de asegurar sus derechos fundamentales como seres humanos, lo cual es también la función de la justicia. Si la comunidad de Cristo realmente ha absorbido el mensaje de la cruz, se sentirá siempre motivada a la acción por las demandas de la justicia y el amor.

Un ejemplo histórico. Los hermanos moravos

Como ilustración de la forma en que la comunidad cristiana puede sentirse globalmente estimulada por la cruz, quisiera mencionar la comunidad de los hermanos moravos, fundada por el conde Nikolaus von Zinzendorf (1700–1760). En 1722 recibió a algunos refugiados cristianos pietistas de Moravia y Bohemia en su propiedad en Sajonia, donde los ayudó a formar una comunidad cristiana bajo el nombre de *Herrnhut*. Los moravos ponían el acento en el cristianismo como una religión de la cruz y del corazón. Definían al cristiano como aquel que tiene 'una amistad inseparable con el Cordero, el Cordero inmolado'.[21] El sello de los moravos tiene una inscripción en latín que reza 'Nuestro Cordero ha triunfado; sigámosle'. La enseña en sus barcos era un cordero pasante con una bandera en medio de un campo del color de la sangre (p. 97). Les preocupaba profundamente la unidad cristiana y creían que el Cordero sería la base de la misma, por cuanto todos los que adhieren a Jesús como el Cordero de Dios son uno (p. 106). En efecto, el propio Zinzendorf declaró que 'el Cordero

21. A. J. Lewis: *Zinzendorf*, p. 107.

inmolado' era, desde el principio, el fundamento sobre el cual habían edificado su iglesia (p. 70).

Constituían indudablemente una comunidad de celebración. Eran grandes cantores, y el centro de su culto en *Herrnhut* era el Cristo crucificado.

> En la sangre de Jesús, su elemento,
> nadan y se bañan con gran contento (p. 70).

No cabe duda de que estaban demasiado preocupados por las heridas y la sangre de Jesús. Aun así, no olvidaban la resurrección. A veces se los llamaba 'la gente de la pascua' porque adoraban al Cordero resucitado (p. 74).

En cuanto a su identidad, el tipo particular de pietismo que practicaban parece haberles permitido llegar a la aceptación de sí mismos. El énfasis en la cruz los llevó a una genuina actitud de humildad y penitencia. Pero al mismo tiempo les dio una fuerte certidumbre de la salvación y una reposada confianza en Dios. 'Somos el pueblo feliz del Salvador', decía Zinzendorf (p. 73). Fue justamente ese gozo e intrepidez que los caracterizaba lo que, cuando enfrentados a la muerte en el momento en que su barco se hundía en la tormenta del Atlántico, llevó a Juan Wesley a sentirse culpable de su pecado, y esto fue un importante eslabón en la cadena que condujo a su conversión.

Pero los moravos son aun más conocidos como un movimiento misionero. Cuando todavía era de edad escolar, Zinzendorf fundó 'la Orden del Grano de Mostaza'. Jamás perdió su celo misionero. Fue la cruz lo que estimuló a él y a sus seguidores a encarar esta expresión del amor por medio del servicio. Entre 1732 y 1736 se fundaron misiones moravas en el Caribe, Groenlandia, Laponia, Sur de África, América del Norte y del Sur. Más tarde comenzaron obra misionera en Labrador, entre los aborígenes australianos y en la frontera tibetana. Los paganos saben que hay un Dios, enseñaba Zinzendorf, pero tienen que enterarse del Salvador que murió por ellos. 'Contadles acerca del Cordero de Dios', urgía, 'hasta que no tengáis nada que contar' (p. 91).

Este sano énfasis en la cruz surgió mayormente de su propia experiencia de conversión. Con el fin de completar su educación fue enviado, cuando era un joven de diecinueve años de edad, a visitar las ciudades capitales de Europa. Cierto día se encontraba en una galería de arte en Düsseldorf. Se detuvo ante el *Ecce Homo* de Domenico Feti, cuadro en el que Cristo aparece con una corona de espinas, y debajo del cual la inscripción reza. 'Todo esto lo hice yo por ti. ¿Qué haces tú por mí?' Zinzendorf se sintió profundamente conmovido y desafiado. "Allí mismo —escribe A. J. Lewis— el joven conde le pidió al Cristo crucificado que lo incluyese en 'la comunión de sus sufrimientos' y que abriera una vida de servicio para él" (p. 28). Jamás retrocedió ante este compromiso. Él y su comunidad se ocuparon apasionadamente de la 'entronización del Cordero de Dios'.

12

Amar a Nuestros Enemigos

VIVIR BAJO LA CRUZ SIGNIFICA QUE TODOS LOS ASPECTOS de la vida de la comunidad cristiana adquieren su forma y color sobre la base de ella. La cruz nos induce a la adoración (disfrutamos de una celebración eucarística continua) y nos permite desarrollar una autoimagen equilibrada (de modo que aprendemos a conocernos a nosotros mismos y a entregarnos en servicio). También la cruz dirige nuestra conducta en relación con los demás, incluidos nuestros enemigos. Hemos de ser 'imitadores de Dios como hijos amados' y hemos de andar 'en amor, como también Cristo nos amó, y se entregó a sí mismo por nosotros ...' (Efesios 5.1–2). Aun más que esto, hemos de exhibir en nuestras relaciones esa combinación de amor y justicia que caracterizó a la sabiduría de Dios en la cruz.

Conciliación y disciplina

¿Cómo hemos de combinar, en la práctica, el amor y la justicia, la misericordia y la severidad para así andar en el camino de la cruz? Es algo difícil de decidir y más difícil aun es hacerlo. Tomemos como ejemplo la 'conciliación' y la 'pacificación'. Los cristianos han de ser 'pacificadores' (Mateo 5.9); deben buscar la paz y seguirla (1 Pedro 3.11). Al mismo tiempo, sabemos que la pacificación nunca puede ser una actividad puramente unilateral. La instrucción a estar 'en paz con todos los hombres' está sujeta a dos condiciones limitantes. 'si es posible' y 'en cuanto dependa de vosotros' (Romanos 12.18). ¿Qué hemos de hacer, entonces, cuando resulta imposible vivir en paz con alguien porque él o ella no está dispuesto o dispuesta a vivir en paz con nosotros? Si queremos encontrar una respuesta hemos de comenzar en la bienaventuranza ya citada. Porque allí, al declarar que los pacificadores son 'bienaventurados', Jesús agregó que 'serán llamados hijos [e hijas] de Dios'.[1] Al decir esto, sin duda estaba expresando que la pacificación es una actividad tan característica de Dios, que los que se dedican a ella dan a conocer su identidad y demuestran que realmente son hijos e hijas de Dios.

Sin embargo, si tomamos a nuestro Padre celestial como modelo en la práctica de pacificación, de inmediato llegamos a la conclusión de que se trata de algo totalmente diferente del apaciguamiento. La paz que Dios obtiene no es nunca una paz barata sino siempre costosa. Dios es por cierto el pacificador por excelencia para el mundo. Pero cuando resolvió hacer la reconciliación con nosotros, sus 'enemigos', los que nos habíamos rebelado contra él, Dios hizo la paz por medio de la sangre de la cruz de Cristo (Colosenes 1.20). Reconciliarse con nosotros, y a nosotros con él, y reconciliar entre sí a los judíos, los gentiles y otros grupos mutuamente hostiles, le costó nada menos que la dolorosa vergüenza de la cruz. No tenemos ningún derecho a esperar, por consiguiente, que podremos dedicarnos a la obra de la conciliación sin costo para nosotros. Y esto es igual que nuestra participación en la disputa como parte ofendedora u ofendida, o como una tercera persona deseosa de ayudar a los enemigos a hacerse amigos nuevamente.

¿Qué forma puede adoptar el costo? A menudo comienza con un sostenido y laborioso escuchar a ambas partes, que incluye la angustia de ser testigo de amarguras y recriminaciones mutuas, la lucha por ser sensible a ambas posiciones, y el esfuerzo por entender el error de comprensión que ha ocasionado la ruptura de la comunicación. El escuchar con honestidad puede destapar fallas insospechadas que deben ser reconocidas sin recurrir a subterfugios para 'salvar la cara'. Si nosotros mismos somos los culpables, habrá que aceptar la humillación de pedir disculpas, y aun la humillación más honda de todas, la que consiste en reconocer que las profundas heridas que hemos causado llevarán tiempo para cicatrizar y no pueden olvidarse fácilmente. Si, por otra parte, el mal no ha sido ocasionado por nosotros, entonces quizá tengamos que pasar por la incómoda experiencia de reprender o censurar a la otra persona, y de ese modo correr el riesgo de perder su amistad. Los seguidores de Jesús nunca tienen el derecho de vengarse ni de negarse a perdonar. Pero tampoco se

1. Mt. 5.9; ver 5.48; Lc. 6.36.

nos permite abaratar el perdón ofreciéndolo cuando no ha habido ningún arrepentimiento. 'Si tu hermano pecare contra ti, repréndele', dijo Jesús, y entonces, 'si se arrepintiere, perdónale' (Lucas 17.3).

El incentivo para la pacificación es el amor; pero si se ignora la justicia, degenera en mero apaciguamiento. Perdonar y pedir perdón son ambos ejercicios costosos. Toda pacificación cristiana auténtica exhibe el amor y la justicia —y de esta manera el dolor— de la cruz.

El perdón en la familia y en la iglesia

Pasando de las relaciones sociales en general a la vida de familia en particular, los padres cristianos han de querer que su actitud hacia sus hijos lleven las marcas de la cruz. El amor es la atmósfera indispensable en cuyo seno los niños adquirirán la madurez emocional. Pero no nos referimos al blando amor sin principios que arruina a los niños, sino al 'santo amor' que procura su bien supremo, cualquiera sea el costo. Dado que el concepto mismo de la paternidad humana se deriva de la paternidad eterna de Dios (Efesios 3.14–15), los padres cristianos naturalmente debieran tomar el amor de Dios como modelo. En consecuencia, el verdadero amor paternal y maternal no elimina la disciplina, por cuanto 'el Señor al que ama, disciplina'. Más aun, es cuando Dios nos disciplina que nos trata como sus hijos e hijas. Si no nos disciplinara, podría parecer que somos sus hijos ilegítimos (Hebreos 12.5–8). El amor genuino puede enojarse, porque es hostil a todo lo que tengan o hagan los niños si es perjudicial para su bien supremo. La justicia sin misericordia es demasiado estricta; la misericordia sin justicia, demasiado indulgente. Los niños saben esto instintivamente. Tienen un sentido innato de ambas cosas. Si han hecho algo que saben que está mal, también saben que merecen un castigo, y lo esperan y quieren que se cumpla. También saben de inmediato si el castigo se administra sin amor o contrariando la justicia. Las dos exclamaciones más patéticas de un niño son 'Nadie me quiere' y 'No es justo'. Su sentido del amor y la justicia viene de Dios, quien los hizo a su imagen, y mostró su amor santo en la cruz.

El mismo principio se aplica a la familia de la iglesia. Ambos tipos de familia necesitan disciplina, y por la misma razón. Hoy en día la disciplina en la iglesia es cosa rara, y donde se cumple, con frecuencia se administra torpemente. Las iglesias tienden a oscilar entre la extrema severidad que excomulga miembros por las ofensas más triviales y la extrema relajación que jamás reconviene a los que ofenden. No debe ser así. El Nuevo Testamento ofrece claras instrucciones acerca de la disciplina. Por un lado, enseña la necesidad de disciplinar, por amor a la santidad de la iglesia. Por el otro, muestra cuál es el propósito positivo de la disciplina, a saber, el de 'ganar' y 'restaurar', de ser posible, al miembro que ha ofendido. Jesús mismo indicó muy claramente que el objetivo de la disciplina no es humillar, y menos separar a la persona de que se trata, sino más bien recuperarla.

Nuestro Señor indicó un procedimiento que se lleva a cabo por etapas. La etapa número uno es un encuentro privado entre dos personas, una de ellas la que ha ofendido; es un diálogo 'nada más que entre los dos', durante el cual, si el ofensor escucha, será ganado. Si se niega a escuchar, la etapa dos consiste en ir con otras personas con el fin de reiterar la advertencia. Si todavía se niega a escuchar, se debe informar a la iglesia, para que tenga una tercera oportunidad de arrepentirse. Si aun así se niega obstinadamente a escuchar, solo entonces será excomulgado (Mateo 18.15–17). La enseñanza de Pablo es similar. Un miembro de la iglesia 'sorprendido en alguna falta' ha de ser 'restaurado' con espíritu de mansedumbre y humildad. Actuar de esta manera es soportar unos con otros las cargas y así cumplir la ley del amor de Cristo (Gálatas 6.1–2). Incluso el 'entregar a Satanás', expresión con la cual presumiblemente Pablo se refería a la excomunión de un pecador flagrante, tenía un propósito positivo, ya sea que aprendiera a 'no blasfemar' (1 Timoteo 1.20) o 'a fin de que el espíritu sea salvo en el día del Señor Jesús' (1 Corintios 5.5). Así, toda acción disciplinaria había de exhibir el amor y la justicia de la cruz.

¿Y frente a la violencia?

Más desconcertante que estos ejemplos de la vida de individuos, de la familia y de la iglesia, es la administración de justicia por el estado. ¿Puede la revelación de Dios en la cruz aplicarse en esta área también? Más particularmente, ¿puede el estado usar la fuerza, o sería esto incompatible con la cruz?

Por supuesto que la cruz fue ella misma un conspicuo acto de violencia por parte de las autoridades, que comprendía una torpe violación de la justicia y una brutal ejecución. Pero también fue un acto igualmente notable de no violencia por parte de Jesús, quien se dejó condenar, torturar y ser ejecutado injustamente, sin oponer resistencia, y menos aun tomar represalia. Más aun, su comportamiento se propone en el Nuevo Testamento como el modelo para nuestro comportamiento. 'Si haciendo lo bueno sufrís, y lo soportáis, esto ciertamente es aprobado delante de Dios. Pues para esto fuisteis llamados; porque también Cristo padeció por nosotros, dejándonos ejemplo, para que sigáis sus pisadas' (1 Pedro 2.20–21). Este texto despierta muchos interrogantes. ¿Acaso la cruz nos compromete a una aceptación no violenta de toda violencia? ¿Invalida el procedimiento de la justicia criminal y la llamada 'guerra justa'? ¿Prohíbe el uso de cualquier tipo de fuerza, de modo que sería incompatible que un cristiano ejerciera como soldado, policía, magistrado o carcelero?

Actitudes cristianas hacia el mal

La mejor forma de procurar respuestas a estos interrogantes es examinar atentamente los capítulos 12 y 13 de la carta que Pablo escribió a los romanos. Forman parte del alegato del apóstol dirigido a sus lectores cristianos para que respondieran de manera apropiada a 'las misericordias de Dios'. A lo largo de once capítulos vino desarrollando el tema de la misericordia de Dios. Esta se mostró en el hecho de entregar a su Hijo a la muerte por nosotros como así también en otorgarnos la plena salvación que Cristo obtuvo en la cruz para nuestro beneficio. ¿Cómo deberíamos responder ante la misericordia divina?

El apóstol nos dice que hemos de (1) presentar nuestros cuerpos a *Dios* como sacrificio vivo, y con mentes renovadas discernir y hacer su voluntad (Romanos 12.1–2); (2) pensar en *nosotros mismos* con sobriedad, ni halagándonos ni despreciándonos (v. 3). También hemos de (3) amarnos *unos a otros*, usar nuestros dones para rendir servicios mutuos, y vivir juntos en armonía y humildad; y (4) bendecir a quienes nos persiguen y hacer bien a nuestros *enemigos* (vv. 14, 17–21). En otras palabras, cuando las misericordias de Dios se apoderan de nosotros, todas nuestras relaciones se transforman radicalmente; obedecemos a Dios, nos comprendemos a nosotros mismos, nos amamos unos a otros y servimos a nuestros enemigos.

Es la cuarta de estas relaciones la que vamos a considerar ahora de modo particular. Sabemos que tendremos oposición de parte de los incrédulos. Puesto que se oponen a Jesús y a su evangelio, naturalmente se oponen a nosotros. La cruz es una piedra de tropiezo para los que no creen, porque ofrece salvación como un regalo gratuito e inmerecido; también lo son el amor y la pureza de Jesús (que avergüenzan al egoísmo humano), la prioridad de los mandamientos de amar a Dios y al prójimo (que no dejan lugar para amar nuestro propio yo) y el llamado a tomar nuestra cruz (que nos resulta demasiado amenazador).

Este es el trasfondo para nuestro estudio de Romanos 12. Hay quienes nos 'persiguen' (v. 14), quienes nos hacen 'mal' (v. 17), quienes hasta pueden ser descriptos como nuestros 'enemigos' (v. 20). ¿Cómo hemos de reaccionar ante los que nos persiguen y obran como enemigos? ¿Qué nos piden las misericordias de Dios? ¿Cómo tendría que afectar nuestra conducta la cruz, en la que la misericordia de Dios brilla en su máximo fulgor? En la siguiente sección de Romanos 12 y 13, son particularmente instructivas las cuatro referencias de Pablo al bien y al mal.

> El amor sea sin fingimiento. Aborreced lo malo, seguid lo bueno … Bendecid a los que os persiguen; bendecid, y no maldigáis. Gozaos con los que se gozan; llorad con los que lloran. Unánimes entre vosotros; no altivos, sino asociándoos con los humildes. No seáis sabios en vuestra propia opinión. No paguéis a nadie mal por mal; procurad lo bueno delante de todos los hombres. Si es posible, en cuanto dependa de vosotros, estad en paz con todos los hombres. No os venguéis vosotros mismos, amados míos, sino dejad lugar a la ira de Dios; porque escrito está. Mía es la venganza, yo pagaré, dice el Señor. Así que, si tu enemigo tuviere hambre, dale de comer; si tuviere sed, dale de beber; pues haciendo esto, ascuas de fuego amontonarás sobre su cabeza. No seas vencido de lo malo, sino vence con el bien el mal. Sométase toda persona a las autoridades superiores; porque no hay autoridad sino de parte de Dios, y las que hay, por Dios han sido establecidas. De modo que quien se opone a la autoridad, a lo establecido por Dios resiste; y los que resisten, acarrean condenación para sí mismos. Porque los magistrados no están para infundir temor al que hace el bien, sino al malo. ¿Quieres, pues, no temer la autoridad? Haz lo bueno, y tendrás alabanza de ella; porque es servidor de Dios para tu

> bien. Pero si haces lo malo, teme; porque no en vano lleva la espada, pues es servidor de Dios, vengador para castigar al que hace lo malo. Por lo cual es necesario estarle sujetos, no solamente por razón del castigo, sino también por causa de la conciencia. Pues por esto pagáis también los tributos, porque son servidores de Dios que atienden continuamente a esto mismo. Pagad a todos lo que debéis. al que tributo, tributo; al que impuesto, impuesto; al que respeto, respeto; al que honra, honra. Romanos 12.9, 14–13.7

Este pasaje parece ser una consciente meditación sobre el tema del bien y el mal. Observemos las cuatro alusiones del apóstol.

> Aborreced lo malo, seguid lo bueno (12.9).

> No paguéis a nadie mal por mal; procurad lo bueno delante de todos los hombres (12.17).

> No seas vencido de lo malo, sino vence con el bien el mal (12.21).

> [El magistrado] es servidor de Dios para tu bien … es servidor de Dios, vengador para castigar al que hace lo malo (13.4).

En particular, estos versículos definen lo que debería ser nuestra actitud cristiana ante el mal.

Primero, **es preciso aborrecer el mal**. 'El amor sea sin fingimiento. Aborreced lo malo, seguid lo bueno' (12.9). Esta yuxtaposición del amor y el aborrecimiento suena incongruente. Por lo general los consideramos como cosas mutuamente excluyentes. El amor expulsa al odio, y el odio al amor. Pero la verdad no es tan simple. Cuando el amor es 'sin fingimiento' (literalmente 'sin hipocresía'), entonces es capaz de discernir moralmente. Jamás supone que el mal no lo sea, ni lo pasa por alto livianamente. Hacer transacciones con el mal es incompatible con el amor. El amor procura el bien superior de los demás y por lo tanto odia el mal que lo entorpece. Dios aborrece el mal porque su amor es amor santo; también nosotros debemos aborrecerlo.

Segundo, **el mal no se debe pagar con la misma moneda**. 'No paguéis a nadie mal por mal … No os venguéis vosotros mismos, amados míos' (12.17, 19). La venganza y la represalia están absolutamente prohibidas al pueblo de Dios. Devolver mal por mal no es más que agregar un mal a otro. Y si odiamos el mal, ¿cómo podemos agregar más mal? Es evidente que hay en este pasaje ecos del Sermón del Monte. 'No resistáis al que es malo', había dicho Jesús. Como lo aclara el contexto, esto significa 'no toméis represalia'. En la cruz Jesús ejemplificó perfectamente su propia enseñanza, porque 'cuando le maldecían, no respondía con maldición; cuando padecía, no amenazaba' (1 Pedro 2.23). En cambio, se nos dice que debemos procurar lo bueno (12.17) y estar en paz con todos (12.18). Vale decir, el bien y no el mal, la paz y no la violencia, han de caracterizar nuestras vidas.

Tercero, **el mal ha de ser vencido**. Como hijos de Dios, aborrecemos el mal y nos negamos a tomar represalia; mejor aun es vencer o sobreponerse al mal. 'No seas vencido de lo malo, sino vence con el bien el mal' (12.21). Cómo hacer esto, lo ha indicado Pablo en los versículos anteriores, haciendo eco a otras palabras tomadas del Sermón del Monte. Jesús había dicho. 'Amad a vuestros enemigos, haced bien a los que os aborrecen; bendecid a los que os maldicen, y orad por los que os calumnian.'[2] Ahora Pablo escribe. 'Bendecid a los que os persiguen' (12.14) y 'si tu enemigo tuviere hambre, dale de comer' (12.20). Debemos desearle el bien a los demás mediante el recurso de bendecirlos, y hacerles el bien sirviéndolos.

En la nueva comunidad de Jesús las maldiciones se han de reemplazar por bendiciones, la malicia por oración y la venganza por servicio. En efecto, la oración purga la malicia del corazón; los labios que bendicen no pueden simultáneamente maldecir; y la mano ocupada en el servicio está impedida de tomar venganza. Amontonar 'ascuas de fuego' sobre la cabeza del enemigo parecería ser una acción poco amistosa, incompatible con la idea de amarlo. Pero se trata de una figura de lenguaje; la idea es provocar un agudo sentido de vergüenza, no con el fin de herir o humillar a la otra persona, sino con el fin de llevarla al arrepentimiento y, de este modo, vencer 'con el bien el mal'.

La tragedia de pagar mal por mal consiste en que así agregamos más mal al que se hizo y *aumentamos* la cuenta del mal en el mundo.

2. Lc. 6.27–28; ver Mt. 5.44.

La represalia produce lo que Martin Luther King describió como una reacción en cadena, porque el mal multiplica el mal y la violencia multiplica la violencia en 'una descendente espiral de destrucción'.[3] En cambio, la gloria de amar y de servir a nuestros enemigos es que de ese modo *reducimos* la cantidad de mal en el mundo. El ejemplo supremo lo tenemos en la cruz. La voluntad de Cristo de cargar con el desprecio de los hombres y la ira de Dios proporcionó la salvación a millones de personas. Solo la cruz convierte el mal en bien.

Cuarto, **el mal ha de ser castigado**. Si nos detuviésemos con las primeras tres actitudes hacia el mal, seríamos culpables de una grave selectividad en la enseñanza bíblica y por consiguiente, de desequilibrio. Porque Pablo procede a escribir sobre la tarea que tiene el estado, de castigar el mal.

Los lectores atentos de estos capítulos notan el contraste que contienen e inclusive sus aparentes contradicciones. Se nos dice que no debemos vengarnos por nosotros mismos pero también que Dios vengará (12.19). Por otra parte, se nos dice que no debemos tomar represalias contra nadie y devolver mal por mal, y también que Dios es quien tomará represalias (12.17, 19). De modo que la venganza y las represalias primeramente se prohíben y luego se atribuyen a Dios. ¿No resulta intolerable esto? Por cierto que no. La razón por la cual se nos prohíben estas cosas no está en que el mal no merezca castigo. Claro que lo merece, y debe ser castigado.Pero es prerrogativa de *Dios* castigar, no nuestra.

El castigo del mal

¿De qué modo, entonces, castiga Dios el mal? ¿Cómo se expresa su ira contra los obradores del mal? La respuesta que de inmediato nos viene a la mente es 'en el juicio final', y esto es cierto. Los que no se arrepienten 'atesoran' ira contra sí mismos 'para el día de la ira y de la revelación del justo juicio de Dios' (Romanos 2.5). ¿Tenemos que esperar hasta ese momento, entonces? ¿No hay manera en que se pueda revelar la ira de Dios contra el mal aquí y ahora?

Claro que lo hay, según Pablo. La primera manifestación del juicio divino está en el progresivo deterioro de una sociedad impía. A quienes deliberadamente sofocan su conocimiento de Dios y del

3. Martin Luther King: *La fuerza de amar* (p. 51 en la edición citada por el autor).

bien, Dios los 'entrega' a su descontrolada perversidad de mente y conducta, como declara el apóstol Pablo en Romanos 1.18–32. Esa es una forma en que se desenvuelve la ira de Dios. La segunda es por medio de los procesos judiciales del estado, por cuanto el funcionario encargado de hacer cumplir la ley 'es servidor de Dios, vengador para castigar al que hace lo malo' (13.4). En este sentido, escribe el doctor Cranfield, el estado constituye 'una manifestación parcial, anticipatoria y provisional de la ira de Dios contra el pecado'.[4]

Es importante advertir que Pablo utiliza el mismo vocabulario al final de Romanos 12 y al comienzo de Romanos 13. Las palabras 'ira' (*orgē*) y 'venganza' o 'castigo' (*ekdikēsis* y *ekdikos*) aparecen en ambos pasajes. Prohibidos para el pueblo de Dios en general, están asignados a los 'servidores' de Dios en particular, a saber los funcionarios del estado.

Muchos cristianos tienen enorme dificultad en lo que perciben aquí como un 'dualismo' ético.[5] Intentaré clarificar esta cuestión. Primero, Pablo no está distinguiendo entre **dos entidades, la iglesia y el estado**, como hacía Lutero. En su conocida doctrina de los dos reinos, el reino de la diestra de Dios (la iglesia) tiene responsabilidades espirituales ejercidas por medio del poder del evangelio, y el reino de su mano izquierda (el estado) tiene responsabilidades políticas o temporales ejercidas por medio del poder de la espada. Jean Lasserre llama a esto 'la doctrina tradicional' (porque Calvino también la apoyaba, si bien la expresó en otros términos) y la sintetiza de esta manera.

> Dios ha encargado a la iglesia el deber de predicar el evangelio, y al estado el deber de asegurar el orden político; el cristiano es tanto miembro de la iglesia como ciudadano de la nación; como lo primero, tiene que obedecer a Dios acomodándose a la ética evangélica …; y como lo segundo, tiene que obedecer a Dios acomodándose a la ética política de la que es juez el estado.[6]

4. C. E. B. Cranfield: Comentario sobre Romanos (*Romans*, t. II, p. 666).

5. El análisis de este 'dualismo' puede verse, por ej., en la obra de Jean Lasserre: *War and the Gospel*, pp. 23ss, 128ss, 180ss; en el libro de David Atkinson: *Peace in our time?*, pp. 102–107; 154–157; en el debate entre Ronald Sider y Oliver O'Donovan, publicado como *Peace and war*, pp. 7–11; 15; y en alguna medida en mi propio *Contracultura cristiana*, pp. 117–140.

6. Jean Lasserre: *War and the Gospel*, p. 132.

Cierto es que Dios asigna a la iglesia y al estado responsabilidades diferentes; pero debemos subrayar que se superponen parcialmente, que no se desenvuelven con éticas diferentes y que ambos están sometidos al señorío de Cristo. Con todo, esta no es la cuestión que Pablo trata en Romanos 12 y 13.

En segundo lugar, Pablo tampoco está distinguiendo entre **dos esferas de actividad, una privada y otra pública**, de modo que (para expresarlo con crudeza) debemos amar a nuestros enemigos en privado, pero podemos odiarlos en público. El concepto de una doble norma de moralidad, una privada y otra pública, se ha de rechazar enérgicamente; hay una sola moralidad cristiana.

Tercero, lo que está haciendo Pablo es distinguir entre **dos papeles, o funciones, uno personal y otro oficial**. Los cristianos son siempre cristianos (en la iglesia y en el estado, en público y en privado), sujetos a la misma autoridad moral de Cristo. Pero se les han asignado diferentes papeles (en el hogar, en el trabajo y en la comunidad), lo cual hace que corresponda llevar a cabo diferentes acciones, según la situación. Por ejemplo, un cristiano en el papel de policía puede tener que usar la fuerza para arrestar a un asesino, lo cual no puede hacer en el papel de ciudadano privado. Como juez, podrá condenar a un preso que ha sido declarado culpable, si bien Jesús les dijo a sus discípulos 'no juzguéis, para que no seáis juzgados'; y como verdugo (suponiendo que se justifique aplicar la pena capital en algunas circunstancias) podrá dar muerte al condenado, aunque le está prohibido cometer un asesinato. (La pena capital y la prohibición de matar aparecen ambas en la ley mosaica.) Esto no equivale a decir que arrestar, juzgar y ejecutar estén mal en sí mismos (lo cual establecería una moral diferente para la vida pública y la privada). Son respuestas correctas al comportamiento delictivo, que Dios ha confiado a determinados funcionarios del estado.

Esta es, entonces, la distinción que hace Pablo en Romanos 12 y 13 entre no vengar el mal y el castigo del mal. Las prohibiciones al final del capítulo 12 no significan que se ha de dejar el mal sin castigo y pendiente a la espera del día del juicio, sino que el castigo debe ser administrado por el estado (como agente de la ira de Dios) y que no corresponde que los ciudadanos comunes se propongan hacer cumplir la ley por sus propias manos.

Es esta distinción la que los pacifistas cristianos encuentran difícil aceptar. Tienden a centrar la cuestión en la enseñanza y el ejemplo de Jesús en cuanto a no contraatacar, dando por sentado que las represalias son intrínsecamente malas. Pero la represalia no está mal, por cuanto el mal merece castigo, tiene que ser castigado, y en efecto ha de ser castigado. Jesús mismo dijo que 'el Hijo del hombre ... pagará a cada uno conforme a sus obras' (Mateo 16.27, donde el verbo es similar al de Romanos 12.19). Esta verdad aparece incluso en el relato de Pedro acerca de la actitud del propio Jesús. Cuando era insultado, no respondió. Cuando padecía, no amenazaba.

Pero no debemos deducir de esto que al obrar así estaba aprobando el pecado. ¿Qué hacía en lugar de responder? 'Encomendaba la causa al que juzga justamente' (1 Pedro 2.23). En lenguaje de Pablo, dejó el asunto librado a la ira de Dios. De modo que aun cuando Jesús oraba por el perdón de sus verdugos, y cuando se estaba entregando en santo amor por nuestra salvación, no estaba ausente de su mente la necesidad del juicio divino contra el mal. En efecto, él estaba venciendo el mal en ese mismo momento, al soportar el justo castigo él mismo.

La autoridad del estado

¿Cómo deberían los cristianos considerar al estado y su autoridad? Este es otro asunto desconcertante cuando buscamos relacionar la cruz con el problema del mal.

Un cuidadoso estudio de Romanos 13 tendría que ayudarnos a evitar ambos extremos. divinizarlo (afirmando que siempre tiene razón) o demonizarlo (afirmando que siempre está equivocado). La actitud cristiana para con el estado tendría que ser más bien una actitud de respeto crítico.

Quisiera sintetizar aquí la enseñanza de Pablo sobre la autoridad del estado bajo cuatro encabezamientos. Tomaremos en cuenta su *origen*, el *propósito* para el cual ha sido establecida, los *medios* con los cuales debería ejercerse y el *reconocimiento* que se le debe acordar. En cada caso, según explica el apóstol, se impone una limitación a la autoridad del estado.

Origen

El origen de su autoridad es Dios. 'Sométase toda persona a las autoridades superiores; porque no hay autoridad sino de parte de

Dios' (v. 1a). 'Las [autoridades] que hay, por Dios han sido establecidas' (v. 1b). 'De modo que quien se opone a la autoridad, a lo establecido por Dios resiste' (v. 2). Esta perspectiva ya estaba claramente especificada en el Antiguo Testamento.[7]

Sin embargo, no hemos de pensar en las funciones del estado en términos de 'autoridad' solamente, sino también de 'ministerio'. La 'autoridad' parece ser una referencia genérica que podría incluir cualquier funcionario estatal, desde un policía hasta un juez. El apóstol dice de la autoridad que 'es servidor de Dios para tu bien' (v. 4a). Además, 'es servidor de Dios, vengador para castigar al que hace lo malo' (v. 4b). Y la razón por la cual hemos de pagar los impuestos es que los funcionarios son 'servidores de Dios que atienden continuamente' la tarea de gobernar (v. 6).

Confieso que me resulta sumamente impresionante que Pablo escriba tanto de la 'autoridad' y del 'ministerio' del estado; tres veces afirma que la autoridad del estado es autoridad de Dios y tres veces describe al estado y a sus ministros como ministros de Dios, usando dos palabras (*diakonos* y *leitourgos*) que en otros lugares se aplican a su propio ministerio como apóstol y evangelista, e incluso al ministerio de Cristo.[8] No creo que haya modo de eludir esto; no podemos, por ejemplo, interpretar el párrafo como un asentimiento de mala gana a la realidad del poder político. A pesar de los defectos del gobierno romano, con el cual Pablo estaba muy familiarizado, el apóstol declara enfáticamente que su autoridad y ministerio son de Dios. Es el origen divino de la autoridad del estado lo que hace que la sumisión del cristiano sea una cuestión de 'conciencia' (v. 5).

Al mismo tiempo, el hecho de que la autoridad del estado ha sido delegada por Dios, y por lo tanto no es intrínseca sino derivada, significa que nunca debe ser absolutizada. El culto de adoración se le debe a Dios únicamente, y a su Cristo, quien es el Señor sobre todo principado y autoridad (Efesios 1.21–22) y 'el soberano de los reyes de la tierra' (Apocalipsis 1.5; ver 19.16). El estado debe ser respetado como una institución divina; pero acordarle nuestra lealtad en forma ciega e incondicional sería idolatría. Los cristianos primitivos se negaban a llamar 'señor' al César; ese título pertenecía solo a Jesús.

7. Por ejemplo, Jer. 27.5–6; Dn. 2.21; 4.17, 25, 32; 5.21; 7.27.

8. Para *diakonos* aplicado a Cristo ver Ro. 15.8, y a Pablo 2 Co. 6.4. Para *leitourgos* aplicado a Cristo ver He. 8.2, y a Pablo Ro. 15.16.

Propósito

Dios le ha dado autoridad al estado con el propósito tanto de recompensar el bien (y de este modo promoverlo) como de castigar el mal (y de este modo refrenarlo). Por una parte, el estado 'alaba' (expresa su aprobación) a los que hacen el bien (v. 3) —mediante los honores que concede a los ciudadanos destacados— y existe 'para tu bien' (v. 4). No se explica esta frase, pero con seguridad que abarca todos los beneficios sociales del buen gobierno, uno que preserva la paz, mantiene la ley y el orden, protege los derechos humanos, promueve la justicia y se ocupa de los necesitados.

Por otra parte, el estado, como ministro de Dios y agente (vengador) de su ira, castiga a los malos (v. 4), sometiéndolos a la justicia. Los estados modernos tienden a cumplir mejor esta última función que las anteriores. Sus estructuras para hacer cumplir la ley son más sofisticadas que las que propenden a alentar positivamente al buen ciudadano y a recompensar el servicio a la comunidad y la filantropía. Con todo, los castigos y las recompensas están vinculados entre sí.

El apóstol Pedro también los enlaza cuando, tal vez haciendo eco a Romanos 13 (recordemos que escribe después de que los cristianos habían comenzado a sufrir la persecución en Roma), sostiene el mismo origen divino y el mismo propósito constructivo del estado 'como por él [Dios] enviado(s) para castigo de los malhechores y alabanza de los que hacen bien' (1 Pedro 2.14).

No obstante, la doble función del estado exige un alto grado de discernimiento. Solo el bien ha de ser recompensado, solo el mal ha de ser castigado. No hay justificativo alguno aquí para la distribución arbitraria de favores o penalidades. Esto es así especialmente en relación con la imposición de la ley. En épocas de paz los inocentes deben ser protegidos, y en tiempos de guerra a los no combatientes se les debe garantizar inmunidad. La acción policial debe realizarse con criterio selectivo, y la Biblia invariablemente expresa su horror ante el derramamiento de sangre inocente. El principio de la discriminación constituye un aspecto esencial de la teoría de la 'guerra justa'. Es por esta razón que el uso indiscriminado de armas (atómicas, biológicas o químicas) y el uso indiscriminado de armas convencionales (por ejemplo el bombardeo intensivo de ciudades civiles) está prohibido por este texto y es profundamente ofensivo para la conciencia cristiana.

Medios

Tercero, los medios por los cuales ejerce autoridad el estado deben ser controlados, ya que sus propósitos deben cumplirse con discernimiento. Es evidente que con el fin de proteger a los inocentes y de castigar a los culpables a veces se hace necesario emplear la coerción. Autoridad implica poder, aunque tenemos que distinguir entre la violencia (el uso descontrolado e inescrupuloso del poder) y la fuerza (su uso controlado y escrupuloso para arrestar a los que obran mal, tenerlos en custodia, hacerlos juzgar y, si son culpables y se los sentencia, obligarlos a cumplir el castigo). La autoridad del estado puede, incluso, llegar a quitar la vida legalmente. La mayoría de los comentaristas interpretan la 'espada' que lleva el estado (Romanos 13.4) como el símbolo no solo de su autoridad general para castigar, sino de su autoridad específica ya sea de infligir la pena capital o hacer la guerra, o ambas cosas.[9] Lutero y Calvino sostenían que era legítimo extrapolar en este párrafo para incluir la 'guerra justa', por cuanto los obradores del mal a los que el estado tiene autoridad para castigar pueden ser transgresores que lo amenazan desde afuera, tanto como los delincuentes que lo amenazan desde dentro.

Por supuesto que hay obvias diferencias entre sentenciar y castigar a un delincuente, por un lado, y declarar y hacer la guerra a un agresor, por otro. En particular, cuando se trata de una guerra no hay juez ni tribunal. Al declarar la guerra, el estado actúa como juez de su propia causa, dado que hasta ahora no existe ningún cuerpo independiente para arbitrar en disputas internacionales. Y el conjunto de procedimientos y la fría y desapasionada atmósfera de los tribunales de justicia no tienen ningún paralelo en el campo de batalla. Sin embargo, como lo ha demostrado el profesor Oliver O'Donovan, el desarrollo de la teoría de la guerra justa 'representaba un intento sistemático de interpretar actos de guerra por analogía con actos de gobierno civil',[10]

9. *Machaira*, la palabra que Pablo usa aquí para la 'espada' del estado, puede a veces traducirse 'puñal' o 'cuchillo', pero se usa varias veces en el Nuevo Testamento para simbolizar la muerte por ejecución o en la guerra (p. ej. Mt. 10.34; Lc. 21.24; Hch. 12.2; Ro. 8.35; He. 11.37).

10. Oliver O'Donovan: *Pursuit of a Christian view of war*, p. 13.

y de esta manera entender que pertenecían 'al contexto de la administración de justicia [y por lo tanto sujetos a] las normas restrictivas de la justicia ejecutiva'.[11] De hecho, cuando se puede presentar un conflicto en función de búsqueda de la justicia, tanto más fuerte será la posibilidad de demostrar su legitimidad.

Siendo que el uso de la fuerza por el estado está estrictamente limitado al propósito para el cual le ha sido dada, su aplicación debe limitarse absolutamente a las personas individuales, es decir, a llevar delincuentes a la justicia. No encontramos excusa alguna en Romanos 13 para las medidas represivas de un estado policial. En todas las naciones civilizadas tanto la policía como el ejército tienen instrucciones de usar 'la fuerza mínima necesaria', solo la suficiente como para lograr su objetivo. En la guerra, la fuerza tiene que ser controlada y criteriosa. La conciencia cristiana protesta contra la aterradora capacidad contragolpista de los arsenales nucleares actuales.

Reconocimiento

El cuarto aspecto que debemos considerar en cuanto a la autoridad del estado es el reconocimiento que le corresponde. Los ciudadanos han de 'someterse' a las autoridades que gobiernan porque Dios las ha establecido (v. 1). En consecuencia, los que se 'oponen' a ellas se oponen a Dios y serán juzgados por él (v. 2). Por supuesto, es necesario 'someterse' no solo para evitar el castigo sino también para mantener una buena conciencia (v. 5). ¿Qué es, pues, lo que se incluye en nuestra 'sumisión'? Hemos de cumplir las leyes (1 Pedro 2.13) y pagar los impuestos (Romanos 13.6). Al mismo tiempo debemos orar por los gobernantes (1 Timoteo 2.1–2). El ejemplo, los impuestos y las oraciones son tres modos de alentar al estado a cumplir las responsabilidades que Dios le ha transferido. Puede ser que vayamos más lejos, y entendamos que la debida 'sumisión' ha de incluir la cooperación e incluso la participación en las tareas del estado; nuestra posición dependerá de si nuestra eclesiología es luterana, reformada o anabautista. Dado que la autoridad y el ministerio del estado son de Dios, no veo razón alguna para evitar, y en cambio veo muchas razones para participar en el servicio que Dios le ha señalado.

11. *Ibid.*, p. 14.

No obstante, tiene que haber límites para nuestra sumisión. Aunque (en teoría, según el propósito de Dios) 'los magistrados no están para infundir temor al que hace el bien, sino al malo' (Romanos 13.3), Pablo sabía que un procurador romano había condenado a Jesús a muerte; él mismo había sido víctima en alguna ocasión de la injusticia romana. ¿Qué deberíamos hacer los cristianos, entonces, si el estado hace mal uso de la autoridad dada por Dios? ¿Qué hacer si pervierte el ministerio dado por Dios y comienza a promover el mal y a castigar al que hace el bien? ¿Qué ocurre si el magistrado deja de ser ministro de Dios y se convierte en ministro del diablo, si persigue a la iglesia en lugar de protegerla, y si ejerce una autoridad malevolente derivada no de Dios sino del dragón (Apocalipsis 13)? ¿Qué hacer, en ese caso? Si bien no se nos exige una sumisión dócil, contestamos que aun en este caso los cristianos deberíamos respetar al estado perverso, así como los niños tienen que respetar a padres malos. El apóstol no alienta de ningún modo la existencia de gobiernos totalitarios. Tenemos el deber de criticar y protestar, de agitar y hacer movilizaciones, e incluso (en situaciones extremas) de resistir hasta el punto de desobedecer a la ley. La desobediencia civil es, de hecho, un concepto bíblico utilizado, por ejemplo, por Daniel y sus amigos en el Antiguo Testamento y por los apóstoles Pedro y Juan en el Nuevo.[12] El principio es claro. Por cuanto la autoridad del estado le ha sido dada por Dios, debemos someternos hasta el punto justo donde la obediencia al estado equivaldría a desobedecer a Dios. En ese punto, si el estado manda lo que Dios prohíbe, o prohíbe lo que Dios manda, desobedecemos al estado con el fin de obedecer a Dios. Como dijeron los apóstoles al Sanedrín. 'Es necesario obedecer a Dios antes que a los hombres.'[13]

Si en circunstancias extremas se permite la desobediencia, ¿es posible la rebelión también? Por cierto que la tradición cristiana de la 'guerra justa' se ha extendido a veces hasta incluir la 'revolución justa'. Pero para la revolución armada se han impuesto las mismas severas condiciones que para la guerra. Estas se relacionan con la justicia (la necesidad de derrocar una tiranía manifiestamente perversa), la moderación (como último recurso únicamente, habiéndose agotado

12. Como ejemplos de desobediencia civil ver Éx. 1.15–21; Dn. 3.1–18; 6.1–14; Hch. 4.13–20.

13. Hch. 5.29; ver 4.19.

todas las opciones restantes), el discernimiento y el control (en el uso de la fuerza), la proporción (el sufrimiento a ocasionar tiene que ser menor que el que se padece) y la confianza (una razonable posibilidad de tener éxito). Una aplicación a conciencia de estos principios hará que el drástico paso de la rebelión raras veces se adopte.

Resumamos los diversos aspectos de la autoridad del estado, y las correspondientes limitaciones. Dado que su autoridad le ha sido delegada por Dios, debemos respetarlo pero no al extremo de adorarlo. Dado que el propósito de su autoridad es castigar el mal y promover el bien, no tiene excusa para gobernar arbitrariamente. Para cumplir este propósito, puede usar la coerción. Pero solo la fuerza mínima necesaria y nunca la violencia indiscriminada. Hemos de respetar al estado y a sus funcionarios; hemos de mostrar sumisión con discernimiento, pero no una actitud servil y acrítica.

Vencer el mal con el bien

En nuestro estudio de Romanos 12 y 13, hemos considerado la necesidad de aborrecer al mal; hemos visto que no se debe tomar represalia aunque sí es preciso vencer el mal. Finalmente analizamos el castigo que corresponde al mal. Es preciso ahora armonizar estos asuntos.

Hemos visto que el mal se debe tanto 'no pagar' como 'pagar', según quién sea el agente. Mas, ¿cómo es posible a un mismo tiempo 'vencer' (12.21) el mal y 'castigarlo' (13.4)? Esta es una pregunta muy difícil y apunta al centro mismo del debate entre los pacifistas cristianos y los teóricos de la guerra justa. La mente cristiana se dirige de inmediato a la cruz de Cristo, porque allí fueron reconciliados. Dios venció nuestra maldad y nos justificó solo porque primero la había condenado en Cristo; nos redimió solo porque primero pagó el precio del rescate. No venció al mal negándose a castigarlo sino recibiendo el castigo él mismo. En la cruz, el mal humano fue castigado y a la vez vencido. Allí la misericordia y la justicia de Dios fueron ambas satisfechas.

¿Cómo, entonces, podemos armonizar en la actualidad estos dos aspectos en nuestra actitud hacia el mal? A la luz de la cruz, los cristianos no pueden aceptar ninguna actitud hacia el mal que eluda su castigo en un intento de vencerlo. Tampoco es posible castigar el mal sin procurar vencerlo. Por cierto que el estado, como agente de la ira de Dios, tiene que obrar como testigo de su justicia y castigar a los que obran mal. Pero los cristianos también quieren dar testimonio de la misericordia de Dios. Es una simplificación excesiva decir que los individuos se rigen por el amor en tanto que los estados lo hacen por la justicia. Los individuos no debieran ser indiferentes a la justicia, como tampoco la administración de justicia del estado debiera pasar por alto el amor al prójimo, que es el cumplimiento de la ley. Aun más, el estado no está obligado a exigir la pena más severa que permite la ley. El Dios que instituyó el principio de la 'vida por vida' protegió él mismo la vida del primer asesino (Génesis 4.15). Circunstancias atenuantes contribuirán a atemperar la justicia con el uso de la misericordia. Lo retributivo (castigo del que obra mal) y lo reformativo (su recuperación y rehabilitación) van de la mano, porque así el mal se castiga y se vence simultáneamente.

Es considerablemente más difícil imaginar una reconciliación de estos aspectos en el caso de guerra, cuando hay naciones involucradas. Pero por lo menos los cristianos deben luchar con el dilema y tratar de no polarizar en torno a la cuestión. Los teóricos de la 'guerra justa' tienden a concentrarse en la necesidad de resistir y castigar el mal, pero a pasar por alto el otro mandato de vencerlo. Los pacifistas, por su lado, tienden a concentrarse en la necesidad de vencer el mal con el bien, pero a olvidar que las Escrituras enseñan que el mal merece ser castigado. ¿Pueden estos dos énfasis bíblicos ser reconciliados de algún modo? Los cristianos por lo menos destacarán la necesidad de mirar más allá de la derrota y la rendición del enemigo, hacia su arrepentimiento y rehabilitación. La llamada 'política del perdón', recientemente desarrollada por Haddon Willmer,[14] resulta pertinente aquí. David Atkinson resume este énfasis adecuadamente.

> El perdón es un concepto dinámico de cambio. Se niega a dejarse encerrar en un determinismo fatalista. Reconoce la realidad del mal, del proceder torcido y de la injusticia, pero procura responder al mal de un modo que sea creador de nuevas posibilidades. El perdón no procura la paz a cualquier precio ni tiene la intención de destruir al obrador del mal. Más bien expresa la voluntad de reconocer el mal y de rehacer el futuro del modo más creativo posible.[15]

14. Haddon Willmer: en *Third Way* (mayo, 1979).
15. David Atkinson: *Peace in our time?*, p. 167

En la cruz, Dios exigió y a la vez sufrió la penalidad correspondiente al pecado. Simultáneamente castigó y venció el mal, y al hacerlo, desplegó y demostró su santo amor. El amor de la cruz debería ser lo que caracterice nuestra respuesta a los obradores del mal en nuestros días.

13

EL SUFRIMIENTO Y LA GLORIA

SIN DUDA LA EXISTENCIA DEL SUFRIMIENTO CONSTITUYE EL desafío más grande a la fe cristiana, y lo ha sido en todas las generaciones. Su alcance y gravedad parecerían ser totalmente fortuitas y por consiguiente injustas. Los espíritus sensibles se preguntan si hay modo de reconciliar esta situación con la justicia y el amor de Dios.

El 1º de noviembre de 1755 Lisboa fue devastada por un terremoto. Por ser el día de Todos los santos, las iglesias estaban colmadas en ese momento, y treinta de ellas fueron destruidas. En el lapso de seis minutos 15.000 personas habían muerto y 15.000 más estaban al borde de la muerte. Una de las muchas personas que quedaron estupefactas con la noticia fue Voltaire, el filósofo y escritor francés. Durante varios meses aludió al hecho en sus cartas, en términos de apasionado horror. ¿Cómo podía ahora alguien creer en la benevolencia y en la omnipotencia de Dios? Ridiculizó las líneas de Alexander Pope en su ensayo sobre el hombre (*Essay on man*), que había sido escrito en una cómoda y segura quinta en Twickenham.

> Y, a pesar del orgullo, a pesar de la errónea razón,
> una verdad está clara, lo que es, está bien.

Voltaire se había rebelado siempre contra esta filosofía del optimismo. ¿Hubiera repetido Pope esas irreflexivas líneas si hubiese estado en Lisboa? A Voltaire le parecían ilógicas (al interpretar el mal como bien), irreverentes (por atribuir el mal a la providencia) y perjudiciales (al inculcar la resignación en lugar de la acción constructiva). Primeramente expresó su protesta en su *Poema sobre el desastre de Lisboa*. Allí pregunta por qué, si Dios es libre, justo y benefactor, sufrimos bajo su dominio. Es el viejo dilema de que Dios, o no es bueno, o no es todopoderoso. O bien quiere detener el sufrimiento pero no puede, o podría hacerlo pero no quiere. Cualquiera fuese la respuesta, ¿cómo podemos adorarlo como Dios? La segunda protesta de Voltaire consistió en escribir su novela satírica *Cándido*, la historia de un joven ingenuo, cuyo maestro, el doctor Pangloss, profesor de Optimismo, no deja de asegurarle imperturabablemente que 'es todo a fin de que se haga lo mejor en el mejor de los mundos posibles', a despecho de sus sucesivas calamidades. Cuando los protagonistas naufragan cerca de Lisboa, a Cándido casi lo mata un terremoto y Pangloss es ahorcado por la inquisición. Voltaire escribe. "Cándido, aterrorizado, sin habla, sangrando, palpitante, pensó para sí. 'Si este es el mejor de los mundos posibles, ¿cómo será el resto?'"[1]

El problema del sufrimiento está lejos de ser una preocupación solo para los filósofos. Nos afecta a casi todos; pocas son las personas que transitan esta vida enteramente ilesas. Puede ser alguna privación en la infancia que deja como saldo un conflicto emocional por el resto de la vida; otros sufren alguna discapacidad mental o corporal congénita. O súbitamente y sin aviso nos ataca una dolorosa enfermedad, quedamos sin trabajo porque no nos necesitan, nos hundimos en la pobreza o muere un miembro de la familia. Quizá nos aflige una involuntaria soltería, se desarma un idilio amoroso, somos víctimas de un matrimonio desgraciado, de un divorcio, de la depresión o de la soledad. El sufrimiento se presenta de muchos modos no deseados. A veces no solo le hacemos a Dios nuestras angustiadas preguntas '¿Por qué?' y '¿Por qué yo?' sino que, como Job, nos enojamos con él, acusándolo de injusticia e indiferencia. No tengo conocimiento de ningún líder cristiano que haya sido más directo en confesar su ira que Joseph Parker. Fue pastor en el City Temple desde 1874 hasta su muerte en 1902. Dice en su autobiografía que hasta la edad de 68 años jamás tuvo una duda de tipo religioso. Luego murió su esposa, y su fe sufrió un colapso. 'En esa oscura hora', escribió, 'casi me volví ateo. Dios había aplastado mis oraciones con su pie y había tratado mis peticiones con desprecio. Si hubiese visto a un perro sufrir la agonía que sufría yo, le hubiera tenido lástima y hubiese ayudado a ese mudo animal; en cambio Dios me escupió y me echó lejos, como una ofensa; me arrojó al desierto hostil en la negra noche sin estrellas.'[2]

1. Ver S. G. Tallentyre: *Life of Voltaire*, t. II, p. 25–27 y *Voltaire*, por el coronel Hamley, pp. 168–177.

2. Citado por Leslie J. Tizard en *La predicación* (p. 28 en la edición citada por el autor).

Es preciso aclarar de inmediato que la Biblia no proporciona ninguna solución exhaustiva del problema del mal, sea el mal 'natural' o 'moral', es decir, ya sea en la forma de sufrimiento o de pecado. Su propósito es más práctico que filosófico. Por consiguiente, si bien hay referencias al pecado y al sufrimiento en casi todas sus páginas, lo que le interesa no es explicar su origen sino ayudarnos a vencerlos.

¿Cómo se explica el sufrimiento?

Mi objetivo en este capítulo es explorar qué relación puede haber entre la cruz de Cristo y nuestros sufrimientos. De modo que no me ocuparé de desarrollar otros argumentos corrientes acerca del sufrimiento, que aparecen en los textos de estudio. Solo los mencionaré como introducción.

Primero, según la Biblia **el sufrimiento es un intruso extraño al buen mundo de Dios**, y no tendrá parte alguna en su nuevo universo. Es un violento ataque satánico y destructivo contra el Creador. El libro de Job aclara esto. También lo hacen la descripción que hace Jesús de una mujer enferma como 'ligada por Satanás' y la forma en que 'reprendía' a la enfermedad tal como hacía con los demonios. Pablo hace referencia a su 'aguijón en [la] carne' como un 'mensajero de Satanás', y Pedro describe el ministerio de Jesús como que sanaba 'a todos los oprimidos por el diablo'.[3] Más allá de lo que pueda decirse en cuanto al bien que Dios puede sacar del sufrimiento, no debemos olvidar que se trata del bien como arrancado del mal.

Segundo, a menudo **el sufrimiento se debe al pecado**. Desde luego que originalmente la enfermedad y la muerte entraron en el mundo por el pecado. Pero ahora estoy pensando en el pecado de nuestros días. A veces el sufrimiento tiene como causa el pecado de otros, como cuando los niños sufren a causa de padres irresponsables o carentes de amor. Tenemos también a los pobres y a los que sufren hambre como consecuencia de la injusticia económica, a los refugiados de guerra y a los que sufren accidentes viales ocasionados por conductores alcoholizados.

En otras ocasiones el sufrimiento puede ser consecuencia de nuestro propio pecado (el uso imprudente de nuestra libertad) e incluso su penalidad. No debemos pasar por alto aquellos pasajes

3. Lc. 13.16; 4.35, 39; 2 Co. 12.7; Hch. 10.38

bíblicos donde se atribuye la enfermedad al castigo de Dios.[4] Al mismo tiempo debemos repudiar con firmeza la terrible doctrina hindú del *karma* que atribuye todo sufrimiento al mal obrar de ese individuo en esta existencia o en alguna existencia anterior. Tampoco podemos aceptar la doctrina casi tan terrible de los así llamados 'consoladores de Job'. Estos dieron expresión a su ortodoxia convencional de que todo sufrimiento personal se debe al pecado personal; uno de los principales propósitos del libro de Job es el de rectificar esa noción popular pero desacertada. Jesús también la rechazó categóricamente.[5]

Tercero, **el sufrimiento se debe a nuestra sensibilidad humana hacia el dolor**. Los infortunios empeoran por el dolor (físico o emocional) que experimentamos. Pero los sensores relacionados con el dolor en el sistema nervioso central lanzan valiosas señales de advertencia, necesarias para la supervivencia personal y social. Tal vez la mejor ilustración de esto sea el descubrimiento realizado por el doctor Paul Brand en el Hospital Cristiano de Vellore, en el sur de la India, en el sentido de que el mal de Hansen (la lepra) insensibiliza las extremidades del cuerpo; por consiguiente, las úlceras e infecciones que se desarrollan son consecuencias de segundo grado, debido a la pérdida de sensibilidad. Las reacciones nerviosas *tienen que producir dolor* a fin de protegernos. '¡Gracias a Dios que inventó el dolor!' escribió Philip Yancey. 'Creo que no pudo haber hecho nada mejor. Es hermoso.'[6]

En cuarto lugar, **el sufrimiento se debe a la clase de entorno en el cual Dios nos ha colocado**. La mayor parte del sufrimiento lo ocasiona el pecado humano (C. S. Lewis calculaba que cuatro quintas partes del mismo, y Hugh Silvester, el 95%[7]). No así los desastres naturales tales como las inundaciones, los huracanes, los terremotos y las sequías. Sin duda se puede argumentar que Dios no quiso que las 'zonas inhóspitas' de la tierra fuesen habitadas y menos aun agravadas por la irresponsabilidad ecológica.[8] De todos modos, la mayoría de

4. Por ej. Dt. 28.15ss; 2 R. 5.27; Sal. 32.3–5; 38.1–8; Lc. 1.20; Jn. 5.14; 1 Co. 11.30.
5. Por ejemplo, Lc. 13.1–5; Jn. 9.1–3.
6. Philip Yancey: *Where is God when it hurts?*, p. 23.
7. C. S. Lewis: *El problema del dolor*, cap. sobre 'El dolor humano' (p. 77 en la edición citada por el autor; ver Bibliografía); Hugh Silvester, *Arguing with God*, p. 32.
8. Hugh Silvester: *Arguing with God*, p. 80.

las personas siguen viviendo donde nacieron y no tiene oportunidad de trasladarse a otro lugar. ¿Qué se puede decir, entonces, acerca de las llamadas 'leyes' de la naturaleza que, con tormentas y tempestades, inexorablemente abruman a gente inocente? C. S. Lewis llegó a decir que "ni siquiera la Omnipotencia podía crear una sociedad de seres libres sin al mismo tiempo crear una naturaleza relativamente independiente e 'inexorable'".[9] "Lo que necesitamos para una sociedad humana", continuó Lewis, "es exactamente lo que tenemos, un ámbito neutral, estable, y que tenga 'una naturaleza propia', como escenario en el cual podemos actuar libremente entre nosotros y hacia él".[10] Si viviéramos en un mundo en el cual Dios impidiese que ocurriera el mal, como Súperman en las películas de Alexander Salkind, la actividad libre y responsable sería imposible.

Siempre hubo quienes insistieron en que el sufrimiento no tiene sentido y que no puede detectarse propósito alguno en él. En el mundo antiguo estos grupos incluían tanto a los estoicos (que enseñaban la necesidad de someterse con fortaleza a las inexorables leyes de la naturaleza) como al epicureísmo (que enseñaba que la mejor forma de escapar de un mundo errático era entregarse al placer). En el mundo moderno los existencialistas no religiosos creen que todo (incluida la vida, el sufrimiento y la muerte) carece de sentido y que, por lo tanto, todo es absurdo. Los cristianos no podemos seguirlos por ese callejón sin salida. Jesús habló del sufrimiento como algo que es 'para la gloria de Dios', a fin de que el Hijo de Dios sea glorificado por medio del mismo, y además 'para que las obras de Dios se manifiesten en él'.[11] Esto pareciera comunicar que, de algún modo (aún por conocer), Dios está ocupado en revelar su gloria en el sufrimiento. También se revela por medio del mismo, como lo hizo (aunque de otro modo) por medio del sufrimiento de Cristo. ¿Cuál es, pues, la relación entre los sufrimientos de Cristo y los nuestros? ¿En qué forma habla la cruz frente a nuestro dolor? Quiero sugerir, en base a las Escrituras, seis respuestas posibles a estas preguntas, que parecerían escalonarse desde las más simples a las más sublimes.

9. C. S. Lewis: *El problema del dolor*, cap. sobre 'La omnipotencia divina' (p. 17 en la edición citada por el autor; ver Bibliografía).

10. *Ibid.* (p. 19 en la edición citada por el autor; ver Bibliografía).

11. Jn. 11.4; 9.3.

Soportar con paciencia

La cruz de Cristo es **un estímulo para soportar con paciencia.** Aun cuando se ha de reconocer que el sufrimiento es malo, y que por consiguiente ha de ser resistido, sin embargo llega el momento cuando se hace preciso aceptarlo en forma realista. Es entonces cuando el ejemplo de Jesús, que el Nuevo Testamento pone ante nosotros para nuestra imitación, se convierte en inspiración. Pedro dirigió la atención de sus lectores a este hecho, especialmente cuando se trataba de esclavos cristianos con amos severos durante la persecución bajo Nerón. No tendría ningún mérito si fueran maltratados por obrar mal y lo aceptaran pacientemente. Pero si sufrían por obrar bien y lo soportaban, esto sería agradable a los ojos de Dios. ¿Por qué? Porque el sufrimiento inmerecido forma parte de su llamado cristiano, por cuanto Cristo mismo sufrió por ellos, dejándoles su ejemplo, a fin de que ellos siguieran sus pisadas. Aunque sin pecado, fue insultado, pero nunca se vengó (1 Pedro 2.18–23). Jesús dejó un ejemplo de perseverancia tanto como de no ejercer represalia, lo cual debería servir para alentarnos a perseverar en la carrera cristiana. Es preciso poner 'los ojos en Jesús', por cuanto él 'sufrió la cruz, menospreciando el oprobio'. Luego entonces. ' … considerad a aquel que sufrió tal contradicción de pecadores contra sí mismo, para que vuestro ánimo no se canse hasta desmayar' (Hebreos 12.1–3).

Si bien ambos ejemplos se relacionan específicamente con la oposición o la persecución, parecería legítimo darles una aplicación más amplia. Los cristianos de todas las generaciones se han beneficiado gracias a los sufrimientos de Jesús, que culminaron en la cruz. Son inspiración para soportar con paciencia el dolor inmerecido, sin queja y sin devolver mal por mal. Cierto es que hay muchos tipos de sufrimiento que él no tuvo que soportar. Aun así, los que sufrió fueron notablemente representativos. Tomemos a Joni Eareckson como ejemplo. En 1967, cuando era una hermosa adolescente de espíritu deportivo, tuvo un terrible accidente acuático en la bahía Chesapeake, que la dejó cuadripléjica. Joni ha relatado su caso con una honestidad conmovedora, incluyendo sus épocas de amargura, de ira, rebelión y desesperación. Expresa cómo gradualmente, por medio del amor de su familia y sus amigos, llegó a confiar en la soberanía de Dios y a construir una vida nueva; se dedicó a pintar con la boca y a hablar en público bajo una evidente bendición de Dios. Una noche, tres años después del accidente, Cindy, una de sus amigas más íntimas, sentada al lado de su cama, hablando de Jesús, dijo. 'La verdad es que él también estaba paralizado.' No se le había ocurrido antes que, en la cruz, Jesús sufrió un dolor similar al de ella, que él también estaba imposibilitado de moverse, podría decirse paralizado. Descubrió que ese pensamiento le resultaba profundamente consolador.[12]

Santidad madura

En segundo lugar, la cruz de Cristo es **la senda hacia la santidad madura**. Por extraordinario que parezca, podemos agregar que lo fue para él, y lo es para nosotros. Tenemos que considerar las implicancias de dos versículos bastante descuidados de la Carta a los Hebreos.

> ... convenía a [Dios] ... que habiendo de llevar muchos hijos a la gloria, perfecccionase por aflicciones al autor de la salvación de ellos. Hebreos 2.10

> Y aunque era Hijo, por lo que padeció aprendió la obediencia; y habiendo sido perfeccionado, vino a ser autor de eterna salvación para todos los que le obedecen.
> Hebreos 5.8–9; ver 7.28

Estos dos versículos hablan de un proceso en el cual Jesús fue 'perfeccionado', y ambos atribuyen el proceso de perfeccionamiento a su 'sufrimiento'. Por supuesto, no se nos dice que fuese imperfecto en el sentido de que hubiera obrado mal, porque Hebreos subraya su impecabilidad.[13] Más bien se trataba de que necesitaba experiencias y oportunidades adicionales con el fin de *ser teleios*, 'maduro'. En particular, 'por lo que padeció aprendió la obediencia'. Nunca fue desobediente. Pero sus sufrimientos fueron el campo de pruebas en el cual su obediencia adquirió la plena madurez.

Si el sufrimiento fue el medio por el cual el Cristo impecable adquirió madurez, tanto más es lo que necesitamos nosotros, pecadores. Santiago usa el mismo lenguaje de 'perfección' o 'madurez'

12. Joni Eareckson con Joe Musser: *Joni*, p. 96 (hay versión en castellano). Ver también su segundo libro *Un paso más*, en el que escribe más acerca de la soberanía de Dios y sus propósitos eternos.

13. Por ejemplo, He. 4.15; 7.26.

en relación con los cristianos. Así como a Cristo el sufrimiento lo llevó a la madurez por medio de la obediencia, también lo hace con nosotros.

> Hermanos míos, tened por sumo gozo cuando os halléis en diversas pruebas, sabiendo que la prueba de vuestra fe produce paciencia. Mas tenga la paciencia su obra completa, para que seáis perfectos ['maduros', *teleioi*] y cabales, sin que os falte cosa alguna. Santiago 1.2–4; ver Romanos 5.3–5

En la Escritura se desarrollan tres imágenes para ilustrar la forma en que Dios usa el sufrimiento para concretar su propósito de hacernos santos, o en otras palabras, semejantes a Cristo. Son. la del padre que disciplina a sus hijos, la del orfebre refinando la plata y el oro, y la del hortelano podando su vid. El cuadro del padre y el hijo aparece ya en Deuteronomio, donde Moisés dice. 'Reconoce asimismo en tu corazón, que como castiga el hombre a su hijo, así Jehová tu Dios te castiga.' Esta metáfora reaparece en el libro de Proverbios, donde se recalca que la disciplina del padre es expresión de su amor por sus hijos. Los versículos de Proverbios se citan luego en la Carta a los Hebreos y reciben un eco en el mensaje de Jesús a la iglesia de Laodicea.[14] El pasaje de Hebreos es el más largo. Enseña que la disciplina paterna distingue a los verdaderos hijos de los ilegítimos; que Dios nos disciplina solo 'para lo que nos es provechoso', a saber 'para que participemos de su santidad'; que de momento la disciplina es dolorosa, no agradable, pero que más tarde 'da fruto apacible de justicia'. Esto no ocurre con todos, por cierto, porque algunos se rebelan contra la disciplina. Pero sí con los que se someten a ella y por consiguiente 'en ella han sido ejercitados'.

El segundo cuadro de Dios como el refinador de la plata y del oro aparece tres veces en el Antiguo Testamento, donde se deja en claro que el lugar de la refinación para Israel fue el 'horno de aflicción'. Pedro aplica esta imagen al perfeccionamiento de nuestra fe cristiana en 'diversas pruebas'. El proceso es doloroso, pero por medio del mismo se verá que nuestra fe ('más preciosa que el oro') es genuina y da como resultado gloria para Jesucristo.[15]

14. Dt. 8.5; Pr. 3.11–12; He. 12.5–11; Ap. 3.19.
15. Sal. 66.10; Is. 48.10; Zac. 13.9; 1 P. 1.6–7.

El tercer cuadro lo desarrolló Jesús mismo en su alegoría de la vid. La productividad de las ramas (casi seguramente símbolo del carácter cristiano) depende no solo de que permanezcan en la vid, sino también de que sean podadas por el viñador. La poda es un procedimiento drástico, que con frecuencia parece cruel, porque se recorta mucho hasta que la planta queda prácticamente desnuda. Pero cuando llegan otra vez la primavera y el verano, hay mucho fruto.[16]

Estas tres metáforas describen un proceso negativo. la disciplina del niño, la refinación del metal y la poda de la vid. Pero también las tres subrayan el resultado positivo. el bien del niño, la pureza del metal, la productividad de la vid. Por lo tanto, podemos decir sin vacilar que Dios quiere que el sufrimiento sea un 'medio de gracia'. Muchos de sus hijos pueden repetir la afirmación del salmista. 'Antes que fuera yo humillado, descarriado andaba; mas ahora guardo tu palabra' (Salmo 119.67). El amor de Dios es un amor santo; por lo tanto, le interesa no solo obrar con santidad (como en la cruz de Cristo) sino también promover la santidad (en el pueblo de Dios). Como ya hemos visto, el sufrimiento promueve la perseverancia y purifica la fe. También desarrolla la humildad, como cuando el aguijón de Pablo en su carne tenía como fin 'que no [se] enaltezca sobremanera'. Al mismo tiempo profundiza el discernimiento; así, por medio del dolor del amor no correspondido de Oseas hacia Gomer, le fue revelada la fidelidad y la paciencia del amor de Yahvéh hacia Israel.[17] Por otra parte, no deberíamos pasar por alto los beneficios que pueden enriquecer la vida de otras personas, por ejemplo el heroico desprendimiento de los que cuidan a los enfermos, ancianos e incapacitados, y la espontánea manifestación de solidaridad hacia los pueblos empobrecidos del África en el Sahara inferior.

La Iglesia Católica Romana habla tradicionalmente del 'sufrimiento redentor'. La enseñanza oficial es que, incluso después que la culpabilidad por nuestro mal obrar ha sido perdonada, la deuda del castigo todavía tiene que ser completada, ya sea en esta vida o en el purgatorio (que es 'la iglesia sufriente'). Así, en el perdón no hay remisión de la penitencia, ya que hay que agregar el castigo al perdón. Las mejores penitencias no son las que indica la iglesia sino las que Dios

16. Jn. 15.1–8. Ver Is. 5.1–7, especialmente el v. 7, y Gá. 5.22–23, como pruebas de que 'fruto' representa un carácter justo semejante al de Cristo.

17. 2 Co. 12.7–10; Os. 1–3.

mismo manda (a saber, 'cruces, enfermedad, dolores') y que sirven para expiar nuestros pecados. Se enseña que hay dos razones para sufrir por el pecado. primero, expiación para con Dios, y segundo, la renovación de nuestras almas. Porque el sufrimiento mitiga nuestros apetitos corporales, nos limpia y nos restaura.[18]

Esta enseñanza (que pareciera menoscabar la obra con la cual Dios por medio de Cristo nos ha redimido y perdonado, y atribuye, en cambio, eficacia expiatoria a nuestros sufrimientos) resulta ofensiva para la mente y la conciencia protestantes.

No obstante, algunos católicos romanos usan la expresión 'sufrimiento redentor' simplemente para indicar que la aflicción, si bien amarga a algunos, a otros los transforma. Mary Craig escribe sobre 'el poder redentor del sufrimiento'. Describe la forma en que dos de sus cuatro hijos nacieron con serias anormalidades. su segundo hijo, Pablo, con el desfigurador e inhibidor síndrome de Höhler, y el cuarto, Nicolás, con el síndrome de Down. Relata sus luchas espirituales, sin autocompasión ni melodrama. En el capítulo final de su libro, titulado 'Bendiciones', medita sobre el significado del sufrimiento e introduce la palabra 'redentor'. Aunque al principio reaccionamos con incredulidad, ira y desesperación, esta autora expresa.

> A la luz de las evidencias, no creo que ningún sufrimiento sea en última instancia absurdo o que no tenga sentido, [si bien] con frecuencia resulta difícil mantenerse convencido [de ello] … El valor del sufrimiento no radica en el dolor del mismo, … sino en lo que el que sufre hace con él … Es en el dolor donde descubrimos las cosas que realmente importan; es en el dolor donde nos descubrimos a nosotros mismos (pp. 133–144).

Siendo que Jesucristo es el solo y único Redentor, y que el Nuevo Testamento nunca usa el lenguaje de la redención para algo que hagamos nosotros, sería sabio no hablar de 'sufrimiento redentor'. Sería más adecuado decir 'sufrimiento creativo', expresión popularizada por el doctor Paul Tournier, siempre que no se suponga que el sufrimiento realmente crea algo. Por cierto, sí estimula la 'creatividad', que es lo que Tournier quiere destacar. Comienza refiriéndose a un artículo

18. George D. Smith (ed.): *Teaching of the Catholic Church*, pp. 1141–1146.

escrito en 1975 por el doctor Pierre Rentchnick de Ginebra, titulado 'Los huérfanos dirigen el mundo'. De las biografías de los políticos más influyentes de la historia, había hecho el sorprendente descubrimiento de que casi 300 de ellos eran huérfanos, desde Alejandro Magno y Julio César, siguiendo con Carlos V y Luis XIV hasta Jorge Washington, Napoleón y (menos felizmente) Lenin, Hitler, Stalin y Castro. Esto le llamó la atención al doctor Tournier, porque hacía mucho que daba conferencias sobre la importancia que tienen, para el desarrollo del niño, un padre y una madre que cumplen sus roles en forma armoniosa; o sea, exactamente lo que los políticos más influyentes nunca tuvieron (!). El doctor Rentchnick elaboró una teoría de que 'la inseguridad como consecuencia de la privación emocional debió haber despertado en estos niños una excepcional voluntad de poder'. Lo mismo vale, evidentemente, para los líderes religiosos; por ejemplo, Moisés, Buda, Confucio y Mahoma también fueron huérfanos.[19] El profesor André Haynal, psicoanalista, ha seguido trabajando sobre esta teoría. Sugiere que la 'privación' de cualquier tipo (no solo la que es consecuencia de ser huérfano) explica la 'creatividad' (término que prefiere en lugar de 'voluntad de poder'). Finalmente, el doctor Tournier confirma la teoría en base a su propia experiencia clínica. Durante cincuenta años sus pacientes le confiaron sus penas y conflictos. 'Los he visto cambiar por medio del sufrimiento', dice (p. 15). No es que el sufrimiento (que es un mal) sea *causa* de crecimiento; sino que es *ocasión* para el mismo (p. 29). ¿Cómo es, entonces, que frente a una incapacidad algunos crecen, mientras que otros no? Su reacción depende 'más de la ayuda que reciban de otros que de su propia disposición hereditaria', piensa Tournier (p. 32). En particular, depende del amor. 'Las privaciones sin el auxilio del amor equivalen a una catástrofe', mientras que 'el factor decisivo para hacer que la privación lleve fruto es el amor' (p. 34). De modo que no es tanto el sufrimiento lo que hace que la gente madure, sino la forma en que reaccionan ante el sufrimiento (p. 37). 'Mientras que el sufrimiento puede no ser creativo en sí mismo, pocas veces somos creativos sin el sufrimiento ... Casi se podría decir que no es el sufrimiento lo que hace que una persona crezca, pero, a la vez, no se crece sin el sufrimiento' (p. 110).

19. Paul Tournier: *Creative suffering*, pp. 1–5.

La enseñanza bíblica y la experiencia personal se combinan así para enseñar que el sufrmiento es la senda que conduce a la santidad o a la madurez. Hay siempre un algo indefinible en relación con la gente que ha sufrido. Tienen una fragancia de la que otros carecen. Exhiben la mansedumbre y la suavidad de Cristo. Una de las declaraciones más notables del apóstol Pedro en su primera carta es la de que quien 'ha padecido por nosotros en la carne ... terminó con el pecado' (4.1). Parece estar diciendo que la aflicción física tiene el efecto de hacernos dejar de pecar. Siendo esto así, a veces me pregunto si la verdadera prueba de nuestra sed de santidad será nuestra disposición a experimentar algún grado de sufrimiento, si solo de este modo Dios puede hacernos santos.

El servicio sufrido

La cruz de Cristo es también **el símbolo del servicio sufrido.** Tenemos conocimiento de los cuatro o cinco 'Cánticos del Siervo' de Isaías, que en su conjunto ofrecen una descripción del 'Siervo sufriente de Jehová'.[20] En el capítulo anterior comenzamos a considerar el vínculo entre el sufrimiento y el servicio. Manso de carácter y conducta (sin gritar ni levantar jamás la voz), y suave en su trato con otros (sin quebrar jamás la caña cascada o apagar el pábilo que humea), tiene la plenitud del Espíritu de Dios y es receptivo a su Palabra. Sin embargo fue llamado por Yahvéh desde antes de su nacimiento, con la intención de hacer volver a Israel a él y de ser luz para las naciones. En esta tarea persevera, afirmando su rostro como un pedernal, aunque sus espaldas hayan sido golpeadas, su barba arrancada, su rostro escupido, y él mismo conducido como una oveja que es llevada al matadero; y allí muere, llevando los pecados de muchos. No obstante, como resultado de su muerte, muchos serán justificados y las naciones rociadas con bendición. Lo que resulta particularmente llamativo en este complejo cuadro es que el sufrimiento y el servicio, la pasión y la misión van juntos. Esto lo vemos claramente en Jesús, quien es el Siervo sufriente por excelencia. Pero es preciso que recordemos que la misión de traer luz a las naciones también se ha de cumplir por medio de la iglesia (Hechos 13.47). Para la iglesia, por consiguiente, como para el Salvador, el sufrimiento y el servicio van juntos.

20. Is. 42.1–4; tal vez 44.1–5; 49.1–6; 50.4–9; 52.13–53.12.

Más que esto todavía. No es solo que el sufrimiento pertenece al servicio, sino que el sufrimiento es indispensable para un servicio fructífero y efectivo. Esto es lo que indudablemente implican las palabras de Jesús.

> Ha llegado la hora para que el Hijo del hombre sea glorificado. De cierto, de cierto os digo, que si el grano de trigo no cae en la tierra y muere, queda solo; pero si muere, lleva mucho fruto. El que ama su vida, la perderá; y el que aborrece su vida en este mundo, para vida eterna la guardará. Si alguno me sirve, sígame; y donde yo estuviere, allí también estará mi servidor. Si alguno me sirviere, mi Padre le honrará.
>
> Y yo, si fuere levantado de la tierra, a todos atraeré a mí mismo. Y decía esto dando a entender de qué muerte iba a morir. Juan 12.23–26, 32–33

Es difícil aceptar esta lección. La muerte es más que el camino a la vida; es el secreto de la productividad. A menos que caiga en la tierra y muera, el grano de trigo sigue siendo nada más que una sola semilla. Si se mantiene con vida, queda sola; pero si muere se multiplica. Primero y principalmente Jesús se refería a sí mismo. ¿Querían verlo ciertos griegos? Estaba a punto de ser 'glorificado' en la muerte. Pronto sería levantado sobre su cruz para atraer gente de todas las naciones hacia sí. Durante su ministerio terrenal se restringió a 'las ovejas perdidas de la casa de Israel'; pero después de su muerte y resurrección, tendría autoridad universal y una apelación universal.

Pero Jesús no estaba hablando solo de sí mismo. Estaba expresando un principio general, y pasó a aplicarlo a sus discípulos, los que debían seguirlo y, como él, perder sus vidas (vv. 25–26); no necesariamente perderían la vida en el martirio, aunque por lo menos sí en el servicio sufriente y desprendido. Para nosotros, como para él, la simiente tiene que morir a fin de multiplicarse.

Pablo es el ejemplo más notable de este principio. Consideremos estos textos tomados de tres cartas diferentes.

> Por esta causa yo Pablo, prisionero de Cristo Jesús por vosotros los gentiles ... pido que no desmayéis a causa de mis tribulaciones por vosotros, las cuales son vuestra gloria.
>
> Efesios 3.1, 13

> Ahora me gozo en lo que padezco por vosotros, y cumplo en mi carne lo que falta de las aflicciones de Cristo por su cuerpo, que es la iglesia. Colosenses 1.24

> Conforme a mi evangelio, en el cual sufro penalidades … Por tanto, todo lo soporto por amor de los escogidos, para que ellos también obtengan la salvación que es en Cristo Jesús con gloria eterna. 2 Timoteo 2.8–10

Pablo dice en las tres declaraciones que soporta sus sufrimientos 'por vosotros los gentiles', por el 'cuerpo [de Cristo], que es la iglesia', o 'por amor de los escogidos'. Por cuanto lo hace por ellos, piensa que obtendrán algún beneficio de esos sufrimientos. ¿Qué significa esto? En los versículos de Colosenses se refiere a que sus sufrimientos cumplen o completan lo que aún falta de las aflicciones de Cristo. Podemos estar seguros de que Pablo no está asignando ninguna eficacia expiatoria a sus sufrimientos, en parte porque sabía que la obra expiatoria de Cristo se completó en la cruz, y en parte porque se vale del vocablo especial 'aflicciones' (*thlipseis*), aludiendo a sus persecuciones. Son estas las que no estaban completas, porque seguía siendo perseguido en su iglesia. ¿Qué beneficio pensaba Pablo que recibiría la gente por medio de sus sufrimientos? Dos de estos tres textos vinculan las palabras 'sufrimientos' y 'gloria'. 'Mis tribulaciones … son vuestra gloria', les dice a los efesios. Por otra parte, 'salvación … con gloria eterna' es lo que obtendrán los elegidos debido a los sufrimientos que él soporta (2 Timoteo 2.8–10). Suena escandaloso. ¿Acaso realmente se imagina Pablo que sus sufrimientos pueden obtener la salvación y la gloria para ellos? Sí, es lo que piensa. No directamente, sin embargo, como si sus sufrimientos tuvieran eficacia salvífica como los de Cristo. Pero sí indirectamente, porque estaba sufriendo por el evangelio que ellos debían escuchar y abrazar a fin de ser salvos. Una vez más, el sufrimiento y el servicio están entrelazados, y los sufrimientos del apóstol constituían un indispensable eslabón en la cadena de la salvación.

El lugar del sufrimiento en el servicio y de la pasión en la misión es algo que casi nunca se enseña hoy en día. Pero el secreto más grande de la efectividad evangelística o misionera es la disposición a sufrir y morir. Puede ser una muerte a la popularidad (al predicar fielmente el impopular evangelio bíblico), al orgullo (al usar métodos modestos y confiar más bien en el Espíritu Santo), a los prejuicios raciales y nacionales (por identificación con otra cultura) o a las comodidades materiales (al adoptar un estilo sencillo de vida). El siervo tiene que sufrir si ha de llevar luz a las naciones, y la simiente tiene que morir si se ha de multiplicar.

La esperanza de gloria

En cuarto lugar, la cruz de Cristo es **la esperanza de gloria final**. Jesús se proyectaba más allá de su muerte hacia su resurrección, más allá de sus sufrimientos hacia su gloria; fue sostenido, en sus pruebas, por 'el gozo puesto delante de él' (Hebreos 12.2). Y Jesús esperaba que sus seguidores compartieran esta perspectiva. La inevitabilidad del sufrimiento es un tema constante en su enseñanza y en la de los apóstoles. Si el mundo lo odió y lo persiguió, también odiaría y perseguiría a sus discípulos. El sufrimiento era, de hecho, un 'don' de Dios para todo su pueblo, y parte de su llamado. Por lo tanto no deberían sorprenderse por ello, como si les estuviera ocurriendo algo extraño. Era de esperar. Nada podría ser más directo que la aseveración de Pablo de que 'todos los que quieren vivir piadosamente en Cristo Jesús padecerán persecución'.[21] Más aun, al sufrir *como* Cristo estaban sufriendo *con* Cristo. Ahora eran más que espectadores de sus sufrimientos, más que testigos, incluso más que imitadores; en realidad eran verdaderos participantes en sus sufrimientos, que compartieran su 'vaso' y su 'bautismo'.[22] De modo que, en la medida en que compartían sus sufrimientos, también compartirían su gloria. El sufrimiento habría de verse, no solo como consecuencia del antagonismo del mundo, sino como una necesaria preparación. 'Es necesario que a través de muchas tribulaciones entremos en el reino de Dios', advirtieron los apóstoles a los nuevos conversos en Galacia (Hechos 14.22). Es comprensible, por lo tanto, que la incontable multitud de los redimidos que vio Juan delante del trono de Dios fuera descripta como habiendo 'salido de la gran tribulación' (dado el contexto, seguramente sinónimo de la vida cristiana) y como habiendo 'lavado sus ropas, y … emblanquecido en la sangre del Cordero'.[23]

Es la esperanza de gloria lo que hace tolerable el sufrimiento. La perspectiva esencial que necesitamos es la del propósito eterno de

21. Por ejemplo, Mt. 5.10–12; Jn. 15.18–21; Fil. 1.30; 1 Ts. 3.3; 1 P. 2.21; 4.12; 2 Ti. 3.12.
22. Por ejemplo, Mr. 10.38; 2 Co. 1.5; Fil. 3.10; 1 P. 4.13; 5.1.
23. Por ejemplo, Hch. 14.22; Ro. 8.17; 2 Ti. 2.11–12; 1 P. 4.13; 5.1, 9–10; Ap. 7.9, 14.

Dios, que es el de hacernos santos o semejantes a Cristo. Deberíamos meditar frecuentemente en los grandes textos neotestamentarios que reúnen la eternidad pasada y la futura en el espacio de un solo horizonte. Porque Dios 'nos escogió en él antes de la fundación del mundo, para que fuésemos santos y sin mancha delante de él'. Su propósito es presentarnos 'sin mancha delante de su gloria con gran alegría'. Es cuando estos horizontes están a la vista que consideramos 'las aflicciones del tiempo presente no son comparables con la gloria venidera que en nosotros ha de manifestarse', porque 'esta leve tribulación momentánea produce en nosotros un cada vez más excelente y eterno peso de gloria'. ¿Y qué es esta 'gloria', este destino último, para el cual Dios viene preparando todas las cosas para el bien, incluidos nuestros sufrimientos? Es la gloria de ser 'hechos conformes a la imagen de su Hijo'. Por lo tanto, las perspectivas futuras que hacen tolerable el sufrimiento, están constituidas por una recompensa que no tiene la forma de un 'premio', lo cual podría llevarnos a decir 'si no hay dolor, no hay palmas' o 'si no hay cruz, no hay corona'. La única recompensa de incalculable valor es la gloria de Cristo, a saber, su propia imagen perfectamente recreada dentro de nosotros. 'Seremos semejantes a él, porque le veremos tal como él es.'[24]

Este es el tema dominante del libro *Destined for glory* (Destinados a la gloria) por la canadiense Margaret Clarkson, autora y escritora de himnos. Nacida en un hogar 'sin amor y sin felicidad', y afligida desde la niñez por agudos dolores de cabeza y una paralizante artritis, el sufrimiento fue el compañero inseparable de toda su vida. Experimentó plenamente las reacciones humanas al dolor, incluyendo 'la cólera, la frustración, la desesperación' y además la tentación del suicidio (pp. VII ss). Pero gradualmente llegó al punto de creer en la soberanía de Dios, a saber, que Dios 'manifiesta su soberanía sobre el mal valiéndose precisamente del sufrimiento que es inherente al mal para contribuir al cumplimiento de su eterno propósito' (p. 37). En este proceso Dios ha elaborado una alquimia superior a la que buscaban los químicos primitivos que trataban de transformar metales bajos en oro. Porque 'el único alquimista verdadero es Dios'. Él tiene éxito hasta en la 'transformación del mal en bien' (p. 103). Estamos 'destinados a la

24. Ef. 1.4; Jud. 24; Ro. 8.18; 2 Co. 4.17; Ro. 8.28–29; 1 Jn. 3.2.

gloria, la gloria para la cual nos ha creado, la de hacernos semejantes a su Hijo' (p. 125). La idea está sintetizada en una estrofa de uno de los himnos de Margaret Clarkson (p. XII).

> Padre mío, tú eres soberano,
> Señor del dolor humano,
> que transmutas las penas terrenales
> en oro de celestial ganancia.
> Anulando todo el mal,
> como nadie sino el Vencedor puede,
> tu amor persigue su propósito.
> el eterno bien de nuestras almas.

Bien podríamos responder, desde luego, que no queremos que Dios nos cambie, en especial si el medio que necesariamente emplea es el dolor. 'Podemos desear, por cierto', escribió C. S. Lewis, 'que fuésemos de tan poco valor para Dios que nos dejara solos para seguir nuestros impulsos naturales; que dejara de tratar de prepararnos para ser algo tan distinto de lo que naturalmente somos; pero una vez más, estaríamos pidiendo no más amor, sino menos ... Pedir que el amor de Dios se conforme con nosotros tal como somos, es pedirle a Dios que deje de ser Dios ...'[25]

Sin ninguna duda, esta visión del sufrimiento como la senda hacia la gloria para el pueblo de Dios es bíblica. No se puede decir lo mismo de los intentos de universalizar el principio y aplicarlo a todo sufrimiento sin excepción.

Consideremos, por ejemplo, uno de los libros oficiales publicados en preparación de la sexta asamblea del Concilio Mundial de Iglesias en Vancouver (1983), cuyo título fue publicitado como 'Jesucristo, la vida del mundo'. Este libro, aunque fue escrito por John Poulton, surgió de una reunión de veinticinco teólogos representativos, y por lo tanto están incorporados sus puntos de vista. Uno de sus temas principales es que existe un paralelo entre la muerte y resurrección de Jesús, por un lado, y el sufrimiento y los triunfos del mundo contemporáneo, por otro. De este modo, la totalidad de la vida humana se representa como una celebración eucarística. '¿Acaso no podríamos decir', pregunta

25. C. S. Lewis: *El problema del dolor*, en el cap. 'La bondad divina' (pp. 32, 36 en la edición citada por el autor; ver Bibliografía).

John Poulton, 'que dondequiera haya una conjunción de sufrimiento y gozo, de muerte y vida, *allí hay eucaristía*?'[26] La base de esta interpretación es el hecho de que 'el esquema del autosacrificio y el nuevo comienzo no es un esquema que solo experimentan los miembros de la iglesia cristiana, y al que amoldan su vida. Fuera de su círculo hay otros que parecerían reflejarlo, algunas veces de modo sumamente singular' (p. 66). En efecto, continúa John Poulton, el entrecruzamiento del dolor y el gozo, del sufrimiento y la certidumbre, de la traición y el amor es discernible en la vida diaria en todas partes. Refleja el invierno y la primavera, el viernes santo y la pascua. El evangelismo de antiguo cuño ya no hace falta, dice Poulton. La nueva evangelización será la obra del Espíritu Santo que ha de 'centrar en Jesucristo una forma ya vislumbrada en la experiencia humana' (p. 66).

Este no es el evangelio del Nuevo Testamento. La Escritura no nos da libertad para aseverar que todo sufrimiento humano conduzca a la gloria. Cierto es que Jesús se refirió a las guerras, a los terremotos y a las hambrunas como el 'principio de dolores' que anunciaba el surgimiento de un nuevo mundo, y en forma similar Pablo asemejó la situación de la naturaleza —su frustración, sus gemidos y sometimiento a degradación— a los 'dolores de parto'.[27] Pero estas son referencias a la promesa de renovación cósmica tanto para la sociedad como para la naturaleza; no se aplican en la Biblia a la salvación de los individuos o los pueblos.

Otro ejemplo es el conmovedor intento hecho por el doctor Ulrich Simon, un judío alemán cristiano que huyó a Inglaterra en 1933, y cuyo padre, hermano y otros parientes perecieron en campos de concentración. Simon aplicó al holocausto el principio muerte–resurrección y sufrimientos–gloria. En su libro *A theology of Auschwitz* (Una teología de Auschwitz), de 1967, procuró 'mostrar un esquema del sacrificio de Cristo, que resume todas las agonías, como la realidad por detrás de Auschwitz' (pp. 13–14). El holocausto (que desde luego significa 'ofrenda quemada') 'no es menos sacrificio que el que se prefigura en las Escrituras', es decir, en el Siervo sufriente del Señor (pp. 83–84). De esta manera, 'la mecánica del asesinato fue convertida en una oblación orientada hacia Dios', y los que entregaron sus vidas en

26. John Poulton: *La fiesta de la vida* (p. 52 en la edición citada por el autor).
27. Mr. 13.8; Ro. 8.22.

las cámaras de gas se identificaron con 'el supremo sacrificio por el conducto de una analogía compartida' (p. 84); incluso fueron chivos expiatorios, que llevaron los pecados del pueblo alemán (p. 86). Pero ahora 'los muertos de Auschwitz se han levantado del polvo' (p. 91). Su resurrección puede verse en el retorno de Israel a la tierra, en la victoria sobre el antisemitismo que 'condujo a Auschwitz, a la vez que fue redimido allí' (p. 93), y en el testimonio judío contemporáneo al mundo, con respecto al carácter sagrado de la vida humana y la amorosa hermandad de todos los hombres (p. 95). El grano de trigo, habiendo caído en tierra, ha producido este fruto. Los sufrimientos de Auschwitz, sostiene Ulrich Simon, están 'insertos en el esquema de la creación y la redención' (p. 102). En particular, al interpretar el holocausto a la luz del Cristo sufriente y al ver su efecto reflejado en el triunfo del Crucificado, ha sido posible darle 'significado espiritual a lo que no tenía sentido' (p. 104). 'Nos aventuramos a atribuir la gloria del Cristo ascendido a los millones que pasaron por las cámaras de gas' (p. 105).

Es imposible no sentirse conmovido por este intento de reconstrucción; apreciamos plenamente las razones del doctor Simon en su deseo de elaborar una 'concepción cósmica, universal y atemporal, de la obra de Cristo' (p. 110). Pero me temo que esta clase de 'teología de Auschwitz' sea especulativa más que escritural. Creo que hay un modo más bíblico y más adecuado de relacionar la cruz con Auschwitz, y me ocuparé de él en seguida. Mientras tanto, en el seno de la comunidad de los que Dios, en su misericordia, ha redimido, tendría que ser posible que hagamos eco a las afirmaciones de Pablo de que 'nos gloriamos en las tribulaciones … [porque] nos gloriamos en la esperanza de la gloria de Dios' (Romanos 5.2–3).

Hasta aquí, al procurar discernir las relaciones entre los sufrimientos de Cristo y los nuestros, aparte de la inspiración de su ejemplo, hemos visto que el sufrimiento (para nosotros como para Jesús) es la senda señalada por Dios para llegar a la santificación (la santidad madura), la multiplicación (el servicio fructífero) y la glorificación (nuestro destino final). Espero que no suene irreal. Sé que es fácil teorizar. Pero las cosas parecen diferentes cuando el horizonte se nos cierra, cuando nos rodea el horror de una gran oscuridad y no brilla el menor asomo de luz que nos asegure que el sufrimiento todavía puede ser productivo. En esos momentos, lo único que podemos hacer es aferrarnos a la cruz, donde Cristo mismo demostró que del sufrimiento nace la bendición.

La fe y el libro de Job

En quinto lugar, la cruz de Cristo es **el fundamento de una fe razonable**. Todo sufrimiento, físico y emocional, pone a prueba seriamente nuestra fe. ¿Cómo puede ser razonable, cuando nos sobrecoge una calamidad, continuar confiando en Dios? La mejor respuesta a este interrogante es la que proporciona el libro de Job. Bien vale la pena que clarifiquemos su tesis.

A Job se lo presenta como un hombre 'perfecto y recto', que era 'temeroso de Dios' y vivía 'apartado del mal'. Pero luego (una vez que nosotros los lectores hemos tenido la oportunidad de asomarnos a las deliberaciones en la cámara del concejo celestial), Job es acosado por una serie de tragedias personales. Sucesivamente pierde su ganado, sus siervos, sus hijos e hijas y su salud. Sería difícil exagerar la magnitud de los desastres que lo abruman. En el resto del libro todo el espectro de posibles respuestas al sufrimiento aparecen en el diálogo que se lleva a cabo entre Job, sus tres supuestos 'consoladores', el joven Eliú, y finalmente Dios mismo. Cada uno de los participantes propone una actitud diferente; es particularmente digno de notar en cada uno el lugar que se le acuerda al propio yo.

La actitud de Job mismo es una mezcla de *autoconmiseración* y de *autoafianzamiento*. Se niega a seguir el consejo de su mujer, quien le dice 'maldice a Dios, y muérete'. No obstante Job comienza a maldecir el día en que nació y seguidamente suspira angustiado para que llegue el día de su muerte. Rechaza totalmente las acusaciones de sus tres amigos. En cambio, elabora sus propias acusaciones contra Dios. Declara que Dios está actuando en forma brutal con él, incluso implacable. Peor todavía, Dios lo ha privado completamente de justicia (27.2). La contienda entre ellos, dice Job, es enormemente injusta por cuanto son tan desiguales. ¡Si solo hubiera un mediador para hacer de árbitro entre ellos! ¡Si tan solo pudiera él mismo encontrar a Dios, con el fin de acusarlo personalmente! Mientras tanto, reitera con firmeza su inocencia y confía en que algún día será vindicado.

Por contraste, el mejor modo de describir la actitud que recomiendan los amigos de Job es como *autoacusación*. Job sufre porque es pecador. Sus aflicciones son la penalidad divina por sus errores.

Esa es la ortodoxia convencional acerca de los malos, que los 'consoladores' repiten hasta el cansancio. 'Todos sus días, el impío es atormentado de dolor', dice Elifaz (15.20). 'Ciertamente la luz de los impíos será apagada', agrega Bildad (18.5), y por su parte, la contribución de Zofar es que 'la alegría de los malos es breve' (20.5). De esta premisa básica deducen inevitablemente que Job sufre por su iniquidad. 'Por cierto tu malicia es grande, y tus maldades no tienen fin' (22.5). Pero Job no acepta ninguna de las acusaciones. Sus amigos son 'médicos nulos' (13.4) y 'consoladores molestos' (16.2), que hablan puramente 'en vano' y argumentan con 'falacia' (21.34). Posteriormente Dios confirma el veredicto de Job. Se refiere a ellos diciendo que no han hablado de él 'lo recto', como lo hizo su siervo Job (42.7–8).

Luego entra Eliú. Si bien está enojado por cuanto Job 'se justificaba a sí mismo más que a Dios' (32.2), teme hablar a causa de su juventud. Cuando lo hace, no es del todo fácil distinguir su posición de la de los tres consoladores de Job. A veces él también repite la vieja ortodoxia. Al mismo tiempo se anticipa al discurso de Yahvéh sobre la creación. Podríamos decir que la actitud que recomienda es la de la *autodisciplina*, dado que pone el énfasis distintivo en el hecho de que Dios habla de muchas maneras (aun el sufrimiento) con el fin de 'quitar al hombre de su obra, y apartar del varón la soberbia' (33.14, 17). De modo que Dios 'despierta además el oído de ellos [los hombres] para la corrección' y 'en la aflicción despertará su oído' (36.10, 15). En realidad, '¿qué enseñador [hay] semejante a él?' (v. 22). Su enseñanza, incluso, es una especie de 'atracción' (v. 16, BA), mediante la cual ruega a la gente que se arrepienta y de esa manera procura librarlos de sus angustias.

Por fin, cuando Job, los consoladores, y Eliú han agotado sus argumentos, Yahvéh se revela a ellos y habla. A juzgar por la respuesta de Job, la actitud que le recomienda puede describirse como *autorrendición*. Dios está lejos de plegarse a los tres amigos de Job en sus acusaciones; tampoco culpa a Job por defender su inocencia (42.8). Toma en serio sus quejas y por ello le responde. Pero Job ha pronunciado 'palabras sin sabiduría', por cuanto nunca está bien culpar, acusar a Dios, y menos 'disputar' con él (40.2). '¿Invalidarás tú también mi juicio?' pregunta Dios (40.8). Y Job contesta. 'De oídas te había oído; mas ahora mis ojos te ven. Por tanto me aborrezco, y me arrepiento en polvo y ceniza' (42.5–6). Anteriormente se había defendido y compadecido a sí mismo, haciéndose valer y acusando a Dios. Ahora se desprecia a sí mismo y adora a Dios. ¿Qué es lo que ahora 've', y qué lo lleva de la autoafirmación a la autorrendición?

Job ha sido invitado a echarle una nueva mirada a la creación y ha vislumbrado la gloria del Creador. Dios lo bombardea con preguntas. ¿Dónde estaba él cuando fueron hechos los cielos y la tierra? ¿Acaso puede él controlar la nieve, la tormenta y las estrellas? ¿Posee él el conocimiento para supervisar y sostener al mundo animal, a leones y cabras monteses, al asno montés y al búfalo, al avestruz y al caballo, al gavilán y al águila? Sobre todo, ¿puede Job comprender los misterios y someter la fuerza de *behemot* el hipopótamo y de *leviatán* el cocodrilo? Lo que Dios le ofreció a Job fue una extensa introducción a las maravillas de la naturaleza, y de ese modo una relevación de su genio creador. De ese modo silenció las acusaciones de Job y lo condujo (aun en medio de su prolongada aflicción, sufrimiento y dolor) a humillarse, a arrepentirse de su rebelión y a volver a confiar en Dios.

Si era razonable que Job confiara en el Dios cuya sabiduría y poder han sido revelados en la creación, ¿cuánto más razonable es que nosotros confiemos en el Dios cuyo amor y justicia nos han sido revelados en la cruz? Lo razonable de confiar radica en conocer la confiabilidad del objeto, y nadie es más confiable que el Dios de la cruz. Ella nos asegura que no hay posibilidad de que se malogre la justicia o que el amor sea derrotado. 'El que no escatimó ni a su propio Hijo, sino que lo entregó por todos nosotros, ¿cómo no nos dará también con él todas las cosas?' (Romanos 8.32). Es la autoentrega de Dios en el don de su Hijo lo que nos convence de que no mezquinará nada de lo que necesitamos, ni permitirá que nada nos separe de su amor (vv. 35–39). Es razonable confiar en Dios durante el lapso que transcurre entre la cruz, donde comenzaron a revelarse claramente el amor y la justicia de Dios, y el día del juicio cuando sean completamente revelados.

Tenemos que aprender el ascenso al monte llamado Calvario y desde ese lugar estratégico contemplar todas las tragedias de la vida. La cruz no resuelve el problema del sufrimiento, pero proporciona la perspectiva esencial desde la cual analizarlo. Puesto que Dios ha dado pruebas de su santo amor y de su amorosa justicia en un hecho histórico (la cruz), ningún otro hecho histórico (sea personal o global) puede invalidarlo o descalificarlo. Este ha de ser seguramente el motivo por el cual el rollo (el libro de la historia y el destino) se encuentra ahora en manos del Cordero inmolado. Este es el motivo por el cual solo él es digno de abrir sus sellos, revelar su contenido y controlar el desarrollo del futuro.

El dolor de Dios

Hay un sexto modo en el cual los sufrimientos de Cristo se relacionan con los nuestros. Es el más importante de la serie. Es el hecho de que la cruz de Cristo es **la prueba del amor solidario de Dios**, es decir, de su solidaridad personal y amorosa para con nosotros en nuestro dolor. Porque el verdadero aguijón del sufrimiento no es la tragedia en sí, ni tampoco el dolor o la injusticia de la misma, sino el aparente abandono por parte de Dios ante ese sufrimiento. El dolor es soportable, pero la aparente indiferencia de Dios no lo es. A veces nos lo imaginamos descansando plácidamente, tal vez adormilado, en alguna hamaca celestial, mientras los millones de hambrientos se mueren por falta de alimentos. Nos lo imaginamos como un espectador de sillón, casi regodeándose ante el sufrimiento del mundo, y gozando de su propio aislamiento. Philip Yancey ha ido más lejos y ha pronunciado lo impronunciable, algo que quizá hayamos pensado pero no nos hemos atrevido a manifestar audiblemente. 'Si Dios realmente está a cargo, conectado de algún modo a todo el sufrimiento del mundo, ¿por qué se muestra tan caprichoso e injusto? ¿Es acaso el sádico cósmico que se deleita al ver cómo nos retorcemos?'[28] Job dijo algo similar. Dios 'se ríe del sufrimiento de los inocentes' (9.23).

La cruz hace añicos esta terrible caricatura de Dios. No debemos pensar en Dios recostado en una hamaca sino suspendido de una cruz. El Dios que nos deja sufrir, una vez sufrió él mismo en Cristo, y sigue sufriendo con nosotros y por nosotros hoy. La cruz fue un acontecimiento histórico que se dio una vez para siempre, en el que Dios en Cristo llevó nuestros pecados y murió nuestra muerte, por su amor y su justicia. Pero no debemos pensar en ella como la expresión de un eterno cargar los pecados en el corazón de Dios. En cambio, lo que la Escritura sí nos da pie para decir es que el eterno y santo amor de Dios, que se manifestó de un modo único en el sacrificio de la cruz, sigue sufriendo con nosotros en toda situación en la que corresponda que se haga sentir. Con todo, ¿será legítimo hablar de

28. P. Yancey: *Where is God when it hurts?*, p. 63.

un Dios sufriente? ¿No será que nos lo impide hacerlo la doctrina tradicional de la divina impasibilidad? El adjetivo latino *impassibilis* significa 'incapaz de sufrir' y por lo tanto 'falto de emoción'. Los filósofos aplicaban el equivalente griego *apathēs* a la deidad, a quien declaraban por encima del placer y del dolor, por cuanto estos interrumpirían su tranquilidad.

Los Padres griegos de la iglesia primitiva adoptaron esta noción sin someterla a un análisis acrítico. En consecuencia, su enseñanza sobre Dios suena a veces más griega que hebrea. Al mismo tiempo, era ambivalente. Entendían que Jesucristo el Hijo encarnado sufrió, pero no Dios mismo. Ignacio escribió a Policarpo, por ejemplo, sobre el Dios 'que no puede sufrir, quien por amor a nosotros aceptó el sufrimiento', es decir, en Cristo.[29] De modo semejante, Ireneo afirmó que en razón de la encarnación 'lo invisible se hizo visible, lo incomprensible comprensible y lo impasible pasible'.[30] Cierto es, nuevamente, que sabían que los autores del Antiguo Testamento escribían libremente sobre el amor, la compasión, la ira, el dolor y el celo de Dios. Pero agregaban que se trataba de antropomorfismos que no debían tomarse literalmente, por cuanto la naturaleza divina es inconmovible ante toda emoción.[31] Gregorio Taumaturgo, en el siglo III, llegó a escribir que 'en su sufrimiento Dios muestra su impasibilidad'.

Estos y otros Padres de la iglesia primitiva merecen nuestra comprensión. Querían, por sobre todas las cosas, salvaguardar la verdad de que Dios es perfecto (de modo que no se le puede agregar ni sustraer nada) y la de que Dios es inmutable (de modo que nada puede perturbarlo).[32] Hoy también deberíamos asegurarnos de que queremos mantener intactas estas verdades. No se puede ejercer influencia sobre Dios en contra de su voluntad, ni desde dentro ni desde fuera. Jamás es víctima involuntaria ya sea de acciones que lo afecten desde afuera o de emociones que lo aflijan desde dentro de sí mismo. Como lo indicó William Temple. "Hay un sentido altamente

29. Ignacio: *Ad Polycarp* 3. Ver su *Ad Ef.* VII. 2.

30. Ireneo: *Adversus Haereses* III.16.6.

31. Ver por ejemplo el *Stromateis* V. 11 de Clemente de Alejandría y el *Ezek. hom.* VI.6 de Orígenes. Un útil panorama de citas y referencias patrísticas lo ofrece J. K. Mozley en su *Impassibility of God.* Ver también *Suffering of the impassible* por D. R. Brasnett.

32. Afirmaciones sobre que Dios no modifica su manera de pensar, su justicia ni su compasión pueden encontrarse en Nm. 23.19; 1 S. 15.29; Ez. 18.25; Mal. 3.6.

técnico en el cual Dios, tal como lo reveló Cristo, 'no tiene pasiones'; por cuanto él es Creador y supremo, y jamás es 'pasivo' en el sentido de que le ocurran cosas a menos que él mismo las consienta; además es constante y libre de arrebatos de sentimiento que lo arrastren de aquí para allá." No obstante, Temple prosiguió diciendo, correctamente, que el término 'impasible' tal como lo usa la mayoría de los teólogos, en realidad significaba 'incapaz de sufrir', y que, en este sentido, 'su aserción con respecto a Dios es casi enteramente falsa'.[33]

Es cierto que el lenguaje del Antiguo Testamento se acomoda al entendimiento humano, y que a Dios se lo representa como si experimentase emociones humanas. Pero, si bien reconocemos que sus sentimientos no son *humanos*, no tenemos por qué negar que sean *reales*. Si solo fueran metafóricos, 'entonces el único Dios que nos quedaría sería el *iceberg* infinito de la metafísica'.[34] Por contraste, podemos dar gracias al erudito judío Abraham Heschel, quien en su libro *The prophets* (Los profetas)se refiere a esa 'teología del patetismo' (porque representa a un Dios con emociones). Heschel explica que los frecuentes 'antropomorfismos' de las Escrituras (que atribuyen sufrimiento humano a Dios) no se deben rechazar como toscos o primitivos, sino más bien han de ser aceptados como cruciales para nuestro entendimiento de su persona. 'La idea más elevada aplicada a Dios no es la infinita sabiduría o el infinito poder, sino la infinita y amorosa preocupación' (p. 241). Así, antes del diluvio, a Yahvéh le 'pesó' (DHH) haber hecho al ser humano y 'le dolió en su corazón'. Y cuando su pueblo fue oprimido por extranjeros en la época de los jueces, Yahvéh 'fue angustiado a causa de la aflicción de Israel'.[35] Las ocasiones más llamativas de todas son aquellas en que por medio de los profetas Dios dice que sus 'entrañas se conmovieron' y que tendría 'misericordia' de su pueblo. Dice a Israel directamente. 'Con amor eterno te he amado' … '¿Se olvidará la mujer … del hijo de su vientre? Aunque olvide ella, yo nunca me olvidaré de ti' … '¿Cómo podré abandonarte, oh Efraín? ¿Te entregaré yo, Israel?' … 'Mi corazón se conmueve dentro de mí, se inflama toda mi compasión.'[36]

33. William Temple: *Christus veritas*, p. 269.
34. Vincent Tymms, citado por J. K. Mozley: *Impassibility of God*, p. 146.
35. Gn. 6.6–7; Jue. 10.16.
36. Jer. 31.20; 31.3; Is. 49.15; Os. 11.8.

Finalmente, si la autorrevelación plena y definitiva de Dios fue la que ofreció Jesús, entonces sus sentimientos y sufrimientos constituyen un auténtico reflejo de los sentimientos y sufrimientos de Dios mismo. Los escritores de los Evangelios le atribuyen toda la gama de emociones humanas, desde el amor y la compasión pasando por el odio y la indignación hasta la tristeza y el gozo. La terquedad de los corazones humanos le ocasionaban angustia y enojo. A la entrada de la tumba de Lázaro, frente a la muerte, 'lloró' de dolor y fue 'profundamente conmovido' de indignación. Volvió a llorar por Jerusalén, y pronunció un lamento por su ceguera y terquedad. Aun hoy puede 'compadecerse de nuestras debilidades', sintiendo con nosotros por medio de esas debilidades.[37]

Amar tiene un costo

El mejor modo de hacer frente al punto de vista tradicional sobre la impasibilidad de Dios es preguntar 'qué significado puede haber en un amor que no le resulta costoso al que ama'.[38] Si el amor es desprendido, inevitablemente es vulnerable al dolor, por cuanto se expone a la posibilidad del rechazo y el insulto. Es 'la aseveración cristiana fundamental de que Dios es amor', escribe Jürgen Moltmann, 'que en principio quebró el hechizo de la doctrina aristotélica del Dios' (e.d. 'impasible'). 'Si Dios fuera incapaz de sufrir ..., entonces también sería incapaz de amar, [mientras que] el que es capaz de amar es, asimismo, capaz de sufrir, porque también se abre al sufrimiento que implica el amor'.[39] Seguramente esa es la razón por la cual Bonhoeffer escribió desde la prisión a su amigo Eberhard Bethge, nueve meses antes de su ejecución. 'Solo el Dios sufriente puede ayudar'.[40]

El estudioso luterano japonés Kasoh Kitamori es digno de mención especial como valiente opositor de puntos de vista falsos sobre la divina impasibilidad. Escribió su notable libro *Theology of the pain of God* (Teología del sufrimiento de Dios) en 1945, no mucho tiempo

37. Mr. 3.5; Jn. 11.35, 38; Lc. 13.34–35; 19.41–44; He. 4.15. Ver también el ensayo de B. B. Warfield 'The emotional life our Lord', reimpreso de *Biblical and theological studies* (Scribners, 1912) en *The person and work of Christ*, ed. Samuel G. Craig, pp. 93–145.

38. H. Wheeler Robinson: *Suffering human and divine*, p. 176.

39. Jürgen Moltmann: *El Dios crucificado*. Ver toda la sección (pp. 222–230 en la edición citada por el autor; ver Bibliografía).

40. Dietrich Bonhoeffer: *Letters and papers*, p. 361.

después de que las primeras bombas atómicas destruyeran Hiroshima y Nagasaki. La inspiración, nos dice, le vino de Jeremías 31.20, donde Dios describe que sus entrañas 'se conmovieron' o 'se apenaron' por Efraín, incluso 'se quebrantaron'. "El corazón del evangelio me fue revelado como el 'dolor de Dios'," escribe (p. 19). Para empezar, la ira que Dios siente contra el pecado le produce dolor. 'Esta ira de Dios es absoluta y firme. Podemos decir que el reconocimiento de la ira de Dios es el principio de la sabiduría.' Pero Dios justamente ama a las personas con las que está enojado. De modo que "el 'dolor' de Dios refleja su voluntad de amar al objeto de su ira". Es su amor y su ira los que juntos producen su dolor. Porque aquí, en la impresionante frase de Lutero, está 'Dios luchando con Dios'. 'El hecho de que el Dios que lucha es uno solo y el mismo Dios, y no dos, le ocasiona dolor a Dios' (p. 21). El dolor de Dios es 'una síntesis de su ira y su amor' (p. 26) y es 'su esencia' (p. 47). Esto se reveló en forma suprema en la cruz. Porque "el 'dolor de Dios' resulta del amor de Aquel que intercepta y frena su ira para con nosotros, Aquel que es él mismo herido por su ira" (p. 123).

Se trata de fraseología sumamente audaz. Nos ayuda a entender cómo es que el dolor de Dios continúa toda vez que su ira y su amor, su justicia y su misericordia, se encuentran en tensión hoy. Contemplando el mundo en el curso de la segunda mitad del siglo XX, probablemente haya habido dos ejemplos extraordinariamente conspicuos de sufrimiento humano, siendo el primero el hambre y la pobreza en escala mundial, y el segundo el holocausto nazi de seis millones de judíos. ¿En qué forma le habla la cruz a perversidades como estas?

Se calcula que mil millones de personas en la actualidad pueden con justicia describirse como 'desamparadas', en razón de que carecen de las necesidades básicas de la vida. Muchas de ellas logran mantener una existencia penosa en los barrios bajos y zonas marginales de África y Asia, las 'barriadas' de la América hispana y las *favelas* del Brasil. La penuria de la gente, el congestionamiento en sus destartaladas viviendas, la falta de instalaciones sanitarias elementales, la virtual desnudez de los niños, el hambre, la enfermedad, el desempleo y la ausencia de educación, todo esto conforma un horrorífico cuadro de necesidad humana. No es de sorprender que estos barrios sean semilleros de amargura y resentimiento; lo sorprendente es que la extrema inhumanidad e injusticia de todo eso no produzca un odio mucho más virulento. Rolf Italiaander imagina a un hombre pobre de una de las *favelas* de Río de Janeiro, que sube laboriosamente los 704 metros hasta la colosal estatua de Cristo, que domina la ciudad de Río, 'el Cristo del Corcovado'. El desposeído le habla a la estatua.

> He subido hasta ti, Cristo, desde los sucios y estrechos barrios allí abajo ... para plantearte, con el mayor respeto, estas consideraciones. Somos 900.000 en los suburbios de esta espléndida ciudad ... Y tú, Cristo, ... ¿te quedas aquí en el Corcovado rodeado de divina gloria? Baja allí a las *favelas*. Ven conmigo y vive con nosotros allí abajo. No te mantengas alejado de nosotros; vive entre nosotros y danos nueva fe en ti y en el Padre. Amén.[41]

¿Qué diría Cristo como respuesta a semejante súplica? ¿Acaso no diría 'Sí que bajé a vivir entre ustedes, y todavía vivo entre ustedes'?

Así, justamente, es como algunos teólogos latinoamericanos están presentando la cruz hoy. En su *Cristología en la encrucijada*, por ejemplo, el profesor Jon Sobrino, de El Salvador, protesta contra esa teología puramente académica que no inicia acción alguna contra la 'mística' tradicional y lastimera de la cruz y resulta demasiado pasiva e individualista. En su lugar, procura relacionar la cruz con el mundo moderno y su injusticia social. ¿Acaso Dios mismo —pregunta— 'se mantuvo intocable ante la cruz histórica porque es esencialmente intocable'? (p. 190). No, por cierto que no. 'Dios mismo, el Padre, estaba en la cruz de Jesús.' Además, 'Dios se ha de encontrar en las cruces de los oprimidos' (p. 201). Siempre que el profesor Sobrino no esté negando el propósito fundamental y expiatorio de la cruz, no creo que debamos oponernos a lo que está afirmando. He aquí su propia síntesis. 'En la cruz de Jesús, Dios mismo es crucificado. El Padre sufre la muerte del Hijo y toma sobre sí mismo el dolor y el sufrimiento de la historia.' En esta solidaridad definitiva con los seres humanos 'Dios se revela como el Dios del amor' (pp. 224, 371).

¿Qué diremos sobre el holocausto? 'Después de Auschwitz', dijo Richard Rubinstein, 'es imposible creer en Dios'. Un domingo por la tarde, en un subcampo de Buchenwald, un grupo de judíos eruditos

41. Citado de Walbert Bühlmann: *La tercera iglesia a las puertas* (p. 125 en la edición citada por el autor).

decidió someter a Dios a juicio por descuidar a su pueblo elegido. Designaron testigos tanto para la acusación como para la defensa, pero la acusación resultó abrumadora. Los jueces eran rabinos. Decidieron que el acusado era culpable y solemnemente lo sentenciaron.[42] Es comprensible. La absoluta bestialidad de los campos de concentración y de las cámaras de gas, y el hecho de que Dios no intervino a favor de su antiguo pueblo, a pesar de sus frecuentes y fervientes oraciones, han conmovido la fe de muchas personas. Ya he dicho que no creo que la forma de interpretar Auschwitz y sus consecuencias sea en función de muerte y resurrección. ¿Hay, por ende, otra forma?

Pienso que Elie Wiesel puede ayudarnos. Judío, nacido en Hungría, y actualmente autor aclamado internacionalmente, nos ha ofrecido en su libro *Night* (Noche) un relato profundamente conmovedor de sus experiencias en los campos de muerte de Auschwitz, Buna y Buchenwald.

No tenía aún quince años de edad cuando llegó la Gestapo para deportar a todos los judíos de Sighet en la primavera de 1944. Viajaron por tren durante tres días, ochenta personas en cada vagón para ganado. Al llegar a Auschwitz, los hombres y las mujeres fueron separados, y Elie nunca volvió a ver a su madre y a su hermana. 'Jamás olvidaré esa noche, la primera noche en el campo, que ha convertido mi vida en una sola y larga noche, siete veces maldita y siete veces sellada. Jamás olvidaré ese humo [vale decir del crematorio] … Jamás olvidaré esas llamas que consumían mi fe para siempre … Jamás olvidaré esos momentos que asesinaron a mi Dios y a mi alma, y convirtieron mis sueños en polvo …' (p. 45). Un poco más adelante escribió. 'Algunos hablaban de Dios, de sus misteriosos caminos, de los pecados del pueblo judío y de su futura liberación. Pero yo había dejado de orar. ¡Cómo simpatizaba con Job! No negaba la existencia de Dios, pero dudaba de su absoluta justicia' (p. 57).

Quizá la experiencia más horrible de todas fue cuando los guardias primeramente torturaron y luego ahorcaron a un muchachito, 'un niño refinado y de hermoso rostro', un 'ángel de ojos tristes'. Justo antes del ahorcamiento Elie oyó que alguien preguntó en susurros detrás de él. '¿Dónde está Dios? ¿Dónde está?' Miles de prisioneros fueron

42. El rabí Hugo Gryn se enteró de esto primeramente por un tío suyo que sobrevivió en Buchenwald. Ha sido relatado por varios autores judíos, y también por Gerald Priestland en *Case against God*, p. 13.

obligados a presenciar el ahorcamiento (le llevó al muchacho media hora morir) y luego a marchar por delante del patíbulo mirándolo directamente a la cara. Detrás de él, Elie oyó la misma voz que preguntaba "¿Dónde está Dios ahora? … Y oí una voz dentro de mí que le contestó. '¿Dónde está? Está aquí, está aquí colgado de esa horca …'" (pp. 75–77). Sus palabras eran más veraces de lo que él suponía, porque no era cristiano. En efecto, en cada fibra de su ser se rebeló contra Dios por haber permitido que esa gente fuese torturada, asesinada brutalmente, enviada a la cámara de gas y quemada. 'Yo estaba solo, terriblemente solo en un mundo sin Dios y sin el hombre. Sin amor ni misericordia' (p. 79). ¿Podría haber dicho eso si, en Jesús, hubiera visto a Dios en la horca?

Hay buenas pruebas bíblicas de que Dios no solo sufrió en Cristo, sino que Dios en Cristo sufre todavía con su pueblo. Está escrito que Dios, durante los tempranos días de la amarga esclavitud de Israel en Egipto, no simplemente vio su desesperante situación y 'oyó el gemido de ellos' sino, también, que 'en toda angustia de ellos él fue angustiado'. ¿No le preguntó Jesús a Saulo de Tarso por qué lo perseguía, dando a conocer así su solidaridad con su iglesia?

Es maravilloso que podamos compartir los sufrimientos de Cristo; es más maravilloso aun que él comparta los nuestros. De verdad que su nombre es 'Emanuel', 'Dios con nosotros'. Su solidaridad o 'simpatía' no se limita a sufrir con el pueblo del pacto. ¿No dijo Jesús que al ocuparnos de los hambrientos y los sedientos, del extranjero, del desnudo, de los pobres y de los cautivos, estaríamos colaborando con él, indicando con esto que él se identificaba con todas las personas necesitadas y sufrientes?[43]

La cruz revela el amor de Dios

Yo mismo no podría creer en Dios si no fuera por la cruz. El único Dios en el cual creo es Aquel que Nietzsche ridiculizó como 'Dios en la cruz'. En el mundo real del dolor, ¿cómo podría alguien adorar a un Dios que fuese inmune al dolor? He tenido la oportunidad de entrar en muchos templos budistas en diferentes países asiáticos; me he detenido respetuosamente ante la estatua de Buda, que aparece con las piernas cruzadas, los brazos cruzados, los ojos cerrados, una leve

43. Éx. 2.24; Is. 63.9; Hch. 9.4; Mt. 1.23; 25.34–40.

sonrisa alrededor de la boca, una mirada remota en el rostro, totalmente apartado de las agonías del mundo. Pero vez tras vez, después de un rato, he tenido que alejarme del lugar. Y en imaginación me he vuelto, en cambio, a esa figura solitaria en la cruz, doblada y torturada, con clavos que le atraviesan las manos y los pies; con la espalda lacerada, las extremidades dislocadas, la frente ensangrentada por acción de las espinas, la boca seca, sintiéndose intolerablemente sediento, sumido en las tinieblas del abandono por parte de Dios.

¡Ese es el Dios que quiero yo! Él hizo a un lado su inmunidad al dolor. Ingresó en nuestro mundo de carne y sangre, de lágrimas y muerte. Sufrió por nosotros. Nuestros sufrimientos se vuelven más manejables a la luz de los suyos.

Sin duda persiste el signo de pregunta frente al sufrimiento humano, pero encima de él estampamos nítidamente otro signo, el de la cruz que simboliza el sufrimiento divino. 'La cruz de Cristo … es la única autojustificación de Dios en un mundo' como el nuestro.[44]

El drama breve titulado *El largo silencio* lo dice todo.

> Al final del tiempo, billones de personas estaban esparcidas por una gran llanura delante del trono de Dios.
>
> La mayoría retrocedía ante la brillante luz delante de ellos. Pero algunos hablaban acaloradamente; no mostraban vergüenza sino beligerancia.
>
> '¿Puede Dios juzgarnos? ¿Cómo puede saber lo que es el sufrimiento?' espetó con desparpajo una joven muchacha trigueña. Abrió de un tirón una manga para mostrar un número tatuado en un campo de concentración nazi. '¡Nosotros soportamos el terror … los golpes … la tortura … la muerte!'
>
> En otro grupo, un muchacho negro se abrió el cuello de la camisa. '¿Qué me dicen de esto?' preguntó secamente, mostrando una horrible quemadura de soga. '¡Linchado … por el único crimen de ser negro!'
>
> En otro grupo, una niña de edad escolar, encinta, con ojos resentidos. '¿Por que tengo que sufrir yo?' murmuró. 'No fue culpa mía.'

44. P. T. Forsyth: *Justification of God*, p. 32.

A lo lejos, sobre la llanura, había cientos de grupos similares. Cada uno tenía una queja contra Dios por el mal y el sufrimiento que permitía en su mundo. Qué suerte tenía Dios de vivir en el cielo donde todo era dulzura y luz, sin lágrimas ni temor, sin hambre ni odio. ¿Qué sabía Dios sobre lo que el ser humano estaba obligado a soportar en este mundo? Porque Dios lleva una vida bastante protegida, decían.

De modo que cada uno de estos grupos mandó a su líder, elegido porque era el que más había sufrido. Un judío, un negro, una persona de Hiroshima, una persona horriblemente deformada por la artritis, un niño afectado por la talidomida. En el centro de la llanura se consultaron unos a otros. Por fin estaban listos para presentar su caso. Resultó bastante coherente. Antes de que Dios pudiera estar en condiciones de ser el juez, tenía que soportar lo que habían soportado ellos. Su decisión fue que Dios debía ser sentenciado a vivir en la tierra ¡como hombre!

'Que al nacer sea judío. Que se ponga en tela de juicio la legitimidad de su nacimiento. Que se le asigne un trabajo tan difícil que hasta su familia piense que está loco cuando trate de cumplirlo. Que sea traicionado por sus amigos más íntimos. Que tenga que enfrentar cargos falsos, ser juzgado por un tribunal prejuiciado y sentenciado por un juez de poco carácter. Que sea torturado.

Al final, que vea lo que significa estar terriblemente solo. Luego, que muera. Que muera de manera que no quede duda alguna de que murió. Que haya una gran hueste de testigos para verificarlo.'

A medida que cada líder anunciaba su porción de la sentencia, audibles murmullos de aprobación subían de la multitud reunida allí.

Y cuando el último hubo terminado de pronunciar su parte de la sentencia, hubo un prolongado silencio. Nadie pronunció una sola palabra más. Nadie se movió. Porque súbitamente todos comprendieron que Dios ya había cumplido su sentencia.

Edward Shillito, desconsolado por la carnicería de la Primera Guerra Mundial, encontró consuelo en el hecho de que Jesús pudo mostrarles a sus discípulos las cicatrices de su crucifixión. Lo inspiró de tal manera que escribió su poema 'Jesús de las cicatrices'.

Si nunca te hemos buscado, te buscamos ahora;
tus ojos arden a través de la oscuridad,
nuestras únicas estrellas;
necesitamos la visión de marcas de espinas en tu frente,
te necesitamos a ti, oh Jesús de las cicatrices.

Los cielos nos asustan; están demasiado calmos;
en todo el universo no tenemos ningún lugar.
Nuestras heridas nos duelen; ¿dónde está el bálsamo?
Señor Jesús, por tus cicatrices conocemos tu gracia.

Si te acercas, cuando las puertas estén cerradas,
solo muestra esas manos, ese lado de ti mismo;
sabemos hoy lo que son las heridas, no temas;
muéstranos tus cicatrices, conocemos la contraseña.

Los otros dioses eran fuertes; pero tú fuiste débil;
ellos cabalgaban, tú tropezaste hacia un trono;
pero a nuestras heridas solo las heridas de Dios
pueden hablarles,
y ningún dios tiene heridas, sino solo tú.[45]

45. Edward Shillito: *Jesus of the scars*, publicado después de la Primera Guerra Mundial y citado por William Temple en sus *Readings in St John's Gospel*, pp. 384–385.

CONCLUSIÓN

La Profunda Influencia de la Cruz

En el primer capítulo procuré establecer la centralidad de la cruz en la mente de Cristo, en la Escritura y en la historia. Ahora, en el último, consideraremos el modo en que, desde dicho centro, la influencia de la cruz se extiende hacia afuera, hasta prevalecer en la totalidad de la fe y la vida cristianas. Pero antes de desarrollar este tema, quizá resulte útil pasar revista al territorio que hemos transitado.

Como respuesta a la pregunta '¿Por qué murió Cristo?' reflexionamos en que, si bien Judas lo entregó a los sacerdotes, los sacerdotes a Pilato, y Pilato a los soldados, el Nuevo Testamento indica que el Padre 'lo entregó', como también que Jesús 'se entregó a sí mismo' por nosotros. Esto nos llevó a echar una mirada por debajo de la superficie de lo que estaba ocurriendo, y a investigar las implicancias de las palabras de Jesús en el aposento alto, el huerto de Getsemaní y el grito de abandono.

Es evidente que su muerte estaba relacionada con nuestros pecados. Por eso en la Parte II llegamos al centro mismo de lo que fue la cruz. Comenzamos encarando el problema del perdón como algo constituido por el conflicto entre la majestad de Dios y la gravedad del pecado. Si bien rechazamos algunas teorías sobre la 'satisfacción', llegamos a la conclusión, en el capítulo 5, de que Dios debía 'satisfacerse'. Es decir, él no puede contradecirse a sí mismo, sino que debe actuar de modo que exprese el carácter perfecto de su amor sagrado.

¿Pero cómo podía lograrlo? Nuestra respuesta (capítulo 6) fue que con el fin de satisfacerse a sí mismo se sustituyó a sí mismo en la persona de Cristo por nosotros. Nos atrevimos a sostener que la esencia de la cruz es la 'autosatisfacción por medio de la autosustitución'.

En la Parte III dirigimos la vista más allá de la cruz misma, hacia sus consecuencias, más aun, sus logros. Consideramos, para ello, tres esferas. la salvación de los pecadores, la revelación de Dios y la victoria sobre el mal. Por lo que hace a la salvación, estudiamos las cuatro palabras 'propiciación', 'redención', 'justificación' y 'reconciliación'. Se trata de 'imágenes' utilizadas en el Nuevo Testamento, metáforas de lo que Dios ha hecho en y por medio de la muerte de Cristo. La 'sustitución', sin embargo, no es una imagen más; es la realidad que está por detrás de todas ellas. Luego vimos (capítulo 8) que Dios ha revelado plena y definitivamente su amor y su justicia al ejercerlas en la cruz. Quienes niegan la sustitución, oscurecen la autorrevelación de Dios. Pero cuando se la afirma, su gloria brilla con gran fulgor.

Nos habíamos concentrado hasta aquí en la cruz como logro objetivo (salvación del pecado) y como influencia subjetiva (por medio de la revelación del santo amor). Concordamos luego en que *Christus Victor* es un tercer tema bíblico, que presenta la victoria de Cristo sobre el diablo, la ley, la carne, el mundo y la muerte, y nuestra victoria por medio de él (capítulo 9).

Titulé la Parte IV 'Vivir bajo la cruz', porque la comunidad cristiana es esencialmente una comunidad de la cruz. En efecto, la cruz ha modificado radicalmente todas nuestras relaciones. Ahora adoramos a Dios en continua celebración (capítulo 10); comprendemos quiénes somos y nos entregamos en servicio a otros (capítulo 11). Ahora amamos a nuestros enemigos y procuramos vencer el mal con el bien (capítulo 12) y enfrentamos el desconcertante problema del sufrimiento a la luz de la cruz (capítulo 13).

Siete afirmaciones en la Carta a los Gálatas

La influencia de la cruz es inagotable; no podemos eliminarla de ninguna de las áreas de nuestro pensamiento o de nuestra vida. A modo de conclusión, y a fin de destacar esta influencia, vamos a examinar la carta de Pablo a los Gálatas. Hay dos razones principales para hacer esta elección. Primero, es posible sostener que se trata de su primera carta. Este no es el lugar para analizar los pro y los contra de las teorías sobre el 'sur de Galacia' y el 'norte de Galacia'. La semejanza del contenido con la Carta a los Romanos sugiere la fecha tardía, pero la situación que se presupone en Gálatas encaja mucho mejor en la cronología de Hechos y favorece fuertemente la fecha más temprana. En este caso, la carta fue escrita alrededor del 48 d.C., dentro de los quince años posteriores a la muerte y resurrección de

Jesús. Una segunda razón para nuestra elección es que, en Gálatas, el evangelio (que Pablo defiende, a la par de su autoridad apostólica, como procedente de Dios y no del hombre) se centra en la cruz.

La carta contiene siete afirmaciones sorprendentes acerca de la muerte de Jesús, cada una de las cuales ilumina una faceta diferente de ella. Cuando las reunimos, tenemos un cuadro extraordinariamente completo de la amplia influencia de la cruz.

1. La cruz y la salvación (1.3–5)

> Gracia y paz sean a vosotros, de Dios el Padre y de nuestro Señor Jesucristo, el cual se dio a sí mismo por nuestros pecados para librarnos del presente siglo malo, conforme a la voluntad de nuestro Dios y Padre, a quien sea la gloria por los siglos de los siglos. Amén.

Estas palabras forman parte del saludo introductorio de Pablo. Generalmente un saludo epistolar de esta clase era casual o convencional. Pero Pablo lo usa para hacer una afirmación teológica cuidadosamente equilibrada con respecto a la cruz, que indica lo que le interesa abordar en la carta.

Primero, **la muerte de Jesús fue tanto voluntaria como planificada**. Por un lado, 'se dio a sí mismo por nuestros pecados', libre y voluntariamente. Por el otro, su autoentrega fue 'conforme a la voluntad de nuestro Dios y Padre'. La muerte del Hijo se debió al propósito y la voluntad de Dios Padre, que ya había sido predicha en las Escrituras del Antiguo Testamento. Pero Jesús abrazó este propósito por decisión propia. En su voluntad se propuso hacer la voluntad de su Padre.

Segundo, **la muerte de Jesús fue por nuestros pecados**. El pecado y la muerte están integralmente relacionados en todas las Escrituras como causa y efecto, como hemos visto. Generalmente el que peca y el que muere son la misma persona. Aquí, empero, si bien los pecados son nuestros, la muerte es la de Cristo. *él* murió por *nuestros* pecados, soportando la pena en nuestro lugar.

Tercero, **el propósito de la muerte de Jesús fue rescatarnos**. La salvación es una operación de rescate, llevada a cabo a favor de gente cuya situación es tan desesperada que no pueden salvarse ellas mismas. En particular, murió para rescatarnos 'del presente siglo malo'. Cristo inauguró un nuevo tiempo en la historia, aunque las dos eras se superponen parcialmente en la actualidad. Él murió para rescatarnos de la era antigua y asegurar nuestra transferencia a la nueva, a fin de que desde ya vivamos la vida de la eternidad.

Cuarto, **el resultado presente de la muerte de Jesús es gracia y paz.** La 'gracia' es su libre e inmerecido favor; la 'paz' es la reconciliación con él y entre nosotros, lograda por medio de la gracia. La vida de la era venidera es una vida de gracia y paz. Pablo continúa aludiendo a ella en los versículos siguientes, en los cuales expresa su sorpresa de que los gálatas hayan desertado tan rápidamente de aquel que los había llamado 'por la gracia de Cristo' (v. 6). El llamado de Dios es un llamado de gracia y el evangelio de Dios es un evangelio de gracia.

Quinto, **el resultado eterno de la muerte de Cristo es que Dios será glorificado para siempre**. Son notables las referencias a la gracia y a la gloria en los versículos 3–5, como parte de la misma oración gramatical. La gracia procede de Dios; la gloria le corresponde a Dios. Toda la teología cristiana está englobada en ese epigrama.

Aquí, entonces, en una sola oración compacta, tenemos la primera afirmación de Pablo sobre la cruz en la Carta a los Gálatas. Si bien fue algo resuelto eternamente por la voluntad del Padre, Jesús se entregó a sí mismo voluntariamente por nosotros. La naturaleza de su muerte fue la penalidad por nuestros pecados, y su propósito fue rescatarnos de la vieja vida y transferirnos a la nueva, en la cual recibimos gracia y paz ahora, y Dios recibe gloria por siempre.

2. La cruz y la experiencia (2.19–21)

> Porque yo por la ley soy muerto para la ley, a fin de vivir para Dios. Con Cristo estoy juntamente crucificado, y ya no vivo yo, mas vive Cristo en mí; y lo que ahora vivo en la carne, lo vivo en la fe del Hijo de Dios, el cual me amó y se entregó a sí mismo por mí. No desecho la gracia de Dios; pues si por la ley fuese la justicia, entonces por demás murió Cristo.

Si no estuviésemos ya familiarizados con el versículo 20, nos resultaría sumamente extraordinario. El que Jesucristo fue crucificado bajo Poncio Pilato es un hecho históricamente comprobado. ¿Pero qué podía querer decir Pablo al escribir que *él* había sido crucificado con Cristo? Como hecho físico está perfectamente claro que no había ocurrido, y como hecho espiritual resultaba difícil de entender.

Es preciso que analicemos el contexto. Los versículos 15–21 se refieren en general a la justificación, a la forma en que un Dios justo puede declarar justos a los injustos. Pero, en particular, sostienen que los pecadores son justificados no por la ley (a la que se alude siete veces) sino por la gracia de Dios mediante la fe. Tres veces en el versículo 16 el apóstol insiste en que nadie puede ser justificado por la ley. Difícilmente se hubiera podido afirmar de manera más categórica la imposibilidad de la autojustificación, vale decir, la imposibilidad de lograr la aceptación de Dios obedeciendo la ley. ¿Por qué será? Porque la ley condena el pecado y establece la muerte como la pena correspondiente. Así, la función de la ley es la de condenar, no la de justificar.

Dado que la ley exige mi muerte como quebrantador de la ley que soy, ¿cómo puedo ser justificado? Solo cumpliendo las exigencias de la ley, sometiéndome a la muerte que ella demanda. Pero si hiciera esto yo mismo, ese sería mi fin. De modo que Dios ha provisto otra solución. Cristo ha soportado sobre sí la pena que correspondía a mi quebrantamiento de la ley, y ahora la bendición de lo que ha hecho me pertenece porque estoy unido a él. Al ser uno con Cristo, puedo decir 'soy muerto para la ley' (v. 19), porque cumplo sus demandas, por cuanto 'con Cristo estoy juntamente crucificado' y ahora él vive en mí (v. 20).

Como en Romanos 6, así también en Gálatas 2, Pablo responde a la acusación de antinomianismo declarando nuestra muerte y resurrección con Cristo. Aceptamos que nadie puede ser justificado por observar la ley. Pero eso no quiere decir que estoy libre para quebrantar la ley. Por el contrario, es inconcebible que continúe en el pecado. ¿Por qué? Porque he muerto; he sido crucificado con Cristo; mi antigua vida pecaminosa ha recibido la condenación que merecía. En consecuencia yo (el antiguo yo, pecaminoso y culpable) ya no vivo más. Pero Cristo vive en mí. Dado que es evidente que sigo con vida, puedo decir que la vida que ahora vivo es una vida enteramente diferente. Es el viejo 'yo' (pecaminoso, rebelde, culpable) el que ya no vive. Es el nuevo 'yo' (justificado, libre de condenación) el que vive por la fe en el Hijo de Dios que me amó y se entregó por mí.

Es importante captar la idea de que Pablo se está refiriendo a la muerte y resurrección de Cristo, y a nuestra muerte y resurrección por unión con él. Presenta la misma verdad de dos maneras. Con respecto a la *muerte* de nuestra antigua vida, afirma que '[Cristo] me amó y se entregó a sí mismo por mí', y también 'soy muerto … con Cristo estoy juntamente crucificado'. Con respecto a la *resurrección* a nueva vida, tanto puedo decir que 'vive Cristo en mí', como que 'vivo para Dios' (v. 19) o que 'vivo en la fe del Hijo de Dios' (v. 20).

Para resumir, Cristo murió por mí y yo con él morí, cumpliendo así las demandas de la ley y pagando la justa pena por el pecado. Luego Cristo resucitó nuevamente y vive, y yo vivo por él, compartiendo su vida de resurrección. La justificación por la fe, por consiguiente, no hace a un lado la gracia de Dios (v. 21). Tampoco se aprovecha de ella, diciendo 'cuando el pecado abundó, sobreabundó la gracia' (Romanos 5.20, como explica también en Romanos 6). Por cierto que no; la justificación por la fe magnifica la gracia de Dios, declarando que es solo por su gracia. En cambio, la noción de la justificación por la ley hace a un lado la gracia de Dios; porque si fuera posible lograr una posición justa delante de Dios obedeciendo la ley, entonces la muerte de Cristo fue irrelevante.

3. La cruz y la predicación (3.1–3)

> ¡Oh gálatas insensatos! ¿quién os fascinó para no obedecer a la verdad, a vosotros ante cuyos ojos Jesucristo fue ya presentado claramente entre vosotros como crucificado? Esto solo quiero saber de vosotros. ¿Recibisteis el Espíritu por las obras de la ley, o por el oír con fe? ¿Tan necios sois? ¿Habiendo comenzado por el Espíritu, ahora vais a acabar por la carne?

Pablo acaba de describir (en 2.11–14) el enfrentamiento público con Pedro en Antioquía. Pedro se había inhibido de confraternizar a la mesa con los cristianos gentiles y de esta manera contradecía la convicción de que Dios los había aceptado libremente en base a su gracia. Luego Pablo se explaya sobre los argumentos que había usado ante Pedro para demostrar la pertinencia de la doctrina de la justificación por la fe. Ahora prorrumpe en una expresión de sorprendida indignación. Acusa a los gálatas de necedad. Dos veces usa el término 'insensatos' (*anoētos*), que significa faltos de *nous*, inteligencia. Su necedad es tan poco característica y tan inaceptable que pregunta quién los 'fascinó'. Da a entender que han sido hechizados, tal vez por el Archiengañador, aunque indudablemente por medio de falsos maestros humanos. La distorsión del evangelio que evidencian es enteramente incompatible con lo que aprendieron de Pablo y Bernabé. Por lo tanto les recuerda lo que fue su predicación cuando estuvo con ellos. Jesucristo fue 'presentado claramente' ante ellos como el que fue crucificado por ellos. ¿Cómo, entonces, podían imaginar que, habiendo comenzado su vida cristiana por la fe en el Cristo crucificado, necesitaban continuarla mediante sus propios logros?

Hay mucho que aprender de este texto acerca de la predicación del evangelio. Primero, **predicar el evangelio es proclamar la cruz**. Cierto es que se debe agregar la resurrección (1.1; 2.19–20). También debe incluirse el nacimiento de Jesús de una mujer, y bajo la ley (4.4). Pero el evangelio es, en esencia, las buenas noticias de Cristo crucificado.

Segundo, **predicar el evangelio es proclamar la cruz visualmente**. Pablo usa un verbo notable, *prografō*. Generalmente significa 'escribir previamente', por ejemplo, 'como antes lo he escrito brevemente' (Efesios 3.3). Pero *grafō* a veces significa dibujar o pintar, más bien que escribir, y *pro* puede significar 'delante' en el espacio (delante de nuestros ojos) y no necesariamente 'antes' en el tiempo (previamente). Pablo aquí asemeja su predicación del evangelio ya sea a una enorme pintura en tela o a un avisador que exhibe públicamente un comunicado o aviso. El tema de su pintura o aviso era Jesucristo en la cruz. Por supuesto que no era literalmente una pintura, sino una creación en palabras. Con todo, era tan visual, tan gráfica en su apelación a la imaginación, que era como si Jesucristo hubiese sido presentado ante sus ojos. Uno de los dones o artes más grandes en relación con la predicación del evangelio consiste en convertir los oídos de los oyentes en ojos, y hacer que *vean* aquello de lo cual estamos hablando.

Tercero, **predicar el evangelio es proclamar la cruz visualmente como una realidad presente**. Jesucristo fue crucificado por lo menos quince años antes del momento en que Pablo escribía, y en nuestro caso hace casi dos milenios. Lo que Pablo hacía con su predicación (y lo que nosotros debemos hacer con la nuestra) era sacar ese acontecimiento del pasado y trasladarlo al presente. El ministerio, tanto el de la palabra como el del sacramento, puede hacerlo. Puede vencer la barrera del tiempo y convertir los hechos del pasado en realidades presentes de tal modo que la gente tenga que responder a ellas. Es casi seguro que ninguno de los lectores de Pablo había estado presente en la crucifixión de Jesús; pero la predicación de

Pablo la representaba ante sus ojos de tal modo que podían verla, y la incorporaba a su experiencia existencial de tal modo que tenían que aceptarla o rechazarla.

Cuarto, **predicar el evangelio es proclamar la cruz como una realidad visual, presente y permanente**. Porque lo que tenemos que anunciar (igual que Pablo) a la vista de la gente no es simplemente al *Christos staurōtheis* (aoristo) sino al *Christos estaurōmenos* (perfecto). El tiempo del verbo recalca no tanto el que la cruz fue un hecho histórico del pasado sino el que su validez, poder y beneficios son permanentes. La cruz nunca cesará de ser para los creyentes el poder de Dios para la salvación.

Quinto, **predicar el evangelio es proclamar la cruz también como el objeto de la fe personal**. Pablo no colocaba a Cristo crucificado ante sus ojos simplemente para que lo contemplaran boquiabiertos y extrañados. Su propósito era persuadirles que acudiesen y pusiesen su confianza en él como su Salvador crucificado. Y esto es justamente lo que habían hecho. La razón del asombro de Pablo estaba en que, después de haber recibido la justificación y el Espíritu por fe, ahora imaginaran que podían continuar la vida cristiana mediante sus propios logros. Se trataba de una contradicción con aquello que Pablo había presentado ante sus ojos.

4. La cruz y la sustitución (3.10–14)

> Porque todos los que dependen de las obras de la ley están bajo maldición, pues escrito está. Maldito todo aquel que no permaneciere en todas las cosas escritas en el libro de la ley, para hacerlas. Y que por la ley ninguno se justifica para con Dios, es evidente, porque. El justo por la fe vivirá; y la ley no es por fe, sino que dice. El que hiciere estas cosas vivirá por ellas. Cristo nos redimió de la maldición de la ley, hecho por nosotros maldición (porque está escrito. Maldito todo el que es colgado en un madero), para que en Cristo Jesús la bendición de Abraham alcanzase a los gentiles, a fin de que por la fe recibiésemos la promesa del Espíritu.

Estos versículos constituyen una de las exposiciones más claras de la necesidad, el significado y la consecuencia de la cruz. Pablo se expresa en términos tan concretos que algunos comentaristas no han podido aceptar lo que escribe acerca de la 'maldición' que Cristo 'fue hecho' por nosotros. A. W. F. Blunt, por ejemplo, escribió en su comentario. 'Aquí el lenguaje es increíble, casi escandaloso. Nosotros no nos hubiéramos atrevido a usarlo.'[1] También Jeremias la describió como una 'frase espantosa' y habló de su 'original carácter ofensivo'.[2] No obstante, el apóstol Pablo realmente usó este lenguaje, y Blunt sin duda tenía razón al agregar que 'Pablo quiere decir exactamente lo que las palabras significan'. De modo que tenemos que aceptar la expresión y entenderla.

Se han hecho varios intentos de suavizarla. Primero, se ha sugerido que Pablo deliberadamente despersonalizó la 'maldición' al llamarla 'la maldición de la ley'. Pero la expresión en Deuteronomio 21.23 es 'maldito por Dios' (o 'maldición de Dios', BA margen); no sería serio considerar la posibilidad de que Pablo esté contradiciendo la Escritura. Segundo, se ha propuesto que ser 'hecho' maldición expresa la compasión de Cristo para con los quebrantadores de la ley, y no una aceptación objetiva del juicio que les correspondía a ellos. Aquí tenemos la interpretación que hace Blunt. 'No fue por medio de una ficción forense que Cristo llevó nuestros pecados, sino mediante un acto de genuino sentimiento de afinidad', como una madre que tiene un hijo que va por mal camino y que 'siente la culpa de él como suya propia también'.[3] Pero esto no hace justicia a las palabras de Pablo. Como lo expresó Jeremias, "'hecho' es una circunlocución para hacer referencia a la acción de Dios".

Una tercera opción es decir que la afirmación de Pablo, que Cristo fue hecho 'maldición' por nosotros, no es equivalente a decir que realmente fue 'maldito'. Pero según Jeremias, 'maldición' es "una metonimia para 'el maldito'," y deberíamos traducir la frase 'Dios hizo a Cristo un maldito por amor a nosotros'. Así resulta paralelo a otra expresión del apóstol. 'Al que no conoció pecado, por nosotros [Dios] lo hizo pecado' (2 Corintios 5.21). Así podremos aceptar las dos frases, y, más todavía, adorar a Dios por la verdad que expresan, porque 'Dios estaba en Cristo reconciliando consigo al mundo' (2 Corintios 5.19), aun cuando hacía a Cristo tanto pecado como maldición.

1. A. W. F. Blunt: *Galatians*, p. 96.

2. Joachim Jeremias: *Mensaje central* (p. 35 en la edición citada por el autor; ver Bibliografía).

3. A. W. F. Blunt: *Galatians*, p. 97.

Lutero captó muy claramente lo que Pablo quería decir, y expresó sus implicancias con característica franqueza.

> Nuestro muy misericordioso Padre, viendo que estábamos oprimidos y vencidos por la maldición de la ley, y que por ello estábamos sometidos a lo mismo de lo cual jamás podíamos ser librados mediante nuestro propio poder, mandó a su Hijo único al mundo y puso sobre él los pecados de todos los hombres, diciendo. Sé tú ese Pedro negador; sé tú ese Pablo perseguidor, blasfemador y cruel opresor; sé tú ese David adúltero; sé tú ese pecador que comió el fruto en el paraíso; sé tú ese ladrón que colgaba de la cruz; y sucintamente, sé tú la persona que ha cometido los pecados de todos los seres humanos; asegúrate por lo tanto que los pagues y satisfagas.[4]

Es preciso que sintamos la lógica de la enseñanza de Pablo. Primero, **todo el que confía en la ley está sujeto a maldición**. Al comienzo del versículo 10, el apóstol vuelve a usar la expresión que ya usó tres veces en 2.16. 'los que son de obras de ley' (literalmente), y que se tradujo 'todos los que dependen de las obras de la ley'. La razón que le permite a Pablo declarar que los tales están 'bajo maldición' es que la Escritura dice que es así. 'Maldito todo aquel que no permaneciere en todas las cosas escritas en el libro de la ley' (3.10; ver Deuteronomio 27.26). Ningún ser humano jamás ha 'permanecido' cumpliendo 'todas las cosas' que exige la ley. Una obediencia continua y completa como esa no la ha logrado nadie, excepto Jesús. De modo que 'es evidente' (v. 11) que 'por la ley ninguno se justifica para con Dios', porque nadie la ha guardado. Además, la Escritura dice también que 'el justo por su fe vivirá' (Habacuc 2.4). Vivir 'por la fe' y vivir 'por la ley' son dos condiciones completamente diferentes (v. 12).

La conclusión es inevitable. Si bien teóricamente los que obedecen la ley vivirán, en la práctica ninguno de nosotros lo hará, porque ninguno de nosotros ha obedecido. Por lo tanto no podemos obtener la salvación de esta manera. Todo lo contrario, lejos de ser salvos por la ley, somos malditos por ella. La maldición o juicio de Dios, que su

4. Martín Lutero: *Epístola a los Gálatas* (p. 272 en la edición citada por el autor).

ley pronuncia sobre los que quebrantan la ley, nos alcanza. Este es el horroroso dilema de la humanidad perdida.

Segundo, **Cristo nos redimió de la maldición de la ley al hacerse él maldición por nosotros.** Es probable que esta sea la declaración más clara sobre la sustitución en todo el Nuevo Testamento. La maldición de la ley quebrantada caía sobre nosotros; Cristo nos redimió de ella al hacerse él maldición en lugar de nosotros. La maldición que nos correspondía a nosotros fue transferida a él. Él la asumió, a fin de que nosotros pudiésemos eludirla. La prueba de que él llevó nuestra maldición es que estuvo colgado en un madero, en razón de que Deuteronomio 21.23 declara malditas a tales personas (v. 13).

Tercero, Cristo hizo esto **con el fin de que en él la bendición de Abraham alcanzase a los gentiles ... por la fe** (v. 14). El apóstol pasa expresamente del lenguaje de la maldición al de la bendición. Cristo murió por nosotros no solo para redimirnos de la maldición de Dios, sino también para obtener para nosotros la bendición de Dios. Había prometido siglos antes bendecir a Abraham y, a través de su descendencia, a las naciones gentiles. Pablo interpreta aquí la bendición prometida como la 'justificación' (v. 8) y 'el Espíritu' (v. 14); todos los que están en Cristo son por ello ricamente bendecidos.

Para resumir, por haber desobedecido todos estábamos bajo la maldición de la ley. Cristo nos redimió de ella al llevarla en lugar de nosotros. Como resultado recibimos, por la fe en Cristo, la prometida bendición de la salvación. La secuencia es irresistible y solo podemos responder en humilde adoración. Es sencillamente maravilloso que Dios en Cristo, en su santo amor por nosotros, estuviera dispuesto a ir hasta tales extremos, y que la bendiciones de que disfrutamos hoy se deban a la maldición que llevó él por nosotros en la cruz.

5. La cruz y la persecución (5.11; 6.12)

> Y yo, hermanos, si aún predico la circuncisión, ¿por qué padezco persecución todavía? En tal caso se ha quitado el tropiezo de la cruz ... Todos los que quieren agradar en la carne, estos os obligan a que os circuncidéis, solamente para no padecer persecución a causa de la cruz de Cristo.

La cruz de Cristo se menciona en ambos versículos, y en 5.11 se la llama 'ofensa' o 'tropiezo' (*skandalon*). En ambos versículos, también, hay una referencia a la persecución. Según 5.11 Pablo está siendo perseguido porque predica la cruz; según 6.12, los falsos maestros evitan la persecución predicando la circuncisión en lugar de predicar la cruz. La alternativa para los evangelistas, pastores y maestros cristianos es predicar ya sea la circuncisión o la cruz.

'Predicar la circuncisión' es predicar la salvación por la ley, es decir, mediante el éxito de los logros humanos. Con este mensaje se elimina la ofensa de la cruz, que equivale a no poder ganarnos nuestra propia salvación; un evangelio así nos exime de la persecución.

'Predicar la cruz' (como en 3.1) es predicar la salvación por la sola gracia de Dios. Un mensaje así es una piedra de tropiezo, porque ofende gravemente el orgullo humano (1 Corintios 1.23); por lo tanto, proclamar este evangelio nos expone a la persecución.

No hay, desde luego, judaizantes en el mundo hoy, que prediquen la necesidad de la circuncisión. Pero hay muchos maestros falsos, tanto dentro como fuera de la iglesia, que predican el falso evangelio de la salvación por las buenas obras (que no es evangelio, como afirma Pablo en 1.7). Predicar la salvación por medio de las buenas obras es halagar a la gente y de este modo evitar la oposición. Predicar la salvación por gracia es ofender a la gente e invitar la oposición. Esto parecería plantearles a algunas personas la alternativa en forma demasiado cruda. No creo que lo sea. Todos los predicadores cristianos tienen que hacer frente a esta cuestión. Solo tenemos dos opciones. Una, es predicar que los seres humanos están rebelados contra Dios, sujetos a su justo juicio y perdidos (si son abandonados a su suerte), y que el Cristo crucificado que llevó sus pecados y su maldición es el único Salvador disponible. La otra, es destacar el potencial humano; Cristo solamente cuenta para reforzar esas cualidades, pero la cruz no es realmente necesaria, excepto para exhibir el amor de Dios y de este modo inspirarnos a mayores esfuerzos.

La primera opción es el modo de ser fieles; la última es la forma de ser populares. No es posible ser fiel y popular simultáneamente. Es preciso que oigamos de nuevo la advertencia de Jesús. '¡Ay de vosotros, cuando todos los hombres hablen bien de vosotros!' (Lucas 6.26). En cambio, si predicamos la cruz, es posible que nosotros mismos seamos empujados a la cruz. Como escribió Erasmo en su tratado sobre la predicación. 'Que recuerde siempre [el predicador] que la cruz no les faltará jamás a quienes sinceramente predican el evangelio. Siempre tendremos los Herodes, los Ananías, los Caifás, los escribas y los fariseos.'[5]

6. La cruz y la santidad (5.24)

> Los que son de Cristo han crucificado la carne con sus pasiones y deseos.

Es esencial ver este texto (como cualquier otro, por cierto) en su contexto. En Gálatas 5 Pablo se ocupa del significado de la libertad moral. La define como autocontrol, en oposición a permisividad o autoindulgencia; la opción está entre servirnos a nosotros mismos o servirnos unos a otros por amor (v. 13). Detrás de esta alternativa se encuentra el conflicto interior del cual todos los cristianos son conscientes. El apóstol llama a los protagonistas de esta batalla 'la carne' (nuestra naturaleza caída, con la cual nacemos) y 'el Espíritu' (el propio Espíritu Santo que mora en nosotros cuando nacemos de nuevo). En los versículos 16–18 describe la lucha entre los dos contendientes, porque los deseos de la carne y los del Espíritu se oponen.

Los actos de la carne (vv. 19–21) incluyen la inmoralidad sexual, la apostasía religiosa (la idolatría y la hechicería), los quebrantos sociales (el odio, la discordia, los celos, el mal humor, la ambición egoísta y las facciones) y los apetitos físicos descontrolados (la borrachera y las orgías). El fruto del Espíritu (vv. 22–23), en cambio, lo constituyen las gracias que Dios hace florecer en las personas a las cuales llena. Estas son. el amor, el gozo y la paz (especialmente en relación con Dios), la paciencia, la benignidad, la bondad (en las relaciones entre nosotros), y la fe o fidelidad, la mansedumbre y la templanza o autocontrol (en relación con nosotros mismos).

¿Cómo podemos asegurar que los deseos del Espíritu se impongan sobre los deseos de la carne? Pablo responde que depende de la actitud que adoptamos hacia uno y otro. Según el versículo 24, hemos de 'crucificar' la carne, con sus malas pasiones y deseos. Según el versículo 25, hemos de 'vivir por' y 'andar en' el Espíritu.

Lo que me interesa en este capítulo es el versículo 24, donde se afirma que los que pertenecen a Cristo han 'crucificado' la carne o sea su vieja naturaleza. Se trata de una metáfora asombrosa. La crucifixión

5. Citado por Roland H. Bainton, en *Erasmus of Christendom*, p. 323.

era una forma brutal y horrible de ejecución. La expresión ilustra gráficamente lo que ha de ser nuestra actitud ante nuestra naturaleza caída. No debemos mimarla ni hacer lugar a sus caprichos; no debemos acariciarla ni expresarle ternura alguna; no debemos alentarla ni aun tolerarla. En cambio, debemos proceder a rechazarla con todas nuestras energías, juntamente con sus deseos.

Pablo elabora aquí la enseñanza de Jesús sobre lo de 'tomar la cruz' y seguirle. Nos dice lo que ocurre cuando llegamos al lugar de la ejecución; la crucifixión misma ya se ha llevado a cabo. Lutero escribe diciendo que los que pertenecen a Cristo clavan su carne a la cruz, 'de modo que aunque la carne siga con vida todavía, sin embargo no puede llevar a cabo lo que quisiera, porque está encadenada de manos y pies, y clavada firmemente a la cruz'.[6] Si no estamos preparados para crucificarnos a nosotros mismos de esta manera decisiva, descubriremos muy pronto que estamos 'crucificando al Hijo de Dios de nuevo'. La esencia de la apostasía consiste en 'cambiar de lugar, pasando del lado del Crucificado al de los ejecutores de la crucifixión'.[7]

Las crucifixiones de Gálatas 2.20 y 5.24 se refieren a dos cosas enteramente diferentes, como se mencionó en un capítulo anterior. La primera dice que hemos sido crucificados con Cristo (esto ha ocurrido como resultado de nuestra unión con Cristo). La segunda, que los que son de Cristo han tomado medidas ellos mismos para crucificar su vieja naturaleza. La primera habla de la libertad de que gozamos frente a la condenación de la ley al compartir la crucifixión de *Cristo*, la segunda de la libertad que tenemos frente al poder de la carne al asegurar *su* crucifixión. Es preciso distinguir estos dos hechos, a saber, el haber sido crucificados con Cristo (pasivo) y el crucificar la carne (activo).

7. La cruz y la jactancia (6.14)

> Lejos esté de mí gloriarme, sino en la cruz de nuestro Señor Jesucristo, por quien el mundo me es crucificado a mí, y yo al mundo.

6. Martín Lutero: *Epístola a los Gálatas* (p. 527 en la edición citada por el autor).
7. He. 6.4–6; 10.26–27. Ver C. F. D. Moule: *Sacrifice of Christ*, p. 30.

La palabra *kauchaomai* significa, entre otras cosas, enorgullecerse de, gloriarse en, confiar en, regocijarse de, deleitarse en, vivir para. El objeto de nuestro orgullo y 'gloria' llena nuestro horizonte, absorbe nuestra atención, consume nuestro tiempo y energías. En una palabra, nuestra 'gloria' es nuestra obsesión.

Algunas personas se obsesionan consigo mismas y su dinero, fama o poder; los falsos maestros en Galacia eran triunfalistas, obsesionados con el número de sus conversos (v. 13). La obsesión de Pablo, en cambio, era Cristo y su cruz. Aquello que el ciudadano romano común consideraba como objeto de vergüenza, desgracia y aun repugnancia, era para Pablo su orgullo, jactancia y gloria. No podemos desechar esta perspectiva considerando que corresponde solo a la idiosincrasia paulina. Como hemos visto, la cruz ocupaba un lugar central en la mente de Cristo, y ha ocupado siempre un lugar central en la fe de la iglesia.

Primero, gloriarnos o jactarnos en la cruz es verla como **el modo de aceptación ante Dios**. La más importante de todas las preguntas es cómo nosotros, siendo pecadores perdidos y culpables, podemos estar en pie ante un Dios justo y santo. Con el fin de responder a esta pregunta en forma clara y resonante fue que Pablo, en el apasionado calor de su controversia con los judaizantes, escribió sin demora su carta. Como ellos, algunas personas en el día de hoy todavía confían en sus propios méritos. Quiera Dios que nosotros no nos gloriemos en otra cosa que no sea la cruz. La cruz excluye todo otro tipo de jactancia (Romanos 3.27).

Segundo, gloriarnos o jactarnos en la cruz es verla como **el patrón de nuestra autonegación**. Si bien Pablo escribe en relación con una sola cruz ('la cruz de nuestro Señor Jesucristo'), se refiere a dos crucifixiones, hasta tres. En la misma cruz en la que fue crucificado nuestro Señor Jesucristo, 'el mundo me es crucificado a mí, y yo al mundo'. Naturalmente, el 'mundo' así crucificado (repudiado) no significa la gente del mundo. Por el contrario, somos llamados a amar y a servir a ese mundo de gente. Se refiere, sí, a los valores del mundo, su impío materialismo, su vanidad e hipocresía (se nos instruye que no amemos estas cosas, sino que las rechacemos). 'La carne' ya ha sido crucificada (5.24); ahora 'el mundo' se une a ella en la cruz. Deberíamos mantener íntimamente relacionadas entre sí las dos crucifixiones principales de 6.14, es decir la de Cristo y la nuestra. Porque no son dos, sino una.

Es solo la contemplación de la cruz de Cristo lo que nos impulsará, incluso con ansias, a tomar nuestra cruz. Solo entonces podremos con integridad exclamar, junto con Pablo, que en nada nos gloriamos sino en la cruz.

La cruz en el centro de nuestra vida

Hemos considerado ya las siete grandes afirmaciones de Pablo en torno a la cruz en la Carta a los Gálatas, y las hemos analizado en el orden en que aparecen. Podría resultar útil, como conclusión, reacomodarlas y agruparlas en orden teológico, en lugar del orden cronológico. Esto nos ayudará a captar con mayor firmeza la centralidad y permeabilidad de la cruz en todas las esferas de la vida cristiana.

Primero, la cruz es **la base de nuestra justificación**. Cristo nos ha rescatado del presente siglo malo (1.4) y nos ha redimido de la maldición de la ley (3.13). Lo ha hecho para que podamos presentarnos confiadamente delante de Dios como sus hijos e hijas, declarados justos y habitados por el Espíritu.

Segundo, la cruz es **el medio de nuestra santificación**. Aquí es donde entran las otras tres crucifixiones. Hemos sido crucificados con Cristo (2.20). Hemos crucificado nuestra naturaleza caída (5.24). Y el mundo nos ha sido crucificado a nosotros, como lo hemos sido nosotros al mundo (6.14). De modo que la cruz significa más que la crucifixión de Jesús; incluye nuestra crucifixión, la crucifixión de nuestra carne y el mundo.

Tercero, la cruz es **el tema de nuestro testimonio**. Debemos anunciar a Cristo crucificado públicamente ante los ojos del mundo, de modo que puedan ver y creer (3.1). Al hacerlo, no debemos acomodar el evangelio, quitándole lo que ofende al orgullo humano. A cualquier costo, predicamos la cruz (mérito de Cristo), no la circuncisión (mérito del humano) como el único camino de salvación (5.11; 6.12).

Cuarto, la cruz es **el objeto de nuestra jactancia**. Dios prohíbe que nos jactemos en ninguna otra cosa (6.14). Podríamos decir que todo el universo paulino estaba en órbita alrededor de la cruz. Llenaba su visión, iluminaba su vida, entonaba su espíritu. Se 'gloriaba' en ella. Significaba más para él que cualquier otra cosa. Nuestra perspectiva debería ser la misma.

Si la cruz no ocupa para nosotros el lugar central en estas cuatro esferas, merecemos que se nos aplique la más terrible de todas las descripciones, la de 'enemigos de la cruz de Cristo' (Filipenses 3.18). Ser enemigos de la cruz es colocarnos en oposición a sus propósitos. En lugar de buscar en la cruz nuestra justificación, pretendemos autojustificarnos. En lugar de tomar la cruz para seguir a Cristo, buscamos satisfacernos a nosotros mismos. En lugar de predicar a Cristo crucificado, hacemos publicidad de nosotros mismos. Y en lugar de gloriarnos en la cruz nos glorificamos en nuestra propia persona y en nuestros éxitos. Todas estas actitudes son distorsiones que nos convierten en 'enemigos' de la cruz de Cristo.

Pablo era un consagrado amigo de la cruz. Se había identificado tan íntimamente con ella, que sufría persecución física. 'Traigo en mi cuerpo las marcas del Señor Jesús' (Gálatas 6.17), escribió. Aunque para el mundo fuera un estigma, las heridas y las cicatrices que había recibido, al dedicarse a la proclamación del Cristo crucificado, lo señalaban como auténtico esclavo de Cristo.

El estigma de Jesús, en el espíritu si no en el cuerpo, sigue siendo una marca de autenticación para todo discípulo cristiano, y muy especialmente para todo testigo cristiano. Bien lo expresó Campbell Morgan.

> Es el que ha sido crucificado el que puede predicar la cruz. Tomás dijo. 'Si no viere en sus manos la señal de los clavos no creeré.' El doctor Parker ha dicho que esto mismo es lo que el mundo está diciendo de la iglesia. Y el mundo se lo dice también a todo predicador. 'A menos que vea en sus manos la señal de los clavos, no creeré.' Es así. Quien puede predicar la cruz es la persona que ha sido crucificada.[8]

8. G. Campbell Morgan: *Evangelism*, pp. 59–60.

Índice de Referencias Bíblicas

Para ver cómo el autor trabaja los siguiente pasajes bíblicos, consultar las páginas señaladas en *cursiva.*

Habacuc

Sofonías

Zacarías

Malaquías

Mateo

Marcos

Gálatas

Efesios

Filipenses

Colosenses

1 Tesalonicenses

Bibliografía

En esta bibliografía solo se incluyen obras mencionadas en el texto. Las obras en castellano están precedidas por un punto (•) a fin de que sean fácilmente identificadas. En estos casos se ha incluido la edición citada por el autor a continuación de la versión en castellano.

Abelardo, P. Ver Fairweather, E. (ed.). *A scholastic miscellany.*

Anderson, J. N. D.. *Morality, law and grace*, Tyndale Press, 1972.

Anglican Roman Catholic International Commission (ARCIC). *Final report*, Catholic Truth Society y SPCK, 1982.

• Anselmo. *Cur Deus homo?* (1098), *¿Por qué Dios se hizo hombre?*, tr. Julián Alameda, en *Obras completas de San Anselmo*, 2 tt., BAC, 1952–53, t. I, pp. 742–891. [*Cur Deus homo?*, tr. al inglés Edward S. Prout, Religious Tract Society, 1880.]

Atkinson, David. *Peace in our time?*, IVP, 1985.

Atkinson, James. *Rome and reformation today.* Latimer Studies nº 12, Latimer House, 1982.

Aulen, Gustav. *Christus Victor*, 1930; SPCK, 1931.

Bailey, Kenneth. *The cross and the prodigal*, Concordia, 1973.

Bainton, Roland H.. *Erasmus of Christendom*, 1969; Collins, 1970.

• *Bautismo, eucaristía, ministerio*, Consejo Ecuménico Popular Argentino (CEPA), 1983. [*Baptism, Eucharist and ministry.* Faith and Order Paper nº 111, Consejo Mundial de Iglesias, 1982.]

Barclay, O. R.. *Whatever happened to the Jesus Lane Lot?*, IVP, 1977.

Barclay, William. *Crucified and crowned*, SCM, 1961.

Barraclough, Geoffrey, (ed.). *The Christian world. A social and cultural history of Christianity*, Thames & Hudson, 1961.

Barth, Karl. *Church dogmatics*, ed. G. W. Bromiley y T. F. Torrance, tr. al inglés G. W. Bromiley, T. & T. Clark, 1956–57.

Bauerfeind, O.. *'nikaō'*, en *Theological dictionary of the New Testament*, t. IV, Eerdmans, 1967, pp. 942–945.

Baxter, Richard. *The saints' everlasting rest* (1650), en *Practical works*, v. XXIII, ed. William Orme, James Duncan, 1830.

Beckwith, R. T., Duffield, G. E. y Parker, J. I.. *Across the divide*, Marcham Manor Press, 1977.

Beeson, Trevor. *Discretion and valour. Religious conditions in Russia and Eastern Europe*, Collins, 1974.

Behm, Johannes. *'haima'*, en *Theological dictionary of the New Testament*, t. I, Eerdmans, 1964, pp. 172–177.

• Berkhof, Hendrik. *Cristo y los poderes*, TELL, 1962. [*Christ and the powers*, tr. al inglés John Howard Yoder, Herald Press, 1962.]

Berkouwer, G. C.. *The work of Christ*, Eerdmans, 1965.

Blunt, A. W. F.. *The Epistle of Paul to the Galatians. The Clarendon Bible*, OUP, 1925.

• Bonhoeffer, Dietrich. *El precio de la gracia*, Sígueme, Salamanca, 1968. [*The Cost of Discipleship*, tr. al inglés R. H. Fuller, 1937; SCM, 1964.]

— *Letters and papers from prison*, 1953; SCM, 1971.

Boswell, James. *Life of Johnson*. 2 tt., Dutton, 1927.

Brasnett, B. R.. *The suffering of the impassible God*, SPCK, 1928.

Bruce, F. F.. *Colossians*. Ver bajo Simpson, E. K. y Bruce, F. F.

Brunner, Emil. *Man in revolt. A Christian anthropology*, tr. al inglés Olive Wyon, 1937; Lutterworth, 1939.

— *The Mediator*, tr. al inglés Olive Wyon, 1927; Westminster Press, 1947.

Buchanan, Colin (ed.). *Essays on eucharistic sacrifice in the early church*. Grove Liturgical Study nº 40, Grove Books, 1984.

Büchsel, F.. *'allassō'* and *'katallassō'*, en *Theological dictionary of the New Testament*, t. I, Eerdmans, 1964, pp. 251–259.

— y Hermann, J., *'hilaskomai'*, en *Theological dictionary of the New Testament*, v. III, Eerdmans, 1965, pp. 300–323.

• Bühlmann, Walbert. *La tercera iglesia a las puertas*, tr. de la 2ª ed. italiana Eloy Requena Calvo, Ediciones Paulinas, 1976. [*The coming of the third church*, 1974; Orbis, 1978.]

Bultmann Rudolf. *Kerygma and myth*, ed. Hans Werner Bartsch, tr. al inglés R. H. Fuller, 2 tt., 1948; SPCK, 1953.

Bushnell, Horace. *Forgiveness and law, grouped in principles interpreted by human analogies*, Scribner, Armstrong & Co, 1874.

— *The vicarious sacrifice, grouped in principles of universal obligation*, Alexander Strahan, 1866.

Buttrick, George A.. *Jesus came preaching*, The 1931 Yale Lectures, Scribner, 1931.

Caird, G. B.. *Principalities and powers. A study in Pauline theology*, Clarendon Press, 1956.

Calvino, Juan. *Commentary on a harmony of the evangelists Matthew, Mark and Luke*, tr. al inglés W. Pringle. 3 tt., Eerdmans, 1965.

— *Commentary on the Gospel according to St. John*, tr. al inglés T. H. L. Parker. 2 tt., Oliver & Boyd, 1961.

• — *Institución de la religión cristiana*, (1536), *Obras clásicas de la Reforma*, tt. XV y XVI, tr. (del latín) Jacinto Terán, con introducción por B. Foster Stockwell, Editorial La Aurora y Casa Unida de Publicaciones, 1958; otra edición (tr. Eusebio Goicoechea) fue publicada por Nueva Creación en 1988. [*Institutes of the Christian religion* (1559), en *Library of Christian classics*, tt. XX y XXI, ed. John T. McNeill, tr. al inglés Ford Lewis Battles, Westminster Press, 1960.]

Campbell, John McLeod. *The nature of the atonement, and its relation to remission of sins and eternal life*, 1856; Macmillan, 4ª ed. 1873.

Carey, George L.. 'Justification by Faith in Recent Roman Catholic Theology', en *The great acquittal*, ed. Gavin Reid, Collins, 1980.

— 'The Lamb of God and atonement theories', *Tyndale Bulletin* 32 (1983), pp. 97–122.

• *Carta a Diogneto en Los padres apostólicos*, Ediciones Descleé, 1949, pp. 526–541. [*Epistle to Diognetus*, en *The ante-Nicene Fathers*, t. I, ed. A. Roberts y J. Donaldson (1885), pp. 23–30.]

Christian witness to traditional religionists of Asia and Oceania. Lausanne Occasional Paper Nº 16, Lausanne Committee for World Evangelization, 1980.

Church of England Evangelical Council. *Evangelical Anglicans and the ARCIC Final Report*, Grove Books, 1982.

• Cicerón. *Proceso a Verres*, tr. Víctor Fernández Llera y Juan Bautista Calvo, *Obra completas de Marco Tulio Cicerón. Vida y discursos*. 6 tt., Ediciones Anaconda, 1946, t. IV, pp. 479–787; t. V, pp. 7–240. [*Against Verres*, tr. L. H. G. Greenwood, *The Verrine orations*. 2 tt., Heinemann, 1928–35.]

• — *En defensa de Cayo Rabirio*, tr. Juan Bautista Calvo, *Obras completas de Marco Tulio Cicerón. Vida y discurcos*, 6 tt., Ediciones Anaconda, 1946, t. VI, pp. 167–190. [*In defense of Rabirius*, tr. H. G. Hodge, *The speeches of Cicero*, Heinemann, 1927, pp. 452–491.]

• Cipriano. *Ad thibaritanos y De lapsis*, en *Obras de san Cipriano*, BAC, 1964. [*Ad Thibaritanos* y *De Lapsis*, en *The ante-Nicene Fathers*, t. V, tr. al inglés Ernest Wallis, Eerdmans, 1981.]

Clarkson, Margaret. *Destined for glory. The meaning of suffering*, Eerdmans y Marshalls, 1983.

Clemente de Alejandría. *Stromateis* (Misceláneas), en *The ante-Nicene Fathers*, t. II, ed. A. Roberts y J. Donaldson, 1885; Eerdmans, 1975, pp. 299–567.

Clow, W. M.. *The cross in Christian experience*, Hodder & Stoughton, 1910.

Coates, R. J.. 'The doctrine of eucharistic sacrifice in modern times', en *Eucharistic sacrifice*, ed. J. I. Packer, Church Book Room Press, 1962, pp. 127–153.

Coggan, F. Donald (ed.). *Christ and the colleges. A history of the Inter-Varsity Fellowship of Evangelical Unions* (IVFEU), 1934.

— *The glory of God. Four studies in a ruling biblical concept*, CMS, 1950.

Concilio de Trento. Ver Schroeder, H. J.. *Canons and decrees*.

• *Documentos del Concilio Vaticano II*, BAC, 1967.

• *Corán sagrado, El*, 3 tt., Editorial Arábigo, 1953. [*The Koran*, tr. al inglés N. J. Dawood, Penguin, 3ª ed. rev. 1958.]

• Cox, Harvey G.. *No lo dejéis a la serpiente*, Península, 1969. [*On not leaving it to the snake*, 1964; SCM, 1968.]

Craig, Mary. *Blessings. An autobiographical fragment*, Hodder & Stoughton, 1979.

• Cranfield, C. E. B.. *The Epistle to the Romans. International Critical Commentary*. 2 tt., T. & T. Clark, 1975–79.

— *The Gospel According to St Mark. Cambridge Greek New Testament Commentary Series*, CUP, 1959.

Cranmer, Thomas. *On the Lord's Supper* (1550); reimpreso de *The remains of Thomas Cranmer*, ed. H. Jenkyns, 1833; Thynne, 1907.

— *First Book of Homilies*, 1547; SPCK, 1914.

Crawford, Thomas J.. *The doctrine of Holy Scripture respecting the atonement*, Wm Blackwood, 1871; 5ª ed. 1888.

Cullmann, Oscar. *Baptism in the New Testament*, tr. al inglés J. K. L. Reid, 1950; SCM, 1951.

• — *Cristología del Nuevo Testamento*, tr. Dr. Carlos T. Gattinoni, 1957; Methopress, 1965. [*The Christology of the New Testament*, tr. al inglés S. C. Guthrie y C. A. M. Hall, 1957; SCM, 1959.]

Dale, R. W.. *The atonement*, Congregational Union, 1894.

Denney, James. 'Anger', en *A Dictionary of Christ and the Gospels*, ed. James Hastings, t. I, T. & T. Clarke, 1906, pp. 60–62.

— *The atonement and the modern mind*, Hodder & Stoughton, 1903.

• — *The death of Christ*, ed. R. V. G. Tasker, 1902; Tyndale Press, 1951. Una sección de esta obra apareció en *Pensamiento Cristiano*, marzo de 1953, pp. 39–64.

• *Didajé, La, en Los padres apostólicos*, Ediciones Descleé, 1949, pp. 63–84. [*Didache*, en *Early Christian Fathers*, t. I, tr. al inglés y ed. Cyril C. Richardson, SCM, 1953, pp. 161–179.]

Dimock, Nathaniel. *The doctrine of the death of Christ. In relation to the sin of man, the condemnation of the law, and the dominion of Satan*, Elliot Stock, 1890.

Dix, Gregory (ed.). *The Apostolic tradition of St Hippolytus of Rome*, SPCK, 1937.

— *The shape of the Liturgy*, Dacre Press, 1945.

Dodd, C. H.. *The Bible and the Greeks*, Hodder & Stoughton, 1935.

— *The Epistle of Paul to the Romans. The Moffatt New Testament Commentary*, Hodder & Stoughton, 1932.

— '*Hilaskesthai*, Its cognates, derivatives and synonyms, in the Septuagint', *Journal of Theological Studies* n° 32 (1931), pp. 352–360.

— *The Johannine Epistles. The Moffatt New Testament Commentary*, Hodder & Stoughton, 1946.

Dunstone, A. S.. *The atonement in Gregory of Nyssa*, Tyndale Press, 1964.

• Eareckson, Joni. *Joni*, Editorial Vida. [*Joni*, Zondervan, 1976.]

• — *Un paso más*, Editorial Vida. [*A step further*, Zondervan, 1978.]

Edwall, P., Hayman, E. y Maxwell, W. D. (eds.). *Ways of worship*, SCM, 1951.

England, R. G.. *Justification today. The Roman Catholic and Anglican debate*. Latimer Studies n°4, Latimer House, 1979.

Epístola a Diogneto, ver *Carta a Diogneto*.

Fairweather, Eugene (ed.). *A scholastic miscellany. Anselm to Ockham. Library of Christian classics*, t. x, Macmillan, 1970.

Fichtner, Johannes. *'orgē'*, en *Theological dictionary of the New Testament*, t. v, Eerdmans, 1967, pp. 394–408.

• Filón. 'De legatione ad Gaium' (*Sobre la embajada a Cayo*), en *Obras completas de Filón de Alejandría*, Acervo Cultural, 1975–76, 5 tt. tr. José María Triviño (t. v, pp. 309–389. [*Ad Gaium*, tr. al inglés C. D. Yonge, en *Works*, t. IV, Henry G. Bohn, 1855.]

Forsyth, P. T.. *The Cruciality of the cross*, Hodder & Stoughton, 1909.

— *The justification of God*, Duckworth, 1916.

— *The work of Christ*, Hodder & Stoughton, 1910.

Foxe, John. *Libro de los mártires*, CLIE. [*Book of martyrs*, 1554; Religious Tract Society, 1926.]

Franks, Roberts S.. *A History of the doctrine of the work of Christ, in its ecclesiastical development*, Hodder & Stoughton, 1918.

— *The work of Christ. A historical study of Christian doctrine*, 1918; Thomas Nelson, 1962.

Gandhi, Mahatma. *An Autobiography*, 1948; Jonathan Cape, 1966.

Glasser, William. *Reality therapy. A new approach to psychiatry*, Harper & Row, 1965.

Glover, T. R.. *The Jesus of history*, SCM, 1917; 2ª ed. 1920.

Gough, Michael. *The origins of Christian art*, Thames & Hudson, 1973.

Green, E. M. B.. 'Christ's sacrifice and ours', en *Guidelines. Anglican Evangelicals face the future*, ed. J. I. Packer, Falcon, 1967, pp. 89–117.

— *The empty cross of Jesus*, Hodder & Stoughton, 1984.

— 'Eucharistic sacrifice in the New Testament and the Early Fathers', en *Eucharistic sacrifice*, ed. J. I. Packer, Church Book Room Press, 1962, pp. 58–83.

— *I believe in Satan's downfall*, 1981; Hodder & Stoughton, 1984.

Green, Peter. *Watchers by the cross. Thoughts on the seven last words*, Longmans Green, 1934.

Gregorio de Nacianzo. *Orations*, en *Nicene and post-Nicene Fathers*, t. III, ed. Philip Schaff y Henry Wace, tr. al inglés C. G. Browne y J. E. Swallow, 1893; Eerdmans, 1981, pp. 203–434.

Gregorio de Nisa. *The Catechetical Oration*, en *Nicene and post-Nicene Fathers*, t. V, ed. Philip Schaff y Henry Wace, tr. al inglés W. Moore y H. A. Wilson, 1892; Eerdmans, 1979, pp. 473–509.

Grotius, Hugo. *A defence of the Catholic faith concerning the satisfaction of Christ against Faustus Socinus*, (1617), tr. al inglés F. H. Foster, W. F. Draper, 1889.

Grubb, Norman P.. *Once caught, no escape. My life story*, Lutterworth, 1969.

Guillebaud, H. E.. *Why the cross?*, IVF, 1937.

Hamley, Coronel (Edward Bruce). *Voltaire*, W. Blackwood & Sons, 1877.

Hanson, A. T.. *The wrath of the Lamb*, SPCK, 1959.

Hardy, Alister. *The divine flame*, Collins, 1966.

Hart, H. L. A.. *Punishment and responsibility*, OUP, 1968.

Hebert, G. Ver bajo Edwall, P. et al.. *Ways of worship*.

Henler, Friedrich. *The gospel of Sadhu Sundar Singh*, 1924; George Allen & Unwin, 1927.

Hengel Martin. *The atonement. The origin of the doctrine in the New Testament*, tr. al inglés John Bowden, 1980; SCM, 1981.

— *Crucifixion*, tr. al inglés John Dowden, 1976; SCM y Fortress Press, 1977; originalmente *Mors turpissima crucis*.

• Heschel, Abraham. *Los profetas*, 3 tt., Paidós, 1973. [*The prophets*, Harper & Row, 1962.]

Hoekema, Anthony A.. *The Christian looks at himself*, Eerdmans, 1975.

Hooker, Richard. *Of the laws of ecclesiastical polity*, (1593–97), en *The works of Richard Hooker*, ed. John Keble. 3 tt., OUP, 3ª ed. 1845.

— 'Sermon on Habakkuk I.4' (1585), en *The works of Richard Hooker*, ed. John Keble, t. III, OUP, 3ª ed. 1845, pp. 483–547.

• Ignacio. *Carta a los efesios* (*Ad ephesios*), en *Los padres apostólicos*, Ediciones Descleé, 1949, pp. 181–189. [*Ad Ephesios*, en *The ante-Nicene Fathers*, t. I, ed. A. Roberts y J. Donaldson, 1885; Eerdmans, 1981, pp. 49–58.]

• — *Carta a Policarpo* (*Ad Polycarp*), en *Los padres apostólicos*, Ediciones Descleé, 1949, pp. 222–224. [*Ad Polycarp*, en *The ante-Nicene Fathers*, t. I, ed. A. Roberts y J. Donaldson, 1885; Eerdmans, 1981, pp. 99–100.]

Imbert, Jean. *Le procès de Jésus*, Presses Universitaires de France, 1980.

Ireneo. *Adversus haereses*, en *The ante-Nicene Fathers*, t. I, ed. A. Roberts y J. Donaldson, 1885; Eerdmans, 1981, pp. 315–567.

Jeeves, Malcolm A., Berry, R. J. y Atkinson, David. *Free to be different*, Marshalls, 1984.

• Jeremias, Joachim. *El mensaje central del Nuevo Testamento*, 1972; Sígueme, 3ª ed. 1983, tr. Alfonso Ortiz et al. [*The central message of the New Testament*, 1955; SCM, 1966.]

— *The eucharistic words of Jesus*, tr. al inglés N. Perrin, OUP, 1955.

— y Zimmerli, W., *'pais Theou'*, en *Theological dictionary of the New Testament*, t. V, Eerdmans, 1967, pp. 654–717.

— *'polloi'*, en *Theological dictionary of the New Testament*, t. VI, Eerdmans, 1968.

— y Zimmerli, W., *The servant of God*, 1952; SCM, 1957.

• Josefo. *Antigüedades judías*, tr. Luis Farré, 3 tt., Acervo Cultural, 1961. [*Jewish antiquities*, tr. al inglés H. St J. Thackeray, Ralph Marcus et al. 6 tt., Heinemann, 1930–65.]

• — *Guerras de los judíos*, tr. Luis Farré, 2 tt., Acervo Cultural, 1961. [*Jewish war*, tr. H. St J. Thackeray, 2 tt., Heinemann, 1927–28.]

• Justino Mártir, *Diálogo con Trifón*, en *Padres apologistas griegos*, Biblioteca de Autores Cristianos, 1954, pp. 300–548. [*Dialogue with Trypho a Jew*, en *The ante-Nicene Fathers*, t. I, ed. A. Roberts y J. Donaldson, 1885; Eerdmans, 19810, pp. 194–270.]

• — *Apología I*, en *Padres apologistas griegos*, Biblioteca de Autores Cristianos, 1954, pp. 182–260. [*First apology*, en *The ante-Nicene Fathers*, t. I, ed. A. Roberts y J. Donaldson, 1885; Eerdmans, 1981, pp. 163–187.]

Kidner, F. D.. *Sacrifice in the Old Testament*, Tyndale Press, 1952.

• King, Martin Luther. *La fuerza de amar*, Aymá, Barcelona, 1968. [*Strength to love*, 1963; Hodder & Stoughton, 1964.]

• Kitamori, Kazoh. *Teología del dolor de Dios*, tr. Juan José Coy, de la 5ª ed. inglés, Sígueme, 1975. [*Theology of the pain of God*, 1946; SCM, 1952.]

• Küng, Hans. *La justificación, doctrina de Karl Barth y una interpretación católica*, Editorial Estela, 1976. [*Justification. The doctrine of Karl Barth and a Catholic reflection*, 1957; Burns & Oates, 1964.]

Lambeth Conference. *1958 Lambeth Conference papers*, SPCK, 1958.

Lasserre, Jean. *War and the Gospel*, James Clarke, 1962.

Lewis, A. J.. *Zinzendorf. The ecumenical pioneer. A study in the Moravian contribution to Christian mission and unity*, SCM, 1962.

• Lewis, C. S.. *Los cuatro amores*, tr. Rhode Flores de Ward, 1960; Caribe, 1977. [*The four loves*, Geoffrey Bles, 1960.]

— 'The humanitarian theory of punishment', en *Churchmen speak*, ed. Philip E. Hughes, Marcham Manor Press, 1966, pp. 39–44.

• — *El problema del dolor*, tr. Ernesto Suárez Vilela, 1940; Editorial Caribe, 1977. [*The problem of pain*, Collins Fontana, 1957.]

— *Surprised by joy*, Geoffrey Bles, 1955.

Lewis, W. H. (ed.). *Letters of C. S. Lewis*, Geoffrey Bles, 1966.

Loane, Marcus L.. *Archbishop Mowll*, Hodder & Stoughton, 1960.

Lombardo, Pedro. *Sententiarum libri quatour*, en *Opera omnia*, ed. J.-P. Migne, t. 192, París, 1880, pp. 521–1112.

• Luciano. *Sobre la muerte de Peregrino*, en *Obras completas de Luciano*, tr. Federico Baraibar y Zumárraga, 4 tt., Biblioteca Clásica, 1919, t. IV, pp. 201–218. [*The passing of Peregrinus*, tr. al inglés A. M. Harman, en *The works of Lucian*, t. V, Heinemann, 1936, pp. 2–51.]

• Lutero, Martín. *Comentario de la Carta a los Gálatas*, en *Obras completas de Martín Lutero*, 10 tt., tr. Erich Sexauer, Editorial La Aurora, 1982, t. VIII. [*Commentary on the Epistle to the Galatians*, 1535; James Clarke, 1953.]

— *Letters of spiritual counsel*, en *Library of Christian classics*, t. XVIII, ed. Theodore G. Tappert, SCM, 1955.

Mackintosh, Robert. *Historic theories of the atonement*, Hodder, 1920.

Maclaren, Alexander. *The Epistles of Paul to the Colossians and Philemon. The Expositor's Bible*, Hodder & Stoughton, 1896.

Marshall, I. H.. *The work of Christ*, Paternoster Press, 1969.

McGrossan, T. J.. *Bodily healing and the atonement*, ed. Roy Hicks y Kenneth E. Hagin, 1930; Faith Library Publications, 1982.

McGrath, Alister. 'The moral theory of the atonement. An historical and theological critique', *Scottish Journal of Theology* n° 38 (1985), pp. 205–220.

Menninger, Karl. *Whatever became of sin?*, Hawthorn Books, 1973.

Miller, J. H.. 'cross' and 'crucifix', en *The new Catholic encyclopedia*, t. 4, McGraw Hill, 1980, pp. 473–479, 485.

Moberly, R. C.. *Atonement and personality*, 1901.

• Moltmann, Jürgen. *El Dios crucificado. La cruz de Cristo como base y crítica de la teología cristiana*. tr. Severino Talavera Tovar, 1973; Sígueme, 1975. [*The crucified God. The cross of Christ as the foundation and criticism of Christian theology*, SCM, 1974.]

Morgan, G. Campbell. *Evangelism*, Henry E. Walter, 1964.

Morris, Leon. *The apostolic preaching of the cross*, Tyndale Press, 1955.

• — *The atonement. Its meaning and significance*, IVP, 1983. Editorial Certeza publicó una síntesis de esta obra bajo el título de *¿Por qué murió Jesús?*

— *The cross in the New Testament*, Paternoster Press, 1965.

— 'The use of *hilaskesthai* etc. in biblical Greek', *The Expository Times* LXII.8, 1951, pp. 227–233.

Moule, C. F. D.. *The sacrifice of Christ*, Hodder & Stoughton, 1898.

Moule, Handley C. G.. *Colossian studies*, Hodder & Stoughton, 1898.

Mowrer, O. Hobart. *The crisis in psychiatry and religion*, Van Nostrand, 1961.

Mozley, J. K.. *The doctrine of the atonement*, Duckworth, 1915.

— *The Impassibility of God. A survey of Christian thought*, CUP, 1926.

Muggeridge, Malcolm. *Jesus rediscovered*, Collins, 1969.

Murray, Iain H.. *David Martyn Lloyd-Jones*, Banner of Truth, 1982.

Murray, John. *The Epistle to the Romans*. 2 tt. en 1, Marshall, Morgan & Scott, 1960–65.

— *Redemption accomplished and applied*, Eerdmans, 1955; Banner of Truth, 1961.

Neil, William. *Apostle extraordinary*, Religious Education Press, 1965.

Neill, S. C.. *Christian faith today*, Penguin, 1955.

— *Crises of belief*, Hodder & Stoughton, 1984.

— 'Jesus and history', en *Truth of God incarnate*, ed. E. M. B. Green, Hodder & Stoughton, 1977.

Nicole, Roger R.. 'C. H. Dodd and the doctrine of Propitiation', *Westminster Theological Journal* XVII.2 (1955), pp. 117–157.

• Nietzsche, Friederich. *El anticristo. Obras completas de Federico Nietzsche*, tr. Eduardo Ovejero y Maury, 1895; M. Aguilar–Editor, 1947–49. [*The Anti-Christ*, Penguin, 1968.]

• Nygren, Anders. *Eros y ágape*, tr. José A. Bravo, Sagitario, 1969. [*Agape and eros. A study of the Christian idea of love*, tr. al inglés A. G. Hevert. 2 tt., SPCK, 1932–39.]

• — *La epístola a los romanos*, 1944; La Aurora, 1969. [*A commentary on Romans*, Fortress Press, 1949.]

O'Brien, Peter. *Commentary on Colossians. Word biblical commentary*, t. 44, Word Books, 1982.

— 'Principalities and powers, opponents of the church', en *Biblical interpretation and the church. Text and context*, ed. D. A. Carson, Paternoster Press, 1984, pp. 110–150.

O'Donovan, Oliver. *In pursuit of a Christian view of war*. Grove booklets on ethics n° 15, Grove Books, 1977.

Orígenes. *Ezek. Hom.*, en *Opera omnia*, ed. J.-P. Migne, t. 13, París, 1862, pp. 663–767.

• Orr, James. *El progreso del dogma*, 1901; CLIE, 1988. [*The progress of dogma*, Hodder & Stoughton, 1901.]

• Packer, J. I.. 'justificación', en *Nuevo diccionario bíblico*, Editorial Certeza, 1991, pp. 779–782.

— 'What did the Cross achieve? The logic of penal substitution', *Tyndale Bulletin* n°25, 1974, pp. 3–45.

Paterson, W. P.. 'sacrifice', en *A dictionary of the Bible*, ed. James Hastings, T. & T. Clark, 1902, pp. 329–349.

Piper, John. 'Is self-love biblical?', *Christianity Today*, 12 de agosto de 1977, p. 6.

• Pío XI. *Ad catholici sacerdotii*, en *Encíclicas pontificias*, t. I, Editorial Guadalupe, 1958, pp. 1418–1444. [Catholic Tract Society, 1935.]

• Pío XII. *Mediator Dei, en Encíclicas pontificias*, t. II, Editorial Guadalupe, 1958, pp. 1709–1753. [Catholic Tract Society, 1947.]

• Platón. *Fedón*, en *Obras completas de Platón* en 1 t., tr. Luis Gil, Editorial Aguilar, 2ª ed. 1969, pp. 610–652. [*Phaedo*, tr. al inglés H. N. Fowler, Heinemann, 1914, pp. 200–403.]

Pocknee, Cyril E.. *The cross and crucifix in Christian worship and devotion*. Alcuin Club Tracts XXXII, Mowbray, 1962.

• Poulton, John. *La fiesta de la vida, reflexión teológica sobre el tema. Jesucristo, vida del mundo*, Consejo Mundial de Iglesias, 1982. [*The feast of life. A theological reflection on the theme Jesus Christ, the life of the world.*]

Price, Tony. *Evangelical Anglicans and the Lima Text*. Grove worship series n° 92, Grove Books, 1985.

Priestland, Gerald. *The case against God*, Collins, 1984.

— *Priestland's progress. One man's search for Christianity now*, BBC, 1981.

Ramsey, A. Michael. *The glory of God and the transfiguration of Christ*, Longmans Green, 1949.

Rashdall, Hastings. *The idea of atonement in Christian theology*, Macmillan, 1919.

Robinson, H. Wheeler. *Suffering human and divine*, SCM, 1940.

Sanday, W. y Headlam, A. C.. *The Epistle to the Romans. International critical commentary*, T. & T. Clark, 5ª ed. 1902.

Schroeder, H. J.. *The canons and decrees of the Council of Trent*, 1941; Tan Books, 1978.

• Shaw, George Bernard. *La comandante Bárbara*, tr. Dr. Andrés Watson, Editorial Schapire, 1941. [*Major Barbara* (1905).]

Sider, Ronald y O'Donovan, Oliver. *Peace and war. A debate about pacifism*, Grove Books, 1985.

Silvester, Hugh. *Arguing with God*, IVP, 1971.

Simon, Ulrich E.. *A theology of Auschwitz*, Gollanz, 1967.

Simpson, E. K. y Bruce, F. F.. *Commentary on the Epistles to the Ephesians and the Colossians. New London commentary*, Marshalls, 1957; [*New International commentary on the New Testament*, Eerdmans, 1957.]

• Simpson, P. Carnegie. *Jesu-Cristo. Su realidad y significado*, 2ª ed., Imprenta Kidd y Cía., 1915. [*The fact of Christ*, Hodder & Stoughton, 1900.]

• Skinner, B. F.. *Más allá de la libertad y la dignidad*, tr. Juan José Coy, Salvat, 1987. [*Beyond freedom and dignity*, 1971; Pelican, 1973.]

Smith, George D., (ed.). *The teaching of the Catholic Church*, Burns Oates, 2ª ed. 1952.

• Sobrino, Jon. *La cristología en América Latina*, 1976. [*Christology at the crossroads*, SCM, 1978.]

Socino, Fausto. *De Jesu Christo servatore* (1578), tr. al inglés Thomas Rees, Londres, 1818.

Stählin, Gustav. *'orgē'*, en *Theological dictionary of the New Testament*, t. v, Eerdmans, 1967, pp. 419–447.

Stibbs, Alan M.. *The finished work of Christ*. The 1952 Tyndale biblical theology lecture, Tyndale Press, 1954.

— *The meaning of the word 'blood' in Scripture*, Tyndale Press, 1948.

• Stott, John R. W.. *El mensaje de Efesios*, Editorial Certeza Unida, 2ª ed. 2006. [*The message of Ephesians. God's new society*. The Bible speaks today series, IVP, 1979]

• — *El Sermón del Monte*, Editorial Certeza Unida, 3ª ed. 2007. [*The message of the Sermon on the Mount. Christian counter-culture*. The Bible speaks today series, IVP, 1978.]

Swete, H. B.. *The Gospel according to St. Mark*, Macmillan, 1898.

Tallentyre, S. G.. *The life of Voltaire*. 2 tt., Londres, 1903.

• Tasker, R. V. G.. *La ira de Dios*, Ediciones Evangélicas Europeas, 1967. [*The biblical doctrine of the wrath of God*, Tyndale Press, 1951.]

Tatlow, Tissington. *The story of the Student Christian Movement of Great Britain and Ireland*, SCM, 1933.

Taylor, Vincent. *The atonement in New Testament teaching*, Epworth Press, 1940.

— *Forgiveness and reconciliation. A study in New Testament theology*, Macmillan, 2ª ed. 1946.

— *Jesus and his sacrifice. A study of the passion-sayings in the Gospels*, Macmillan, 1937.

Temple, William. *Christus veritas*, Macmillan, 1924.

— *Citizen and churchman*. Eyre & Spottiswoode, 1941.

— *Readings in St. John's Gospel*, 2 tt., Macmillan, 1939–40.

Tertuliano. *Adversus praxean*, en *The ante-Nicene Fathers*, tr. al inglés Holmes, t. III, ed. A. Roberts y J. Donaldson, Eerdmans, 1973, pp. 597–627.

— *De carne Christi*, en *The ante-Nicene Fathers*, tr. al inglés Holmes, t. III, ed. A. Roberts y J. Donaldson, Eerdmans, 1973, pp. 521–542.

— *De corona*, en *The ante-Nicene Fathers*, tr. al inglés S. Thelwall, t. III, ed. A. Roberts y J. Donaldson, Eerdmans, 1973, pp. 93–103.

• Thompson, R. J. y Beckwith R. T.. 'Sacrificio y ofrenda', en *Nuevo Diccionario Bíblico Certeza*, Editorial Certeza Unida, 2003, pp. 1187–1198.

• Tizard, L. J.. *La predicación, arte de la comunicación*, La Aurora, 1962. [*Preaching. The art of communication*, OUP, 1959.]

Tournier, Paul. *Creative suffering*, 1981; SCM, 1982.

Treuherz, J.. *Pre-Raphaelite paintings*, Lund Humphries, 1980.

Turner, H. E. W.. *The Patristic doctrine of redemption*, Mowbray, 1952.

Tyndale, William. *Doctrinal treatises*, Parker Society, CUP, 1848.

Vanstone, W. H.. *Love's endeavour, love's expense. The response of being to the love of God*, Darton, Longman & Todd, 1977.

Vidler, Alec R.. *Essays in liberality*, SCM, 1957.

Vitz, Paul. *Psychology as religion. The cult of self-worship*, Eerdmans, 1977.

Vivekananda, Swami. *Speeches and writings*, G. A. Natesan, Madrás, 3ª ed..

Wace, Henry. *The sacrifice of Christ. Its vital reality and efficacy*, 1898; Church Book Room Press, 1945.

Wallace, Ronald S.. *The atoning death of Christ*, Marshalls, 1981.

Warfield, B. B.. *Biblical doctrines*, OUP, 1929.

— *The person and work of Christ*, ed. Samuel G. Craig, Presbyterian & Reformed Publishing Company, 1950.

Warren, M. A. C.. *Interpreting the cross*, SCM, 1966.

Waterland, Daniel. *A review of the doctrine of the Eucharist*, 1737; Clarendon Press, 1896.

Webster, Douglas. *In debt to Christ*, Highway Press, 1957.

— *Yes to mission*, SCM, 1966.

Wells, David F.. *Revolution in Rome*, IVP, 1972.

— *The search for salvation*, IVP, 1978.

Wenham, G. J.. *Numbers. Tyndale Old Testament Commentaries*, IVP, 1981.

Westcott, B. F.. *Commentary on the Epistles of John*, Macmillan, 1883.

— *The Epistle to the Hebrews*, 1889; Macmillan, 3ª ed. 1903.

— *The historic faith*, Macmillan, 6ª ed. 1904.

Westminster confession of faith. The proposed book of confessions of the Presbyterian Church in the United States, 1976, pp. 77–101.

Whale, J. S.. *Victor and victim. The Christian doctrine of redemption*, CUP, 1960.

White, Douglas. 'The nature of punishment and forgiveness', en *Papers in modern churchmanship II*, ed. C. F. Russell, Longmans Green, 1924, pp. 6–9.

Wiesel, Elie. *Night*, 1958; Penguin, 1981.

Williams, Rowan. *Eucharistic sacrifice. The roots of a metaphor*, Grove Liturgical Study n° 31, Grove Books, 1982.

Wilmer, Haddon. en *Third Way*, mayo de 1979.

Wright, Tom. 'Justification. The biblical basis and its relevance for contemporary evangelicalism', en *The great acquittal*, ed. Gavin Reid, Collins, 1980.

Yancey, Philip. *Where is God when it hurts?*, Zondervan, 1977.

Zwemer, Samuel M.. *The glory of the cross*, Marshall, Morgan & Scott, 1928.

Editoriales de la Comunidad Internacional de Estudiantes Evangélicos (CIEE) apoyan esta publicación de Certeza Unida.

Andamio, Alts Forns 68, Sótano 1, 08038, Barcelona, España.
editorial@publicacionesandamio.com
www.publicacionesandamio.com

Certeza Argentina, Bernardo de Irigoyen 654,
(C1072AAN) Ciudad Autónoma de Buenos Aires, Argentina.
certeza@certezaargentina.com.ar

Lámpara, Calle Almirante Grau Nº 464, San Pedro,
Casilla 8924, La Paz, Bolivia. *coorlamp@entelnet.bo*

A la CIEE la componen los siguientes movimientos nacionales.

Asociación Bíblica Universitaria Argentina (ABUA)
Comunidad Cristiana Universitaria, Bolivia (CCU)
Aliança Bíblica Universitária do Brasil (ABUB)
Grupo Bíblico Universitario de Chile (GBUCH)
Unidad Cristiana Universitaria, Colombia (UCU)
Estudiantes Cristianos Unidos, Costa Rica (ECU)
Grupo de Estudiantes y Profesionales Evangélicos Koinonía, Cuba
Comunidad de Estudiantes Cristianos del Ecuador (CECE)
Movimiento Universitario Cristiano , El Salvador (MUC)
Grupo Evangélico Universitario, Guatemala (GEU)
Comunidad Cristiana Universitaria de Honduras (CCUH)
Compañerismo Estudiantil Asociación Civil, México (COMPA)
Comunidad de Estudiantes Cristianos de Nicaragua (CECNIC)
Comunidad de Estudiantes Cristianos, Panamá (CEC)
Grupo Bíblico Universitario del Paraguay (GBUP)
Asociación de Grupos Evangélicos Universitarios del Perú (AGEUP)
Asociación Bíblica Universitaria de Puerto Rico (ABU)
Asociación Dominicana de Estudiantes Evangélicos (ADEE)
Comunidad Bíblica Universitaria del Uruguay (CBUU)
Movimiento Universitario Evangélico Venezolano (MUEVE)

Oficina Regional de la CIEE: Camino del río 4553, Cortijo del río, Monterrey, Nuevo León (CP 64890), México.
cieeal@cieeal.org | secregional@cieeal.org | www.cieeal.org

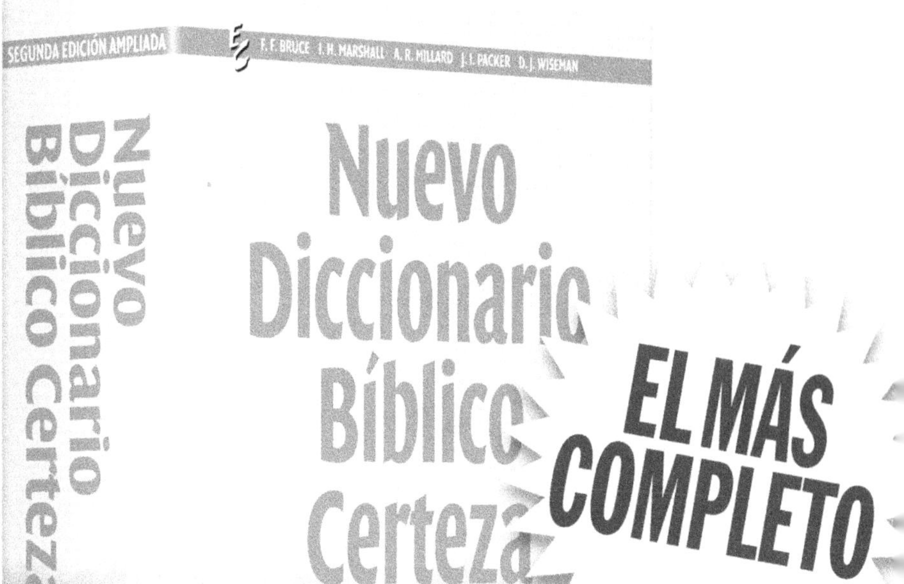

www.ingramcontent.com/pod-product-compliance
Lightning Source LLC
LaVergne TN
LVHW010534160826
845677LV00013B/2879

* 9 7 8 9 5 0 6 8 3 1 4 5 5 *